RELIGIONS- UND ETHIKUNTERRICHT IN DER SCHULE MIT ZUKUNFT

RELIGIONS- UND ETHIKUNTERRICHT IN DER SCHULE MIT ZUKUNFT

herausgegeben von

Michael Domsgen, Matthias Hahn und Gisela Raupach-Strey

KLINKHARDT

2003

VERLAG JULIUS KLINKHARDT • BAD HEILBRUNN / OBB.

Die Deutsche Bibliothek – Cip-Einheitsaufnahme

Ein Titelsatz für diese Publikation ist bei
der Deutschen Bibliothek
erhältlich.

Druck und Bindung:
WB-Druck, Rieden
Printed in Germany 2003
Gedruckt auf chlorfrei gebleichtem alterungsbeständigem Papier
ISBN 3-7815-1289-4

Inhalt

Vorwort

Ein vielgepriesenes Schlagwort unserer modernen Gesellschaft heißt *Pluralität;* jede(r) soll die gleiche Chance haben, in Freiheit aus der Vielfalt von "Sinnangeboten" für sich eine Auswahl zu treffen. Längst aber ist neben die Lust, alles tun zu dürfen, die Last getreten, nicht zu wissen, was man tun soll, und vieles, was man will, kann man einfach nicht. Die Vielfalt eröffnet also nicht nur Chancen, sondern auch Probleme und Risiken. Daraus erwachsen ganz neue Ansprüche an die Vermittlung von Orientierung durch Bildung. Mit anderen Worten: *Vielfalt und Freiheit verlangen Qualifikation.*

In einer zunehmend „wertunsicheren Gesellschaft" kommt daher Religion und Ethik für schulische Bildungsprozesse eine wachsende Bedeutung zu. Beide Bereiche bieten Orientierung im Hinblick auf die eigenen kulturellen Wurzeln, Maßstäbe, Traditionen und Bedürfnisse. Wissen zum Beispiel über Weltreligionen und ihren Zusammenhang mit nationaler Tradition, Politik und Kultur schärft das politische und soziale Urteils- und Orientierungsvermögen Heranwachsender. Verständnis und Achtung im Hinblick auf das Eigene in Tradition und Kultur ist zudem immer auch Grundlage für das Verstehen des Fremden. Die Vertrautheit mit Wertbegriffen, auch solchen religiösen Ursprungs, ist für das Verständnis der Gegenwart, vor allem aber für das Gestalten von Zukunft, unverzichtbar.

Mit dem vorliegenden Sammelband beabsichtigen die Herausgeber, der Diskussion um den Religions- und Ethikunterricht noch einmal einen neuen, nun auch bundesweit orientierenden Impuls zu geben.

Den Anstoß zu diesem Band hat die vom Kultusministerium des Landes Sachsen-Anhalt bereits im Mai 2001 herausgegebene Expertise „Ethik- und Religionsunterricht in der Schule der Zukunft" gegeben. Die im Anschluss daran zusammengetragenen Aufsätze geben einen Überblick über die Situation und den Umgang mit den Unterrichtsfächern Religion und Ethik in

Sachsen-Anhalt und den anderen neuen Ländern. Dabei zeigt sich ein Spannungsfeld von außerordentlicher Breite, das nicht nur das Verhältnis der beiden Fächer zueinander betrifft, sondern auch die Frage nach einer eigenen Religionspädagogik und Werteerziehung in den neuen Ländern aufwirft. Diese Diskussion wird in Deutschland insgesamt an Bedeutung gewinnen.

Ich wünsche den Herausgebern des Bandes eine breite Resonanz für ihre Initiative, die sich zugleich als Einladung zu einem intensiven Meinungsaustausch über die Aufgaben und Entwicklungsbedürfnisse dieser grundlegenden Fächer der allgemein bildenden Schule versteht.

Prof. Dr. Jan-Hendrik Olbertz

Einleitung

Mit diesem Sammelband legen wir die Ergebnisse mehrjährigen ethikdidaktischen und religionspädagogischen Nachdenkens über die zukünftige Gestalt des schulischen Wahlpflichtbereiches Ethik- und Religionsunterricht vor. Zwischen der Beauftragung einer bundesweit besetzten Expertengruppe durch den damaligen Ministerpräsidenten Dr. Reinhard Höppner und den Kultusminister Dr. Gerd Harms und dieser Veröffentlichung liegt ein Zeitraum von nahezu fünf Jahren, in dem sich in den Schulen Sachsen-Anhalts mancherlei verändert hat: Eine verlässliche Grundschule ist eingeführt worden, die Förderstufe ist wieder an die unterschiedlichen Schulformen des Sekundarbereichs I angebunden, Sekundarschulabschlussprüfungen und Abiturprüfungen in Ethik und Religion sind Normalität geworden, Versuche ökumenischer Kooperation mit wechselseitiger Anerkennung der Unterrichtsangebote haben – bislang leider ohne den gewünschten Erfolg nachhaltiger Verbesserung des Unterrichtsangebotes im ganzen Land – stattgefunden. Mehr als der Religionsunterricht etabliert sich der Ethikunterricht in den Statistiken über die Unterrichtsversorgung.

Mit dem Wechsel in der Regierungsverantwortung erhielt der Wahlpflichtbereich einen neuen Energieschub. Kultusminister Prof. Dr. Olbertz und Staatssekretär Willems plädieren vehement für die Notwendigkeit ethischer und religiöser Bildung. So halten wir es für ein ebenso erfreuliches wie deutliches Zeichen, dass der Kultusminister das Vorwort für diesen Band übernommen hat und damit auch der Expertengruppe bescheinigt, dass ihre Arbeit geschätzt und weitergeführt wird.

Mit freundlicher Genehmigung des Kultusministeriums veröffentlichen wir hier die Expertise zum Ethik- und Religionsunterricht noch einmal, um sie stärker in die bundesweite schulpädagogische, ethikdidaktische und religionspädagogische Diskussion einzuspeisen. Mögen auch manche Zahlen aktualisiert werden müssen, so halten wir die fachlichen Grundgedanken, die Verhältnisbestimmungen zwischen den Fächern des Wahlpflichtbereiches und auch die Benennung der Schwierigkeiten, vor denen wir in Sachsen-Anhalt stehen, für so grundlegend, dass wir diese Wiederveröffentlichung wagen.

Zweifelsohne ist Sachsen-Anhalt ein Bundesland mit großen wirtschaftlichen und sozialen Problemen: Hohe Arbeitslosigkeit, hohe Staatsverschuldung, geringes wirtschaftliches Potenzial könnten den Vorwurf an Schulen bestärken, den ein Leserbriefschreiber an die Magdeburger Volksstimme nach der Veröffentlichung der PISA-Ergebnisse so formulierte: Schuld an der Misere der Schulen im Landes seien die überflüssigen Fächer Ethik- und Religionsunterricht, die der Vermittlung wirklich wichtigen Wissens im Wege stünden. Nun ist es wahrscheinlich zwecklos, in der Tagespresse Diskurse über die im Religions- und Ethikunterricht vermittelte Lesekompetenz zu führen, die die Argumente des Leserbriefs fachlich schnell widerlegen könnten. Aber viel wichtiger als diese Leistungen der Fächer ist deren Beitrag zu einem Bildungsverständnis, das die individuelle und soziale Bildung in existentialer Sicht befördert. Zur Bildung gehört auch, dass ich mich mit Fragen beschäftigt habe wie: Wo komme ich her? Was ist der Sinn meines Lebens? Wem kann ich vertrauen? Wohin mit meiner Schuld und meinem Versagen? Bildung ist mehr als Stoffvermittlung, benötigt aber selbstverständlich eine Wissensebene, auf deren Basis die „großen Fragen“ nicht nur von Kindern und Jugendlichen besprochen werden können. Und hier merken wir, dass es höchste Zeit ist, den Schülerinnen und Schülern Gelegenheit zu geben, das zu lernen, was ihren Eltern und Großeltern in der Schule der DDR vorenthalten worden ist: Radikale philosophische Wahrheitssuche und intensives Fragen nach der Wirklichkeit Gottes. Die Expertise weist auf den kuriosen Umstand hin, dass in Sachsen-Anhalts Schulen in aller Selbstverständlichkeit Oster-, Pfingst- und Weihnachtsferien eingelegt werden – und ein wahrscheinlich nur kleiner Anteil der davon Profitierenden den geistes- und religionsgeschichtlichen Hintergrund erklären könnte. Wie anders eigentlich als durch Bildung in diesem Vollsinne lässt sich die gegenwärtige soziale Misere beheben?

Die Bedeutung der Fächer Ethik und Religion unterstrichen auch alle Lehrerverbände und Lehrergewerkschaften Sachsen-Anhalts vor der Landtagswahl, als sie Wahlprüfsteine formulierten und dabei die Forcierung der Implementation dieser Unterrichtsfächer verlangten. Auch ein Kolloquium an der Martin-Luther-Universität in Halle betonte die Bedeutung des werteorientierenden Wahlpflichtbereichs für die Entwicklung der Schule mit Zukunft.

Wir drucken beide Beiträge ab, weil sie wichtige Dokumente zum Belegen der These sind, dass die Diskussion um nur ein werteorientierendes Unterrichtsfach in Sachsen-Anhalt derzeit keine Rolle mehr spielt und die bildungspolitisch relevanten Kräfte die Perspektive in einem Wahlpflichtbereich kooperierender Unterrichtsfächer sehen.

Die Beiträge von Karl Ernst Nipkow (Tübingen), Christoph Th. Scheilke (Stuttgart) und Elisabeth Wandt (Halle/ Saale) erinnern aus unterschiedlichen Perspektiven noch einmal an grundsätzliche Entwicklungslinien, die hinter diesem aktuellen Befund stehen.

Die Expertise ist einerseits auf das Land Sachsen-Anhalt bezogen und andererseits Ausdruck der Situation in allen ostdeutschen Bundesländern: Rainer Andreas Neuschäfer (Rudolstadt), Helmut Hanisch (Leipzig) und Jochen Kinder (Leipzig) diskutieren aus Sicht der Länder Thüringen und Sachsen. Rolf Lüpke (Berlin) und Eckart Schwerin (Schwerin) fragen nach dem Verhältnis von Wahlpflichtbereich Ethik-Religion und der Fächergruppe Ethik- und Religionsunterricht, wie sie in Berlin und Mecklenburg-Vorpommern praktiziert werden soll resp. praktiziert wird. Michael Domsgen (Wernigerode) wendet die in diesen Beiträgen aufgeworfenen Fragen ins Grundsätzliche und geht der Frage nach, ob Ostdeutschland eine „eigene Religionspädagogik" benötigt. Damit korrespondieren Martin Klokes (Berlin) Überlegungen zur Ethiklehrbuchentwicklung im Sinne der Fächergruppe und Gisela Raupach-Streys (Halle) Konzeption eines philosophisch orientierten Ethikunterrichts, wie sie auch in der universitären Lehrerausbildung des Landes verankert ist.

Hans-Bernhard Petermann (Heidelberg) und Uwe Böhm (Stuttgart) nehmen die Expertise zum Anlass, über das religionskundliche Lernen im Ethikunterricht und über das Verhältnis von Werteerziehung und Schulentwicklung nachzudenken. Beide Verfasser sehen in ihren Beiträgen wichtige Möglichkeiten, einem Schulverständnis entgegenzuwirken, das Schule auf eine „Unterrichtsanstalt" (Böhm) reduziert.

Schließlich deuten wir mit den letzten Beiträgen an, in welche Richtung die Arbeit in der Zukunft gehen muss: Praktische Beispiele in Fortbildung (Matthias Hahn, Drübeck) und Unterricht (Till Warmbold, Seelze) müssen her, damit die Fächergruppe und der Wahlpflichtbereich nicht eine reine „Kopfgeburt“ bleiben. In der Praxis erweist sich die Tragfähigkeit der erdachten Konzepte.

An den hinter den Namen der Autorinnen und Autoren stehenden Ortsangaben ist zu entnehmen, dass der vorliegende Band eine Ost-West-Kooperation darstellt. Dem bisweilen zu begegnenden Vorurteil, die schwierige Situation ethischer und religiöser Bildung sei ein ostdeutscher Sonderfall und bedauerlicher Betriebsunfall, wird so nachdrücklich entgegengewirkt. Die gesamtdeutsche ethikdidaktische und religionspädagogische Diskussion kann entscheidende Impulse aus einem Bundesland erhalten, das mit Problemlagen zu tun hat, die sich im Westen Deutschlands erst am Horizont abzuzeichnen beginnen.

Wir danken der Evangelischen Landeskirche Anhalts, der Evangelischen Landeskirche der Kirchenprovinz Sachsen und dem Kultusministerium Sachsen-Anhalts für die finanzielle Unterstützung dieser Veröffentlichung.

Andreas Klinkhardt danken wir für die ermutigende und freundliche Aufnahme unserer Veröffentlichung.

Annette Anacker gilt unser Dank für die umsichtige Gestaltung und die sorgfältige Korrektur der Manuskripte.

Drübeck,
im Juli 2003

Michael Domsgen
Matthias Hahn
Gisela Raupach-Strey

Ethik- und Religionsunterricht in der Schule mit Zukunft

Eine Expertise der Arbeitsgruppe zur Zukunft ethischer und religiöser Bildung an den Schulen des Landes Sachsen-Anhalt[1]

Die Expertise erläutert zunächst (1.) die verfassungs- und schulrechtliche Grundsituation für den Religions- und Ethikunterricht in Sachsen-Anhalt, um so den durch Landesverfassung und Schulgesetz gegebenen politischen Auftrag zu bestimmen: ein vollständiges und flächendeckendes Angebot für den Ethikunterricht sowie den Evangelischen und Katholischen Religionsunterricht. Die Verfassungs- und Gesetzesintentionen werden anschließend aus bildungs- und schultheoretischer Perspektive beleuchtet. Dabei wird auf die Bedeutung des Ethik- und Religionsunterrichts für die Allgemeinbildung und für die Schulentwicklung zu einer „Schule mit Zukunft" verwiesen. Auf diese Ausführungen folgen ethikdidaktische und religionspädagogische Erwägungen (2.), in denen unter Heranziehung der Bezugswissenschaften Philosophie und Theologie das fruchtbare Widerspiel von Identitätsbildung im Eigenen (in der Eigengruppe) und am Anderen (in der Begegnung mit der Fremdgruppe) im angemessenen, altersgemäß abgewogenen Miteinander von differenzierendem und kooperativem Unterricht innerhalb des Wahlpflichtbereiches als zwischen den drei Fachdidaktiken kommensurable Verhältnisbestimmung entwickelt wird. Praxisberichte (3.) zeigen auf, dass Kooperation gelingen und fruchtbar sein kann. Kinder und Jugendliche, Lehrerinnen und Lehrer lernen differenzierend das philosophisch-ethische und das religiöse Fragen mit seinen je eigenständigen Strukturen, Möglichkeiten und Grenzen kennen. Kooperative Unterrichtsverfahren fordern sie zu mehrperspektivischer und grenzüberschreitender Wahrnehmung auf; sie erst ist die Voraussetzung, um den jeweils Anderen wirklich zu tolerieren.

---

[1] Kultusministerium des Landes Sachsen-Anhalt (Hrsg.), Magdeburg 2001. Wir danken dem Ministerium für die Abdruckerlaubnis.

Dem Gesetzesauftrag und den positiven schulpraktischen Erfahrungen werden Probleme der Fächer Ethik- und Religionsunterricht und ihre Ursachen auf allgemeiner, konzeptioneller, institutioneller und schulorganisatorischer Ebene entgegengestellt (4.), um auf diese Weise Gründe für das Auseinanderklaffen von Verfassungsauftrag zu vollständiger Unterrichtsversorgung aller Schulen im allgemein- und berufsbildenden Bereich auf der einen und empirischer Entwicklung – Sachsen-Anhalt als Schlusslicht aller Bundesländer in der Versorgung mit Ethik- und Religionsunterricht – auf der anderen Seite in den Blick zu bekommen. An die kritische Analyse schließen gleichsam als handlungsleitende Zielbestimmungen inhaltliche, schulpraktische und didaktisch-methodische Konkretionen zur Implementation des Wahlpflichtbereiches an (5.). Abschließend werden sofort zu ergreifende Maßnahmen und Schritte zur Verbesserung religiöser und ethischer Bildung herausgearbeitet:

- Einrichtung einer Koordinierungsstelle für den Religions- und Ethikunterricht
- Angemessene Ausweitung des Einstellungskorridors
- Nachweispflicht bei fehlendem Angebot von Ethik- und Religionsunterricht und Erarbeitung schulischer Selbstentwicklungsprogramme zur Einführung der Fächer Ethik- und Religionsunterricht
- Intensivierung der konfessionellen Kooperation.

1. Eckpfeiler der Grundsituation ethischer und religiöser Bildung in Sachsen-Anhalt

1.1. Vorgaben des Grundgesetzes für die Bundesrepublik Deutschland

Das Grundgesetz für die Bundesrepublik Deutschland formuliert als verfassungsrechtliche Grundlage für den schulischen Religionsunterricht im Artikel 7; Abs. 3:

„Der Religionsunterricht ist in den öffentlichen Schulen mit Ausnahme der bekenntnisfreien Schulen ordentliches Lehrfach. Unbeschadet des staatlichen Aufsichtsrechtes wird der Religionsunterricht in Übereinstimmung mit den Grundsätzen der Religionsgemeinschaften erteilt. Kein Lehrer darf gegen seinen Willen verpflichtet werden, Religionsunterricht zu erteilen.“

Artikel 7; Abs. 3 des Grundgesetzes ist dabei im Kontext von Artikel 4; Abs. 1 zu verstehen:

„Die Freiheit des Glaubens, des Gewissens und die Freiheit des religiösen und weltanschaulichen Bekenntnisses sind unverletzlich."

In diesen beiden korrespondierenden Grundgesetzartikeln wird jeder Schülerin und jedem Schüler das Recht auf einen Unterricht in religiösen Fragen als positive Religionsfreiheit garantiert.

Der Staat wird verpflichtet, die Einrichtung eines entsprechenden Schulfaches zu gewährleisten. Weil der Staat zu weltanschaulich-religiöser Neutralität verpflichtet ist, wird er auf die Zusammenarbeit mit den Religionsgemeinschaften verwiesen. Den Religionsgemeinschaften wird – unter Wahrung des staatlichen Aufsichtsrechtes – ein Recht auf Selbstinterpretation und Selbstdarstellung bei der Ausgestaltung der religiösen Bildung an öffentlichen Schulen eingeräumt.

1.2. Vorgaben der Verfassung des Landes Sachsen-Anhalt

Das Bundesland Sachsen-Anhalt hat in seiner Landesverfassung eine eigene und viel beachtete Interpretation des Grundgesetzes vorgenommen, die einerseits dem beschriebenen Zusammenhang der Artikel des Grundgesetzes, andererseits der geschichtlich gewachsenen Situation in Sachsen-Anhalt Rechnung trägt. Bereits der Verfassungsausschuss erkannte 1989/90 die Notwendigkeit, die Bestimmungen des Grundgesetzes schöpferisch auf die veränderte Lage in den neuen Bundesländern anzuwenden. Man war sich einig darüber, dass durch staatliche Bestimmungen nicht eine Pflicht zur Teilnahme an einem Religionsunterricht, je nach der Kirchenzugehörigkeit, festgelegt werden sollte. So hat die Verfassung von Sachsen-Anhalt Ethikunterricht und Religionsunterricht als gleichberechtigte ordentliche Lehrfächer vorgesehen, die im Rahmen des schulischen Erziehungs- und Bildungsauftrages als Wahlpflichtbereich verstanden und organisiert werden. In Artikel 27; Abs. 1 bis 3 der Landesverfassung von Sachsen-Anhalt wurde entsprechend formuliert:

(1) Ziel der staatlichen und unter staatlicher Aufsicht stehenden Erziehung und Bildung der Jugend ist die Entwicklung zur freien Persönlichkeit, die im Geiste der Toleranz bereit ist, Verantwortung für die Gemein-

schaft mit anderen Menschen und Völkern und gegenüber künftigen Generationen zu tragen.

(2) Schulen und andere Bildungseinrichtungen haben auf die weltanschaulichen und religiösen Überzeugungen ihrer Angehörigen Rücksicht zu nehmen.

(3) Ethikunterricht und Religionsunterricht sind an den Schulen mit Ausnahme der bekenntnisgebundenen und bekenntnisfreien Schulen ordentliche Lehrfächer. Unbeschadet des staatlichen Aufsichtsrechts wird der Religionsunterricht in Übereinstimmung mit den Grundsätzen der Glaubensgemeinschaften erteilt.

1.3. Schulrechtliche Regelungen

Die politischen Mandatsträger des Landes haben die verfassungsrechtlichen Vorgaben im Schulgesetz auf der Grundlage der allgemeinen Formulierung von Erziehungs- und Bildungszielen des § 1 in den Paragraphen 19 bis 21 konkretisierend ausgeführt:

§ 19 Religions- und Ethikunterricht

(1) Der Religions- und Ethikunterricht sind an den öffentlichen Schulen ordentliche Lehrfächer.

(2) Die Schülerinnen und Schüler nehmen entweder am Religionsunterricht oder am Ethikunterricht teil.

(3) Der Religionsunterricht wird in Übereinstimmung mit den Grundsätzen der Religionsgemeinschaften erteilt. Die Schulbehörden erlassen die Richtlinien und genehmigen die Lehrbücher im Einvernehmen mit den Religionsgemeinschaften.

(4) Im Fach Ethik wird den Schülerinnen und Schülern das Verständnis für ethische Werte und Normen sowie der Zugang zu philosophischen und religiösen Fragen vermittelt.

(5) Der Unterricht in diesen Fächern wird eingerichtet, sobald hierfür die erforderlichen Unterrichtsangebote entwickelt sind und geeignete Lehrerinnen und Lehrer zur Verfügung stehen.

§ 20 Einsichtnahme in den Religionsunterricht

Unbeschadet des staatlichen Aufsichtsrechts haben die Religionsgemeinschaften das Recht, sich davon zu überzeugen, ob der Religionsunterricht in

Übereinstimmung mit ihren Grundsätzen erteilt wird. Die näheren Umstände der Einsichtnahme sind vorher mit den Schulbehörden abzustimmen.

§ 21 Teilnahme am Religionsunterricht und Ethikunterricht

Die Erziehungsberechtigten bestimmen, in welchem Unterricht gemäß § 19; Abs. 1 ihre Kinder teilnehmen. Nach Vollendung des 14. Lebensjahres steht dieses Recht den einzelnen Schülerinnen und Schülern zu.

Mit diesen gesetzlichen Festlegungen hat der Gesetzgeber Religions- und Ethikunterricht in Sachsen-Anhalt verbindlich als ordentliche Lehrfächer eingeführt. Er hat sich und die Schulverwaltung damit verpflichtet, an allen Schulen des Landes einen Wahlpflichtbereich der Fächer Religionsunterricht und Ethikunterricht einzuführen. Der derzeit gültige kultusministerielle Ausführungserlass (RdErl. des MK vom 17.6.1998-39-82105) legt in Ziffer 1.1. fest:

„Der Religionsunterricht wird als evangelischer Religionsunterricht und als katholischer Religionsunterricht erteilt."

Hinsichtlich der Wahlpflicht wird in Ziffer 4.4. festgelegt:

„Werden an einer Schule evangelischer Religionsunterricht, katholischer Religionsunterricht und Ethikunterricht parallel angeboten, sind die Schüler zur Wahl eines der Unterrichtsangebote verpflichtet."

In Sachsen-Anhalt wurde somit für den hier in Rede stehenden ethischen und religiösen Allgemeinbildungsanteil schulorganisatorisch ein unterrichtlicher Wahlpflichtbereich geschaffen, der aus bekenntnisorientiertem Religionsunterricht unterschiedlicher Konfessionen einerseits und dem Ethikunterricht andererseits besteht. Der so geschaffene Wahlpflichtbereich ist dem allgemeinen Erziehungs- und Bildungsauftrag des Schulgesetzes (§1) eingeordnet. Religionsunterricht und/ oder Ethikunterricht sind somit schul- und verfassungsrechtlich ein Pflichtbestandteil schulischen Lehrens und Lernens, auf den nicht verzichtet werden darf. Ethik- und Religionsunterricht sind aber darüber hinaus auch bildungstheoretisch begründet.

1.4. Bildungs- und schultheoretische Grundlegung

Wesentliche Grundlage der inhaltlichen Gestaltung unseres Schulwesens ist ein historisch gewachsenes Verständnis von Allgemeinbildung[2]. Es ist in den gesellschaftlichen Auftrag eingebettet, die jeweils neu heranwachsende Generation durch schulische Erziehungs- und Bildungsprozesse zum Erhalt und zur zukunftsoffenen Weiterentwicklung der Gesellschaft mit ihrer politischen Verfasstheit und kulturellen Vielfalt zu befähigen.

Kultur im modernen Verständnis als weiterer Kontext stellt dabei einen bedeutungs- und sinnhaltigen Zusammenhang dar, den sich die Menschen im historischen Prozess geschaffen haben. Sie ist zusätzlich zur materiellen Seite humanen Lebens jener Bezugsrahmen, innerhalb dessen Werte, Normen und Verhaltensmuster, Traditionen und Wissen angeeignet und gegebenenfalls neue Bedeutungen („Sinn") geschaffen werden. Eingeschlossen hierin sind auch solche Vorstellungen, mit denen im Zusammenhang der Entwicklung eines Menschen- und Weltverständnisses Antworten auf Fragen nach dem Sinn des Lebens gesucht und gegeben werden. Das Verständnis von Allgemeinbildung schließt zunächst die Vermittlung von Kenntnissen, Fähigkeiten, Fertigkeiten und Werthaltungen ein, die als gesellschaftlich wichtig anerkannt werden. Es umfasst ferner den Aufbau der Fähigkeiten, das eigene Leben so weit wie möglich autonom und in der Gemeinschaft verantwortungsvoll zu gestalten. Allgemeinbildung soll zugleich die Bereitschaft anbahnen, an der positiven Weiterentwicklung der Gesellschaft verantwortlich mitzuarbeiten. Bildung in diesem Sinne schafft durch die Förderung möglichst aller Grunddimensionen menschlicher Fähigkeiten[3] die Voraussetzungen dafür, den eigenen Lebensweg zu finden, ihn verantwortlich zu gestalten und die Richtung des sozialen Wandels in möglichst vielen Bereichen mitzubestimmen.

Im kulturellen Kontext muss es mithin das Anliegen von Allgemeinbildung in der Schule sein, in Unterricht und Schulleben für alle Schülerinnen und Schüler einen Zugang zu den kulturellen Grundlagen unseres Kulturkreises und darüber hinaus zu anderen Kulturen („interkulturelles Lernen") zu schaf-

---

[2] Vgl. hierzu z.B. Klafki 1991, 1998.

[3] Solche Grunddimensionen sind etwa neben kognitiven, handwerklich-technischen, sozialen, ästhetischen, körperlichen, moralischen und politischen Fähigkeiten auch die reflexiv-dialogischen und die religiösen Möglichkeiten, sofern sie in freier Entscheidung ergriffen werden.

fen sowie im Zusammenhang damit auch zu seinen historischen und politischen Hintergründen, Traditionen, Brauchtümern, Überlieferungen und kulturellen Werten.

Im politischen Zusammenhang zielt Allgemeinbildung gleichfalls auf die Entwicklung von Eigenständigkeit und Mündigkeit, auf die kompetente und reflexive Teilhabe in unserer Gesellschaft und insbesondere damit auf die Bewahrung und Weiterentwicklung einer lebendigen Demokratie mit ihren Werten und Normen als Zivilgesellschaft. Schülerinnen und Schüler sollen in Kenntnis der eigenen Geschichte und Traditionen mit ihren Höhen und Tiefen in die Lage versetzt werden, das demokratische Gemeinwesen kritisch fortzuentwickeln.

Allgemeinbildung ist hierbei offensichtlich sowohl Wissensvermittlung als auch Selbstbildung in vielfältigen Lernprozessen. Sie ist nicht auf Anlernen und Anpassen begrenzt, sondern umfasst Aneignung und eigenverantworteten Umgang mit der natürlichen und sozialen Wirklichkeit. Sie muss daher Kreativität, Selbsttätigkeit, Eigeninitiative und Partizipation in sozialer Verantwortung fördern. Persönlichkeitsentwicklung, Teilhabe an der Gesellschaft und Vorbereitung auf den Beruf gehören zusammen.

Der aus der aufklärerischen und neuhumanistischen Tradition stammende Allgemeinbildungsbegriff ist auch heute noch prinzipiell als Orientierungsgröße für Schule und Unterricht tragfähig, wenngleich er immer wegen neuer Herausforderungen überprüft werden muss. Ein zeitgemäßer Begriff von Allgemeinbildung stützt sich nicht mehr auf eine für alle verbindliche ideologische, religiöse oder weltanschauliche Grundlage, aber auch nicht allein auf die Schulfächer als Repräsentanten der Wissenschaften. Zukunftsweisend ist hier u.a. die durch Wolfgang Klafki in die Diskussion gebrachte Ergänzung schulfachlicher Inhalte durch „epochaltypische Schlüsselprobleme“[4] und anzustrebende Schlüsselqualifikationen[5], die auch von Industrie und Wirt-

---

[4] Solche Schlüsselprobleme sind z. B. Probleme des Friedens, der Ökologie der gesellschaftlich produzierten Ungleichheit, Gefahren und Möglichkeiten der neuen Steuerungs-, Informations- und Kommunikationsmedien, Probleme weltweiter Vernetzung und Abhängigkeiten, Probleme der Ich-Du-Beziehungen etc. (vgl. auch Klafki 1998, S. 33).

[5] Als Schlüsselqualifikationen werden ausgewiesen u.a.: Kreativität, vernetzendes Denken, Lernkompetenz, Sozialkompetenz, Leistungsbereitschaft und -fähigkeit, Verantwortungsbereitschaft und -fähigkeit, Kritikbereitschaft und -fähigkeit, Argumentationsbereitschaft und -fähigkeit, Kooperationsbereitschaft und -fähigkeit, Empathie, Solidarität, Toleranz.

schaft gefordert werden. Soziale Kompetenzen wie Teamfähigkeit, Toleranz, die Fähigkeit zur Konfliktlösung und Bereitschaft zur Verantwortung müssen mehr Gewicht bekommen.

Weiterführend ist auch die Erinnerung daran, dass Schule mehr ist als Unterricht und Bildung mehr als die Summe der Wissensbestände der Unterrichtsfächer. Verwiesen wird damit auf die vielfältigen Möglichkeiten der Unterstützung und Ergänzung wesentlicher Bildungsaspekte durch eine anspruchsvolle und anregungshaltige Gestaltung des Schullebens. Die Schule als Lern-, Erfahrungs- und Lebensraum bietet dann die Möglichkeit, Formen des Zusammenlebens zu kultivieren und Wege zu besseren Formen humanen Miteinanders zu eröffnen. Im überschaubaren Kreis der Klasse, aber auch in der Schule insgesamt können neue Formen des sozialen Verhaltens und der Solidarität eingeübt werden, die zu einer zivilen Gesellschaft führen.

Unter Bildungs- und Schultheoretikern besteht – trotz aller Unterschiede im Detail – ein breiter Konsens darüber, dass die Schule heute stärker als früher – in Ergänzung und zum Teil auch als Substitution der Erziehungsleistungen der Familien – einen Beitrag zur erforderlichen Vermittlung von Wertorientierungen für eine humane Lebensweise in einer pluralistischen und zunehmend kulturell vielfältiger werdenden gesellschaftlichen Situation leisten muss. Für eine „Schule mit Zukunft“[6] sind daher wertbezogene sowie ethische und/ oder religiöse Bildungsangebote unabdingbar erforderlich. Sie sind sowohl historisch bedeutsam zum Verständnis und zur Tradierung unserer christlich-abendländischen Kultur als auch mit ihren grundlegenden normativen Reflexionsorientierungen ein unverzichtbarer Bestandteil zukünftiger individueller und gesellschaftlicher Lebensgestaltung in sozialer Verantwortung.

Auf der Wertebasis des Grundgesetzes der Bundesrepublik Deutschland und der Verfassung des Landes Sachsen-Anhalt wurde – wie bereits erwähnt – zusammen mit anderen Erziehungs- und Bildungsaufgaben im Schulgesetz des Landes Sachsen-Anhalt explizit formuliert, dass die Schule die Aufgabe hat, die Schülerinnen und Schüler zur Anerkennung und Bindung an ethische Werte und zur Achtung religiöser Überzeugungen zu erziehen. Der diesbe-

---

[6] Wir beziehen uns wiederholt bewusst auf die Empfehlungen der gleichnamigen Enquete-Kommission des Landtages von Sachsen-Anhalt, weil in diesem Dokument für viele aktuelle Bildungsfragen ein umfangreicher Konsens formuliert wird.

zügliche bildungspolitische Konsens, der auch im Bericht der Enquete-Kommission des Landtags von Sachsen-Anhalt „Schule mit Zukunft“ zum Ausdruck kommt, wird durch eine Reihe von Argumenten zur Begründung und Profilierung ethischer und religiöser Bildung unterlegt, die wir hier einbeziehen:

1. *Mit zunehmender kultureller und religiöser Pluralisierung und dem in der Welt wachsenden Konfliktpotential religiös-kultureller Auseinandersetzungen bedürfen religiöse, philosophische und ethische Aspekte der kulturellen Tradition besonderer Aufmerksamkeit. Um die Gegenwart angemessen verstehen zu können, bedarf es auch eines gewissen religionskundlichen und ethisch-philosophischen Grundwissens.*
2. *Der wissenschaftliche, technische und kulturelle Fortschritt hat uns mit Möglichkeiten konfrosntiert und ausgestattet, die sich einer konventionellen moralisch-ethischen Bewertung noch weit gehend entziehen: „Zwischen den Sachfragen und den Sinnfragen des Fortschritts ergibt sich eine wachsende Diskrepanz“. Schule hat die Aufgabe, die für die anstehenden Wertfragen, Entscheidungs- und Verantwortungsprobleme notwendigen ethischen und religiösen Kompetenzen anzubahnen.*
3. *Religion bildet einen wichtigen Wissenskomplex im Hinblick auf die eigenen kulturellen Grundlagen und Traditionen. Um die Gegenwart angemessen zu verstehen, bedarf es eines gewissen Repertoires an religionskundlichem Wissen. Schülerinnen und Schüler begegnen in ihrer Lebenswirklichkeit vielfältigen Phänomenen, in denen Religionen kulturellen und gesellschaftlichen Ausdruck gefunden haben und gegenwärtig finden*[7].
4. *Philosophische Grundprobleme und Einsichten gehören ebenso zum kulturellen Erbe*[8]. *Die geistigen Grundlagen unserer Kultur gilt es immer*

---

[7] Hier sei nur kurz verwiesen auf Zeichen und Symbole wie das Kreuz, Hilal (Mondsichel) und Davidstern, auf die Bezeichnung der Ferien als Weihnachts- oder Osterferien sowie den gregorianischen Kalender, auf "heilige Bücher" wie die Thora, die Bibel und den Koran, auf Religionsstifter wie Mose, Jesus und Mohammed oder die "heiligen Räume" wie Synagoge, Kirche und Moschee.

[8] Als zu nennende Beispiele gehören die Berufung des Sokrates auf sein Gewissen, Platons Höhlengleichnis, die Kopernikanische Wende als Beispiel einer Weltbild-Umstellung, Kants kategorischer Imperativ ebenso wie sein Aufruf zur Aufklärung nicht minder zu den Voraussetzungen und Verstehensbedingungen der Geistesgeschichte und gegenwärtiger Kultur wie die Begründung der Menschenrechte und der Begrenzung staatlicher Macht, wie Kierkegaards Angst- und Heideggers Zeitanalyse, Adornos "Erziehung nach Auschwitz" u.v.a.

erneut anzueignen und in philosophischer Argumentation für das Verständnis der gegenwärtigen Welt fruchtbar zu machen.

5. *Der Religionsunterricht in der Schule dient über die kulturelle Dimension hinaus der Aufklärung über die Besonderheiten religiöser Zugänge zur Erklärung und Gestaltung der Welt, die sich einer Funktionalisierung entziehen. Als unabdingbare Dimension des Menschseins steht der Religionsunterricht für den Schutz des Menschen vor einer Reduktion auf zweckrationales Verhalten und gesellschaftliche Nützlichkeit. Er begleitet auch Schülerinnen und Schüler ohne kirchliche Sozialisation bei der Selbstwerdung, indem er ihre religiöse Vorstellungswelt differenziert und systematisiert.*
6. *Das Wissen um die Herkunft der eigenen kulturellen Tradition, das Wissen über Weltreligionen und die Begegnung mit ihren Vertretern sowie das Wissen um universelle philosophische Grundgedanken schärft das politische und soziale Urteils- und Orientierungsvermögen und ist gleichfalls ein Fundament für das Verstehen und die Achtung des Fremden. Insofern tragen Ethik- und Religionsunterricht sowohl zum sozialen Lernen als auch zur politischen Bildung der Schülerinnen und Schüler bei.*

Aus den obigen Ausführungen werden noch einmal der verfassungs- und schulrechtliche Auftrag sowie die bildungs- und schultheoretische Begründung für einen Wahlpflichtbereich „Ethik- und Religionsunterricht" deutlich. Anlass für die hier vorgelegte Stellungnahme ist der vor dem ausgeführten Hintergrund unhaltbare Zustand, dass der staatliche Auftrag zur Einrichtung dieses Wahlpflichtbereiches bisher nur unzureichend erfüllt ist. Erst etwa 40% aller Schülerinnen und Schüler besuchen bisher den Ethik- oder den Religionsunterricht (vgl. 3.). Ein Ziel zukünftiger bildungspolitischer und bildungsadministrativer Anstrengungen muss es sein, dieses offensichtliche und missliche Realisierungsdefizit zügig abzubauen.

2. Ethische und religiöse Bildung in einer sich verändernden Schule

Die gesellschaftlich-politische Entwicklung hat nach der Wende in Sachsen-Anhalt zu der neuen verfassungsrechtlichen und schulrechtlichen Situation für ethische und religiöse Bildung geführt. Vergegenwärtigt man sich den historischen Hintergrund, auf dem die aktuelle Entwicklung aufbaut, so wird deutlich, dass in den Jahrzehnten zuvor die Behandlung ethischer und religiöser Fragen in der Schule je nach den Machtverhältnissen[9] sehr unterschiedlich geregelt war. Die spezifische Entwicklung nach der deutschen Vereinigung, die mit dem politisch-ideologischen Umbruch und massiven Veränderungen in den offiziellen Wertorientierungen verbunden war, ist selbst wiederum eingebettet in umfassendere Modernisierungs-, Globalisierungs- und Wertwandlungsprozesse[10], denen sich Gesellschaft und Schule stellen müssen. Dabei vollziehen sich die generell feststellbaren wertbezogenen Wandlungsprozesse in den neuen Bundesländern teilweise geballt und im Zeitraffertempo. Sie gehen einher mit einer Pluralisierung individueller und gesellschaftlicher Wertorientierungen und gleichzeitiger Steigerung von Modernisierungsambivalenzen mit Chancen und Problemen. Ein Bedürfnis nach ethischer und religiöser Bildung ist im Allgemeinen gegeben, wenn auch nicht bei jedem und jederzeit in gleichem Maße, und nicht immer offensichtlich. Für alle schulisch Verantwortlichen erwachsen im hier nur angedeuteten Prozess neuartige und ungewohnte Herausforderungen. Dies gilt gleichermaßen für die Aufgaben und Ziele von Schule und Unterricht wie auch hinsichtlich unterrichtlicher Inhalte (Schlüsselprobleme) und Methoden (fächerübergreifender Unterricht, soziales und projektartiges Lernen) ebenso wie bezüglich der alltäglichen Ausgestaltung der zwischenmenschlichen Beziehungen und der Schulkultur. Ethik- und Religionsunterricht gewinnen in diesem Zusammenhang – auch aufgrund ihres historisch gewachsenen Argumentationsfundus in Wertorientierungs- und Sinnfragen – gewachsene Bedeutung für Schulalltag und Schulentwicklung.

2.1 Ethische und religiöse Bildung

Die „Schule mit Zukunft" hat vor dem zuvor ausgeführten Bildungsverständnis – konkretisiert im § 1 des Schulgesetzes von Sachsen-Anhalt – vielfältige Aufgaben zu übernehmen. Sie hat insbesondere beim Hineinwachsen in die Gesellschaft Hilfen zu geben durch Gesprächs- und Orientierungsangebote in Grundfragen des Lebens und der Weltanschauung. Ethische und religiöse Bildung hat in diesem Zusammenhang die Aufgabe, wert- und sinnsuchende und religiöse Fragen zur Sprache kommen zu lassen, zu ordnen und mit den Jugendlichen Beurteilungskriterien für die Unterscheidung zwischen lebens-

---

[9] Hier sei nur kurz an die historischen Stationen Kaiserreich, Weimarer Republik, Drittes Reich, DDR erinnert.

[10] Vgl. etwa Beck 1993, Klages 1993.

ermöglichenden und lebensverhindernden Formen von religiösen und außerreligiösen Sinnangeboten zu entwickeln. Da ethische und religiöse Bildung so verstanden nicht auf den Ethik- und Religionsunterricht beschränkt ist, muss sie von der gesamten Schule getragen werden. Dabei fällt den Einzelschulen in Zukunft für die Verwirklichung des Bildungsauftrags erhöhte Verantwortung zu.

Eine wichtige Bedingung zur Erfüllung dieser Aufgaben ist, dass Schule sich stärker dem Leben öffnet und zu einem Begegnungsort wird: zunächst mit Mitschülerinnen und Mitschülern, mit Lehrerinnen und Lehrern, dann mit den Eltern, der Nachbarschaft, der Kommune und sozialen Gruppen (auch so genannten „Randgruppen"), darüber hinaus zum Begegnungsort mit der Vergangenheit, aber auch unterschiedlichen Gruppenmeinungen in der Gegenwart sowie mit Gedanken, die zu anderen Zeiten oder an anderen Orten gedacht wurden, schließlich mit Lebensentwürfen, Gesellschaftsentwürfen und Weltbildern. „Begegnung" bedeutet dabei: sich achtungsvoll annähern, vertraut-werden, im Darüber-Sprechen sich auseinander setzen, gegebenenfalls auch kritisch, und persönlich verarbeiten.

Religionsunterricht und Ethikunterricht haben ihr je eigenes fachwissenschaftliches und fachdidaktisches Profil entwickelt[11]. Während sich der Ethikunterricht vor allem an den Möglichkeiten und Grenzen philosophischer Vernunft orientiert, hat der Religionsunterricht seine unveräußerlichen Grundlagen in den geschichtlichen Überlieferungen und gegenwärtigen Ausdrucksformen des Glaubens. Eine produktive Differenz ist vor allem in der Gottesfrage gegeben. Trotz mannigfaltiger inhaltlicher Überschneidungen betonen Landesverfassung und Schulgesetz zu Recht die durch die maßgeblichen letzten Auslegungshorizonte bedingte unverwechselbare Eigenständigkeit beider Unterrichtsfächer.

Christliche Religion thematisiert die Gottesfrage unter der Prämisse des Glaubens als einer Haltung des Vertrauens gegenüber dem sich offenbarenden Gott und gegenüber dem geoffenbarten Wort Gottes. Sie gewinnt in diesem Bezug einen eigenen Interpretationshorizont, eine eigene Lebenspraxis und eine spezifische Weise der Erfahrung. In diesem Zusammenhang fragt der Religionsunterricht aber auch nach dem Verhältnis von Vernunft und Glauben und ermöglicht so eine diskursive Auseinandersetzung mit dem

[11] Vgl. hierzu u.a. die einschlägigen Rahmenrichtlinien für Ethik- und Religionsunterricht.

Wahrheitsanspruch christlicher Religion. Der Religionsunterricht ist seinerseits auf philosophische Reflexionen und auf kognitive Lernprozesse angewiesen. Er hat es im Rahmen christlicher Religion ferner gleichfalls mit Ethik zu tun, so wie in ihm auch andere Religionen und Weltanschauungen thematisiert werden.

Die Philosophie stellt ihrerseits u. a. auch die Frage nach Gott, nach Anfang und Ende von Mensch und Welt, nach Freiheit und Unsterblichkeit, Schicksal, Schuld und Tod. Sie bearbeitet sie jedoch argumentativ auf der Basis von Vernunft, bekenntnisoffen und auch ohne dass der Vernunft selbst Glaubensrang zugesprochen würde. Vielmehr wird in dem Zusammenhang vernünftiger Erörterung der Vergleich von Antworten unterschiedlicher Religionen und Weltanschauungen ebenso einbezogen wie die Reflexion auf die Grenzen der Vernunft. Die selbständige philosophische Auseinandersetzung dient bereits der Orientierung, während die letzten Antworten und Überzeugungen (wie auch im Religionsunterricht) der persönlichen Entscheidung der Schülerinnen und Schüler vorbehalten bleiben.

Religionskundliche Fragestellungen, die sich auf verschiedene Religionen beziehen, und deren ethischer und philosophischer Hintergrund gehören ebenso zum Aufgabenbereich des Ethikunterrichts wie das emotionale und das soziale Lernen und Handeln: Damit wird deutlich, dass die Gegenstandsbereiche der beiden Fächer zumindest über weite Teile miteinander verschränkt sind und Religions- und Ethikunterricht vor der Aufgabe gemeinsamer Profilierung des Wahlpflichtbereichs stehen. Indem der Gesetzgeber in Sachsen-Anhalt Ethikunterricht und Religionsunterricht in der Landesverfassung und im Schulgesetz als Wahlpflichtbereich aufeinander bezogen hat, spricht er – wenn auch nicht explizit – die Erwartung aus, dass die Fächer in diesem Rahmen miteinander eine Kultur des fachdidaktischen, fachwissenschaftlichen und schulpraktischen Dialogs entwickeln und pflegen.

2.2 Lern- und Leistungsverständnis

In der Schule der Zukunft muss der herkömmliche Lernbegriff erweitert werden. Oft wird nicht zwischen einem eher oberflächlichen, verständnislos bloß reproduzierenden Lernen auf der einen Seite und dem Erwerb einer geordneten Menge von Informationen sowie einem tiefen Verstehen auf der anderen Seite unterschieden. Lernen muss in Zukunft viel stärker als Prozess der aktiven Auseinandersetzung mit den Unterrichtsinhalten, als personinterner

Aufbau- und Konstruktionsprozess verstanden werden, der zu einem Wissen führt, das sich auf Erkenntnis gründet. Lernen so verstanden geht über die Aneignung von Wissen und die Einübung in fachliche Arbeitsweisen, obwohl beides eingeschlossen ist, in mehrfacher Hinsicht hinaus.

Als Erweiterung kommen zumindest folgende Dimensionen hinzu:

a. *verstehendes* Lernen, ein Lernen, dessen Sinn die Lernenden einzusehen vermögen
b. *soziales*, auf die Kooperation in einer Lerngruppe statt auf Konkurrenz angelegtes Lernen
c. *handlungsorientiertes oder praktisches* Lernen,
d. *kreatives* Lernen, das neben den kognitiven diverse schöpferische Fähigkeiten anspricht, respektiert und fördert
e. *selbstgesteuertes* Lernen, das die Eigenständigkeit und Selbstverantwortung betont
f. *reflektiertes bzw. reflektierendes* Lernen, das das Lernen des Lernens bzw. die Entwicklung von Lernkompetenz einbezieht.

Ein erweitertes Lernverständnis muss verbunden werden mit einem neuen Leistungsverständnis. Leistung wird überwiegend individualistisch, wettbewerbs- bzw. konkurrenzorientiert aufgefasst. Ein erweitertes Verständnis muss in Zukunft stärker gruppenbezogene, soziale Aspekte und die Prozesshaftigkeit des Lernens berücksichtigen. Ein solches Verständnis von Leistung ist in der „Schule der Zukunft" bis zu einem gewissen Grade für jedes Unterrichtsfach von Bedeutung; seine Grenze findet es an fachlichen, altersgerecht und schulformbezogen zu bestimmenden Standards[12].

Grundsätzlich liegt den Fächern Ethikunterricht und Religionsunterricht jeweils ein Menschenbild zugrunde, das den Menschen nicht ausschließlich durch seine Leistungen bestimmt, sondern tiefer ansetzt und daher die Leistungen wohl respektiert, aber auch relativiert, indem es sie in einen größeren Zusammenhang stellt:

a) Zu den Grundlagen des Ethikunterrichts gehört der ethische Minimalkonsens unserer Gesellschaft, wie er sich im Grundgesetz und der Allge-

---

[12] Hier sei nur daran erinnert, dass Ethik- und Religionsunterricht als Abiturfächer den Standards der Einheitlichen Prüfungsanforderungen (EPA) unterliegen.

meinen Erklärung der Menschenrechte niederschlägt und philosophisch begründet ist. Zu diesem Minimalkonsens gehört die prinzipielle Gleichheit und Würde aller Menschen (Universalität), die allen tatsächlichen und potentiellen Differenzierungen vorausliegt. Somit kommt jedem Menschen seine Menschenwürde zu *unabhängig* von seinem Alter und Entwicklungsstand, *unabhängig* von seinen spezifischen Begabungen und Beschränkungen, *unabhängig* von phasenbezogenen, vorübergehenden Leistungen und *unabhängig* von ggf. fehlerhaften oder gescheiterten Bemühungen. Zum Menschsein gehört aber auch Menschwerdung, die Entfaltung der je eigenen Möglichkeiten und der verantwortliche Umgang mit diesen. Beides hat Schule zu fordern, aber auch durch geeignete Bedingungen und Ansprache zu fördern.

b) Zu den Grundlagen des christlichen Religionsunterrichts gehört die Deutung des Menschen als Geschöpf und Ebenbild Gottes, die ebenso allen tatsächlichen und potentiellen Differenzierungen vorausliegt. Der Mensch ist vor allen Handlungen und Leistungen vorbehaltlos von Gott angenommen. Seine Unvollkommenheit, die in seinem Sein und seinem geschichtlichen Handeln begründet ist, wird letztlich in der werk-unabhängigen Rechtfertigung durch Gott wieder aufgehoben. Dies steht nicht im Widerspruch zur Bejahung von Leistung, die Ausdruck verantwortlichen Handelns ist.

In diesem Sinn teilen Philosophie (besonders in ihrer aufklärerischen Tradition) und christliche Religion in ihrem Menschenbild eine gemeinsame Vorstellung: Sie legen den Menschen nicht auf seine jeweilige unvollkommene Gegenwart und Vergangenheit fest, sondern stellen ihn in einen umfassenderen, Leben ermöglichenden Horizont. Die Anerkennung und Einschätzung eines Menschen ausschließlich nach seiner Leistung steht im Widerspruch zu Humanitätsgrundsätzen wie zum Evangelium.

Im Wahlpflichtbereich Ethik- und Religionsunterricht liegt der Schwerpunkt schulischer Leistung stärker als in anderen Fächern auf der Persönlichkeitsbildung, die die Entwicklung von sachgerechter Urteilsfähigkeit, Methoden- und Sozialkompetenz einschließt. Diese Zielbestimmung des Unterrichts darf nicht am Ende von Lernprozessen durch die Bewertung nach einem verengten Leistungsbegriff wieder zurückgenommen werden. Hier gilt es prinzipiell einen Weg für zukünftige Leistungsbeurteilungen zu finden, der die Entwicklung der Persönlichkeit, den Aufbau von Selbstlern- und Prob-

lemlösefähigkeiten oder kurz: die Ausprägung von Schlüsselqualifikationen einbezieht und nicht etwa ungewollt verhindert.
Ethikunterricht und Religionsunterricht sind aber selbstverständlich keine leistungsfreien Räume. In der Bewertung von Leistungen im Ethikunterricht und Religionsunterricht ist sorgfältig darauf zu achten, dass die oben beschriebene Vieldimensionalität berücksichtigt wird und ehrliche Rückmeldungen über in dieser Vieldimensionalität erbrachte Leistungen, aber auch deren Beschränkungen gegeben werden und dass schließlich auch die Perspektive auf noch nicht erschlossene Entwicklungsmöglichkeiten eröffnet wird. Forderung und Förderung gehören zusammen, nicht nur im Ethikunterricht und Religionsunterricht, sondern insgesamt in der Schule der Zukunft.

Dieser nicht auf Vergangenheit und Gegenwart festlegende, vielmehr künftige Chancen ermöglichende Blick des Erziehenden für die ihm anvertrauten jungen Menschen wurde nicht nur im ethisch-religiösen Zusammenhang, sondern wiederholt auch in der pädagogischen Tradition in seiner Bedeutung erkannt. Es gilt, ihn immer neu in das gegenwärtige Bewusstsein und die Praxis einzubinden.

2.3 Profile der Fächer Religionsunterricht und Ethikunterricht

2.3.1 Religionsunterricht

Der Religionsunterricht versteht sich auf Grund seiner Bildungsziele und Unterrichtsverfahren als ein unterrichtlich und schulisch mit anderen Unterrichtsfächern *kompatibles, ordentliches Lehrfach.* Sein *Gegenstandsbereich* ist primär *Religion,* wie schon die Bezeichnung des Fachs besagt, nicht ein in entsprechenden anderen Unterrichtsfächern behandelter Bereich der Kultur wie Sprachen, Literatur, Geschichte, Politik, Kunst, Naturwissenschaften, obwohl sich Religion auf diese kulturellen Lebensäußerungen auswirkt und sich in Geschichte, Sprache sowie sozialen Gebilden als Formen ihres Selbstvollzugs entfaltet. Für die abrahamischen Religionen ist wegen ihrer Rückbindung an den ethischen Willen Gottes ihre ethische Bedeutung unterrichtlich relevant, so dass eine natürliche Nähe zum Ethikunterricht gegeben ist.

Religionen haben mit Weltanschauungen gemeinsam, dass sie eine *Deutung der Wirklichkeit als Ganzem* in sich schließen. Im Christentum macht die Theologie dies nach innen und außen bewusst, für die Mitglieder der Kirchen und für das Gespräch und die Auseinandersetzung mit anderen Wirklichkeitsdeutungen. Ein theologisch angeleiteter Religionsunterricht partizipiert an dieser Aufgabe. Neue Lehrpläne für den evangelischen Religionsunterricht und für den katholischen Religionsunterricht erkennen die gegebene Pluralität an. So ergibt sich etwa im Lehrplan für die evangelische Religionslehre für die Sekundarstufe II an Gymnasien und Gesamtschulen in Nordrhein-Westfalen als Grundfigur des Dialogs im evangelischen Religionsunterricht ein Dreieck mit folgenden Eckpunkten:

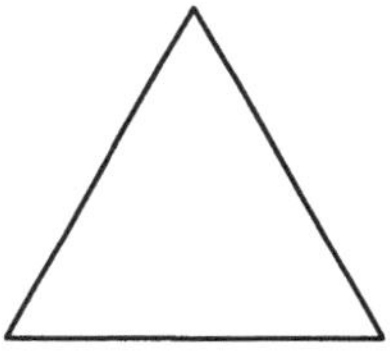

Auf Grund dieser kritisch vergleichbaren Selbstreflexivität überschneiden sich der Religionsunterricht und der Philosophieunterricht. Auch er knüpft hierbei an die Fragen und Erfahrungen der Kinder und Jugendlichen an, an ihre Fragen nach Anfang und Ende, Leben und Sterben, Glück und Leid, Gott und Welt. Kinder sind kleine Philosophen wie kleine Theologen.

Der *Staat* (Bundesland) ist der Veranstalter des Religionsunterrichts und verantwortet ihn als für die Schule verpflichtende Einrichtung. Für Eltern und Heranwachsende ist er ein Angebot zur freien Wahl. Der weltanschaulich-religiös neutrale Staat gibt den Rahmen, innerhalb dessen sich für die Einzelnen ihre *Religionsfreiheit* als Recht auf religiöse Orientierung positiv entfalten darf. Nach welchen Grundsätzen dies geschieht, obliegt unbeschadet der staatlichen Schulhoheit und Schulaufsicht den Religionsgemeinschaften, deren Recht auf Selbstinterpretation und Selbstdarstellung respektiert wird.

Kraft ihrer relativen Eigenständigkeit haben der christliche (evangelische, katholische, orthodoxe), jüdische und potenziell islamische Religionsunterricht je *eigene Bildungsziele und -inhalte*. Verfassung und Staat achten die geschichtlich gewordenen und gegenwärtig existierenden individuellen Gestaltungen von Religion. Sie tun dies erstens, weil die Bildung der Person nicht um eine wichtige Dimension der conditio humana verkürzt werden soll;

dies macht den Beitrag des Religionsunterrichts zur individuellen Bildung aus. Zweitens verspricht man sich vom Religionsunterricht auf dem Weg über seinen Beitrag zur allgemeinen Bildung Ausstrahlungen auf das Gemeinwohl.

Der Religionsunterricht trägt bei zu

(1) Bildung als Reflexionsfähigkeit in einer nachdenklichen Schule
(2) Bildung als Handlungsfähigkeit in einer verantwortungsbewussten Schule
(3) Bildung als Verständigungsfähigkeit in einer pluralismusoffenen Schule.

In den genannten Richtungen bilden die Aufgaben des Religionsunterrichts ein geschichtliches Aufgabengefüge mit folgenden unterrichtlichen Intentionen.

1. Der Religionsunterricht hat die Aufgabe, über das Christentum, seine wichtigsten konfessionellen Gliederungen und über andere Religionen zu *informieren* und hierbei religiöses Einzelwissen und *Zusammenhangswissen* zusammenzuführen. Er strebt in dieser Schicht eine kognitive religiöse Grundbildung an.

Schwerpunktmäßig verfolgt er die Aufgabe, in jene geschichtliche und gegenwärtige Lebenswirklichkeit der Religionsgemeinschaft (Konfession) *ganzheitlich einzuführen,* die den ,Sitz im Leben' seiner Unterrichtsinhalte bildet. Wie die politische Bildung ihren Sitz im Leben in den Lebensvollzügen des eigenen Verfassungsstaates hat, so der Religionsunterricht in den ihm vorausliegenden Religionsgemeinschaften. Angestrebt wird jene *Vertrautheit* mit der besonderen Religion oder Konfession, die es den Heranwachsenden erlaubt, überhaupt das Religiöse zu verstehen und darum auch andere Religionen zu würdigen. Bildungsziele sind *persönliche religiöse Selbstständigkeit und begründete religiös-ethische Urteilsfähigkeit.*

Der Rat der Evangelischen Kirche in Deutschland hat 1994 in der Denkschrift „Identität und Verständigung. Standort und Perspektiven des Religionsunterrichts in der Pluralität", die deutschen katholischen Bischöfe haben 1996 in ihrer Erklärung „Die bildende Kraft des Religionsunterrichts. Zur Konfessionalität des katholischen Religionsunterrichts" die jeweiligen Positionen zu Sinn, Aufgaben und Gestalt des Religionsunterrichts im Rahmen des Bildungsauftrags öffentlicher Schulen dargelegt. In beiden Schriften wird mit unterschiedlichen, aber vergleichbaren Begründungen die Konfessionalität des Religionsunterrichts betont. Übereinstimmung besteht darin, dass *konfessioneller Religionsunterricht in ökumenischer Offenheit* erteilt werden soll. Eine Vereinbarung der Deutschen Bischofskonferenz und der Evangelischen Kirche in Deutschland vom Januar/Februar 1998 beschreibt Formen der konfessionellen Kooperation in der schulischen Praxis, auf der Ebene der Schulverwaltungen und in der Lehrerbildung. Es wird ausdrücklich darauf hingewiesen, dass regionale Gegebenheiten, schulformspezifische Besonderheiten und schulreformerische Herausforderungen Kooperationsformen nahe legen können, die über die genannten hinausgehen.

2. Im Religionsunterricht ist es ebenso wie in anderen Fächern unter den üblichen Bedingungen der Schule nur begrenzt möglich, Handlungsbereitschaften und -fähigkeiten anzubahnen. Nur wenn die Schule damit ernst macht, sich auch zu einem Erfahrungs- und Handlungsraum auszugestalten, etwa durch „Projektmethoden“, „Praktisches Lernen“, Elemente einer „Just Community School“, „gemeinwesenorientierte Öffnungen“, kann *mitmenschliches, soziales, ethisches und politisches Engagement* geweckt werden, das mit entsprechender Urteilsbildung Hand in Hand geht.

Zusammen mit dem Ethikunterricht und anderen Fächern, sofern sie einbezogen werden, verfolgt der Religionsunterricht zentrale handlungsbezogene Bildungsziele. Einige gehen auf älteste biblische Traditionen zurück. In der gegenwärtigen Religionspädagogik stehen folgende im Vordergrund.

Verpflichtend ist das Bild vom Menschen als *Ebenbild Gottes* (Gen 1, 26.27), aus dem die unantastbare *Würde jeder Person* folgt, unabhängig von Herkunft, religiöser Bindung, gesellschaftlicher Stellung und Geschlecht (Gal 3, 28). Erziehungsziel ist die biblisch begründete Achtung der Menschenwürde und Menschenrechte.

Von der alttestamentlichen Prophetie und den Psalmen bis zum Magnificat der Maria und der Verkündigung Jesu spiegelt sich sodann der Wille Gottes in Zeugnissen des Glaubens, die zu einer *Erziehung zum Frieden, zu Nächsten- und Feindesliebe, zu sozialer Gerechtigkeit und Barmherzigkeit sowie zur Bewahrung von Gottes Schöpfung* politisch und pädagogisch verbindlich anhalten.

Das Christentum erschöpft sich auf der Handlungsebene nicht in einzelnen „Werten". Ihm wird einerseits zu Recht ein Beitrag zur „Werteerziehung" abverlangt. Andererseits darf die bildende Kraft des Religionsunterrichts nicht dort unterboten werden, wo seine Mitte ist. Man würde ferner den Religionsunterricht verkennen, wenn man ihn gar als Instrument moralischer Disziplinierung betrachten oder als ein auf Moralisieren gerichtetes Unternehmen ansehen wollte. Für Letzteres sind die ethischen Probleme unserer Zeit zu ernst und viel zu schwer zu bewältigen, und Ersteres verbietet sich schlicht pädagogisch.

Der genuine, menschlich bedeutsame Beitrag des Religionsunterrichts kommt unter der paulinischen Formel von „Glaube, Hoffnung, Liebe" in den Blick, unter welchen drei „die Liebe die größte ist" (1. Kor 13, 13). Der eingangs berührte umfassende Sinn von Religion scheint auf: im Christentum der Glaube an Gott in seiner Offenbarung in Jesus Christus als Vergewisserungsgrund für das eigene Leben und für das Sein insgesamt, Hoffnung als Lebenszuversicht in der Zeit und Liebe als Richtschnur für das Zusammenleben mit anderen.

In diesem Kontext wird das eigene Profil des Religionsunterrichts besonders prägnant in der Gottesthematik sichtbar. Die Frage nach einem letzten Prinzip des Seins stellt auch der Philosophieunterricht, sofern er sich auf metaphysische Aspekte menschlichen Fragens einlässt. Die *Gottesfrage* ist kein ausschließliches Merkmal des Religionsunterrichts. Es ist die christliche *Gotteserfahrung und -beziehung,* die in einem bekenntnisbezogenen Religionsunterricht im Unterschied zu einer bekenntnisfreien Religionskunde (sei diese als selbständiges Fach erteilt oder als Bestandteil des Ethikunterrichts) die spezifische Differenz bezeichnet.

3. Die Leitperspektive religiöser Bildung in den Schulen ist im gegenwärtigen Zeitalter nicht Mission, sondern *Verständigung*. In diesem erst seit kurzem näher erschlossenen neuen, großen religionspädagogischen Aufgabenfeld wird der Religionsunterricht jeder Konfession folgende *Dialogprinzipien* zu beherzigen haben, als Hilfe für die jungen Menschen, als glaubwürdiger Ausdruck gesprächsfähiger Kirchen und zur Kompetenzsteigerung von Schule und Gesellschaft im Pluralismus:
   - *das Prinzip des wechselseitigen Verstehens*
   - *das Prinzip der gegenseitigen persönlichen Achtung*

– *das Prinzip der wechselseitigen sachlichen Anerkennung in Wahrhaftigkeit („versöhnte Verschiedenheit").*

Diese Prinzipien fördern eine aktive, starke *Toleranz* im Unterschied zu einer passiven, schwachen Toleranz, die entweder nur unwillige Duldung des Anderen ist oder Ausdruck von Gleichgültigkeit hinsichtlich des Ringens um wahrheitsfähige Aussagen.

Religiöse Bildung wird in Zukunft im Zeichen eines *komplementären, d. h. zugleich identitäts- und verständnisbezogenen Bildungsbegriffs* stehen müssen: Identität fördert Verständigung – Verständigung fördert Identität. Ein eigener Standort ermutigt und befähigt, sich der Andersheit des Anderen auszusetzen; die Begegnung mit dem Anderen und Fremden lässt das Eigene und Vertraute neu sehen. Die neuzeitliche Leitidee des „Ich denke, also bin ich" (R. Descartes) wird herausgefordert und ergänzt durch das „Ich antworte, obwohl ich mich wandle" (E. Rosenstock-Huessy).

Den überzeugendsten organisatorischen Ausdruck findet das fruchtbare Widerspiel von Identitätsbildung im Eigenen (in der Eigengruppe) und am Anderen (in der Begegnung mit der Fremdgruppe) im angemessenen, altersgemäß abgewogenen *Miteinander von differenzierendem und kooperativem Unterricht*, wozu verschiedene Modelle gewählt werden können.

2.3.2 Ethikunterricht

Ethik in einer pluralen Welt: Sinnorientierungen

Die europäischen Industriegesellschaften sind durch Prozesse der politischen, sozialen, kulturellen und religiösen Differenzierungen geprägt. Einheitliche, weltanschauliche Sinnorientierungen sind daher weitgehend obsolet geworden. Gleichwohl benötigen die hoch technisierten Lebensformen, die unüberschaubar gewordene Vielfalt sozialer Gruppierungen, pluraler Lebensformen und kultureller Überzeugungen nachvollziehbare und verständliche Sinnorientierungen, die ein gedeihliches Zusammenleben in einer pluralen Welt ermöglichen.

Ethik als philosophische Disziplin des richtigen Lebens und Handelns beschäftigt sich mit den Bedingungen und begrifflichen Orientierungen verantwortlich gestalteter Weisen des Zusammenlebens und klärt Fragen gelingenden Lebens (Glück). Es geht ihr um die Bestimmung angemessener Formen zwischenmenschlichen Verhaltens, um Regeln der Rücksichtnahme und Achtung der Menschen untereinander und gegenüber anderen leidensfähigen Wesen (d.h. auch Tieren). Sie befasst sich darüber hinaus mit den Bedingungen gerechter

Institutionen, globaler Friedfertigkeit und dem Verhältnis zwischen Mensch und Natur, Mensch und Technik sowie Zukunftsentwürfen.

Die Ethik hat nicht in all diesen Kontexten lediglich eine Antwort, sondern muss sich die unausweichliche Möglichkeit ethischer Konflikte eingestehen. Sie verfügt aber auf Grund ihrer argumentativen Reflexivität über Möglichkeiten, die konfligierenden Sinnkonzeptionen unserer Gesellschaft aufeinander zu beziehen und eine Orientierung im Denken vorzustellen.

Ethik in einer pluralen Welt: Begründungen und Verbindlichkeiten

Die Ethik setzt die vielfältigen ethischen Überzeugungen von Individuen, Gruppen und Gemeinschaften dem Maßstab kritischer Überlegungen aus, die einzig das gelten lassen, was sich durch Gründe und begründbare affektive Einstellungen ausweisen kann. Trotz der rationalen Prüfung gibt es jedoch in vielen Punkten Offenheit, Meinungsunterschiede sowie konfligierende ethische Standpunkte und Werthaltungen, so dass die Ethik keine „letztgültigen Antworten" präsentieren kann; ihr festes Fundament sind sozusagen der Maßstab der Reflexion und ein Kontinuum ethischer Sinnfragen, das seit der Antike ihren Gegenstand bestimmt.

Deshalb kann auch der Ethikunterricht nicht davon ausgehen, dass es für die vielfältigen ethischen Fragen und erst recht für „letzte" (Sinn-)Fragen so etwas wie eine feste, allgemein praktizierte Gewissheit gibt. Daraus muss nicht Beliebigkeit oder radikale Skepsis folgen. Denn die Ethik klärt auf der Grundlage philosophischer Reflexion Begriffs- und Begründungsprobleme, die Voraussetzungen für kommunikative und humane (gewaltlose) Konflikt-bewältigung, und kommt so zu so etwas wie „relativen Festigkeiten", d. h. für bestimmte Bereiche und in bestimmten Hinsichten erscheinen bestimmte Auffassungen als gut begründet. Z. B. gibt es einen weitgehenden Konsens darüber, warum willkürliche Ungleichbehandlung oder mutwillige Schädigung eines Anderen Ungerechtigkeiten sind, auch wenn über die letztendliche Begründetheit von Gerechtigkeitsprinzipien unter Philosophen und Philosophinnen keine Einigung herrscht.

Ethikunterricht in einer pluralen Welt: Ziele

Unter den Bedingungen einer pluralen Gesellschaft kommt dem Ethikunterricht die Aufgabe zu, ethische Orientierung für Kinder und Jugendliche zu leisten. Schülerinnen und Schüler müssen unterschiedliche, auch konfligierende Sinnangebote aus der Tradition der Ethik kennen und bewerten lernen. Wichtige Problemfelder aus der Geschichte der Ethik sind beispielsweise Glück, Gerechtigkeit, Verpflichtungen und Grundrechte, Freiheit oder Freundschaft, die auch im täglichen Leben von Jugendlichen eine große Rolle spielen.

Zur Bewertung und Differenzierung der verschiedenen ethischen Sinnangebote benötigen Schülerinnen und Schüler eine ethische Urteilskompetenz, die sie befähigt, durch Reflexion einen eigenen sittlichen Standpunkt zu erarbeiten und zu artikulieren. Den Kern dieser Urteilskompetenz bilden Sprach-, Argumentations- und Kritikfähigkeiten, die durch Übungen (z. B. im Sinne antiker ethischer Tradition) entwickelt und gefestigt werden sollen.

Ethische Sinnangebote und Urteilskompetenz müssen auf der Grundlage des hier vertretenen Verständnisses von Ethik mit dem Bereich des Handelns verbunden werden, d. h. im Ethikunterricht sollen Schülerinnen und Schüler über ethische Probleme nachdenken und diese auch auf ihre eigene Existenz, ihre Wahrnehmungen, Bedürfnisse und Lebensperspektiven anwenden. Das moralische Handeln selbst ist kein Bewertungsgegenstand im Sinne einer Schülerleistung, vielmehr die in der Regel außerhalb des Unterrichts liegende Zielperspektive.

„Lernziel“ des Ethikunterrichts ist also die „Reflexion als Moment sittlicher Kompetenz“, bezogen auf die individuelle Lebensführung. Die Orientierungsleistung des Ethikunterrichts ist daher als „Hilfe zur Selbsthilfe“ zu verstehen, um begründete und selbständige Verantwortungsübernahme zu ermöglichen, und natürlich fächert sich dies in die unterschiedlichen Themenbereiche auf, wie sie z. B. in den Rahmenrichtlinien von Sachsen-Anhalt unterschieden werden.

Ethikunterricht in einer pluralen Welt: religionskundliches Wissen im Ethikunterricht

Unter den besonderen Umständen der Geschichte der Neuen Bundesländer kommt auch der Religionskunde eine aufklärende und für den Ethikunterricht wichtige Rolle zu. Denn zu einem angemessenen Verständnis ethischer Probleme gehört auch die Kenntnis ihrer Geschichte, die in der europäischen Kultur durch die Auseinandersetzungen mit anderen Kulturen, besonders mit der griechischen Welt und der jüdisch-christlichen Traditionen, geprägt ist. Begriffe wie z. B. „Freiheit“, „Achtung der Person“, „Menschenwürde“, „Gleichwertigkeit aller Menschen“ können nicht ohne diese Kenntnis hinreichend verstanden werden; der Ethikunterricht zielt also auf Kennenlernen, nicht auf das Bekenntnis zu einer weltanschaulichen Lehre. Der relative Schwerpunkt in der Behandlung christlicher Religion sollte mit der Darstellung anderer Religionen verbunden werden mit dem Ziel, Anerkennung bzw. Toleranz gegenüber fremden Kulturen und religiösen Lebensweisen zu entwickeln. Dafür sind sowohl die Kenntnis der „eigenen“ Traditionen als auch die fremder Religionen wichtig.

3. Erfahrungen mit dem Religions- und Ethikunterricht

3.1 Allgemeines

Auf der einen Seite ist festzustellen, dass das Land Sachsen-Anhalt von einer vollständigen Versorgung der öffentlichen Schulen mit Ethik- und Religionsunterricht weit entfernt ist. Der vollständige Wahlpflichtbereich wurde im Schuljahr 1999/2000 eingerichtet in:

36 von 709 Grundschulen
32 von 432 Sekundarschulen
38 von 125 Gymnasien
0 von 130 Sonderschulen

Als etwas günstiger erweist sich die tatsächliche Unterrichtsversorgung aller Schülerinnen und Schüler, weil hierbei auch die Schulen einbezogen werden, an denen nur eines oder zwei Fächer des Wahlpflichtbereiches unterrichtet werden. Von insgesamt 325.993 Schülerinnen und Schülern besuchten im Schuljahr 1999/2000

97.950 den Ethikunterricht (30,05%)
18.496 den Evangelischen Religionsunterricht (5,67%)
1.566 den Katholischen Religionsunterricht (0,48%)

Damit verbesserte sich die Unterrichtsversorgung im Vergleich zu den Vorjahren um einen weiteren kleinen Schritt. Die Kirchen fördern das staatlicherseits einzurichtende Unterrichtsangebot durch die Bereitstellung speziell fortgebildeter kirchlicher Mitarbeiterinnen und Mitarbeiter. Dies sind insgesamt 264 Personen, davon 215 evangelische und 49 katholische Lehrkräfte.

Die Anzahl der tatsächlich unterrichtenden staatlichen Lehrkräfte beläuft sich im Schuljahr 1999/2000 auf

1.004 Lehrkräfte im Ethikunterricht
250 Lehrkräfte im Evangelischen Religionsunterricht
52 Lehrkräfte im Katholischen Religionsunterricht.

Dabei fällt auf, dass die Zahl der aus- und weitergebildeten Lehrkräfte mit einer Unterrichtserlaubnis oder der Teilprüfung der Ersten Staatsprüfung weitaus höher liegt als die der tatsächlich eingesetzten Unterrichtenden.

Auf der anderen Seite wird zunehmend von der positiven Bedeutung ethischer und religiöser Bildung gesprochen. Mittlerweile sind Rahmenrichtlinien für den Ethik- und Religionsunterricht aller Schulformen des allgemeinbildenden Schulwesens erschienen. Die einheitlichen Prüfungsanforderungen für das Abitur und die Richtlinien für die Berufsschulen sind in Arbeit. Der – an einigen Stellen verbesserungswürdige – Grundsatzerlass für den Ethik- und Religionsunterricht hat Verhaltenssicherheit auf der Ebene der Schulverwaltung bewirkt. Immer mehr guter Ethikunterricht und/ oder guter Religionsunterricht finden statt, verändern die Schule und werden bedeutsam:

...für Schülerinnen und Schüler, die lernen, dass es im schulischen Unterricht auch um ihre eigenen Fragen, ihre Suche nach Sinn, um die Reflexion ihres eigenen Lebens gehen kann, wobei Lernen in Ethik und Religion als diskursiver und kommunikativer Prozess angesehen wird, in dem auch die Rolle des Lehrers und der Lehrerin als Mitlernende sich neu definiert...
...für das Bildungsprofil der Schule, das die ganze Weite und Tiefe des menschlichen Seins aufnimmt, den Bereich des Religiösen nicht mehr furchtsam ausspart und die radikale philosophische Suche nach Wahrheit zulässt, statt sie auf die Reproduktion oberflächlich gelernter Slogans zu reduzieren...
...für das soziale Lernen, weil Ethik- und Religionsunterricht den Raum geben, über Regeln des Miteinanders, die sie tragenden Normen und Werte und ihre Begründung nachzudenken und sie zu erproben....
...für die Schulentwicklung, indem Lernen in diesen Fächern als individuelle Aneignung von Kenntnissen, Fähigkeiten und Fertigkeiten verstanden und deshalb nach offenen Unterrichtsformen gesucht wird (Freiarbeit, Projektarbeit, kreative Unterrichtsmethoden)...
...für die Lehrerinnen und Lehrer, die Weiterbildungsmaßnahmen besucht, sich wieder als Lernende erlebt und die Erfahrungen als Bereicherung in den eigenen Unterricht genommen haben und nun dem Schulkollegium als Expertinnen und Experten für religiöse und philosophische Fragen auch im Kontext anderer Fächer zur Verfügung stehen....
...für die Eltern, die wegen ihres eigenen häufig unfreiwilligen Traditionsabbruchs religiöse Fragen selbst nicht beantworten können...[13]

---

[13] vgl hierzu die Berichte über die Kooperation von Ethik – und Religionsunterricht in AUFbrüche 1/1998, über Ergebnisse der konfessionellen Kooperation in: Hahn, Matthias u.a. (Hg.). Religiöse Bildung und religionskundliches Lernen in ostdeutschen Schulen, Münster 2000 (im Druck) sowie die Projektwochen in Ethik –und Religion in AUFbrüche 1/1999.

Besonders positiv wird über Projekte der *Kooperation von ethischer und religiöser Bildung* berichtet, sei es als gemeinsamer Projektunterricht über Konzentrationslager im Nationalsozialismus und Neonazis in Ostdeutschland heute, sei es als partielle Kooperation im Kontext einer Unterrichtseinheit „Miteinander leben", in der Verantwortung für die Menschen in der Einen Welt übernommen wurde, sei es als gemeinsame Durchführung eines Weihnachtsbasars, in dem Geld für die Hallenser Obdachlosen gesammelt wurde, sei es als gemeinsamer religionskundlicher Unterricht über die Feste Ostern und Weihnachten ... Diese Liste ließe sich weiterschreiben. Besonders nachdrücklich berichteten Schulen über ihre Erfahrungen, ethische und religiöse Bildung in Form von Schulprojekten anzubieten.

3.2 Evangelischer Religionsunterricht

Der Evangelische Religionsunterricht wurde im Schuljahr 1999/2000 an 582 Schulen (von 1396) erteilt.

263 Lehrerinnen und Lehrer haben am Pädagogisch-Theologischen Institut (PTI) Kloster Drübeck (vormals Naumburg und Wernigerode) einen Weiterbildungskursus belegt und die Unterrichtserlaubnis erhalten. 185 Studierende legten an der Martin-Luther-Universität die 1. Staatsprüfung im Fach Evangelische Religion für alle Lehrämter ab. Die universitäre Ausbildung leidet besonders darunter, dass der Lehrstuhl für Religionspädagogik nach dem Fortgang des bisherigen Lehrstuhlinhabers nach Münster nicht wieder besetzt wurde und die Aufgaben zusätzlich vom Institut für Praktische Theologie und Religionspädagogik übernommen werden mussten. Ebenfalls negativ schlägt hier die Kürzung wissenschaftlicher Mitarbeiterstellen zu Buche. Die kirchlichen Mitarbeiterinnen und Mitarbeiter für den Religionsunterricht werden in der Gemeindepädagogischen Fachschule im PTI, in der Vikarsausbildung oder in speziellen halbjährigen Fortbildungskursen auf die Arbeit in der Schule vorbereitet. Vor allem der Bereich der Praktika kirchlicher Mitarbeiterinnen und Mitarbeiter in der Schule ist mittlerweile zufrieden stellend ausgestaltet.

Bezogen auf die Lehrpersonen ist festzustellen, dass Weiterbildungsmaßnahmen seit 1999 eher in regionalisierter Form angewählt werden. Erste Erfahrungen mit einem einjährigen Weiterbildungskurs in Magdeburg sind entgegen einigen Befürchtungen wegen der Gesamtumfangskürzung eher ermutigend. In der begrenzten Zahl der Kirchenmitglieder innerhalb der Kollegien liegt jedoch ein großes Problem für die Angebotserweiterung im Religionsunterricht.

1997 ist der Verband für Religionspädagogik als Fachverband für die evangelische Religionslehrerschaft gegründet worden, der seine Jahrestagungen in enger Kooperation mit dem Pädagogisch-Theologischen Institut durchführt. Bereits zweimal hat seitdem ein Ökumenischer Religionslehrertag stattgefunden, an dem der evangelische und der katholischer Religionslehrerverband beteiligt waren. Besondere Aufmerksamkeit fand eine Tagung zur Kooperation von Ethik- und Religionsunterricht, an deren Durchführung 1998 auch der Ethiklehrerverband beteiligt war.

Inzwischen sind Rahmenrichtlinien für den Evangelischen Religionsunterricht an Grundschulen, Sonderschulen, der Förderstufe, an Sekundarschulen (7-10) und an Gymnasien erschienen. Negativ ist zu vermerken, dass die für die Förderstufe konstitutiven Unterrichtsprojekte ohne Beteiligung der Vertreter ethischer und religiöser Bildung zustande gekommen sind[14].

3.3 Katholischer Religionsunterricht

Der Katholische Religionsunterricht wird in Sachsen-Anhalt durch weniger als 100 staatliche Lehrkräfte und 37 Gestellungskräfte in der Schule erteilt. Außerdem findet für 41 Schulen Katholischer Religionsunterricht in den Pfarrgemeinden statt. Die Zahl der Gymnasiallehrkräfte ist mit 49 im Verhältnis zur Gesamtzahl der Gymnasien sehr bemerkenswert und die Versorgung mit Unterricht in dieser Schulform am größten. Im Sekundarschulbereich gibt es lediglich 24 katholische Lehrkräfte. Insofern gestaltet sich die Versorgung mit Katholischem Religionsunterricht in der Sekundarschule am schwierigsten. Im Grundschulbereich arbeiten die Pfarrgemeinden am engagiertesten bei der Unterrichtserteilung mit.

Die Lehrkräfte für Katholischen Religionsunterricht haben in der Regel die Weiterbildung bzw. einen berufsbegleitenden Studiengang durchlaufen und im Anschluss daran die Lehrbefähigung erhalten. Neue Weiterbildungen bzw. berufsbegleitende Studiengänge sind nicht geplant, weil es kaum noch

[14] Zum Beispiel wurde das Angebot des PTI, die Perspektiven religiöser Bildung in die Entwicklung der verpflichtenden Projekte der Förderstufe einzubringen, vom Kultusministeriums nicht aufgenommen.

katholische Lehrkräfte an den Kollegien gibt, die ein solches Studium aufnehmen könnten.

Der Katholische Religionsunterricht wird verbandlich durch den Deutschen Katechetenverein (DKV) vertreten. Der entsprechende Diözesanverband Magdeburg wurde 1997 gegründet.

Seit 1993 gibt es für den Katholischen Religionsunterricht vorläufige Rahmenrichtlinien, seit 1997 für die Förderstufe und seit 1999 für die Sekundarschule und das Gymnasium überarbeitete Rahmenrichtlinien.

3.4 Ethikunterricht

Der Ethikunterricht wurde 1999/2000 in 776 Schulen (von 1.396) angeboten.

Die Aus-, Fort- und Weiterbildung im Lehramt Ethik für die Sekundarschule, das Gymnasium und die berufsbildenden Schulen obliegt der Martin-Luther-Universität in Halle (hier auch noch LA für Grundschulen) und der Otto-von-Guericke-Universität in Magdeburg (Dessau, Querfurt, Stendal); Weiter- und Fortbildungskurse werden darüber hinaus im Landesinstitut für Lehrerfortbildung, Lehrerweiterbildung und Unterrichtsforschung von Sachsen-Anhalt (LISA)[15] durchgeführt.

Die Universitäten bieten außerdem berufsbegleitende Studiengänge im Umfang von vier Semestern für Sekundarschullehrer und von sechs Semestern für Gymnasial- und Berufsschullehrer, seit kurzem auch betreuen sie einjährige, regionale Weiterbildungskurse zum Erwerb einer Unterrichtserlaubnis für den Ethikunterricht in der Sekundarstufe. Darüber hinaus sind die Institute für Philosophie vielfältig engagiert, durch Fortbildungs- und Beratungsmaßnahmen die Entwicklung des Ethikunterrichts in Sachsen-Anhalt zu unterstützen. Seit WS 1998/99 werden einsemestrige Fortbildungsangebote lebhaft besucht. Neben dem seit 1996 im Wechsel zwischen Halle und Magdeburg semesterweise durchgeführten Lehrertag veranstalten die Institute zusammen mit dem Kultusministerium und der Landeszentrale für politische Bildung mehrtägige, internationale Fortbildungstagungen, deren Ergebnisse teilweise in Buchform den Lehrer/innen zur Verfügung gestellt werden.

[15] Eine Darstellung der Fort- und Weiterbildungsarbeit des LISA konnte durch die Arbeitsgruppe nicht erstellt werden. Vgl. hierzu in diesem Band den Beitrag von Elisabeth Wandt.

Weitere ein- und mehrtägige Fortbildungsveranstaltungen folgen den Fortbildungswünschen von Lehrerinnen und Lehrern des Landes.

In *Halle* wurden schon 1992 Fort- und Weiterbildungskurse durchgeführt, wobei auch die damalige Pädagogische Hochschule (für Sekundarschullehrer/innen) sowie das LISA (für Grund- und Sekundarschullehrer/innen) beteiligt waren. Der reguläre Studiengang für den Ethikunterricht an Sekundarschulen und an Gymnasien wurde 1993/94 am Institut für Philosophie eingerichtet, für Grundschulen folgt er in diesem Jahr. Ferner existiert ein Studiengang LA Philosophie an Gymnasien.

Bis zum Wintersemester 2000/01 haben ca. 350 Lehrer/innen bzw. grundständig Studierende einen dieser Studiengänge abgeschlossen. Die Anzahl der Immatrikulationen der grundständig für ein Lehramt Studierenden nimmt erfreulicherweise kontinuierlich zu. Außerdem veranstaltet das Institut internationale Tagungen zu aktuellen Themen, zu denen die Lehrerschaft eingeladen wird, und lädt in jedem Sommersemester zu einem vom KM anerkannten Fortbildungstag ein. Die Fachdidaktik kooperiert mit anderen Institutionen wie LISA, Franckeschen Stiftungen und Verbänden. Die Fortbildungsarbeit orientiert sich an den Themen, zu denen Nachfrage aufgrund der neuen Rahmenrichtlinien besteht. Das Netzwerk der Mentor/innen befindet sich im Aufbau.

Im Hinblick auf den Zusammenhang zwischen philosophischer Allgemeinbildung und Ethikunterricht wurden Anstrengungen zur Förderung des Philosophieunterrichts verstärkt. Im Januar 2000 wurde der Regionalverband Sachsen-Anhalt im Fachverband Philosophie e. V. gegründet.

In *Magdeburg* werden seit 1993 Ethiklehrer ausgebildet. Alle Hochschullehrer und wissenschaftlichen Mitarbeiter des Instituts sind mit ihrem Lehrangebot am Lehramtsstudium Ethik beteiligt. Ein Studiengang Lehramt Philosophie ist im Aufbau. Bis zum Sommersemester 2000 haben ca. 400 Lehrer/innen (seit 1993/94 in berufsbegleitenden Studiengängen 332, in einjährigen Weiterbildungskursen ca. 60, in grundständigen Studiengängen 10) die Staatsprüfungen zum Lehramt an Gymnasium oder an Sekundarschulen erfolgreich absolviert. Erfreulicherweise nimmt der Anteil der grundständig Studierenden zu, im Sommersemester 2000 sind 70 Studierende im LA Ethik immatrikuliert gewesen, 17 Erstsemester kamen im Wintersemester 2000/01 hinzu.

Zur Intensivierung der *Fachberatung* hat die Fachdidaktik Ethik im WS 2000/01 eine *Lernwerkstatt Ethik* eröffnet, in der ein einschlägiger Handapparat (Fachliteratur, Schulbücher, publizierte Unterrichtsmaterialien, Methodenmanuals u. a.), in fachdidaktischen Seminaren erstellte Unterrichtshilfen, Internet etc. zur Verfügung stehen, und Konsultationen angeboten werden. Die *Fachberatung des Ethikunterrichts* konzentriert sich gegenwärtig auf den Aufbau eines Teams von Lehrern und Lehrerinnen, die mit Abrufangeboten in der Lehrerfortbildung selbstständig tätig werden, regelmäßige Kontakte zu den Lehrkräften, den Moderatoren, Mentoren u.a. im nördlichen Sachsen-Anhalt (Rundbriefe, Einladungen etc.), die Mitwirkung an Weiterbildungs- und Fortbildungsveranstaltungen anderer Institutionen (LISA) und der einschlägigen Verbände, auf eine Revision der vorliegenden Rahmenrichtlinien sowie auf fächerübergreifende Projekte (Kunst, Musik, Sozialkunde, Biologie). Der durch die Fachberatung der Lehrer und die Betreuung der Studierenden in den Schulpraktika sich entwickelnde Kontakt zu den Schulen erstreckt sich zunehmend auch auf die Schüler: Sie absolvieren im Institut ihre Berufspraktika und werden gezielt zu geeigneten Vorträgen eingeladen.

4. Probleme der Fächer und ihre Ursachen

Mit der Unterrichtsversorgung der Wertefächer bildet Sachsen-Anhalt das Schlusslicht unter den neuen Bundesländern. Ganz allgemein ist zu beobachten, dass die Ausgestaltung des Religions- und Ethikunterrichts in der politischen und gesellschaftlichen Debatte in Sachsen-Anhalt und im Schulalltag eher ein Thema für Insider und Interessengruppen zu sein scheint. In den Bestimmungen von Landesverfassung und Schulgesetz wurde einerseits eine für die Bundesrepublik einmalige Regelung getroffen. Obwohl durch die Schaffung eines Wahlpflichtbereichs von Anfang an auch fachlicher Klärungs- und Abstimmungsbedarf bestand, ist andererseits bisher zu wenig Kraft und Aufmerksamkeit in die konzeptionelle Bearbeitung und Ausgestaltung investiert worden.

Fragen und Probleme des Religionsunterrichts wurden und werden in der Arbeitsgruppe zur Einführung des Religionsunterrichts im Kultusministerium beraten, an der beide Kirchen beteiligt sind. Die Arbeit konzentriert sich jedoch vorwiegend auf administrative und schulorganisatorische Fragen. Inhaltliche und konzeptionelle Fragen werden hier nur am Rande thematisiert. Sie liegen gemäß den Bestimmungen der Verfassung in der Verantwortung der jeweiligen Religionsgemeinschaften.

Die Fragen der Einführung des Ethikunterrichts werden hinsichtlich der administrativen und der schulorganisatorischen Fragen im Kultusministerium verantwortet. Fachliche und konzeptionelle Fragen werden in den Universitäten, dem LISA, den kirchlichen Instituten und Arbeitsstellen und den Rahmenrichtlinienkommissionen thematisiert.

Es fehlt bis heute an einer koordinierenden Stelle, an der sowohl die konzeptionellen, fachlichen und fachdidaktischen Grundfragen als auch die schulorganisatorischen Probleme und Aufgaben der Fächergruppe im Gesamtzusammenhang bearbeitet und geklärt werden können. Die Zuständigkeiten verteilen sich in unterschiedlicher Gewichtung zwischen den Universitäten, dem LISA, kirchlichen Gremien und Fort- und Weiterbildungseinrichtungen.

Dazu kommen eine ganze Reihe von weiteren Hemmnissen und Blockaden, auf die im Folgenden hingewiesen werden soll.

4.1 Allgemeine Hemmnisse

Die erzwungene Konfessionslosigkeit auf dem Territorium der ehemaligen DDR ist mittlerweile in der dritten bis vierten Generation angelangt. In vielen Familien werden religiöse Bezüge der Weltdeutung und der Lebensgestaltung prinzipiell abgelehnt. Der pragmatische Atheismus der DDR-Ideologie ist ein identitätsstiftender Bestandteil dieser Zeit, an dem – im Gegensatz zu anderen Einstellungen – nach der Wende festgehalten werden kann und wird, was nicht zuletzt durch den Import technokratisch verkürzter und ökonomisch orientierter Weltbilder begünstigt wurde.

Insbesondere der Religionsunterricht hat es wegen vermeintlicher Unwissenschaftlichkeit seiner Bezugswissenschaft Theologie schwer, seinen Beitrag zum Bildungsauftrag der Schule auszuweisen. Das Bildungs- und Wissenschaftsverständnis vieler Schulen in Sachsen-Anhalt ist nach wie vor mathematisch-naturwissenschaftlich orientiert.

Erschwerend war (und ist) zudem die anfänglich ablehnende Haltung einer ganzen Reihe von Gemeindegliedern und hauptamtlichen kirchlichen Mitarbeiterinnen und Mitarbeitern gegenüber der Einführung eines von den Kirchen mitverantworteten schulischen Religionsunterrichts. Dies hat sich als sehr hinderlich in Hinsicht auf eine positive Grundstimmung für den Religionsunterricht erwiesen.[16]

Auch hinsichtlich des Ethikunterrichts ist die Akzeptanz und die Einordnung in den Gesamtprozess des Lehrens, Lernens und Lebens an den meisten Schulen noch nicht befriedigend. Der Ethikunterricht wird wie der Religionsunterricht tendenziell eher als andere Fächer in den Randstundenbereich abgedrängt und steht unter Legitimationszwang.

Erschwerend wirkt sich für den Ethikunterricht aus, dass über seine Ziele und Aufgaben unterschiedliche Vorstellungen existieren, die teilweise im Widerspruch zur Fach-Konzeption stehen: Z. B. sind die Vorstellungen einer doktrinären Moralerziehung oder einer psychologischen Entlastungsstunde („Laberfach") ebenso abwegig wie die Vorstellung einer Fortsetzung des Staatsbürgerkundeunterrichts unter anderen Vorzeichen. Die Fachkonzeption zielt eindeutig auf eine dialogisch erarbeitete ethische Orientierung und Urteilsbildung und genügt den üblichen Kriterien für Unterricht.

Die geisteswissenschaftliche Dimension schulischer Bildung kommt allenfalls nachrangig in den Blick. Der offene Diskurs, das dialogische Lernen und das kritische philosophische Gespräch scheinen als verunsichernd aufgenommen zu werden. Nach wie vor wird tendenziell auf autoritäre Muster des Lehrens und Lernens gesetzt. Immer noch vollzieht sich die Lehrstoffvermittlung „von oben" häufiger als eine selbständige Wissensaneignung der Lernenden.

Ein weiterer destruktiver Faktor ist das verkürzte Bildungsverständnis einiger Kolleginnen und Kollegen, die deswegen den für sie immer noch „neuen" Fächern die notwendige Unterstützung verweigern und bisweilen sogar offen gegen sie opponieren.

Verunsichert hat ferner, dass unter einigen Landtagsabgeordneten deutliche Sympathien für die Abschaffung des Religionsunterrichts als ordentliches Lehrfach geäußert und der Gesetzgebung in Brandenburg ähnelnde Regelungen favorisiert wurden und werden.

---

[16] vgl. Christoph Demke, in: AUFbrüche 1/1998, S. 10f.

Insgesamt besteht in Sachsen-Anhalt der Eindruck, dass es an der nötigen politischen Entschlossenheit für die Umsetzung des Verfassungsauftrags und die flächendeckende Einführung der neuen Fächer fehlt.

4.2 Konzeptionelle Hemmnisse

In Gesellschaft, Politik und Verwaltung wie in den Kirchen gibt es bis jetzt noch keine Übereinstimmung über den Stellenwert ethischer und religiöser Bildung in den Schulen Sachsen-Anhalts.

Religions- und Ethikunterricht sind zwar durch Landesverfassung und Schulgesetz als zum Bildungsauftrag der Schule konstitutiv dazugehörig erklärt worden. Es hat jedoch bis jetzt keine gesellschaftliche und politische Debatte sowie keinen Konsens darüber gegeben, wie dieser Auftrag konzeptionell zu beschreiben ist, wie er den Herausforderungen der allgemeinen Schulentwicklung zuzuordnen ist und welche Konsequenzen sich daraus für Politik und Verwaltung ergeben.

Ein Verständnis dafür, dass es einen Unterrichts-Ort in der Schule geben muss, an dem menschliche Grundprobleme und Sinnfragen im offenen Dialog besprochen werden können, ist bei Eltern, Lehrerinnen und Lehrern und Schulbehörden noch zu wenig gewachsen. Angesichts allenthalben auszumachender Orientierungsprobleme ist dies nicht nur unverständlich, sondern auch unverantwortlich und auf lange Sicht kostenträchtiger als diesen Bereich auszusparen.

Weithin gibt es sowohl in den zuständigen Behörden als auch in vielen Schulen wenig Verständnis dafür, dass Religions- und Ethikunterricht ihren eigenständigen Beitrag für Bildung und Erziehung nur leisten können, wenn sie nicht ständig ihre Existenzberechtigung gegen die „Interessen" anderer Fächer erkämpfen und durchsetzen müssen.

Häufig werden eher überzogene Erwartungen hinsichtlich der Wertebildung und der Vermittlung von allgemeinen und individuellen Normen durch Religions- und Ethikunterricht geäußert. Damit wird der Unterricht in diesen Fächern überlastet und werden – ungewollt – andere Fächer entlastet.

In politischen Parteien, in für den Bildungsbereich zuständigen Behörden, in Schulleitungen und Lehrerkollegien wird immer wieder die Meinung vertreten, es handele sich beim Religionsunterricht um ein „Kirchenfach" (die Fortsetzung der „Christenlehre" bzw. des gemeindlichen Religionsunterrichts in der Schule) und um ein Zugeständnis im Sinne eines „immer noch" bestehenden Privilegs der Kirchen.

In den Kirchen gibt es unterschiedliche Vorstellungen darüber, inwieweit in der Gemeinde praktizierte Formen religiösen und glaubensbezogenen Lernens in den schulischen Religionsunterricht übertragen werden sollen, die sich teilweise nur schwer mit dem Bildungsauftrag der öffentlichen Schule vereinbaren lassen.

Schon optisch ist es symptomatisch, dass im normalerweise von den Lehrerinnen und Lehrern benutzten landesweiten Fortbildungskatalog des LISA Fortbildungen für den Religionsunterricht nicht aufgeführt werden und lediglich auf die kirchlichen Fortbildungsinstitute verwiesen wird[17]. Die fachlichen und fachdidaktischen Perspektiven des Religionsunterrichts kommen in den Arbeitsprozessen des LISA nicht vor. So droht der Religionsunterricht zu einem „Fußnotenfach" zu werden. Die Möglichkeiten fächerübergreifender Denk- und Arbeitsweise geraten schon aus strukturellen Gründen gar nicht erst in den Blick.

4.3 Institutionelle Hemmnisse

Die Einführung des Religions- und Ethikunterrichts war in den ersten Jahren nach der Wende mit einem sehr umständlichen Verfahren verbunden. Anfänglich musste jede beabsichtigte Unterrichtsstunde durch das Kultusministerium, später durch die Bezirksregierungen/ Regierungspräsidien genehmigt werden. Damit verknüpft waren eine ganze Reihe von Auflagen, Bedingungen und Verfahrensbestimmungen, die es mancher Schulleiterin und manchem Schulleiter eher geraten sein ließen, die Einführung dieser Fächer erst gar nicht ernsthaft anzustreben. Anfängliches Engagement für die neuen Fächer ist daher an vielen Stellen schnell wieder erlahmt. Es fehlte an Spielräumen, um pädagogisch verantwortlich arbeiten und so eine positive Grundstimmung für die Fächer an den Schulen entstehen lassen zu können. An vielen Orten ergab sich geradezu der Eindruck, dass durch ein eher zentralistisch restriktives Vorgehen der Kultusverwaltung die Schwelle zur Einfüh-

[17] Hier wäre zum Beispiel auf die Praxis des ThILLM Bad Berka zu verweisen.

rung dieser neuen Fächer so hoch gelegt wurde, um einen zu raschen Aufbau zu verhindern.

Die im Schulgesetz § 19 (5) und den nachfolgenden Erlassen zum Religions- und Ethikunterricht verwendete Formulierung: „Der Unterricht ... wird ... eingerichtet, wenn geeignete Lehrkräfte bzw. kirchliche Mitarbeiterinnen und Mitarbeiter ... zur Verfügung stehen“[18] hat sich als ein Hindernis erwiesen. Mit dem Hinweis auf diesen Passus und angesichts einer offensichtlich nicht vorhandenen langfristigen Personalplanung war und ist es jederzeit möglich, Gründe dafür zu finden, warum es kein Unterrichtsangebot geben kann.

Eher abwartend war aus unterschiedlichen Gründen anfänglich auch die Haltung der Kirchen, die zudem eine ganze Zeit je für sich mit dem Kultusministerium über die Einführung des Religionsunterrichts verhandelten.

Aktuell ist auf folgende weiterhin bestehende institutionelle Hemmnisse hinzuweisen:

Die Vorschriften für die Zusammenfassung von Lerngruppen (klassen-, jahrgangs- und schulübergreifend bis zu 28 Schülerinnen und Schüler mit und ohne Vorwissen aus dem Vorjahr mit häufig pädagogisch nicht mehr zu bewältigenden Lernsituationen) sind problematisch und zeigen ein mehrfaches Dilemma: Während diese Vorschrift einerseits dem Religionsunterricht hilft, überhaupt Lerngruppen bilden zu können, entstehen andererseits im Religions- und Ethikunterricht häufig unnötig schwierige Lerngruppen. Immer wieder wird bei unflexibler Auslegung der Vorschrift ein gelingender Unterricht behindert.

Die unkoordinierte Einführung der Fächer an den Schulen verhindert, dass der Wahlpflichtbereich zustandekommt.

Die vorgeschriebene Einstündigkeit des Unterrichts in den Klassen 7-10 bei gleichzeitiger Zusammenlegung zu Lerngruppen in Klassenstärke macht eine intensive Unterrichtsarbeit, die Anleitung zu eigenständiger Auseinandersetzung, den dazu notwendigen Aufbau eines Vertrauensverhältnisses sowie den angestrebten Dialog häufig unmöglich.

---

[18] RdErl. des MK vom 17. 6. 1998–39–82105 Pkt. 1.2.

Die Einsatzplanung der Lehrkräfte und vor allem die Versetzungspraxis führt immer wieder zum Zusammenbruch von bestehenden Lerngruppen.

Das Fachmoderatorensystem für den Ethik- und Religionsunterricht ist noch nicht schulform- und flächendeckend ausgebaut.

Die Versorgung mit Lehrkräften ist unzureichend.

Die Abwanderung von Absolventen der Lehramtsstudiengänge für Religion und ebenso für Ethik in andere Bundesländer ist besorgniserregend. Der größte Teil der in Sachsen-Anhalt ausgebildeten Absolventen ist in den letzten Jahren in andere Bundesländer ausgewandert, da Lehrerstellen nicht oder nur geringfügig zur Verfügung stehen. Damit gibt es nicht den notwendigen „Aufwuchs“ von qualifizierten Fachkräften, die gerade für die Profilierung der neuen Fächer unverzichtbar sind[19]. Andere Bundesländer bieten Bewerberinnen und Bewerbern bessere Bedingungen und eröffnen attraktivere berufliche Perspektiven.

Die Lehramtsausbildung der zweiten Phase für Ethiklehrer wird nur zögernd eingerichtet.

Es gibt keine Studienmöglichkeit für das Studium Lehramt katholischer Religionsunterricht.

Schließlich ist offen, in welchem Umfang die Kirchen es als Grundlage des Wahlpflichtverhältnisses akzeptieren können, wenn es nur das Unterrichtsangebot einer Konfession gibt.

Es ist insgesamt außerordentlich erschwerend, dass die Einführung neuer Unterrichtsfächer angesichts zunehmend knapper werdender Kassen geschehen muss. Die vollständige Versorgung von beinahe 326.000 Schülern mit einem zweistündigen Fach würde die Einstellung von ca. 900 zusätzlichen Lehrervollzeitstellen erforderlich machen (bei 25 Stunden von ihnen zu erteilendem Religions- oder Ethikunterricht).

---

[19] Die für das Schuljahr 00/01 vorgenommene Stellenausschreibung für den Religions- und Ethikunterricht ist hier ein erster hoffnungsvoller Schritt.

Als außerordentlich problematisch für die weitere Entwicklung der Fächergruppe erweist sich zudem, dass es offensichtlich keine finanziellen Spielräume gibt, um die flächendeckende Einführung von Religions- und Ethikunterricht verstärkt zu befördern. Es wurde versäumt, rechtzeitig die entsprechenden politischen Prioritäten zu setzen.

Es muss festgestellt werden, dass die einschlägigen Bestimmungen des Schulgesetzes von Sachsen-Anhalt zum Religions- und Ethikunterricht bezüglich der finanziellen und personellen Rahmenbedingungen nicht umgesetzt worden sind.

4.4 Schulorganisatorische Hemmnisse

Die in Landesverfassung und Schulgesetz festgelegte Wahlfreiheit und die in den Erlassen zum Religions- und Ethikunterricht verfügten Regelungen haben in der Praxis häufig zu schulorganisatorischen Problemen geführt. Dies geschah vor allem dann, wenn seitens der Schulleitungen und der Kollegien nicht alle denkbaren Möglichkeiten für eine sachgerechte Vorstellung der Fächer und für eine günstige Einordnung der Fächer in den Stundenplan genutzt werden. So bleiben in der Praxis weiterhin folgende Hemmnisse bestehen:

- die stundenplantechnische Lage des Ethik- und Religionsunterrichts in Randstunden – häufig auch am Nachmittag –, obgleich der einschlägige Erlass die Gleichbehandlung der Fächer in dieser Hinsicht vorsieht
- das häufig nur formal oder in der Tendenz abwertend durchgeführte Informations- und Anmeldungsverfahren für Fächer, deren didaktische Konturen den Schülerinnen, Schülern und Eltern bisweilen unklar sind
- die häufig vorschnelle Streichung des Unterrichts in Ethik und Religion bei Stundenplanschwierigkeiten, die zuweilen faktisch einer Diskriminierung dieser Fächer gleichkommt
- die Isolation als einzige Lehrkraft für eines der neuen Fächer an der Schule
- die schülerbezogene Zuweisung von Unterrichtsstunden im Grundschulbereich, durch die es zwischen Schulen mit und ohne Religionsunterricht

zu nicht mehr vergleichbaren Bedingungen bei der Umsetzung der Stundentafel kommt[20]
- die materielle Ausstattung der Fächer gerade im Falle einer Neueinrichtung.

5. Empfehlungen für die Verbesserung religiöser und ethischer Bildung in Sachsen-Anhalt

Die deutliche Differenz zwischen dem Geist, der in Landesverfassung und Schulgesetz seinen Ausdruck findet, und den formalen Bestimmungen zur religiösen und ethischen Bildung sowie der realen Umsetzung an den Schulen in Sachsen-Anhalt macht einen dringenden Handlungsbedarf sichtbar. Es ist erforderlich und möglich, die gegenwärtig unbefriedigende Situation zu überwinden und deutliche Verbesserungen der religiösen und ethischen Bildung in Sachsen-Anhalt zu erreichen. Dabei sind sowohl das bisher bereits Geleistete und Erreichte zu würdigen als auch die geschilderten Problemlagen ernstzunehmen. Die oben dargelegten rechtlichen, bildungs- und schultheoretischen Grundlagen sowie die Profile von Religionsunterricht und Ethikunterricht in ihrer Differenz und ihren Gemeinsamkeiten sind auf konzeptionelle Perspektiven und schulpraktische Möglichkeiten der Realisierung hin zu überprüfen. Ziel sollte ein Rahmenkonzept sein, das folgende grundlegende Kriterien erfüllt:

- klare Handlungsimpulse für die Verantwortlichen und Beteiligten auf allen Ebenen der Schulaufsicht und in den Schulen
- Entwicklung von situationsangemessenen Formen der Zusammenarbeit zwischen dem Land und den Kirchen
- Spielräume für flexible, pädagogisch verantwortbare Eigeninitiativen auf Grund regionaler und örtlicher Besonderheiten
- Wahrung des Selbstdarstellungsrechts der Kirchen bei der Behandlung religiöser Themen im Wahlpflichtbereich.

---

[20] Es ist begrüßenswert, dass im entsprechenden Organisationserlass (Rd.Erl. vom 30.5. 2000, SVBl 6/2000) den Grundschulen ein deutlicher Spielraum für pädagogische und organisatorische Verantwortung eingeräumt wird. Die Regelungen zu o.g. Problem können allerdings nicht befriedigen. Faktisch kann der Stundenfonds für Religions- und Ethikunterricht für andere Fächer genutzt werden. Wird er erst einmal anders genutzt, wird es immer schwer sein, das Angebot von Religions- und Ethikunterricht nachträglich plausibel zu machen.

Ausgangspunkt für die Empfehlungen sind die gesetzlichen Rahmenbedingungen in Sachsen-Anhalt. Von da aus bietet es sich an, die Ausgestaltung des faktisch bestehenden Wahlpflichtbereichs als konzeptionelle Perspektive zu Grunde zu legen. Religions- und Ethikunterricht sind selbständige Unterrichtsfächer, in denen besondere Formen der Kooperation angestrebt und eingeübt werden können.

5.1 Ausgestaltung des Wahlpflichtbereichs Religion und Ethik als grundlegende konzeptionelle Perspektive

Für den Wahlpflichtbereich der Fächer Ethikunterricht, evangelischer Religionsunterricht und katholischer Religionsunterricht sprechen überzeugende bildungstheoretische, schulpädagogische, schulpolitische und fachliche Gründe. Der Wahlpflichtbereich bietet folgende Möglichkeiten:

- Kinder und Jugendliche lernen differenzierend das philosophisch-ethische und das religiöse Fragen mit seinen je eigenständigen Strukturen, Möglichkeiten und Grenzen kennen.
- Kooperative Unterrichtsverfahren fordern zu mehrperspektivischer und grenzüberschreitender Wahrnehmung auf und schaffen die Voraussetzung, um den jeweils Anderen wirklich zu tolerieren.

Das in einem solchen Wahlpflichtbereich fruchtbare Widerspiel von Identitätsbildung im Eigenen (in der Eigengruppe) und am Anderen (in der Begegnung mit der Fremdgruppe) im angemessenen, altersgemäß abgewogenen Miteinander von differenzierendem und kooperativem Unterricht innerhalb des Wahlpflichtbereiches bereichert die Schule. Die kooperierenden Fächer Ethik- und Religion stärken die in Sachsen-Anhalt praktizierten schulreformerischen Schritte zu fächerübergreifendem und fächerverbindendem Unterricht. Sie stellen eine überzeugende Alternative zu nur einem – für alle Schülerinnen und Schüler verbindlichen – Wertefach dar, weil ihr Verhältnis in einer Fächergruppe einen Dialog konturierter und authentischer Partner und Standpunkte impliziert[21].

Die im Folgenden empfohlenen kooperativen Maßnahmen können vor allem zu einer qualitativen Verbesserung des Unterrichtsangebots führen und die

---

[21] Die Arbeitsgruppe grenzt sich in ihren Vorstellungen und Empfehlungen deutlich von der praktizierten Brandenburger Lösung des einen Wertefaches LER ab.

Akzeptanz erhöhen. Selbstverständlich lassen sich dadurch nicht alle aufgeführten schulpraktischen Problemlagen beseitigen. Ohne weitergebildete und neu eingestellte Lehrkräfte und ohne eine Verbesserung der Situation für kirchliche Lehrkräfte ist an eine flächendeckende Versorgung auch nicht ansatzweise zu denken.

Grundsätzlich sollte die Verbesserung der Situation von der Einzelschule aus gedacht werden, in der aus pädagogischer Verantwortung vielleicht schon einzelne Initiativen praktiziert werden. Es gilt, Gewachsenes und schulisch Bewährtes ebenso zu fördern wie weitere Entwicklungen in Richtung Einführung ethischer und religiöser Bildung zu fordern.

5.1.1 Profil und organisatorische Ausgestaltung eines Wahlpflichtbereichs[22]

Zentrales Element der schulischen Bildung ist es, bei der Orientierung in der Welt, der Bewältigung der Handlungssituationen und der Zukunftsaufgaben und der Vergewisserung der eigenen Identität zu helfen. Diese Aufgabe erfährt in den Fächern Religionsunterricht und Ethikunterricht eine spezifische Interpretation. Diese Fächer nehmen in unterschiedlicher Perspektive Grundfragen des Verständnisses und der Gestaltung des Lebens und der Welt auf, machen sie bewusst und erörtern sie. Das Verhältnis von Religion und Philosophie ist dabei als komplexes Wirkungsgefüge anzusehen. Die besondere geschichtliche und systematische Beziehung beider zueinander legt neben unterschiedlicher gegenseitiger Wahrnehmung und sachlich gebotener Abgrenzung das Bemühen um Korrespondenz, gegenseitige Ergänzung und Zusammenarbeit nahe. Im Wahlpflichtbereich sollen die Fächer in ihrer Eigenständigkeit aufeinander bezogen und Möglichkeiten der Kooperation thematisch, inhaltlich und methodisch realisiert werden.

[22] Vgl. zu diesen Ausführungen z.T. bis in die Wortwahl hinein das Faltblatt des Ministeriums für Bildung, Wissenschaft und Kultur Mecklenburg-Vorpommern: Religion und Philosophie. Konzeption einer Fächergruppe, Schwerin o.J.

Die Kooperation lässt sich unter drei Aspekten betrachten:

- *Unterschiedenheit der Fächer in ihren Vorgehensweisen und Erfahrungsbereichen*

Prinzipiell gilt im Wahlpflichtbereich ein Miteinander der beteiligten unterschiedlichen Unterrichtsfächer. Aus den fachlichen Unterschieden folgen verschiedene Zugänge zu unterrichtlichen Problemen. Diese Zugänge werden aus den verschiedenen Fachspezifika und Fachdidaktiken gewonnen. Jedes Fach folgt seiner eigenen Systematik. Kooperation bietet sich da an, wo Neugierde herrschen könnte, wenn etwa Ethikschüler/innen auch Kirchenerkundungen mitmachen oder Religionsschüler/innen das sokratische Gespräch lernen möchten.

- *Bezug auf eine gemeinsame Fragestellung oder ein gemeinsames Thema*

In den beteiligten Fächern richten sich das Interesse des Schülers und des Lehrers auf allgemein interessierende Fragen des Menschseins, auf Grenzsituationen des menschlichen Lebens, existenzielle Fragen, Orientierungs- und Sinnfragen. Sie betreffen alle Schüler der Schule gleichermaßen. Von daher ist es möglich, den Unterricht so zu organisieren, dass

– zum einen alle Schülerinnen und Schüler sich im Horizont eines bestimmtem Problems begegnen, sich auseinandersetzen und sich den unterschiedlichen Wegen und Herangehensweisen stellen (Integration)
– zum anderen die Schüler einen oder mehrere fachliche Zugänge zum Problem wählen, besonders verfolgen und vertiefen (arbeitsteiliges Vorgehen, Wahldifferenzierung im Kurssystem – siehe Anlage 1).

- *Interesse an der gemeinsamen Auseinandersetzung mit lebensbedeutsamen Themen*

Im jeweiligen Problemhorizont ermöglichen die Fächer dem Schüler, sich existenziell und gedanklich zu orientieren. Das heißt auch: Sie können zu lebensbedeutsamen Fragen gehörende Haltungen, Strategien und Handlungsweisen in den Fächern gemeinsam bedenken und erproben (phasenweise gemeinsamer Unterricht im Klassenverband).

Die aufgeführten Aspekte lassen verschiedene Möglichkeiten der didaktischen und methodischen Zusammenarbeit zu. Auf welche Art die Aspekte in einer Unterrichtseinheit realisiert werden, ergibt sich durch das Thema, durch fachimmanente und integrative Methoden wie auch durch die beteiligten

Personen (Schülerinnen und Schüler, Lehrerinnen und Lehrer) und die Situation der Schule.

5.1.2 Schulpraktische und schulorganisatorische Gestaltungsmöglichkeiten

Für die Ausgestaltung des Wahlpflichtbereichs werden im folgenden einige mögliche Gestaltungsformen genannt und begründet:

a) Ethik- und Religionsunterricht im Kurssystem mit wahldifferenzierten Phasen

Der Wahlpflichtbereich kann auf didaktischer und schulpraktischer Ebene auch als *Kurssystem* organisiert werden. Der Grundgedanke ist der einer kooperierenden Fächergruppe, d.h. die Fächer Ethikunterricht und Religionsunterricht behandeln während eines Schuljahrs bestimmte Kursthemen einerseits mit Bezug auf „gemeinsame Fragestellungen“, andererseits mit unterschiedlichen „Vorgehensweisen“ und im Rückgriff auf zum Teil unterschiedliche „Erfahrungsbereiche“ und „Begründungsmuster“. Bei jedem Kursthema können die Schüler und Schülerinnen neu wählen, ob sie in der fachspezifischen Kursphase am Kurs Ethik oder Religion teilnehmen wollen. Sie können dadurch im Laufe eines Schuljahrs wechselnde Schwerpunkte setzen.

Das Thema wird in einem *didaktischen Dreischritt* erschlossen. In einer ersten, integrierten Phase wird allen Schülern gemeinsam das in der Regel für sie noch komplexe Thema vorgestellt und in vorläufiger Weise durch gemeinsames „entdeckendes Lernen“ unter den Fragen aufgeschlüsselt, wo es in der Lebenswirklichkeit begegnet, welche Interessen die Schüler haben und was jedes Fach vermutlich besonders zur Behandlung beitragen kann.

In einer zweiten, differenzierenden Phase treten die Lerngruppen auseinander. Das Thema wird im Ethikunterricht vornehmlich unter ethischen Gesichtspunkten auf dem Hintergrund der Philosophie (bes. Philosophischen Ethik) als charakteristischer Bezugsdisziplin (unter Einschluss sozialwissenschaftlicher und religionswissenschaftlicher Befunde) behandelt, im Religionsunterricht unter religiösen und ethischen Gesichtspunkten auf dem Hintergrund der Theologie als charakteristischer Bezugsdisziplin (ebenfalls unter Einschluss sozialwissenschaftlicher und religionswissenschaftlicher Erkenntnisse). Die zweite Phase dient der spezifischen Vertiefung in das Thema, so dass die angestrebte religiöse und ethische Bildung durch beides gefördert wird, durch fachliches und fächerverbindendes Lernen.

In der dritten, integrierenden Phase kommen die Lerngruppen wieder zu gemeinsamen Unterrichtsveranstaltungen zusammen, um in einer informierteren Weise als am Anfang Kenntnisse und Einsichten auszutauschen, bei kontroversen Sachverhalten das Für und Wider zu erörtern sowie Handlungsfolgen zu bedenken und ggf. durch ein gemeinsames Projekt praktisch zu bewähren.

Das verbindende oberste Unterrichtsziel ist nicht nur Wissen, sondern *kategoriale* ethische und religiöse *Bildung* als unverzichtbarer Teil der allgemeinen Bildung. Als didaktisch-methodische Ausgangspunkte und je neue Impulse für den Unterrichtsfortgang berücksichtigen die Kurse in Ethik wie Religion konstitutiv auch die Erfahrungen und Ansichten der Kinder und Jugendlichen (vgl. hierzu ausführlicher Anlage 1). Für diese Kooperationsform ist langfristig die Neukonstruktion von Rahmenrichtlinien als *Richtlinien der Fächergruppe des Wahlpflichtbereiches* nötig. Ein erster Schritt sollte in der vergleichenden Analyse der bereits entwickelten vorhandenen Rahmenrichtlinien bestehen.

b) Ethik und Religion in Arbeitsgemeinschaften bei geringer Akzeptanz

Besonders in den *Klassen 7-10 der Sekundarschule* droht der Religionsunterricht zur Marginalie zu werden, weil ein großer Teil der Schülerschaft mit Interesse an Religion nach der Förderstufe das Gymnasium besucht. Ausfall des Fachunterrichts ist die Regel, weil die Mindestschülerzahl von 6 pro Jahrgang unterboten wird. Ein ähnlicher Befund ist für das *berufsbildende Schulwesen* zu verzeichnen. Die geringe Akzeptanz liegt u. a. darin begründet, dass die Schwellenangst gegenüber Religion zu hoch ist (als Religionslosigkeit in der vierten Generation beschrieben von E. Neubert). Weil es wichtig ist, gerade dieser Schülerschaft Lernprozesse in Religion zu ermöglichen, könnte man an ein Modell denken, das aus der jeweiligen Fachkompetenz in Religion gespeiste Kurse als *Arbeitsgemeinschaften* anbietet. Arbeitsgemeinschaften in Religion würden zum einen die ggfs. in den Schulen vorhandene bzw. gezielt zu gewinnende Kompetenz einer Religionslehrkraft nutzen und zum anderen religiöse Themen für Schüler aufschließen, die sich mangels Kenntnissen und Vorstellungen nicht für den Religionsunterricht entscheiden konnten. Dieses Modell ist in vielfältigen Formen denkbar, sei es als Schnupperuntericht zu Schuljahresbeginn oder als themengebundenes Abrufen religionspädagogischer Kompetenz. Solche Themen könnten sein:

– Grundkurs Christentum
– Grundkurs Bibel
– Propheten
– Die großen Geschichten der Religionen
– Weltreligionen
– Glaube und Naturwissenschaft
– Religiöse Ethik

Einen ähnlichen Angebotscharakter könnten *religionsphilosophische Schulwochen*[23] haben, die nicht das Fachangebot ersetzen, wohl aber für die Angebote der Fächer interessieren können.

c) Projektunterricht als Alternative zu (instabilem) Fachunterricht

Als Organisationsform bei Nicht-Angebot aller drei Fächer kann sich die Durchführung von Projekten empfehlen. Aus einzelnen Schulen wird von ausgezeichneten Erfahrungen mit Projektwochen zu Themen wie „Weltreligionen“, „Religiöse Sondergemeinschaften“, „Christentum“ berichtet. *Für alle vom klassischen Fachunterricht abweichenden Formen muss gelten, dass sie prinzipiell erprobt werden können, ohne jedoch das durch die Stundentafel vorgegebene Stundendeputat zu unterschreiten.*

d) Projektunterricht als kooperatives Unterrichtsverfahren

Projektunterricht ist auch für den vollständig eingeführten Wahlpflichtbereich als intensive Kooperationsform denkbar und wünschenswert. Für diese Form der Kooperation ergeben sich mehrere Wege:

Vom Fachbezug aus entwickelt sich eine Frage, die gemeinsam im Religions- und Ethikunterricht gefestigt wird (z. B.: Worauf können die Menschen heute hoffen?) Dann wird sie von allen Schülerinnen und Schülern gleichsam als Projekt durchgeführt; Teilzugänge und Teilfragen werden in den einzelnen

---

[23] Knuth Fischer: Bericht über eine religionsphilosophische Schulwoche, in: Die Christenlehre 45 (1992) 504-507

Fächern oder Teilgruppen behandelt (Interviews, Textstudium, Suche nach Hoffnungsgründen, Filmanalyse).

Vom Fragebezug aus, der integrativ entwickelt wird, werden fachliche Voraussetzungen differenziell hergestellt und in den integrativen Fachbezug eingebracht (z. B. bei der Sinnfrage: Sinnfrage im Christentum, Antworten aus der Philosophie, Antworten aus fernöstlichen Religionen, Antworten des Humanismus).

Vor aller gemeinsamen unterrichtlichen Kooperation stehen vielfältige Möglichkeiten der Kooperation in der Schulpraxis:

a) zwischen den Lehrkräften mit indirekten Auswirkungen auf die unterrichtliche Organisation

- gemeinsame Fachkonferenzen zur praktischen Konzeption der Kooperation
- gegenseitige Hospitationen zum Kennenlernen der Methodik und des
- Unterrichtsmaterials
- Bildung von Arbeitsgruppen innerhalb einer Schule oder schulübergreifend, die Unterrichtsmaterial erstellen
- Analyse und Benutzung von Schulbüchern und Unterrichtsmaterial
- gemeinsam erstellte Stoffverteilungspläne auf Jahrgangs- und Schulebene
- Planung von Unterricht
- Festlegung von Beurteilungs- und Bewertungsmaßstäben
- Information von Eltern und Schülerinnen und Schüler über die Wahlmöglichkeiten im Bereich der Fächer
- Zusammenarbeit zwischen einzelnen Kollegen zur Konzeption der Kooperation, zur Erstellung von Unterrichtsmaterial und zur Entwicklung von Curriculumelementen

b) zwischen den Lehrkräften mit direkten Auswirkungen auf die unterrichtliche Organisation der Lerngruppen

- wechselseitiger Besuch der Lerngruppen im Sinne einer Öffnung des Unterrichts und einer Veröffentlichung von Lernergebnissen
- gemeinsame Hospitationen, gemeinsam ausgesprochene Einladungen im Sinne einer Öffnung von Schule zur Gesellschaft
- zeitlich befristeter Tausch der Lerngruppen im Sinne einer Expertenbefragung
- Durchführung von team-teaching
- Durchführung gemeinsamer Unterrichtseinheiten
- gemeinsamer Besuch außerschulischer Lerninitiativen (Vorträge, Erkundungen oder Ausflüge)
- Durchführung fachübergreifenden Unterrichts über die Fächergruppe hinaus

5.1.3 Kooperation zwischen den Kirchen

Die von der Deutschen Bischofskonferenz[24] und der Evangelischen Kirche in Deutschland[25] aufgeführten möglichen Formen konfessioneller Kooperation[26] sollten von den Kirchen der Region weitaus stärker als bisher berücksichtigt und genutzt werden. Es sollte in diesem Zusammenhang geprüft werden, wie im Rahmen von Absprachen und Vereinbarungen der Kirchen zur Zusammenarbeit bei der Ausgestaltung von Evangelischem Religionsunterricht und Katholischem Religionsunterricht – ‚in Übereinstimmung mit den Grundsätzen der Religionsgemeinschaften' (Art. 7,3 GG) und unter Wahrung des Elternrechts (Art. 7,2 GG) – das Unterrichtsangebot der je anderen Konfession anerkannt werden kann, so dass mit einem Angebot christlicher Religion neben dem Ethikunterricht der Wahlpflichtbereich realisiert wäre. Eine diesbezügliche Regelung könnte die Situation in der Schulpraxis nachhaltig verbessern, das gemeinsame Verantwortungsbewusstsein der Kirchen für die Situation des Religionsunterrichts und der religiösen Bildung deutlich ma-

[24] Die bildende Kraft des Religionsunterrichts. Zur Konfessionalität des katholischen Religionsunterrichts, Bonn 1996.
[25] Identität und Verständigung. Standort und Perspektiven des Religionsunterrichts in der Pluralität, Gütersloh 1994.
[26] Gemeinsame Stellungnahme, Bonn/ Hannover 1998.

chen und die Akzeptanz bei nicht konfessionell gebundenen Schülerinnen und Schülern bzw. deren Eltern erhöhen.
Erste Schritte auf diesem Weg werden derzeit durch das „18-Schulen-Programm“ gegangen. Hier sind die Erfahrungen gründlich zu evaluieren, um auch die Problemstellen solcher Zusammenarbeit in den Blick zu bekommen.

5.2. Entscheidungsspielräume eröffnen: Zwischen flächendeckender Versorgung und Bildung von Schwerpunktschulen

Die gegenwärtig zur Verfügung stehenden Ressourcen im Lehrpersonal reichen nicht aus, um eine baldige flächendeckende Versorgung mit Religions- und Ethikunterricht zu ermöglichen. An einem solchen Ziel muss jedoch auf jeden Fall festgehalten werden.

Gleichwohl reicht es auch nicht aus, die Entwicklung dem Selbstlauf zu überlassen. Es müssen Entscheidungsspielräume geschaffen werden, durch die konzeptionelle Klarheit entsteht. Ein Schritt wäre zum Beispiel die Bildung von Schwerpunktschulen. Dies könnten vor allem Schulen in städtischen Bereichen sein, deren Profil darin besteht, dass sie den vom Schulgesetz gegebenen Auftrag der Einführung der Fächer vollständig umgesetzt haben. In diesen Schulen könnte sofort und vollständig das Unterrichtsangebot für alle Jahrgänge vorgehalten werden. Eltern, deren Kinder eine Schule ohne Ethik- und Religionsunterricht besuchen, sollte die Möglichkeit eines Antrags auf Schulwechsel eröffnet werden.

5.3. Erarbeitung eines Personalentwicklungskonzepts als grundlegende Perspektive zur flächendeckenden Ausgestaltung des Wahlpflichtbereichs

Die Lehrkräfte sind hinsichtlich der größtmöglichen Unterichtsversorgung und hinsichtlich der Qualität des Unterrichts ein entscheidender Faktor. Die weitere Entwicklung kann nur über den Einsatz von weiteren Lehrkräften vorangetrieben werden.

5.3.1 Ermittlung des Bedarfs an Lehrkräften

Die zuständigen Fachabteilungen des Kultusministeriums sollten zunächst den Bedarf an Unterrichtenden im Ethik- und Religionsunterricht ermitteln. Dabei sind die bislang unversorgten Klassen und die Stundentafel zugrunde zu legen. Nach der genauen Errechnung dieses Grundsatzbedarfes (er dürfte bei ca. 900 Vollzeitlehrkäften liegen) ist zu schätzen, wie hoch der jeweilige Anteil von Religions- resp. Ethiklehrkräften tatsächlich und genau ist. Auf der Basis dieser Berechnung sollte ein langfristiges Einstellungs- und Weiterbildungskonzept erstellt werden. Im gleichen Zuge ist die Erstellung einer mittel- und langfristigen Finanzplanung zur Absicherung einer flächendeckenden Versorgung mit Religions- und Ethikunterricht nötig.

5.3.2 Qualitative Perspektiven zu Aus-, Fort- und Weiterbildung

Ausbildung der Lehrerinnen und Lehrer

Die Lehrerausbildung an der Universität ist personell und sachlich weiter zu sichern. Die gerade neu eingerichteten Studiengänge für die Lehrämter Ethik bieten für eine qualitative Weiterentwicklung der Lehrerausbildung hervorragende Möglichkeiten. Ins Auge zu fassen wären auch Möglichkeiten der Kooperation zwischen den Studiengängen Religionsunterricht und Ethikunterricht.

Für das fachliche Profil des Religionsunterrichts ist die Wiederbesetzung des Lehrstuhls für Evangelische Religionspädagogik an der Martin-Luther-Universität in Halle notwendig. Gleichzeitig sollte ein Lehrstuhl für Katholische Religionspädagogik eingerichtet werden, so dass eine grundständige Lehrerausbildung aufgenommen werden kann. Die Stellen für wissenschaftliche Mitarbeiter in der Ethikdidaktik und der Religionspädagogik sind abzusichern.

Fortbildung der Lehrerinnen und Lehrer

Auch im Bereich der Fortbildung ist zunächst an den kooperativen Aspekt zu denken.

– Angebot von fächerübergreifenden Fortbildungen zu religiösen und ethischen Themen
– Fortbildungen zum Verstehen der fachlichen und fachdidaktischen Perspektiven der jeweils anderen Fächer
– Fortbildungen zu Selbsterfahrung und Selbstreflexion hinsichtlich Lebensorientierung und Werthaltung für Lehrkräfte im Religions- und Ethikunterricht

- Dezernentenschulung im Bereich ethischer und religiöser Bildung
- Fortbildungen für Schulleitungen zu Fragen ethischen und religiösen Lernens, um anschließend mit den Fachlehrkräften Schülerinnen, Schüler und Eltern sachgerecht informieren zu können
- Erarbeitung von Qualitätsstandards für Religions- und Ethikunterricht und Konzipierung entsprechender Fortbildungen
- Schulinterne Fortbildungen zu Fragen religiöser und ethischer Bildung und der Einbeziehung der Fächergruppe in die Schulprofilbildung
- Fortbildungen zur Verbesserung der Kenntnisse über Inhalte und Methoden des je anderen Faches. Es sollte selbstverständlich werden, dass auf der einen Seite Ethiklehrkräfte für religiöses Fragen sensibel werden wie auf der anderen Seite Religionslehrkräfte mit philosophisch - ethischem Fragen vertraut gemacht werden sollten.
- Verstärkung und Profilierung des Angebots an gemeinsamen Fortbildungen für Religions- und Ethiklehrer zur Ausgestaltung der Fächergruppe
- Angebot von Fortbildungen für Lehrerinnen und Lehrer anderer Fächer

Wenn deutlich werden soll, dass ethisches und religiöses Lernen eine Aufgabe der gesamten Schule ist, dann muss die Kompetenz der beiden Fächer genutzt werden, um entsprechende Bezüge zum Deutsch-, Physik-, Biologie-, Geschichts- und anderem Fachunterricht auszuweisen.

- Konsequentes Einbeziehen der Perspektiven religiöser und ethischer Erziehung in die Konzeption von Projektthemen. Insbesondere die verbindlichen Projekte der Förderstufe und das Fehlen von fächerübergreifenden Unterrichtsverpflichtungen bedürfen einer entsprechenden Überprüfung
- Aufnahme von Fortbildungsangeboten zu religiösen und ethischen Themen der kirchlichen Fortbildungsträger in den LISA-Katalog.

Langfristig geht es in der konzeptionellen Arbeit darum, ein Rahmenkonzept für den Ethikunterricht, das als Grundlage und Orientierung für Aus-, Fort- und Weiterbildung sowie die Rahmenrichtlinienarbeit dienen kann, zu entwickeln, die konzeptionellen Voraussetzungen für eine flexible Zusammenarbeit der Kirchen zu klären und schließlich Religion und Ethik als Lerndimension aller Fächer in den Blick zu nehmen.

Weiterbildung der Lehrerinnen und Lehrer

Hinsichtlich des Ethikunterrichts ist es problematisch, wenn sich ein ordentliches Unterrichtsfach überwiegend auf weitergebildete Lehrkräfte stützt, zumal das Reservoir interessierter Lehrerinnen und Lehrer, die auch mit ihrer ganzen Person hinter diesem Fach stehen können, an seine Grenze kommt. Das Ausmaß der *Weiterbildung* ist als Übergangslösung gerechtfertigt, sie ersetzt aber grundsätzlich nicht eine vollständige Ausbildung. Aus Gründen der Qualitätssicherung ebenso wie der Öffentlichkeitswirkung kann ein Unterrichtsfach, das „ordentlich" zu sein beansprucht, auf Dauer nur bestehen, wenn Forschung und Lehre an den Universitäten, Lehramtsausbildung und Einstellungspraxis aufeinander abgestimmt ausgebaut werden. Weiterbildungsmaßnahmen behalten ihre Funktion, sind aber auf solch ein abgestimmtes Gesamtkonzept angewiesen. Folgende Maßnahmen sollten in Angriff genommen werden:

- Aufbau der zweiten Phase der Lehramtsvorbereitung
- Intensivierung der grundständigen Ausbildung
- Ausbau der Fachdidaktik Ethikunterricht,
- Überprüfung der Anrechenbarkeit der Abschlüsse in Philosophie für einen Einsatz im Ethikunterricht, wenn eine zu konzipierende Zusatzausbildung in Fachdidaktik und Erziehungswissenschaft absolviert wird.

Hinsichtlich des *Religionsunterrichts* ist zu berücksichtigen, dass unter den vorhandenen staatlichen Lehrkräften kaum noch Kirchenmitglieder zu finden sind, die durch Weiterbildung für die Erteilung von Evangelischem bzw. Katholischem Religionsunterricht qualifiziert werden können. Dennoch sind weitere *regionale Weiterbildungen* denkbar.

Im Religions- und Ethikunterricht geht es mehr noch als in anderen Unterrichtsfächern sowohl um die Vermittlung von Wissen als auch um die Fähigkeit der Reflexion eigener Lebensorientierung und persönlicher ethischer Grundhaltungen durch die Schülerinnen und Schüler. Das erfordert eine spezifische fachliche, didaktische und methodische Unterrichtsgestaltung. Mehr als in anderen Fächern vermittelt sich viel über die Person der Lehrkraft. Deshalb sind Fachkompetenz und die Fähigkeit zur Selbstreflexion gleichermaßen zu fördern. Nur wer die eigenen Grundhaltungen und Einstellungen reflektieren kann, ist in der Lage, andere auf ihrem Weg des Aufbaus von Lebensorientierung und der Übernahme von Werthaltungen zu begleiten.

Deshalb ist besonderer Wert auf eine ausreichende und sachgemäße Aus-, Fort- und Weiterbildung zu legen.

5.3.3 Zur Rolle kirchlicher Lehrkräfte als Partner im Wahlpflichtbereich

Der Religionsunterricht beider Konfessionen ist zu einem erheblichen Teil darauf angewiesen, dass kirchliche Lehrkräfte in ihm mitwirken. Die in den Gestellungsverträgen von Sachsen-Anhalt festgelegten Regelungen und die gegenwärtige Praxis gehen davon aus, dass die Gestellung kirchlicher Lehrkräfte eine kurzfristige Übergangslösung ist. In der Praxis müssen kirchliche Lehrkräfte zurücktreten, wenn eine staatliche Lehrkraft eingesetzt werden kann. Dies ist bei der insgesamt unbefriedigenden Versorgung mit Religionsunterricht und hinsichtlich einer kontinuierlichen Aufbauarbeit nicht nachvollziehbar. Das Land Sachsen-Anhalt wird für einen sehr langen Zeitraum auf die Mitwirkung von kirchlichen Lehrkräften im Religionsunterricht angewiesen bleiben. Dem muss konzeptionell Rechnung getragen werden. Das schulische Unterrichtsfach mit externer Kompetenz ist zu fördern durch die Verbesserung der Situation kirchlicher Mitarbeiterinnen und Mitarbeiter. Folgende Maßnahmen sollten überprüft werden:

Durch die Ermöglichung von Unterrichtsaufträgen für kirchliche Lehrkräfte über einen längeren Zeitraum[27] ließe sich sowohl für die Schulen als auch die kirchlichen Dienststellen und die kirchlichen Lehrkräfte selbst Planungssicherheit schaffen. Die Gestellungsverträge sollten hinsichtlich der Schaffung mittelfristiger Planungssicherheit und hinsichtlich einer kostengerechten Zahlung von Gestellungsgeld an die Kirchen überprüft werden. Ebenfalls sollte die Möglichkeit des Abschlusses von Privathonorarverträgen mit geeigneten Lehrkräften sowie die Möglichkeit einer Anstellung von Ein-Fach-Lehrkräften[28] geprüft werden.

Gleichzeitig sollten die Kirchen prüfen, inwieweit sich durch eine Erhöhung der Schulpfarr- und Schulkatechetenstellen durch die Kirchenkreise der Evangelischen Kirche sowie die Schaffung von vergleichbaren Möglichkeiten durch die Katholische Kirche die Unterrichtsversorgung weiter verbessern ließe.

---

[27] Gegenwärtig werden Unterrichtsaufträge für jeweils ein Schuljahr erteilt.

[28] Praxis in Sachsen, Thüringen und Mecklenburg-Vorpommern. In Mecklenburg-Vorpommern wurde die Möglichkeit einer Lehramtsausbildung Religionsunterricht für Theologen geschaffen.

5.4 Öffentlichkeit

Im Zuge einer möglichst breit angelegten Debatte über die Frage, warum und wie wir heute Schule halten, muss in den Schulen, den Elternvertretungen, den Kirchen, den politischen Parteien, den Verbänden und in den für das Land relevanten Medien eine öffentliche Diskussion über die Rolle religiöser und ethischer Bildung für eine Schule der Zukunft und die Funktion von Ethik- und Religionsunterricht angestoßen werden. Dabei ist zunächst das Schul- und Bildungsverständnis in den Blick zu nehmen und kritisch auf bisweilen dominierende einseitige Verkürzungen aufmerksam zu machen. Es muss deutlich werden, dass die Schule die Aufgabe hat, die großen Fragen der Menschen zu thematisieren, ohne immer fertige Antworten parat zu haben. Der Wahlpflichtbereich ist dabei als bedeutende bildungsreformerische Leistung zu würdigen, die insbesondere die ostdeutsche Situation reflektiert. Seine Leistungen vor allem in Richtung auf eine Veränderung des traditionellen Lehrerselbstverständnisses und einer Veränderung der Unterrichtskultur (mehr selbständiges, dialogisches und kreatives Lernen) sind auszuweisen.

Die Stabilisierung und die Weiterentwicklung des Bereichs von Religions- und Ethikunterricht hängt entscheidend von seiner Akzeptanz und Unterstützung in der gesellschaftlichen Öffentlichkeit, den politischen Parteien und den Mitgliedern der Landesregierung ab. Dabei muss sich das Anliegen dieser Fächer gegen anders gelagerte und gar gegenläufige Interessen durchsetzen. Unterstützende Maßnahmen könnten sein:

- Eröffnung eines parteiübergreifenden Dialogs über die Rolle religiöser und ethischer Bildung an den öffentlichen Schulen in Sachsen-Anhalt
- Zusammenstellung, Auswertung und Dokumentation bisheriger Erfahrungen mit Religions- und Ethikunterricht in ihrer Bedeutung für die individuelle und allgemeine Bildung
- Präsentation von gelungenen Beispielen in der Praxis.

5.5 Sofortmaßnahmen

Aufgrund der gegenwärtig schwierigen Situation in der Unterrichtsversorgung und angesichts der häufig ebenfalls sehr schwierigen Situation der Lehrkräfte vor Ort ist ein deutliches Signal dafür erforderlich, dass die Landesregierung sich verstärkt der Verbesserung der religiösen und ethischen

Bildung widmen will. Dazu werden einige Maßnahmen vorgeschlagen, die unserer Meinung nach kurzfristig umgesetzt werden können, ohne dass nennenswerte zusätzliche Kosten entstehen.

5.5.1 Einrichtung einer Koordinierungsstelle für den Religions- und Ethikunterricht

Die bisherigen Erfahrungen zeigen, dass die Einführung des Religions- und Ethikunterrichts vor allem hinsichtlich fachlicher und fachdidaktischer Fragen wenig koordiniert verlief. Die empfohlene Ausgestaltung eines Wahlpflichtbereichs kann nur gelingen, wenn dafür eine Arbeitsstruktur geschaffen wird, in der die anstehenden Fragen und Probleme inhaltlicher und organisatorischer Art prozessbegleitend beraten und geklärt sowie Empfehlungen für die Umsetzung gegeben werden.

Es ist deutlich geworden, dass die Debatte, die die Arbeitsgruppe vor allem hinsichtlich der Klärung fachlicher und fachdidaktischer Fragen in den vergangenen Monaten geführt hat, sehr konstruktiv war und weitergeführt werden muss. Dazu bedarf es ebenfalls einer autorisierten koordinierenden Einrichtung.

Die Arbeitsgruppe empfiehlt die Einrichtung einer Koordinierungsstelle/ einer Geschäftsstelle/ eines Referats im LISA. Diese Stelle sollte mit fachlich ausgewiesenen Personen (Religionspädagog/in, Ethikdidaktiker/in) besetzt werden. Die Einrichtung einer solchen Stelle wäre sowohl ein wichtiges politisches Signal als auch die Voraussetzung für eine Intensivierung fachlicher Arbeit und die Stärkung fächerverbindender Perspektiven.

Vor Einrichtung einer solchen Stelle wäre allerdings zu klären, ob und in welcher Weise im LISA die entsprechenden Rahmenbedingungen für die Tätigkeit einer solchen Stelle bestehen bzw. geschaffen werden müssen.[29]

Ein Beirat könnte die Arbeit fachlich begleiten. In den Beirat könnten berufen werden: Vertreter des Ministeriums, Vertreter der Kirchen, Vertreter der Religionspädagogik, Vertreter der Ethikdidaktik, Vertreter der Universität, Vertreter der Schulaufsicht, Vertreter des LISA, Vertreter der Schulpraxis, Schülervertreter, Elternvertreter, Vertreter des Ausbildungsseminars.

---

[29] Analog zum Vorgehen bei der Einführung der Grundschule mit festen Öffnungszeiten könnte dieser Koordinierungsstelle die Errichtung von Beratungs- und Begleitungsgruppen für den Aufbau des Wahlpflichtbereichs Ethik-Religion übertragen werden.

5.5.2 Ausweitung des Einstellungskorridors

Ohne die Ausweitung des Einstellungskorridors ist eine dem Bedarf entsprechende Versorgung mit Religions- und Ethikunterricht nicht möglich. Zudem ist die Lehrerausbildung in Sachsen-Anhalt auf die Einstellung der Absolventen angewiesen. Insofern ist ein entsprechender Einstellungskorridor freizuhalten, durch den die aus dem Dienst ausscheidenden Lehrkräfte ersetzt und das Angebot insgesamt erweitert werden kann.

Im Bereich der Lehrerausbildung ist darüber nachzudenken, wie die Zahl der Studierenden erhöht werden kann. Im Bereich des Religionsunterrichts ist zu überlegen, ob ein Aufbaustudium in Erziehungswissenschaft und Didaktik für Theologinnen und Theologen eingerichtet werden sollte, die als Ein-Fach-Lehrer eingestellt werden könnten. Analoge Regelungen könnten für ausgebildete Philosophinnen und Philosophen getroffen werden.

5.5.3 Nachweispflicht bei fehlendem Angebot von Ethik- und Religionsunterricht

Insbesondere bei der Flexibilisierung der Stundentafel, wie sie gegenwärtig durch den Organisationserlass zur Arbeit in der Grundschule[30] vorgesehen ist, aber auch generell ist den Schulleitungen eine Nachweislast bei nicht vorhandenem Angebot von Ethik- und Religionsunterricht aufzuerlegen, durch die die Gründe hierfür plausibel zu erkennen sind. Bei einer möglichen Flexibilisierung der Arbeit in den Sekundarschulen ist zweistündiger Ethik- und Religionsunterricht zu ermöglichen, wenn die notwendigen personellen Voraussetzungen vorliegen.

5.5.4 Erstellung von Selbstentwicklungsprogrammen

In engem Zusammenhang mit der Nachweispflicht sollte die positive Pflicht zur Formulierung von schulischen Entwicklungsprogrammen stehen, in denen die Einzelschulen erklären, auf welche Weise sie zum Vorhalten des Angebots in Ethik- und Religionsunterricht gelangen wollen resp. welche alternativen Maßnahmen sie bereits praktizieren. Es sollte geprüft werden, ob Schulen, die sich im Prozess der Einführung der Fächer befinden, etwa durch

[30] Rd.Erl. vom 30.5. 2000, SVBl 6/2000.

Erhöhung der Verfügungsstunden eine Sondervergünstigung gewährt werden kann.

5.5.5 Intensivierung des Engagements der Kirchen

Über weitere Schritte in der ökumenischen Zusammenarbeit hinaus sollten die Kirchen jede Gelegenheit nutzen, geeignete Lehrkräfte im Rahmen von Gestellungsverträgen im Religionsunterricht einzusetzen. In Verhandlungen mit dem Land sollten sie sich darüber hinaus für die Einstellung von „Ein-Fach-Lehrern" einsetzen.

5.5.6 Schlussbemerkung

Die Arbeitsgruppe ist zu der Überzeugung gelangt, dass sich in ihrem Dialog zwischen der Philosophie/ Ethik und deren Didaktik einerseits, der Theologie und der Religionspädagogik andererseits sowie den Schulpraktikern aussichtsreiche Perspektiven für die weitere Entwicklung religiöser und ethischer Bildung an den Schulen in Sachsen-Anhalt ergeben haben. Sie hält die Weiterführung des begonnenen Dialogs auf breiterer Basis für aussichtsreich und bittet die Landesregierung dazu entsprechende Schritte einzuleiten.

6. Zusammenfassende Thesen

1. In Sachsen-Anhalt besteht ein hohes Realisierungsdefizit zwischen dem Verfassungsauftrag zur flächendeckenden Einführung von Religions- und Ethikunterricht an allen Schulen und dem tatsächlichen Unterrichtsangebot. Im Schuljahr 1999/2000 konnten lediglich 30% der Schüler mit Ethikunterricht, 5,7% mit Evangelischem Religionsunterricht und 0,48% mit Katholischem Religionsunterricht versorgt werden. Damit bildet Sachsen-Anhalt auch 10 Jahre nach der Wende das Schlusslicht aller Bundesländer in der Versorgung mit ethischer und religiöser Bildung.

2. Für eine „Schule mit Zukunft" sind wertbezogene sowie ethische und/ oder religiöse Bildungsangebote unabdingbar erforderlich. Sie sind historisch zum Verständnis und zur Tradierung unserer christlich-abendländischen Kultur bedeutsam und mit ihren grundlegenden normativen Reflexionsorientierungen ein unverzichtbarer Bestandteil zukünftiger individueller und gesellschaftlicher Lebensgestaltung in sozialer Verantwortung.

3. Religionsunterricht und Ethikunterricht bieten mit ihrem je eigenen fachwissenschaftlichen und fachdidaktischen Profil einen unverzichtbaren Beitrag für den schulischen Bildungsauftrag. Während sich der Ethikunterricht vor allem an den Möglichkeiten und Grenzen philosophischer Vernunft orientiert, hat der Religionsunterricht seine unveräußerlichen Grundlagen in den geschichtlichen Überlieferungen und gegenwärtigen Ausdrucksformen des christlichen Glaubens. Eine produktive Differenz ist vor allem in der Gottesfrage gegeben.

4. Trotz mannigfaltiger inhaltlicher Überschneidungen betonen Landesverfassung und Schulgesetz zu Recht die durch die maßgeblichen letzten Auslegungshorizonte bedingte unverwechselbare Eigenständigkeit beider Unterrichtsfächer. Die produktive Differenz zwischen diesen Fächern gilt es für die weitere Entwicklung religiöser und ethischer Bildung an den Schulen genauso zu nutzen wie die vielfältigen Überschneidungen in Thematik, Zielsetzung und Methoden.

5. Die von der Verfassung in Sachsen-Anhalt und dem Schulgesetz gegebenen Rahmenbedingungen bieten eine gute Grundlage für eine pädagogisch, bildungstheoretisch und fachwissenschaftlich fundierte Antwort

auf viele Herausforderungen, vor denen die Schule heute steht. Kinder und Jugendliche lernen im Ethik- und Religionsunterricht differenzierend das philosophisch-ethische und das religiöse Fragen mit seinen je eigenständigen Strukturen, Möglichkeiten und Grenzen kennen. Die Arbeitsgruppe sieht in diesen Rahmenbedingungen die bessere Antwort auf die durch die LER-Debatte in Brandenburg aufgeworfenen Fragen als die Organisation eines werteorientierenden gemeinsamen Faches für alle Schülerinnen und Schüler.

6. Zur Einlösung des Verfassungsauftrags und der Vorgaben des Schulgesetzes schlägt die Arbeitsgruppe vor, den Wahlpflichtbereich stärker als bisher auszugestalten. Das fruchtbare Widerspiel von Identitätsbildung im Eigenen (in der Eigengruppe) und am Anderen (in der Begegnung mit der Fremdgruppe) im angemessenen, altersgemäß abgewogenen Miteinander von differenzierendem und kooperativem Unterricht innerhalb des Wahlpflichtbereiches ermöglicht es, Kompetenzen zu erwerben, die der Entwicklung des Individuums und der Kultur des Zusammenlebens in Schule und Gesellschaft unmittelbar zu Gute kommt.

7. Die Organisation und die Ausgestaltung kooperativer Formen der Zusammenarbeit zwischen dem Religionsunterricht und dem Ethikunterricht bietet vielfältige Chancen, die es zukünftig verstärkt zu nutzen gilt. Verschiedene Formen und Möglichkeiten der Kooperation können in der Schulpraxis erprobt und genutzt werden (gemeinsame Projekte zu gleichen Themen, gemeinsame Projekte mit anderen Fächern zusammen, Versuch der Organisation eines wechselseitigen Kurssystems).

8. Einen wichtigen Schritt in der Verbesserung der Unterrichtsversorgung würde es darstellen, wenn die Kirchen das Unterrichtsangebot der jeweils anderen Konfession anerkennen und so der Wahlpflichtbereich schon bei Angebot *eines* Religionsunterrichts und des Ethikunterrichts in Kraft treten würde.

9. Um die vielfältigen vorgeschlagenen Kooperationsmöglichkeiten zu begleiten, ist die Schaffung einer Koordinierungsstelle für den Religions- und Ethikunterricht im Lande nötig. Diese Koordinierungsstelle sollte mit einem/ einer Religionspädagog/in und einem/ einer Ethikdidaktiker/in besetzt werden. Die Einrichtung einer solchen Stelle ist sowohl ein wichtiges politisches Signal als auch die Voraussetzung für eine Intensivierung fachlicher Arbeit und die Stärkung fächerverbindender

Perspektiven. Die bisherigen Erfahrungen zeigen, dass die Einführung des Religions- und Ethikunterrichts vor allem hinsichtlich fachwissenschaftlicher und fachdidaktischer Fragen wenig koordiniert verlief. Die empfohlene Ausgestaltung eines Wahlpflichtbereichs kann nur gelingen, wenn dafür eine Arbeitsstruktur geschaffen wird, in der die anstehenden Fragen und Probleme inhaltlicher und organisatorischer Art prozessbegleitend beraten und geklärt sowie Empfehlungen für die Umsetzung gegeben werden.

10. Die Verbesserung der Versorgung mit Religions- und Ethikunterricht und die Ausgestaltung des Wahlpflichtbereichs hängt entscheidend davon ab, dass qualifizierte Lehrkräfte in ausreichender Zahl zur Verfügung stehen. Daher ist die Ausweitung des Einstellungskorridors für Lehrerinnen und Lehrer nötig. Kirchliche Mitarbeiterinnen und Mitarbeiter, die Religionsunterricht erteilen, bleiben ein unverzichtbarer Faktor für die Versorgung mit Religionsunterricht und für die Ausgestaltung des Wahlpflichtbereichs. Die Schaffung von Planungssicherheit für ihren Einsatz und die angemessene Honorierung ihrer Tätigkeit muss angestrebt werden.

11. Den Schulleitungen sollte eine Nachweispflicht bei nicht vorhandenem Angebot von Ethik- und Religionsunterricht auferlegt werden. Die Gründe für den Unterrichtsausfall müssen plausibel zu erkennen sein. In engem Zusammenhang mit der Nachweispflicht soll eine positive Pflicht zur Formulierung von schulischen Entwicklungsprogrammen stehen, in denen die Einzelschulen erklären, auf welche Weise sie zum Vorhalten des Angebots in Ethik- und Religionsunterricht gelangen wollen resp. welche alternativen Maßnahmen sie bereits praktizieren und weiterhin praktizieren wollen.

12. Die Arbeit der Lerngruppen im Ethik- und Religionsunterricht kann nur gelingen, wenn sie weder strukturell noch atmosphärisch behindert wird. Die vorübergehende Einstündigkeit der Unterrichtserteilung in den Klassenstufen 7-10 sollte auf ihre Wirksamkeit hin überprüft und schrittweise abgebaut werden. Ein vertrauensvolles Lernklima ist von besonderer Bedeutung. Unverzichtbare Voraussetzung dafür ist die Akzeptanz des Ethik- und Religionsunterrichts in den Kollegien und bei der Elternschaft. Eine breite öffentliche Debatte ist notwendig, damit die Akzeptanz auch über den Rahmen der Schule hinaus verbessert wird.

Anlage

(Verfasser: Professor Dr. Dr. Nipkow)

Diese Anlage bezieht sich auf die Ziffern 5.1.1. und 5.1.2. und veranschaulicht exemplarisch eine mögliche Form der Ausgestaltung der Kooperation im Wahlpflichtbereich.

Thema „Gewalt" (Sekundarschulen)

Phase 1 (integrierte Phase)

Phase 1 thematisiert i. d. R. zunächst fächerübergreifende Fragen wie (1) „Was ist Gewalt?" (Phänomenbeschreibung, vorläufige Begriffsklärung), (2) „Wo treffen wir auf Gewalt?" (Ortsbestimmungen), und (3) „Warum und wie soll das Thema Gewalt unterrichtlich erschlossen werden?" (disziplinspezifische Behandlung).

(1) Gewalt hat viele Gesichter. Sie existiert als physische (körperliche Züchtigung, Gewaltverbrechen, Todesstrafe) und geistig-seelische Gewalt (Unterdrückung von Gedanken-, Glaubens-, Pressefreiheit usw.; psychischer Terror). Sie erfolgt von außen und kann im Menschen selbst als Selbstzwang auftreten. Sie äußert sich verbal und non-verbal. Sie kann sich gegen Menschen, gegen die Natur (Tiere, Pflanzen) und gegen Sachen richten. Sie betrifft Einzelne und Kollektive (Kriege, Massentötungen, Genozide).

(2) Schauplätze von Gewalt sind Familie, Nachbarschaft, Schule (Mobbing), Gesellschaft (auch als „strukturelle Gewalt"), Gewaltdarstellungen in Medien, Aggression und offene Gewalt zwischen Ethnien, Nationen, Kulturen, Rassen und Religionen.

(3) Aggression und Gewalt gefährden und zerstören das friedliche Zusammenleben und die öffentliche Ordnung. Neben den Unterrichtsfächern Geschichte und Politische Weltkunde/Gemeinschaftskunde sowie Beiträgen des Sprach-, Literatur- und Kunstunterrichts zur Verarbeitung von Gewalt und dem Beitrag des Biologieunterrichts zur Erklärung von Aggression und Gewalt (Aggressionsforschung in soziobiologischer Per-

spektive) ist Gewalt als Anfrage an das moralische Bewusstsein und Verhalten ein Hauptgegenstand des Ethikunterrichts und des Religionsunterrichts, weil Judentum, Christentum und Islam auf Grund ihres stark ethisch mitbestimmten Gottesglaubens in einer wechselvollen Geschichte bis heute das moralische Bewusstsein mit geprägt haben bzw. prägen.

Phase 2 (differenzierte Phase)

„Gewalt" als Kursthema in Ethik

Kategoriale ethische Perspektiven auf philosophischem Hintergrund (unter Einschluss sozial- und religionswissenschaftlicher Aspekte)

(Die Spiegelstriche legen keine Reihenfolge im Unterricht fest. Inhaltlich kann eine Auswahl getroffen werden. Die Terminologie richtet sich an die Lernenden. In der Sek I ist für die Lernenden inhaltlich und sprachlich der didaktische Ansatz der Elementarisierung angezeigt.)

– entwicklungspsychologische und sozialisationstheoretische Perspektiven (frühkindliche Entwicklung von Gewaltverhalten? Familiäre und gesellschaftliche Einflüsse Entwicklung des moralischen Urteils über Gewalt?)
– sozialpsychologische und soziologische Perspektiven (Frustration als Ursache von Aggression? warum unterlassene Hilfeleistung – „Wegsehen"? das Bystander-Phänomen – Gesamtgesellschaftliche Ausländerfeindlichkeit?)
– evolutionsgeschichtliche Perspektiven (Abgrenzung, Aggression, Xenophobie im Spiegel der Evolutionären Ethik)
– philosophisch-anthropologische Perspektiven („böse" Natur des Menschen? Freier Wille zum Guten?)
– philosophisch-ethische Perspektiven (welche normativen ethischen Kriterien gibt es zur Beurteilung von Gewalt? Welches sind die Quellen moralischen Gefühls/ Bewusstseins/ Urteils?)
– rechtliche Perspektiven (Gewalt und Rechtsordnung; warum staatliches Gewaltmonopol? Todesstrafe?)
– pädagogische Perspektiven (wie Gewalt vorbeugen? Wie ahnden? Strafen als Hauptmittel? Möglichkeiten an der eigenen Schule?)

„Gewalt" als Kursthema in Religion

Kategoriale religiöse Perspektiven auf theologischem Hintergrund (unter Einschluss sozial- und religionswissenschaftlicher Aspekte)

- religions- und sozialpsychologische Perspektiven (religiöser Fanatismus und Gewalt in den Religionen; „Sündenbock-Projektion"; Gründe religiös erzeugter Abgrenzung; positive Einflüsse von Religion auf Hilfsbereitschaft; geringere Ausländerfeindlichkeit bei religiösen Jugendlichen)
- religions-, christentums- und kirchengeschichtliche Perspektiven (Opferkulte; Absage an Menschenopfer in Altisrael, Christenverfolgung und christliche Gewaltlosigkeit; Mission mit Gewalt? Christen und die Absage an den Krieg; Antirassismusprogramm des ÖRK; gewaltloser Widerstand von Christen in der DDR)
- biblisch-ethische Perspektiven (5. Gebot; Gottes paradoxe Liebe: er lässt den Mörder Kain leben; Gerechtigkeits- und Friedensforderungen und -verheißungen der Propheten, Jesu Absage an Gewalt und Radikalisierung der Nächstenliebe zur Feindesliebe)
- theologisch-anthropologische Perspektiven (Deutungen der menschlichen Natur als „böse"; der Mensch als „Sünder" vor Gott; Leben unter Selbstzwang unter dem „Gesetz)
- systematisch-theologische Perspektiven (Gewalt und „Friede auf Erden": Gottes Schalom; Überwindung der Logik der Gewalt durch Jesu Kreuzestod, das Evangelium von der „Versöhnung": Schuld und „Vergebung")
- religionspädagogische Perspektiven (christliche Initiativen zur Überwindung von Gewalt: das katholische Projekt „Compassion"; evangelische diakonische Projekte, christliche Jugend- und Sozialarbeit

Phase 3 (integrierende Phase)

In gemeinsamen Unterrichtsveranstaltungen tragen die Schüler die Ergebnisse aus den vorausgegangenen Phasen zusammen, um sie zu vergleichen, zu ordnen, offene Fragen weiter zu klären, umstrittene Sachverhalte im Lichte der säkularen Ethik und gegenwärtigen christlichen Ethik zu beurteilen und gemeinsam Leitlinien zur Überwindung von Gewalt zu entwickeln.

Mitglieder der Arbeitsgruppe

Martina Apitz, Bernburg (bis Juni 2000)

Privatdozentin Dr. Barbara Brüning, Institut für Philosophie der Universität Rostock

Dr. Matthias Hahn, Pädagogisch-Theologisches Institut Kloster Drübeck (Schriftführer)

Direktor Christoph Hartmann, Pädagogisch-Theologisches Institut Kloster Drübeck (Moderator)

Prof. Dr. Raimund Hoenen, Institut für Praktische Theologie und Religionspädagogik der Martin-Luther-Universität Halle

Gerhard Kögel, Kultusministerium des Landes Sachsen-Anhalt

Direktor Steffen Lipowski, Norbertusgymnasium Magdeburg

Prof. Dr. Georg Lohmann, Institut für Philosophie der Otto-von-Guericke-Universität Magdeburg

Prof. em. Dr. Dr. h.c. Karl Ernst Nipkow, Tübingen

Dr. Ulrich Plaga, Bischöfliches Ordinariat Magdeburg

Gisela Raupach-Strey, Institut für Philosophie der Martin-Luther-Universität Halle-Wittenberg

Schulamtsdirektor Rainer Schulz, Staatliches Schulamt Halberstadt

Prof. Dr. Werner Simon, Seminar für Religionspädagogik, Fachbereich Katholische Theologie, Johannes Gutenberg-Universität Mainz

Prof. Dr. Hartmut Wenzel, Institut für Erziehungswissenschaft, Martin-Luther-Universität Halle

Stand: Mai 2001

Empfehlung zur Expertise „Ethik- und Religionsunterricht in der Schule mit Zukunft“

Am 10. November 2001 hat an der Martin-Luther-Universität Halle-Wittenberg eine gemeinsame Tagung der Theologischen und Philosophischen Fakultät und des Pädagogisch-Theologischen Instituts Kloster Drübeck stattgefunden. Vertreter des öffentlichen Lebens, des Landes, der Kirchen, Hochschulen und Verbände, Lehrerinnen, Lehrer sowie kirchliche Mitarbeiterinnen und Mitarbeiter diskutierten mit Mitgliedern der von Ministerpräsident Höppner einberufenen Arbeitsgruppe die Ergebnisse der Expertise „Ethik- und Religionsunterricht in der Schule mit Zukunft“. Die vorgelegte kritische Analyse der Expertise erhielt weitgehende Zustimmung. Auch die ausgesprochenen Empfehlungen zur weiteren Verwirklichung der Verfassungslage des Landes Sachsen-Anhalt für den Wahlpflichtbereich der Fächer Ethik- und Religionsunterricht an den Schulen wurden überwiegend geteilt.

Zustimmend und dankbar nahmen die Teilnehmerinnen und Teilnehmer zur Kenntnis, dass das Kultusministerium des Landes Sachsen-Anhalt mit der Einrichtung einer Koordinierungsstelle für den Ethik- und Religionsunterricht und dem Bemühen um eine Ausweitung des Einstellungskorridors von Lehrkräften angesichts knapper Ressourcen weitere Schritte zur Verbesserung der Bildungssituation im Bereich der werteorientierenden Schulfächer unternommen hat.

Sie trugen darüber hinausgehend der Regierung weitere Bitten zur Veränderung der seit 1998 bestehenden Gesetzes- und Erlasslage vor:

– Die Einschränkungsklausel des Schulgesetzes, Ethik- und Religionsunterricht seien einzuführen, „wenn geeignete Lehrkräfte bzw. kirchliche Mitarbeiterinnen und Mitarbeiter zur Verfügung stehen“, sollte aufgehoben werden und als hemmendes Diskussionsargument entfallen. Mittlerweile stünden besonders im Religionsunterricht mehr Lehrkräfte zur Verfügung als eingesetzt seien.

- Die Einschränkung auf eine wöchentliche Unterrichtsstunde in den Schuljahrgängen 7 bis 10 solle im Interesse der didaktischen Verwirklichung „ordentlicher Unterrichtsfächer" mit versetzungsrelevanter Notengebung aufgehoben werden.
- Im Interesse eines gedeihlichen und vor allem aufbauenden kontinuierlichen Unterrichts solle die Bildung von Lerngruppen nicht generell jahrgangsübergreifend und damit nicht bis zur maximalen Auslastung der Klassenstärke erfolgen. Um dem Bildungsauftrag des Landes für die werteorientierenden Schulfächer besser gerecht zu werden, sollten die finanziellen Einsparungsbemühungen nicht zu Lasten des personalen Lehrereinsatzes gehen. Besonders die Situation kirchlicher Mitarbeiter im Religionsunterricht dürfe sich nicht noch weiter verschlechtern. Die bisherigen Regelungen böten günstige Möglichkeiten bei geringen Teilnehmerzahlen (Bildung von Lerngruppen ab 6 Teilnehmenden) und sollten beibehalten werden.
- Die Schulleitungen sollten angehalten werden, die zur Information und Teilnahme am Unterricht aufgezeigten Möglichkeiten optimal zu gewährleisten. Die von der Expertise empfohlene Nachweispflicht für nicht vorhandene Unterrichtsangebote der Wahlpflichtfächer und die gebotene Pflicht zur Planung schulischer Entwicklungsprogramme wurden nachhaltig unterstützt.
- Trotz aller Umstellungs- und Einschränkungsmaßnahmen in der Hochschulausbildung solle der Stellen- und Personalbereich für die Didaktik der Fächer Ethik und Religion in der Lehrerausbildung nicht reduziert, sondern erhalten und erweitert werden (z. B. durch Ethikdidaktik in den Philosophischen Fakultäten Halle und Magdeburg). Nur solche Ausnahmemaßnahmen könnten der besonderen Situation der Einführung dieser neuen Fächer seit 1990 hochschulpolitisch gerecht werden. Das Lehrerstudium im Fach Katholische Religion sollte im eigenen Land ermöglicht werden.
- Das Ministerium sollte mit deutlichen Aufträgen an die Schulämter die Vorschläge der Expertise umsetzen. Dazu sollten die Angebote der Fort- und Weiterbildung attraktiv gemacht und gefördert werden.

Die für den Religionsunterricht verantwortlichen Kirchen wurden gebeten,

- alles zu tun und demzufolge förderliche Maßnahmen zu treffen, den Bildungsauftrag des evangelischen und katholischen Religionsunterrichts an den öffentlichen Schulen auch als kirchliche Aufgabe zu begreifen und zu stützen

- weitere Schritte einer Kooperation im Unterrichtsangebot – bei Wahrung ihres konfessionellen Profils – zu unternehmen, wie sie mit der 18er-Regelung (an 18 Schulen Religionsunterricht durch eine der beiden Konfessionen) z. Zt. erprobt werden und bei Fehlen des Bedarfs und des Angebotes von Religionsunterricht einer der beiden Konfessionen die Wahlpflicht eintreten zu lassen
- die Gestellungsverträge zu überprüfen und so zu verändern, dass der verstärkte Einsatz kirchlicher Mitarbeiter ermöglicht und das personale Potential der Kirchen besser und mit größerem Anreiz genutzt werden kann.

Die Teilnehmerinnen und Teilnehmer an dieser Veranstaltung trugen diese Vorschläge und Empfehlungen vor in der Verantwortung für eine umfassende Bildung und Erziehung der heranwachsenden Jugend. Mit den werteorientierenden Fächern leiste die Schule einen wichtigen Beitrag, sie zu einem ethisch verantwortlichen Handeln auf der Basis kulturell geprägten und umfassenden Wissens zu befähigen.

Die Veranstaltungsleitung des Kolloquiums:
Prof. Dr. Hoenen, Theologische Fakultät Halle,
Prof. Dr. Wenzel und Frau StR Raupach-Strey, Philosophische Fakultät Halle,
Direktor Dr. Hahn, Pädagogisch-Theologisches Institut Wernigerode-Drübeck

Halle, den 10. November 2001

Gewerkschaften und Verbände fordern Initiativen zur Stärkung ethischer und religiöser Bildung

Bei zwei Zusammenkünften in den Räumen der Magdeburger Markusgemeinde haben sich der Deutsche Katecheten-Verein, der Ethiklehrerverband, die Gewerkschaft Erziehung und Wissenschaft, der Philologenverband, der Verband Bildung und Erziehung sowie der Verband für Religionspädagogik auf die nachstehende Erklärung zur Stärkung ethischer und religiöser Bildung in den Schulen des Landes Sachsen-Anhalt geeinigt:

Die Gewerkschaften und Verbände fordern Landesregierung und Kultusministerium zu *mehr Engagement im Bereich der werteorientierenden Unterrichtsfächer* auf. Ethisches Lernen im Religions- und Ethikunterricht ist unverzichtbarer Bestandteil des schulischen Bildungsauftrages und notwendiger Bestandteil des Fächerkanons. Nicht allein die Ereignisse des 11. September 2001 haben deutlich gezeigt, dass die Schule einen Ort braucht, an dem die Lebensfragen der Kinder und Jugendlichen thematisiert werden können.

Die Gewerkschaften und Verbände erwarten von der Landesregierung konkrete Initiativen, um die Situation für die unterrichtenden Lehrkräfte spürbar zu verbessern und Anreize zu schaffen, damit deutlich mehr Lehrkräfte als bisher sich für eine Tätigkeit im Ethik- oder Religionsunterricht interessieren und qualifizieren. In der *Personalausstattung* liegt der Prüfstein für die bildungspolitische Arbeit der Landesregierung. Hier zeigt sich, wie ernsthaft ihr Wille zu einer flächendeckenden Versorgung mit diesen Unterrichtsfächern tatsächlich ist. Nicht Abbau von Lehrerstellen, sondern Weiterbildung und Neueinstellung sowie konsequenter Einsatz der bereits ausgebildeten Lehrkräfte ist im Ethik- und Religionsunterricht das Gebot der Stunde. Um ein bildungspolitisches Zeichen zu setzen, ist § 19, Abs. 5 des Schulgesetzes, der die Einführung der Unterrichtsangebote unter den Vorbehalt einer ausreichenden Personalausstattung stellt, zu streichen.

Deshalb fordern die Gewerkschaften und Verbände von Landesregierung und Kultusministerium die Umsetzung des folgenden Maßnahmenpakets:

1. Im Dienst befindliche Lehrerinnen und Lehrer müssen durch deutlich verbesserte Freistellung, die den tatsächlichen Aufwand für ihr *Weiterqualifizierung* ausgleicht, zu stärkerer Beteiligung an Weiterbildungsmaßnahmen motiviert werden, für die die Lehrerinnen und Lehrer auch über einen längeren Zeitraum vom Dienst freigestellt werden können. Zudem muss sicher gestellt werden, dass weitergebildete Lehrkräfte auch tatsächlich im entsprechenden Fachunterricht eingesetzt werden.
2. Der *Einstellungskorridor bei Neueinstellungen* von Ethik- und Religionslehrkräften ist auszuweiten. Im Bereich des Ethikunterrichts geht die Zahl der Neueinstellungen bislang gegen Null.
3. Die *Lehrerausbildung an den Universitäten* ist vor allem im ethikdidaktischen und religionspädagogischen Bereich zu verbessern. Unsichere Perspektiven für die wissenschaftlichen Mitarbeiter der Ethikdidaktik bieten keine ausreichende Arbeitsgrundlage für die Entwicklung dieses neuen Schulfachs. Ihre Stellen sind langfristig abzusichern. Die vorhandene Planstelle für eine religionspädagogische Professur an der Martin-Luther-Universität muss dringend wieder besetzt werden. Eine Ausbildungsmöglichkeit für Katholische Theologie und *Religionspädagogik im Land Sachsen-Anhalt ist zu schaffen.*
4. *Die Arbeitsbedingungen der kirchlichen Mitarbeiter* im Religionsunterricht sind im Hinblick auf kostengerechte Zahlung zu überprüfen. Die Gestellungsverträge müssen für die kirchlichen Mitarbeiter und für deren Anstellungsträger Planungssicherheit schaffen. Vereinbarungen müssen auch über Jahre hinweg Geltung haben. Die Möglichkeiten zum Abschluss privater Honorarverträge für den Religionsunterricht ist zu prüfen.
5. Die Einstellung von Philosophen und Theologen als *Ein-Fach-Lehrer* (Quereinsteiger) ist zu ermöglichen. Ihre pädagogische Qualifizierung ist zu ermöglichen.

Die *Kirchen* werden aufgefordert, die Ausweitung des Unterrichts durch stärkere Kooperation zu fördern. Das *18-Schulen-Programm* hat bislang keine Erfahrungen laut werden lassen, die gegen eine landesweite Umsetzung sprechen. Durch die wechselseitige Anerkennung der Unterrichtsangebote im evangelischen und katholischen Religionsunterricht wird sich die Unterrichtsversorgung spürbar verbessern. Die Kirchen werden aufgefordert, weitere Anstrengungen zur Einrichtung von Schulpfarr- und Schulkatecheten-stellen zu unternehmen.

Darüber hinaus muss die *konzeptionelle Diskussion* um die Situation im Wahlpflichtbereich weiter geführt werden. Die Evaluation des tatsächlich stattfindenden Unterrichts durch wissenschaftliche Untersuchungen ist dafür unumgänglich. Gewerkschaften und Verbände sind sich darin einig, dass in der Wahlfreiheit zwischen Ethik- und Religionsunterricht ein hohes demokratisches Gut liegt. Gleichzeitig müssen *Möglichkeiten* zu verbindlichen Unterrichtsangeboten für alle Schülerinnen und Schüler in der Werteerziehung des Wahlpflichtbereichs eröffnet werden.

Deutscher Katecheten-Verein, Sachsen-Anhalt
Ethiklehrerverband Sachsen-Anhalt
Gewerkschaft Erziehung und Wissenschaft Sachsen-Anhalt
Philologenverband Sachsen-Anhalt
Verband Bildung und Erziehung Sachsen-Anhalt
Verband für Religionspädagogik Sachsen-Anhalt

Magdeburg, 20.03.2002

Karl Ernst Nipkow

Religionsunterricht und Ethikunterricht – „Dialogpartnerschaft" in einer zerstrittenen Welt

Einleitung [1]

Die neue konstruktive Ausgangslage

In der Überschrift dieses Beitrages sind die Unterrichtsfächer Religions- und Ethikunterricht mit einem „und" verbunden. Besagt es lediglich ein Nebeneinander? Drückt es gegenseitige Gleichgültigkeit aus? Wohl kaum; denn dann würde das Thema gar nicht auf ausdrücklichen Wunsch der Fakultät für einen solchen festlichen Anlass ausgewählt worden sein.

Der Begriff der *„Dialogpartnerschaft"* entstammt der Denkschrift der Evangelischen Kirche in Deutschland (EKD) zum Religionsunterricht von 1994. Beide Fächer, heißt es dort, „haben jeweils ihr eigenes Profil. Die *unverwechselbare Eigenständigkeit jedes Faches* ist besonders angesichts der inhaltlichen Überschneidungen zu betonen"[2]. Der Satz zuvor lautet, nach Klärung bestimmter Sachfragen „können und sollten sich Religionsunterricht und Ethikunterricht als *Dialogpartner* verstehen" (ebd.). Die Überschneidungen sind alles andere als marginal. Der Ethikunterricht thematisiert unter religionskundlichen und ethischen Aspekten auch religiöse Themen einschließlich eines so zentralen wie „Jesus von Nazareth", während der Religionsunterricht eine Fülle moralisch-ethischer Probleme behandelt, wie es für alle drei abrahamischen Religionen, die einen fordernden „Willen" Gottes kennen, besonders charakteristisch ist.

---

[1] Festvortrag zur Verabschiedung von Klaus Petzold am 2. Juli 2002 in der Theologischen Fakultät der Universität Jena.

[2] Kirchenamt der EKD (Hg.), Identität und Verständigung. Standort und Perspektiven des Religionsunterrichts in der Pluralität. Eine Denkschrift der EKD, Gütersloh 1994, S. 78.

Es darf keine Seite beleidigen, wenn die eine sensibel beobachtet, wie wohl mit dem genannten zentralen Gegenstand des christlichen Glaubens, dem Offenbarungsgeschehen in Jesus Christus, in einem zu weltanschaulich-religiöser Neutralität verpflichteten Unterricht umgegangen wird, und die andere Seite sich die Augen reibt, wenn sie argwöhnen muss, dass mit ethischen Problemen vielleicht fromm bemüht, aber unphilosophisch grobschlächtig hantiert wird. Wenn eine Religionsgemeinschaft wie die Kirche nach Jahrhunderten differenzierter philosophisch-ethischer Reflexion ethisch Stellung bezieht, muss über ethische Themen im Religionsunterricht solide unterrichtet werden. Bundesverband und Landesverbände der Ethiklehrer wollen keine unreflektierte „Werteerziehung", schon gar nicht ein „Moralisieren". Sie könnten dazu neigen, dies beim Religionsunterricht zu vermuten. Bezugswissenschaft ist für sie die philosophische Ethik, ja, die gesamte Philosophie[3]. Die Selbstansprüche des Faches Ethik sind im Zuge der wachsenden Professionalisierung mit Recht gestiegen und von der Theologie und Religionspädagogik ernst zu nehmen.

Neben *fachwissenschaftlichen* Kriterien sind an beide Fächer bildungstheoretische Maßstäbe anzulegen, wie dies die Denkschrift der EKD getan hat. Analog zum Religionsunterricht ist auch für den Ethikunterricht wegen der in allen früher so genannten „Gesinnungsfächern" drohenden Indoktrination zu wünschen, dass „eine hermeneutisch-didaktische Linie entwickelt wird, die zwischen des Scylla der subtilen Ideologisierung und der Charybdis eines bildungsschwachen, wertneutralen Positivismus hindurchführt."[4]

Gesprächen mit Vertretern und Vertreterinnen des Ethikunterrichts in Sachsen-Anhalt und Kontakten mit anderen Landesverbänden sowie dem Bundesverband der Ethiklehrer konnte ich entnehmen, dass seit einigen Jahren eine *neue Ausgangslage* geschaffen worden ist. Das Wort der evangelischen Kirche von der Dialogpartnerschaft hat zumindest auf den genannten Ebenen der Wissenschaft und der professionellen Verbandsarbeit der Ethiker das Klima erfrischend gereinigt. Vertrauen ist entstanden, das dringend notwendig war.[5] Jahrelang ist vor der Wende der Ethikunterricht staatlicherseits peinlich marginalisiert worden, und kirchlichen Behörden war es recht, dass

---

[3] B. Brüning/ G. Raupach-Strey, Art.: Philosophie-/ Ethikunterricht und Religionsunterricht, in: G. Bitter/ R. Englert/ G. Miller/ K. E. Nipkow (Hg.), Neues Handbuch religionspädagogischer Grundbegriffe (NHRG), München 2002, S. 395-399.

[4] Kirchenamt der EKD, a.a.O., S. 78.

[5] Vgl. zuletzt die Tagung des Bundesverbandes Ethik am 24.11.2001 in Spandau, wo ich als Gast eingeladen worden war. Vgl. auch die Beiträge in der Verbandszeitschrift „Ethik & Unterricht" sowie die Sonderhefte der Reihe „edition ethik kontrovers", Verlag Erhard Friedrich, Seelze.

es das „Ersatzfach“ gab, um Abmeldungen aufzufangen. Diese Zweideutigkeit ist durch die Denkschrift überwunden.

Der Durchbruch bahnte sich mit der deutschen Einigung an, als sich plötzlich die an die Mehrheitsposition gewöhnten westdeutschen Landeskirchen der Minderheitslage des Religionsunterrichts im Osten gegenübersahen. Der Druck wuchs, über beide Fächer in einer *nicht-hegemonialen Fächerkonstellation* neu nachzudenken. Die Bildungskammer der EKD hat in diesem Sinne in der Denkschrift mit einmütiger Billigung des Rates der EKD eine kooperierende „Fächergruppe“ in Gestalt gleichrangiger Partner vorgeschlagen, die im Zeichen freier Wahlmöglichkeit („Wahlpflichtfächer“) auf gleicher Augenhöhe stehen.[6]

Kann man aus der Entstehungszeit den Verdacht ableiten, die Gleichrangigkeit sei nur eine schlechte Strategie der Kirche? Weil sie eine Minderheit geworden sei, buhle sie nun um gute Nachbarschaft? Ich versichere, dass nicht ein taktisches Spiel, sondern der Ernst der gemeinsamen Aufgaben in einer zerrissenen Welt, die durch wachsende ethische Orientierungslosigkeit gekennzeichnet ist, die Bildungskammer bestimmte. Das bedarf keiner Illustration. Keines der beiden Fächer kann es sich leisten, argwöhnisch und egoistisch das Terrain abzustecken und zu verteidigen. Wir brauchen um der Sache willen intensive gemeinsame Qualitätssteigerungen beider Fächer (dazu unten Teil II).

Der Gedanke einer Fächergruppe ist denn auch von einer vom Comenius-Institut zusammengerufenen Arbeitsgruppe bereits 1969 der Kirchenkonferenz vorgetragen worden – dies sei um der historischen Klarheit willen beiläufig erwähnt – , mit einer kleinen Variation[7]. Statt eines philosophisch-ethischen hatten wir seinerzeit ein „religionskundlich-religionsphilosophisches“ Alternativfach vorgeschlagen. Die Begründung berief sich schon damals auf zwei Grundmerkmale neuzeitlicher Demokratien, auf Pluralismus und Freiheit.

„Die Schule einer pluralistischen, demokratischen Gesellschaft, die durch den offenen und freien Dialog gekennzeichnet ist, macht – zumindest vom Zeitpunkt der Religionsmündigkeit an – in allen Schularten ein plurales Angebot von christlich-konfessionellem (evangelischem und katholischem) und

---

[6] A.a.O., S. 73ff., 90f.

[7] Vgl. meine historisch-systematische Darstellung „Der Weg der Fächergruppe mit einem dialogorientierten, mehrseitig kooperierenden evangelischen Religionsunterricht“, in: W. Weiße (Hg.), Wahrheit und Dialog. Theologische Grundlagen und Impulse gegenwärtiger Religionspädagogik, Münster u. a. 2002, S. 89-106.

religionskundlich-religionsphilosophischem Unterricht erforderlich. Diese Fächer sollten den Charakter von Wahlpflichtfächern haben."[8]

I. Zum grundsätzlichen Verhältnis von Religions- und Ethikunterricht – philosophisch-hermeneutische und theologische Voraussetzungen der Dialogpartnerschaft

Teil I beabsichtigt eine methodologische Flurbereinigung. Dafür muss hinter die Unterrichtsfächer Religions- und Ethikunterricht auf die Bereiche zurückgegangen werden, für die sie stehen, Religion und Ethik.

1. Ethik ohne Religion etwas Banales? Religion etwas Irrationales? – theoretische Flurbereinigung von Gesprächsblockaden

Im Umfeld der Einführung des Unterrichtsfachs „LER" fand im Juni 1995 an der Theologischen Fakultät der Humboldt-Universität zu Berlin eine Vorlesungsreihe zu der Frage „Ethik ohne Moral?" statt[9], bei der sich die Theologen John Milbank und Wolfhart Pannenberg vehement gegen die Autonomie von Moral und Ethik kehrten, während der Philosoph Volker Gerhardt und der Religions- und Moralpsychologe Fritz Oser schon vor der Frage der Tagung als solcher zurückschreckten:

„Zunächst einmal möchte ich sagen, dass mir die Frage ‚Ist Ethik ohne religiöse Grundlagen von konkreter Bedeutung?' unheimlich ist. Sie macht mir zu schaffen, denn ich könnte ebenso gut fragen, ‚Ist Erkenntnis ohne religiöse Grundlagen von konkreter Bedeutung?' ‚Ist Physik, ist Mathematik, ist Anthropologie ohne religiöse Grundlagen von konkreter Bedeutung?' – und natürlich sind sie das!", schließt Oser mit bitterer Ironie.[10]

John Milbank schleuderte den Philosophen und Ethikern unter Berufung auf Nietzsche entgegen, „dass der Tod des Guten im Tode Gottes bereits impliziert" sei.[11] Man verschließe sich in Deutschland der Tatsache, „dass wir den Humanismus bereits hinter uns gelassen haben, dass er vorbei ist, völlig

[8] Comenius-Institut, Stellungnahme zu Problemen des Religionsunterrichts (Herbst 1969), in: K. Wegenast (Hg.), Religionsunterricht wohin? Neue Stimmen zum Religionsunterricht an öffentlichen Schulen, Gütersloh 1970, S. 313-318, S. 317.

[9] Die Vorträge sind abgedruckt in: Ch. Gestrich (Hg.), Ethik ohne Religion? Mit Beiträgen von O. Höffe u. a. (Beiheft 1996 zur Berliner Theologischen Zeitschrift), 13. Jg., Berlin 1996.

[10] F. Oser, in: Ch. Gestrich, a.a.O., S. 69f.

[11] J. Milbank, in: Ch. Gestrich, a.a.O., S. 72.

vorbei"[12]. Mit einer Moral ohne Religion „landet man bei etwas unglaublich ‚Dünnem', unglaublich ‚Banalem'".[13]

Grobschlächtige und noch dazu abqualifizierende theologische Positionen dieser Art blockieren jede Verständigung. Die These „keine Ethik ohne Religion" ist weder historisch noch verfassungspolitisch noch systematisch haltbar. Der Denkprozess der Neuzeit hat erstens *geschichtlich* zu nicht-religiösen ethischen Positionen mit eigener Konsistenz geführt. *Verfassungspolitisch* bildet das Grundgesetz einen säkularen Rechtsrahmen mit Normen, die unabhängig von bestimmten Religionen zustimmungsfähig sind. Aber selbst sofern das Christentum sie historisch direkt oder indirekt beeinflusst hat, was Franz von Kutschera, obwohl Vertreter eines strengen kritischen Rationalismus, gern einräumt, erledigt sich die *systematische* philosophische Frage der *Geltung* moralischer Urteile nicht durch ihre *Genese*. Kutschera bemerkt aus historischer Sicht: „Der Personenbegriff, von dem wir ausgehen, hat seinen Ursprung im römischen Recht und vor allem im Christentum. Für die Griechen war der Mensch unter moralischen Aspekten keine einheitliche Spezies. Hellenen hatten einen anderen Wert als Barbaren, Freie als Sklaven, und das moralisch richtige Verhalten hing von deren sozialem Stand ab."[14]

Für die moderne Praktische Philosophie bzw. Ethik wie für das Recht meint aber heute eine Person ein rationales und verantwortliches Wesen und impliziert eine Norm, die in säkularen Gesellschaften von jedermann im Prinzip nachzuvollziehen ist. Auf der Ebene der *Begründung* sucht die Ethik sowohl möglichst ohne Subjektivismen als auch ohne den Rekurs auf ein vermeintlich objektiv beweisbares Offenbarungsgeschehen auszukommen.

Auf der Ebene der *Motive* für moralisches Verhalten steht zwar die motivierende Kraft religiöser Überzeugungen außer Frage, aber wieder ist vom Vorhandensein oder Nichtvorhandensein solcher Beweggründe die Entscheidung unabhängig, ob ein Verhalten ethische Geltung beanspruchen darf oder nicht.

Ich möchte dies an einem Beispiele illustrieren, das auch unterrichtlich ein bedrängendes Thema ist. Ist beispielsweise Terror moralisch akzeptabel? Man gestatte auf einem Wege einen kurzen Ausflug in das Feld verschiedener philosophisch-ethischer Schulen.[15]

---

[12] A.a.O., S. 73.

[13] A.a.O., S. 78.

[14] F. von Kutschera, Grundlagen der Ethik, Berlin/ New York 1982, S. 313f.

[15] Zum Folgenden vgl. die Beiträge in: R. G. Frey/ Ch. W. Morris (eds), Violence, terrorism, and justice, Cambridge et al.: Cambridge University Press, 1991.

Von der Basis einer ontologisch begründeten *Naturrechtsethik* oder von Kants deontologischer *Sollensethik* aus hat jeder Mensch Recht auf Leben und sind das Töten und Verstümmeln Unschuldiger, die, wie es bei terroristischen Gewaltakten üblich ist, wahllos zu Opfern werden, uneingeschränkt verwerflich.

Von einer *konsequenzenethischen,* sog. teleologischen Position aus käme es dagegen gegebenenfalls darauf an, zwischen den Opfern eines (definitionsbedürftigen!) „Staatsterrors“ und den Opfern von Terroranschlägen abzuwägen. Aber auch diese sog. „consequentionalists“ denken ethisch-universalistisch und bauen hohe Hürden auf, die Terroristen nicht schmecken.

Aus der Sicht einer *Vertragsstaatsethik* schließlich wird pragmatisch (nicht prinzipiell wie bei Kant oder dem Naturrecht) gefolgert, dass Terroristen sich außerhalb des Regelwerks einer zivilisierten Gesellschaft stellen, so dass für Maßnahmen, um Terroristen zu vernichten, gesellschaftliche Regeln ebenfalls nicht gelten müssen. Solche Regeln könnten auch nicht für die Art der Inhaftierung von Terroristen angemahnt werden, während unter naturrechtsethischen Gesichtspunkten auch ein Terrorist seine Menschenwürde nicht verliert.

Mehreres wird sofort sichtbar. Erstens nützen religiöse Motive als solche den Terroristen nichts für die zeitgenössische ethische Beurteilung, die auf sie keine Rücksicht nimmt – ein Ausdruck der eigenständigen Beurteilungsgrundlagen des moralischen Bewusstseins. Durch Religion wird unter keiner der beurteilenden Positionen etwas anders. Zweitens existiert eine konkurrierende Pluralität von Beurteilungen, die es verbietet, sich dem objektivistischen Schein einer vermeintlich absoluten philosophischen Wahrheit zu unterwerfen, auch nicht einer letzten religiösen. Drittens ist christliche Ethik eine Ausformung von Ethik neben anderen. Viertens existiert auch die christliche Ethik in pluraler Gestalt, weil sie logisch-strukturell in dieselben Dilemmata verwickelt ist, die zu den genannten philosophisch-ethischen Positionen führen. Sie bedarf schließlich ebenso der Anstrengung des Begriffs und kann dann den pauschalen Verdacht einer ihr prinzipiell mangelnden Rationalität zurückweisen. Denn wie etwa sollte ein Religionslehrer mit seinen Schülern und Schülerinnen über Terror sprechen? Etwa nur emotional-expressiv? Nur normativ-appellativ? Nur durch Ausrufe (evokativ)? Nichts von dem, denn dadurch würde die religionsunterrichtliche Erschließung der ethischen Probleme das auch für den Religionsunterricht erforderliche Niveau unterbieten, die Ebene der begründeten Argumentation normativer Behauptungen und Urteile mit deskriptivem Gehalt. Über Normen mit deskriptivem Erfahrungsgehalt ist eine vernünftige Auseinandersetzung möglich, und solcherart sind die auf „Erfahrung“ zurückgehenden Behauptungen des christlichen Glaubens.[16]

Das Feld der Dialogpartnerschaft von Religionsunterricht und Ethik darf mithin durch zweierlei nicht unterminiert werden, durch die falsche, manchmal hochmütige Annahme der Theologen, Moral und Ethik kämen nicht ohne Religion aus, und durch die ebenfalls irrige, manchmal ebenso überhebliche Unterstellung, Religion und Theologie könnten von vornherein Rationalitätskriterien nicht genügen. Nach diesem ersten Schritt einer Flurbereinigung, der wechselseitige Unterordnungen oder Abwertungen als abwegig erscheinen lässt, ist zu prüfen, ob nicht Moral/ Ethik einerseits und Religion andererseits unbeschadet ihrer jeweiligen Eigenständigkeit miteinander verbunden sind; und das ist in der Tat der Fall: Dem Proprium der Religion entsprechen analoge Voraussetzungen in der Ethik.

2. Wirklichkeitserfahrung und -deutung – analoge Voraussetzungen als Gesprächsbrücken

Das *Proprium von Religion* hängt an einem charakteristischen *empirisch-hermeneutischen* Umstand, der umfassenden *Gesamtanschauung und -deutung der Wirklichkeit* auf Grund einer umgreifenden religiösen *Erfahrung*. In eine solche Interpretation des Sinns der Wirklichkeit als Ganzes ist das moralische Handeln von Christen „aus“ Glauben eingebettet; und hier nun darf man aus guten Gründen verallgemeinern: In vorausgehende Lebenserfahrungen und Deutungen der Wirklichkeit sind auch die säkularen ethischen Konzepte menschlichen Handelns eingebettet. Dies sei an drei philosophisch-ethischen Beurteilungen unserer Frage belegt.

Für F. von Kutschera baut sich das moralische Überzeugungsgefüge schrittweise aus den Werterfahrungen auf, die man macht. In diesem Sinne geht er nicht wie A. Shaftesbury und andere von einem „moralischen Organ“ aus, einem „moral sense“, sondern „vom allgemeinen Werterleben“: „Die Gesamtheit unseres Erlebens ist die letzte Grundlage unserer Urteile über objektive Tatsachen – im natürlichen wie im normativen Fall.“[17]

Thomas W. Reich stellt einer abstrakten, prinzipienorientierten Ethik ein Paradigma gegenüber, das er in Anlehnung an David Tracy als experimentel-

---

[16] Der Erfahrungsbegriff wird hier alltagssprachlich gebraucht. Zu seinem Verhältnis zu „Offenbarung“ siehe noch unten. Wir gehen davon aus, dass Menschen von ihrer Religion als Teil ihrer allgemeinen Erfahrungen berichten. Aussagen mit deskriptivem Erfahrungsgehalt gelten philosophisch als „wahrheitsfähig“. Sie sind nicht per se schlechthin „irrational“.

[17] F. von Kutschera, a.a.O., S. 243.

le, erfahrungsbezogene, empirische Ethik bezeichnet. Mit ihr kommen Menschen in ihren konkreten Lebenslagen in den Blick sowie Bilder und Symbole, in denen das eigene Leben und das Leben insgesamt vor Augen tritt.[18]

Lawrence Kohlberg ist wortkarger, gibt aber mit einer einzigen Überlegung dieselbe Richtung an. Er bemerkt, dass die Frage „warum (überhaupt) moralisch sein?“ nicht selbst mit moralischen Kategorien zu beantworten ist, sondern nur im Blick auf die umgreifende Frage nach dem Ganzen des Lebens. Die Frage „warum moralisch sein?“ verweise auf die umfassendere „warum lebt man“? und die parallele „wie dem Tode gegenübertreten?“, „so dass höchste moralische Reife eine ausgereifte Lösung der Frage nach dem Sinn des Lebens erfordert“[19].

Moral verweist folglich in *jedem* Fall auf vorausliegende *transmoralische, weltbildbezogene Dimensionen;* sie können, müssen aber nicht religiöse sein, was allerdings auch von der Definition von „Religion“ abhängt[20]. Jedenfalls zeigen sich hier, auf der Ebene der Erfahrungen und Deutungen des Lebens, aus denen Bedeutungszuschreibungen hervorgehen, die wichtigsten allgemeinen Überlappungen von Moral und Religion, die eine Zusammenarbeit nahe legen.

Mit Clifford Geertz kann man sich das Verhältnis auch *kulturtheoretisch* klarmachen. Geertz fasst Kultur (und so auch Religion) als ein historisch überliefertes System von Bedeutungen in symbolischer Gestalt auf. Symbole haben die Funktion, das „Ethos“ eines Volkes mit seiner „Weltauffassung“ zu verknüpfen, seinen „Ordnungsvorstellungen im weitesten Sinne“, d. h. dem Bild, das man über die Dinge in Raum und Zeit hat, das sog. „Weltbild“.[21] Ich sprach eben statt von „Weltauffassung“ von der „Gesamtdeutung

[18] Th. W. Reich, Ein neues Paradigma: Erfahrung als Quelle der Bioethik, in: K. Steigleder/ D. Mieth (Hg.), Ethik in den Wissenschaften. Ariadnefaden im technischen Labyrinth?, 2. Aufl., Tübingen 1991, S. 270-292, 272ff.

[19] L. Kohlberg, Eine Neuinterpretation der Zusammenhänge zwischen Moralentwicklung in der Kindheit und im Erwachsenenalter (1973), in: R. Döbert/ G. Nunner-Winkler (Hg.), Entwicklung des Ichs, Köln 1977, S. 225-252, 250.

[20] Sozialwissenschaftler folgen meist einer funktionalen Funktionsbestimmung; danach würde Religion gegenüber einer ethischen Theorie zusätzlich noch auf jene offene Sinngebungsflanke antworten, die weder durch eine handlungstheoretische Ethik (was soll ich tun?) noch durch eine werttheoretische (was sind ethische Werte?) beantwortet werden kann. Sie betrifft z. B. die Funktion der Kontingenzbewältigung angesichts der Rätsel des Seins (Leiden, Sterben, Endlichkeit) oder der Existenz von Seiendem überhaupt (Notwendigkeit von letzten Begründungsmythen).

[21] C. Geertz, Religion als kulturelles System, in: Ders., Dichte Beschreibung. Beiträge zum Verstehen kultureller Systeme, Frankfurt/M. 1983, S. 44-95, zit. n. B. Janowski, Das biblische

der Wirklichkeit". In einer Abhandlung über das biblische Weltbild beschreibt der Alttestamentler Bernd Janowski dies so: „Als kulturelles System stimmt die Religion die menschlichen Handlungen auf eine vorgestellte kosmische Ordnung ab und projiziert umgekehrt Bilder der kosmischen Ordnung auf den menschlichen Erfahrungsbereich."[22]

Das Christentum hat in Aufnahme des biblischen „Weltbildes" eine von der Gotteserfahrung bestimmte „Weltauffassung", wonach die Welt Gottes Schöpfung ist.[23]

Darin ist ein Bild vom „Menschen" als Geschöpf und Ebenbild Gottes eingeschlossen. Sinn und Ziel der Schöpfung werden im Leben mit Gott erfahren als Leben nach seinen Geboten und in der Hoffnung auf die eschatologische Erneuerung der Schöpfung als Reich Gottes in Frieden und Gerechtigkeit. Dies ist schon in der Hebräischen Bibel, dem Alten Testament, erkennbar und wird den christlichen Gemeinden im Blick auf Jesus, der dies Reich verkündet und zu spüren gibt und dessen Liebes- und Friedenssinn durch seinen Tod besiegelt, nach Ostern gewiss. Diese gewissmachenden und alles geschichtliche Sein umfassenden Erfahrungen bilden den tragenden Rahmen für „Ethos" und „Handeln", die christliche Ethik.

Der Konfuzianismus hat die orientierende Rahmengebung für Asien als kulturelles Symbolsystem ohne einen Schöpfergott geleistet. Hier kommen die sittlichen Ordnungsvorstellungen in ihrer Gesamtheit der Funktion von Religion nahe: „Konfuzianer ‚handeln' ihre Religion."[24] Die moderne Ethik fußt in Prämissen kulturspezifischer westlicher Welt-"Aufklärung" als „Weltauffassung".

Wann immer folglich ein Ethikunterricht von Moral und ihrer wissenschaftlichen Reflexion in der Ethik handelt, ist er notwendig auf Kategorien bezogen, die in die kulturgebundenen Grundüberzeugungen über die Lebenswirklichkeit und den Menschen eingegangen sind. Parallel ist auch jede Religion ein kulturgebundenes Symbolsystem. Beide Male wird der Wurzelgrund

---

Weltbild. Eine methodologische Skizze, in: Ders./B. Ego (Hg.), Das biblische Weltbild und seine altorientalischen Kontexte, Tübingen 2001, S. 3-25, S. 15.

[22] A.a.O., S. 15.

[23] Zu den Funktionen von Religion zählt auch diese „kosmisierende", vgl. K. Gabriel, Art.: Gesellschaft und Religion, in: G. Bitter/R. Englert/G. Miller/K. E. Nipkow, Neues Handbuch religionspädagogischer Grundbegriffe, München 2002, S. 139-143, S. 140, in Anlehnung an F.-X. Kaufmann, Religion und Modernität. Sozialwissenschaftliche Perspektiven, Tübingen 1989.

[24] U. Tworuschka, Glauben alle an denselben Gott? Religionswissenschaftliche Anfragen, in: R. Kirste/ P.Schwarzenau/ U. Tworuschka (Hg.), Hoffnungszeichen globaler Gemeinschaft (Religionen im Gespräch, Bd. 6), Balve 2000, S. 13-38, S. 20.

durch menschliche Erfahrungen gebildet. Beide Fächer verfahren daher dann sachgemäß, wenn sie den geschichtlich überlieferten und gegenwärtigen lebensweltlichen Erfahrungshintergrund didaktisch erschließen. Sie tun dies nicht erst wegen einer pädagogisch nötigen Anschaulichkeit, nicht nur um der Motivation der Schüler willen, um sie ‚abzuholen', wie man sagt; sondern über die Erfahrungen der Menschen ist um der Sache von Moral wie von Religion willen nachzudenken. Im Blick auf sie ist die normative Prüfung von Behauptungen darüber fällig, was gut oder böse genannt werden muss. Der Erfahrungsbezug hat darüber hinaus fundamentaltheologische Relevanz. Die christliche Theologie versteht auch das Offenbarungsgeschehen als erfahrungsbezogenes „Erschließungsgeschehen" (I. T. Ramsey, E. Herms). Zuvor erfolgte diese anthropologische Wende in der evangelischen Dogmatik mit der Einsicht, dass auch dann, wenn der Glaube kraft der Offenbarung eine unvordenklich neue Erfahrung macht, dieser Erfahrungsbezug nicht aufgehoben wird (siehe die Formel von Glaube als „Erfahrung mit der Erfahrung" bei G. Ebeling und E. Jüngel).[25]

Insgesamt lässt sich *zusammenfassend* feststellen, dass zwei Voraussetzungen für die Dialogpartnerschaft der beiden Fächer ausschlaggebend sind. Neben der schon resümierten Entschärfung der Minen, die das Feld der Verständigung auf Grund von wechselseitigen Missverständnissen unterminieren, ist es die Anerkennung der gemeinsamen geschichtlichen kulturellen Gebundenheit – und Verantwortung, sei sofort hinzugefügt. Moral und Religion bzw. Ethik und Theologie existieren und wandeln sich in Raum und Zeit. Ihr Prozesscharakter sollte sie füreinander öffnen.

– Die *kommunikative* Kernregel des Dialogs heißt: *keine gegenseitige Unterordnung.*
– Die hermeneutische Leitlinie heißt: *vorurteilsfreies Verstehen* und *wechselseitige Anerkennung in Wahrhaftigkeit.*
– Den *normativen* Rahmen für beide bildet der ihnen gemeinsame Bezug zur *Verantwortung menschenwürdiger Lebensverhältnisse.*

Ich schließe Teil I mit zwei Zitaten. Sie sollen veranschaulichen – im wörtlichen Sinne übrigens, da sie bildliche Aussagen sind – , dass religiöse wie

[25] Neuerdings ist dieser Sachverhalt noch einmal instruktiv zusammengefasst in: P. Biehl/ F. Johannsen (Hg.), Einführung in die Glaubenslehre. Ein religionspädagogisches Arbeitsbuch, Neukirchen-Vluyn 2002, S. 15f., und erläutert S. 64-78. Nach Biehl hat sich die Religionspädagogik „als erste theologische Disziplin auf diesen empirischen Aspekt einer Erfahrungswissenschaft eingestellt." (S. 15).

philosophisch-ethische Gewissheit mit erkenntnismäßiger Bescheidenheit einhergeht. Auch diese Haltung kann verbinden. Das erste Zitat stammt von dem Apostel Paulus, das zweite von Franz von Kutschera.
„Wir sehen jetzt durch einen Spiegel ein dunkles Bild; dann aber von Angesicht zu Angesicht. Jetzt erkenne ich stückweise, dann aber werde ich erkennen, wie ich erkannt bin.“ (1. Kor 13, 12)

Diesem erkenntnisbezogenen Vorbehalt des ersten großen christlichen Theologen sei der des Philosophen Franz von Kutschera beigesellt, der seinerseits Gustav Frege und Niels Bohr zitiert.

„‚Mit dem Schritte, mit dem ich mir eine Umwelt erobere, setze ich mich der Gefahr des Irrtums aus.'(G. Frege). Das gilt ‚auch im Bereich der Werterkenntnis.“[26] „Der Ausweg liegt in der Erkenntnis, dass man hier, wie auch im Feld natürlicher Erkenntnis, auf der Grundlage vorgängiger Ansichten diese klären, systematisieren und einer Kritik unterziehen kann. Man kann, nach einem Diktum von Niels Bohr, schmutzige Gläser mit schmutzigem Wasser und schmutzigen Tüchern säubern.“[27]

II. Zu Konzeption und Qualität von Religions- und Ethikunterricht unter schulpädagogischen Bedingungen

Im Mai des Jahres 2001 wurde das 10jährige Bestehen von Religionsunterricht in Thüringen gefeiert, insgesamt mit einer Erfolgsbilanz.[28] Eine repräsentative Befragung bei Schülerinnen und Schülern in Thüringen in den Klassen 9 bis 12, die beide Fächer, Religions- und Ethikunterricht, betraf und interdisziplinär von Klaus Petzold und dem Jenenser klinischen Psychologen Eckart Straube durchgeführt worden ist, rechtfertigt zu sagen, *Religion und Ethik stehen „hoch im Kurs“.*

73,2% der 444 Befragten im Religionsunterricht schätzen das Fach, sie nehmen „sehr gern“ (15,7%) oder „gern“ (57,5%) teil, den Ethikunterricht

---

[26] F. von Kutschera, a.a.O., S. 294.

[27] A.a.O., S. 300. – Die Ausführungen dieses ersten Teils überschneiden sich mit meinem Aufsatz „Moral und Religion - Ethik und Theologie zwischen Konkurrenz und Verständigung“, in: W. Gräb / G. Rau/ H. Schmidt/ J. van der Ven (Hg.), Christentum und Spätmoderne. Ein internationaler Diskurs über Praktische Theologie und Ethik, Stuttgart 2000, S. 37-52.

[28] Vgl. Heft 10 der Zs. Forum, hg. vom Thüringer Institut für Lehrerfortbildung, Lehrplanentwicklung und Medien: „In der Schule von Gott sprechen. Religionsunterricht – Chance für die Gesellschaft. 10 Jahre Religionsunterricht im Freistaat Thüringen“, Bad Berka 2001.

(N=1011) schätzen insgesamt 68,5% („sehr gern" 13,7%, „gern" 54,8%).[29] Beide Fächer stehen auf dem 4. Rangplatz der Beliebtheitsskala. Die Beliebtheit ist bei Mädchen höher als bei Jungen, an Regelschulen im Klassenbereich 9/10 größer als an Gymnasien.

Zugleich zeigen sich aber auch *Defizite*. Es sind zum einen erhebliche Differenzen zwischen den behandelten Themen und den thematischen Erwartungen der Jugendlichen. Zum anderen erfordert die in der Unterrichtspraxis herrschende Methodik nach Klaus Petzold „einen erheblichen Innovationsschub".[30] Eine spezielle vergleichende Untersuchung zur Wirksamkeit von Religions- und Ethikunterricht im Themenbereich Jesus Christus von Helmut Hanisch in Verbindung mit dem Psychologen Siegfried Hoppe-Graff in Leipzig offenbart ebenfalls noch Defizite, und zwar im Felde klarer religiöser „Begriffsbildung".[31]

Nach zehnjähriger erfolgreicher Anlaufzeit stehen mithin die neuen Fächer vor der *Qualitätsfrage*. Jetzt geht es nicht nur um die im ersten Teil dargestellte theoretische Flurbereinigung, sondern um den faktischen Unterrichtserfolg. Die deutschen Schulen sind solche Fragen historisch nicht gewohnt; nach PISA können sie sich eine Gleichgültigkeit hinsichtlich ihrer eigenen Wirksamkeit international nicht mehr leisten. Dass der Religionsunterricht zu selbstkritischer empirischer Prüfung seiner Wirksamkeit übergeht, ist ein gutes Zeichen; dass unterrichtsbezogene *Wirkungsforschung* in der ostdeutschen Religionspädagogik einsetzt ein besonders gutes Omen.[32] Die thüringische Befragung von Petzold/ Straube wirft außerdem Fragen nach der notwendigen künftigen *konzeptionellen Weiterentwicklung* auf. Ich verbinde beide Aspekte, den konzeptionellen und den qualitativen.

Unter einer Konzeption sei das in sich kohärent begründete Gefüge von Unterrichtsintentionen, -zielen, -inhalten und -methoden verstanden, das sich theologisch und pädagogisch auf dem Hintergrund der Lage der Gesellschaft einschließlich der Situation der Kirche ausweist. Vor zehn Jahren aber gab es

---

[29] K. Petzold, Religion und Ethik stehen hoch im Kurs. Eine repräsentative Befragung bei Schülerinnen und Schülern in Thüringen (9.-12 Klasse Gymnasien), in: Aufbrüche, 1/2002, S. 40-42, S. 40.

[30] K. Petzold, a.a.O., S. 42.

[31] H. Hanisch/ S. Hoppe-Graff, „ganz normal und trotzdem König", Jesus Christus im Religions- und Ethikunterricht, Stuttgart 2002. - Vgl. auch die Erhebung der Bibelkenntnisse in: H. Hanisch/A. Bucher, Da waren die Netze voll. Was Kinder von der Bibel wissen, Göttingen 2002.

[32] Jena ist historisch ein ausgezeichneter Ort hierfür, wenn man an die Geschichte der pädagogischen „Tatsachenforschung" (P. Petersen) denkt und an die gegenwärtige didaktische Forschung (P. Fauser, W. Lütgert).

in Ostdeutschland keine Tradition mit einem schulischen Religionsunterricht, sondern nur eine innerkirchliche gemeindliche Kinder- und Jugendarbeit, die man hoch schätzte und die auch fortan nicht beeinträchtigt werden sollte. Religionsunterricht stößt nun selbst heute noch auf Zurückhaltung oder Widerstand, wenn die Analyse von Bernd Zeuner (Rudolstadt) unter der Überschrift „Die Säge klemmt" noch stimmt.[33] Einerseits ist es in keinem anderen ostdeutschen Bundesland wie in Thüringen im selben Ausmaß gelungen, den Religionsunterricht auszubauen und Religionslehrkräfte auszubilden. Aber wie ist dann andererseits trotzdem die von Klaus Petzold in seinem demnächst erscheinenden Buch[34] zu unserer Frage ausführlicher dargestellte Diskrepanz zwischen „erlebten" Themen, Methoden und Zielen und „gewünschten" Themen, Methoden und Zielen zu erklären? Ich beschränke mich als westdeutscher Religionspädagoge mit begrenztem Einblick auf vorsichtige Fragen, Vermutungen und Erwägungen.

1. Themen und inhaltliche Aufgaben

Hinsichtlich der *Themen* werden im erlebten Religionsunterricht die Schülerinnen und Schüler nach ihren Angaben vorwiegend mit der „Entstehung und Geschichte des Christentums", dem „Leben und Wirken Jesu bis zu Kreuz und Auferstehung" sowie mit „Entstehung, Aufbau und Auslegung der Bibel" befasst (Rangplätze 1 und 2). Dann folgt nachgeordnet (3.) das Thema „Religiöse Gruppen in der Gesellschaft". Lediglich mit Informationen über „Jüdisches Leben in Geschichte und Gegenwart" wird der innerchristliche Horizont überschritten (4. Rangplatz). Gegenwartsthemen kommen ebenfalls erst an vierter Stelle. Die für die Jugendlichen brennenden Probleme „Liebe, Freundschaft, Partnerschaft" sowie „Tod und was dann?" sind Schlusslichter an fünfter Stelle.[35]

---

[33] „Die Säge klemmt." Zur Situation des Religionsunterrichts an den Staatlichen Schulen in Thüringen, Beschluss des Vorstandes der GCLE vom 20.1.1997, bestätigt von der Mitgliederversammlung am 9.9.1997. Auf meine Anfrage bestätigte Bernd Zeuner den Tatbestand („massive Vorbehalte" auch noch bei kirchlichen Mitarbeitern wegen einer „grundlegenden Distanz zu staatlichen Schulen"; offene Äußerungen anderer Gegner des RU u. a.) auch noch für heute (Juni 2002).

[34] K. Petzold, Religionsunterricht und Ethikunterricht unter säkularen Bedingungen ostdeutscher Prägung. Eine empirische Untersuchung an Schulen in Thüringen 1999-2001 (Arbeitstitel) (i.Ersch.). Vgl. bereits K. Petzold (Hg.), Werkstatt Religionspädagogik: kreative Lernprozesse in Schule und Gemeinde, Bd. 1 und 2, Leipzig 1998, Bd. 3 und 4, 2001.

[35] K. Petzold, Religion und Ethik hoch im Kurs, a.a.O., S. 41.

Noch ganz andere Gegenwartsthemen werden gewünscht, aber anscheinend unterrichtlich vernachlässigt: Das Thema „Gewalt, Frieden, Versöhnung" müsste nach Meinung der Schüler nach oben rücken. Außerdem sollten Themen wie „Jugend und Kirche" und „Arbeit und Arbeitslosigkeit" behandelt werden.[36] Insgesamt werden Themen favorisiert, die „existentielle" Relevanz haben, d. h. Kontingenzfragen wie „Tod" und „Weiterleben nach dem Tod" – und „Gott und Leid (Theodizee)", wie ich im Spiegel anderer Untersuchungen hinzufüge[37]. Einige der persönlich umtreibenden Fragen sind zugleich solche, die die Gesellschaft aufwühlen wie „Gewalt" und „Arbeitslosigkeit" und alle angehen.

Ich frage als erstes, ob bei dem offensichtlichen Übergewicht von Bibel und Kirchengeschichte ein Erbe der über Jahrzehnte gepflegten katechetischen Ausbildung für die „Christenlehre" nachwirkt. Sie wollte verständlicherweise primär Vergewisserung über die biblisch-christlichen Wurzeln schaffen. Hier fühlen sich die Lehrenden wahrscheinlich noch heute am sichersten, nicht dagegen, wie es scheint, bei der *Verschränkung von Bibel und Glaube mit der Kontingenzproblematik*, die in der Tat schwierige, weil schwer beantwortbare und zweifelträchtige Fragen betrifft (Sterben, Tod, Leiden, Theodizee), und beim *Zusammendenken von Glaubenswissen und gesellschaftlichen Problemen*, für deren Behandlung wenigstens ansatzweise ökonomisches und gesellschaftspolitisches Wissen erforderlich ist, von der Globalisierungsproblematik insgesamt ganz zu schweigen. Es scheint so, dass zumindest bei weitem nicht breit und intensiv genug das biblisch-christliche Glaubensgut mit der Gegenwart verbunden wird.

Zweitens werden vermutlich noch nicht systematisch Verfahren eingeübt, die die Lehrenden instand setzen, im Stile eines *vernetzenden interdisziplinären integrierenden Denkens* zu unterrichten.

Im Rahmen einer religions- und ethikdidaktisch zusammengesetzten Arbeitsgruppe, die von Ministerpräsident R. Höppner eingesetzt worden war, um die Zukunft des Religions- und Ethikunterrichts zu durchdenken, habe ich im Anhang der daraus hervorgegangenen Veröffentlichung[38] ein *dreistufiges fächerverbindendes didaktisches Verfahren* am Beispiel des Themas *„Gewalt"* in den Sekundarschulen umrissen.

---

[36] Ebd.

[37] Vgl. vom Vf. Erwachsenwerden ohne Gott? – Gotteserfahrung im Lebenslauf, München 1987, 5. Aufl. Gütersloh 1997.

[38] Kultusministerium Sachsen-Anhalt (Hg.), Ethik- und Religionsunterricht in der Schule mit Zukunft. Expertise einer Arbeitsgruppe zur Zukunft ethischer und religiöser Bildung an den Schulen des Landes Sachsen-Anhalt, Magdeburg 2001, S. 44f.

Es setzt in *Phase 1* (*integrierte Phase*, Schüler des Ethik- und des Religionskurses im Klassenverband), bei einer komplexen existentiellen oder gesellschaftlichen Problematik ein, um das Thema zu begründen und zu sondieren (warum dies Thema? welche Phänomene? warum sind Ethik- und Religionsunterricht angesprochen?), fächert sich dann in eine disziplinspezifische Erschließung von Teilaspekten auf (*Phase 2, differenzierte Phase* mit getrenntem Ethik- und Religionsunterricht) und kehrt darauf in *Phase 3 (integrierende Phase)* zu dem Versuch zurück, auf jetzt informierterem Niveau das Ausgangsproblem nochmals zu betrachten und Wege der Überwindung von Gewalt zu beurteilen und auch methodisch kreativ weiter zu bearbeiten, sofern dies nicht schon in Phase 2 erfolgt ist. Dieser dreistufige Weg sollte bereits in der theologisch-religionspädagogischen Ausbildung vorbereitet werden. Er würde ferner durch Kooperationsprojekte in der Aus- und Weiterbildung zusammen mit den Ethiklehrkräften oder bei anderen Themen mit Lehrkräften anderer Fächer gefördert werden können, mit den Naturwissenschaften z. B. bei dem Themenfeld Schöpfung und Evolution, mit Geschichte/ Politik bei dem Thema Islam.

Mir liegt erneut an der Feststellung, dass nicht erst die Wünsche der befragten Schüler eine Veränderung nahe legen, sondern dass der christliche Glaube in unserer Zeit zu einer *gegenwartsgemäßen Denk- und Gesprächsfähigkeit* herausgefordert ist und grundsätzlich gar nicht anders als im Medium menschlicher Erfahrungsformen relevant werden kann. Es geht nicht um ein ‚Nachgeben' gegenüber den Jugendlichen, sondern um eine komplexer werdende Erschließung und Vergegenwärtigung der Sache von Glauben, Kirche und Theologie um des *Relevantwerdens der Sache* willen.

Drittens ist zu prüfen, was der Religionsunterricht zu *globaler Verständigung* beisteuern sollte und kann. Die ist eine vollmundige Formel und bedürfte einer eigenen Analyse, um die Chancen und Grenzen nüchtern abzuschätzen[39]. Was hierfür im einzelnen erforderlich ist, kann sich verständlicherweise in den Themenwünschen der befragten thüringischen Schüler und Schülerinnen noch nicht spiegeln, weil ihnen Partnerschaftsfragen, früher Tod von Freunden, drohende Arbeitslosigkeit näher auf den Nägeln brennen. Für jene weiterreichenden Aufgaben müssen jedoch wir Erwachsenen schulische Verantwortung tragen. In den Lehrplan von Religions- und Ethikunter-

[39] K. E. Nipkow, Weltethos und Nächstenliebe – universalistische ethische Ansprüche auf dem evolutionstheoretischen, philosophischen und sozialpsychologisch-pädagogischen Prüfstand, in: S. Görgens/ A. Scheunpflug/ K. Stochanov (Hg.); Universalistische Moral und weltbürgerliche Erziehung. Die Herausforderung der Globalisierung im Horizont der modernen Evolutionsforschung, Frankfurt/M. 2001, S. 206-228.

richt gehören nicht nur sporadisch, sondern intensiv *interreligiöses und interkulturelles Lernen* als Teilaufgaben dessen, was international „global education" genannt wird. Die in bezeichnender Weise erst seit wenigen Jahren religionspädagogisch wahrgenommene Problematik von *Pluralität und Pluralismus* breitet sich hierbei nicht nur als schöne bunte Wiese interessanter und harmonisierbarer religiöser und kultureller Phänomene auf dem Erdenrund aus. Die Pluralismusproblematik kann ebenso wenig umgekehrt mit Samuel Huntington als „clash of civilizations" apostrophiert und dadurch simplifizierend verkürzt werden.[40] Sie konfrontiert aber Kirche, Theologie und Religionsunterricht (und die ganze Gesellschaft) mit der Komplexität von Fragen und der Wucht von Gegensätzen, die auf ihre theologische, religionspädagogische und ethikdidaktische Aufarbeitung noch warten.

Ethik- und Religionsunterricht stehen gemeinsam vor *Bildung als Umgang mit Differenz.* Dieser Aufgabe kommt man auch nicht bei, indem man vereinfachend eine „Achse des Bösen" zu identifizieren versucht. Richtig ist jedoch, das *Problem des Bösen* und die *Tatsache von Schuld* vielseitig anzugehen, um genauer zu verstehen, warum wir etwa mit dem Phänomen „Amok" in ratlosem Entsetzen vor „niedergerissenen Grenzen im Inneren des Menschen" stehen[41], ein Phänomen, das mit den entgrenzenden Vorgängen der alles mitreißenden Globalisierung, dem Kreislauf der Kapitalverwertung, dem Verlust substantieller Zukunftsperspektiven und der Erosion von Solidarität und Bindungsverpflichtungen zu tun haben könnte und daher mit äußerlich bleibenden Sicherheitsverschärfungen nicht allein beantwortet werden kann. „Ein Mensch fällt aus seiner gewohnten Ordnung der Dinge und stirbt einen sozialen Tod. Wohin fällt einer heute, wenn er aus der Welt fällt?" Gesellschaftliche Konflikte werden „reprivatisiert und stauen sich in einem Innenraum, der für das Austragen solcher Energien ungeeignet ist. Er ist zu eng."[42] Wenn dann der Konflikt nach außen getragen wird, ist für manche das Schreckliche nur pathologisch erklärbar, eine anscheinend beruhigende, tatsächlich aber dürftige Auskunft, weil sie die allgemeineren Hintergründe verdeckt lässt.

---

[40] S. Huntington, Der Kampf der Kulturen. The Clash of Civilizations. Die Neugestaltung der Weltpolitik im 21. Jahrhundert, München/ Wien 1996. Dazu kritisch H. Müller, Das Zusammenleben der Kulturen. Ein Gegenentwurf zu Huntington, 2. Aufl. Frankfurt/M. 1999.

[41] G. Eisenberg, Die niedergerissenen Grenzen im Innern des Menschen, in: Frankfurter Rundschau, 3. Mai 2002, Nr. 102, S. 7, Dokumentation. Vgl. auch G. Eisenberg, Amok – Über die Wurzeln von Wut und Hass, Reinbek 2000.

[42] A.a.O., Die niedergerissenen Grenzen, Abschnitt 2.

Zurück zur thüringischen Befragung: Aus den empirischen Befunden sind schrittweise Anfragen an die Qualitätssteigerung, die curricularen Folgerungen und an die konzeptionelle Veränderung der Ziele des Religionsunterrichts abgeleitet und zusätzlich theoretisch begründet worden. Sie betreffen *Aufgaben vernetzenden und horizonterweiternden Lernens.* Es kommt jedoch noch ein Zweites hinzu, die *Qualität der Lernprozesse.*

2. Zum Kern von Lernen und zur Revision der Unterrichtsmethodik

Dass wir auf das Lernen von Menschen nie direkt einen Zugriff haben, ist den allermeisten Lehrenden wahrscheinlich nicht bewusst. Lernen ist jedoch ein Vorgang im *Innern* und damit zugleich *individueller* Natur. Schon Friedrich Schleiermacher hat das präzis beschrieben.

In seinen „Reden über die Religion“ begründet er, warum man durch „Kunst und fremde Tätigkeit“ nur die eigenen Vorstellungen einem anderen mitteilen kann; er werde dadurch lediglich zu einem „Magazin“ der Vorstellungen der Lehrenden; „nie könnt Ihr bewirken“, redet er seine Leser an, dass jemand die Vorstellungen, „welche Ihr wollt, aus sich hervorbringe. ... Kurz, auf den Mechanismus des Geistes könnt Ihr wirken, aber in die Organisation desselben... könnt Ihr nach Eurer Willkür nicht eindringen.“ [43]

Lernen ist ein *„aktiver und autopoetischer Prozess“* des Subjekts, letztlich selbstorganisiert[44], der allerdings angeregt werden muss und faktisch auch ständig so oder so gesellschaftlich beeinflusst wird. An dieser Stelle kommt es auf das *Methodenrepertoire* an, seine Einseitigkeit oder Vielseitigkeit, seine „Kreativität“ (Klaus Petzold) weckende Anregungskraft im Gegensatz zu produzierter Langeweile und Lernüberdruss. Nach den Ergebnissen der thüringischen Befragung herrschen „Informationen hauptsächlich durch den Lehrer/ die Lehrerin“ vor, gefolgt vom „Stillen Lesen von wichtigen Texten“ und dem „Abschreiben von Texten und Tafelbildern“; nächsthäufig nennen die Befragten, dass „hauptsächlich“ die Lehrenden reden und die Klasse zuhöre; erst an fünfter und letzter Stelle werden „Gespräche und Arbeiten in Kleingruppen“ erwähnt[45]. In der Beurteilung sind die Schüler und Schülerinnen „an keiner Stelle mit dem Ist-Stand der methodischen Arbeit einfach zufrieden“ (ebd.). Und was wünschen sie sich?

---

[43] F. Schleiermacher, Über die Religion. An die Gebildeten unter ihren Verächtern, hg. von R. Otto, Göttingen 1967, S. 102f.

[44] A. K. Treml, Allgemeine Pädagogik. Grundlagen, Handlungsfelder und Perspektiven der Erziehung, Stuttgart 2000, S. 64, 23, passim.

[45] Petzold, Religion und Ethik hoch im Kurs, a.a.O., S. 41.

Eine völlig andere Anordnung mit zusätzlich Methoden, die bislang im Religionsunterricht gar nicht oder selten vorkommen. Die Rangreihe sollte nach ihnen sein:

1. Platz: Begegnung und Diskussion mit Mitgliedern verschiedener religiöser Gruppen.
2. Platz: Arbeiten mit dem Internet (Informationssuche, Kontakte knüpfen, Ergebnisse darstellen).
3. Platz: Darstellende Formen, wie z. B. Pantomime, Rollenspiel, Tanz und Bewegung.
4. Platz: Selbständiges Arbeiten in Bibliotheken, Museen, Archiven, ferner gestaltende Formen, wie z. B. Gestalten von Collagen, Tonfiguren, Masken und Symbolen.
5. Platz: Musikalische Ausdrucksweisen, wie z. B. Lieder, Vertonung von Texten, Bildern und Ideen.[46]

Folgende Punkte sind bemerkenswert. Gerade die Schüler nennen an erster Stelle, was einem der eben genannten wichtigen thematischen Desiderate methodisch entspricht, Lernen durch Begegnung und Dialog, Verständigungslernen in einer pluralen gesellschaftlichen Situation. Als nächstes fallen *wissenschaftspropädeutische Lernformen* auf, die *selbstgesteuertes Lernen* erleichtern oder fördern (Gebrauch des Internet, selbständiges Erkunden in Bibliotheken, Museen, Archiven). Hierdurch werden *kreative Methoden,* die künstlerische und praktische Fähigkeiten ansprechen („Praktisches Lernen", vgl. Pestalozzis Trias „Kopf, Herz und Hand"), nicht abgehängt. Im Gegenteil, das eine ist mit dem anderen zu verbinden. Die Schulwirklichkeit des Faches wird immer noch zum Teil von einer Didaktik der lehrerdominierten einseitigen „Belehrung" mit der Absicht der „Vermittlung" beherrscht, wie die Standardformel lautet, nicht von einer *Lernkultur der „Anregung" und individuellen „Aneignung".*

Faktoren der Konzeption und der Qualität hängen wie eben bei der Prüfung der Themenpalette auch bei der Methodenpalette miteinander zusammen. Wer auf den guten Lehrervortrag schwört, zeigt ein an sich sehr berechtigtes Interesse an solidem Wissenserwerb, aber er verlässt sich auf die Wirksamkeit direkter und einbahnstraßenartiger Belehrung und übersieht andere Informationsquellen und Formen „schüleraktiven" Unterrichts (Fritz Bohnsack). Vielleicht ist konzeptionell im Hinterkopf auch der Vorrang in-

[46] A.a.O., S. 41f.

nerkirchlich orientierter Selbst- bzw. Identitätsvergewisserung und weniger das Interesse an anderen Religionen, obwohl doch nicht grundlos die *religionswissenschaftliche Komponente und Kompetenz des Religionsunterrichts* gerade in Jena auf der Tagesordnung steht.[47]

3. Religions- und Ethikunterricht gemeinsam vor der Qualitätsfrage

Wir haben noch keine PISA-Vergleiche für den Religionsunterricht und Ethikunterricht. Aber bereits die nicht-repräsentative Pilotstudie von Hanisch/ Hoppe-Graff kann punktuell zeigen, dass selbst dann, wenn nun Bibelunterricht sogar vorherrscht, zwar gewisse „Kenntnisse" über die Bibel und religiöse Sachverhalte gelernt, jedoch nicht so angeeignet werden, dass *„Kenntnisse"* zu klarer *„Begriffsbildung"* führen, auf deren Basis begründete *„Urteilsfähigkeit"* erwachsen kann[48]. Zwischen Kenntnissen und Urteilen darf die Arbeit am Verständnis bzw. am Begriff eines Sachverhalts nicht ausfallen, sonst erzeugt ein unzusammenhängendes religiöses und ethisches Einzelwissen nachweislich bloßes Meinen und Behaupten. Den Namen „Bildung" verdient so etwas nicht. Der Grundirrtum ist immer wieder, dass das, was einmal „durchgenommen" worden ist, wirklich verstanden sei und nun „sitze". Übersehen wird, dass die individuelle *Qualität* des Lernens ausschlaggebend und von einer anregenden Lernumgebung abhängig ist.

Hanisch/ Hoppe-Graff beobachten, dass an dieser Stelle der *Ethikunterricht* defizitärer ist als der Religionsunterricht. Der „überwiegende" Teil der Jugendlichen im Ethikunterricht kann mit den Mitteilungen, die Christen glaubten an Jesus Christus, der gekreuzigt und auferstanden sei, nichts anfangen. Für sie ist Jesus „eine museale Gestalt", „der keinerlei aktuelle Bedeutung zukommt"[49]. Aber nicht nur das; sie verstehen und lernen auch religionskundlich nicht viel. Christlich erzogene Kinder, die Bescheid wissen, ärgern sich außerdem, wenn die Ethiklehrkraft Falsches vorträgt.

Ein Beispiel ist hierfür Hanna: „Propheten, hat sie gesagt (die Ethiklehrerin), sind einfache Leute, die den ganzen Tag einfach was beobachten und dann durch die Beobachtung immer etwas prophezeien, aber das stimmt ja

---

[47] Für unser Thematik einschlägig die vorzügliche Einführung durch M. Klöcker/ M. Tworuschka/ U. Tworuschka (Hg.), Wörterbuch der Ethik der Weltreligionen. Die wichtigsten Unterschiede und Gemeinsamkeiten, Gütersloh 1995, 2. durchges. Aufl. 1996.

[48] H. Hanisch/ S. Hoppe-Graff, a.a.O., S. 197ff. Es ist für die Zukunft des Faches notwendig, dass der Religionsunterricht in der öffentlichen schulpädagogischen Einschätzung seine Schulförmigkeit unter Beweis zu stellen vermag.

[49] A.a.O., S. 188.

eigentlich gar nicht, weil die sind ja richtig mit Gott in Verbindung und deshalb wissen die das."[50]

4. Der personale Faktor und das theologische Proprium des Religionsunterrichts

Kompetenzschwächen und -ängste gibt es überall im Lehrerberuf. Damit Kollegen und Kolleginnen aus anderen Fächern sie nicht bemerken, bleibt man für sich allein. Die anzustrebende Dialogpartnerschaft muss auch diese inneren Hemmungen mutig überwinden. Das leistet ebenfalls nur dieselbe Methode, die die Schüler und Schülerinnen für sich selbst wünschen: Begegnung und Zusammenarbeit in der Aus- und Weiterbildung.

Wie wir eben auf den Sachverhalt stießen, dass persönlich bildendes Lernen unverfügbar ist, so ist es auch jetzt der *personale Faktor* auf Seiten der Lehrenden. Wenn Ethiklehrer kein persönliches Verhältnis zur Religion haben oder wenn umgekehrt Religionslehrer keine wenigstens begrenzte interessierte Offenheit für nicht-christliche Auffassungen aufbringen, steht ein Unterricht über diese Gegenstände unter dem Verdacht, dass sie nur veräußerlicht abgehandelt werden.

Andererseits muss man die Unterrichtsinhalte und die Personen auch wieder unterscheiden, ja, trennen. Man kann in der wissenschaftsgeleiteten Schule von heute nicht fordern, dass alle Gegenstände vom Lehrenden gleichsam existentiell abgedeckt werden. Wenn dies erwartet wird, drohen innere Verbiegungen und Überforderungen. Ethik- und Religionslehrkräfte haben primär wissenschaftliche Kompetenz zu beweisen, fachwissenschaftliche und erziehungswissenschaftlich-pädagogische. Zur letzteren gehört allerdings, dass sie von der Klasse nicht als Fachleute, sondern auch als menschlich überzeugende Erwachsene und verantwortungsvolle Bürger erlebt werden, denen Religion und Ethik als Kernbereiche menschlicher Orientierung in einer „zerrissenen Welt" am Herzen liegen und die wissen, dass ethische und religiöse Allgemeinbildung auch für eine demokratische Lebensform notwendig sind. Das gilt zur gemeinsamen ethischen Seite hin.

Weniger Gemeinsamkeit im Sinne persönlicher Lebensbeziehung kann verständlicherweise zur religiösen Seite hin erwartet werden, in deren Mittel-

[50] A.a.O., S. 146.

punkt der Gottesbezug steht.[51] „Christliche Erfahrung radikalisiert religiöse Erfahrung durch ihren Gottesbezug.“[52] Ethikunterricht wirft die Frage *nach* Gott auf; Religionsunterricht stellt die Erfahrung *mit* Gott und die Beziehung *zu* Gott in die Mitte. Hierdurch wird der Religionsunterricht unverwechselbar. Noch theologisch präziser: Er wird dadurch unvergleichbar, dass Gott einen Namen hat, Jesus Christus. Religionslehrerinnen und -lehrer können als Christen möglicherweise etwas von der hoffnungsstiftenden Revolution der Liebe spüren lassen, die an Jesus von Nazareth zu erleben ist, und durch Rückkoppelungen mit der Gemeinde und christlichen Initiativgruppen etwas von der Kirche als Lebenswelt konkret gewordener Nächstenliebe zeigen.

---

[51] In den letzten Jahren hat sich die Gottesfrage als Mittelpunkt eines Kerncurriculums kristallisiert, wie es bestimmte Lehrpläne inzwischen auch umsetzen (NRW 1999, Gym./ Gesamtschulen)

[52] P. Biehl, F. Johannsen, a.a.O., S. 69.

Christoph Th. Scheilke

Was bedeutet die Fächergruppe?

Zwischen dem Bildungspapier der Kirchenprovinz von 1994 und der Expertise Ethik- und Religionsunterricht in der Schule mit Zukunft aus dem Jahre 2001

Die Fächergruppe Ethik-Religion sei ein Beitrag zu einer werteorientierten schulischen Bildung, erklärte Ministerpräsident Dr. Höppner bei der Vorstellung zu der kürzlich erschienen Expertise „Ethik- und Religionsunterricht in der Schule mit Zukunft“. Das ist richtig und wahr, besser wäre vielleicht noch der Ausdruck: Die Fächergruppe ist ein *zentraler* Beitrag zu einer wert*vollen* schulischen Bildung – und deshalb kostbar. Wie wertvoll und kostbar eine solcher Beitrag ist – und wie notwendig, das hat uns gerade die jüngste Vergangenheit vor Augen geführt.

Die Attacke auf die USA und die nach den schrecklichen tausendfachen Menschenopfern in New York und Washington einsetzende Sicherheitsdebatte haben doch zumindest drei Einsichten erneut vor Augen geführt.

1. Schülerinnen und Schüler suchen nach Orientierung; am Tag danach, teilweise schon am gleichen Tag waren die Kirchen voll mit jungen Menschen. Sie schwänzten sogar die Schule, um in den Kirchen etwas sinnvolleres zu tun.
   Die Schülerinnen und Schüler von heute sind religiöser, ja christlicher in der nachchristlichen Gesellschaft, als so mancher denkt bzw. wahrhaben möchte. Der Tenor der letzten Shell-Studie, die von einer nachlassenden Religiosität bei Jugendlichen spricht, kann nun wirklich nicht mehr undifferenziert weitergesagt werden – wie es leider auch so manche kirchliche Stimme tut. Diese jungen Menschen darf man bei ihrer Suche nach Sinn nicht allein lassen. Dies tun aber nicht wenige. Es gibt drei verbreitete Spielarten, Jugendliche bei der um ihrer Personwerdung willen notwendigen Suche nach Sinn allein zu lassen:

– Da sind einmal diejenigen Erwachsenen, die auf eine explizite Selbstvergewisserung ihrer eigenen Grundlagen und Ursprünge verzichten. Ein weit verbreiteter Zeitmanagement-Ratgeber[1] sieht im Ausweichen vor Grundfragen und im „In-den-Tag-hineinleben" einen der größten Zeitfresser für Manager.

– Da sind zum zweiten diejenigen, die in der modernen, pluralen und multireligiösen Gesellschaft auf die Kenntnis von und Auseinandersetzung mit konkurrierenden Weltdeutungen, also beispielsweise „fremden" Religionen bzw. anderen Weltanschauungen verzichten – in der Familie wie in der medialen Öffentlichkeit – , aber auch die öffentliche Hand, die in Kindergarten und Schule gelehrte und gelebte Religion – als wären es heiße Eisen – nur selten wirklich anpackt, allenfalls duldet – Sonntagsreden einmal ausgenommen.

– Jugendliche lässt man bei ihrer Sinnsuche aber auch allein, wenn man unter dem Deckmantel der ideologiefreien Schule – oder wie immer auch die hehren, gut klingenden Formulierungen lauten – nur wissenschaftliche Weltbilder mit ihrem Gott namens Vernunft oder ökonomische bzw. materialistische Weltbilder mit ihrem „Ab-Gott" (Luther) Geld propagieren lässt.

Junge Menschen – in West wie Ost – suchen Sinn und Orientierung – und sie haben ein Recht auf eine umfassende Bildung, die nicht ganze Wirklichkeitsbereiche – Dietrich Benner würde sagen: Bereiche „gesellschaftlicher Praxis" – ausspart. Wir wissen doch: Es gibt weder eine wertfreie, noch eine werturteilsfreie Bildung und Erziehung[2]. Es gibt allerdings wertvolle und wertlose Erziehung.

2. Die zweite Einsicht nach dem 11.9.: Man darf Frieden nicht mit der Abwesenheit bzw. Ferne von Krieg gleichsetzen bei gleichzeitiger weltweiter Ungerechtigkeit. Frieden ist und bleibt die Frucht der Gerechtigkeit. Das ist prophetischer Kernbestand, auf dieser Grundlage kann man Hütten bauen, freilich keinen Turm zu Babel. Wer diese prophetische Tradition nicht kennt, ist überrascht und verwundert, wenn mitten im „Frieden" – sie sagen Friede, Friede und ist doch kein Friede! (Jer 6,14) – aus heiterem Himmel der Terror zuschlägt. Und sie geraten in Angst und Furcht, wenn nach dieser Kriegserklärung gegenüber der westlichen

[1] Martin Scott, Zeitgewinn durch Selbstmanagement, (London 1992), Frankfurt/ New York 2001.

[2] Sinn- und Wertfragen stellen komplexe Herausforderungen für Bildung und Erziehung dar, insbesondere in der Pluralität, vgl. K.E. Nipkow, „Sinn-und Wertfragen" – Interdisziplinäre, analytische Überlegungen zu einer komplexen Formel, in: L. Duncker, H. Hanisch (Hg.), Sinnverlust und Sinnorientierung in der Erziehung, Bad Heilbrunn 2000, S. 13-33.

Welt anschließend offiziell der Krieg gegen den Terrorismus eröffnet wird. Frieden ist Frucht der Gerechtigkeit! Auch die Freiheit ist Frucht der Gerechtigkeit, nicht nur des Wohlstandes. Wenn man Frieden will – oder wie unsere Schulen laut Landesverfassungen zum Frieden erziehen soll –, dann muss man den Frieden vorbereiten, etwa durch „Beten und Tun des Gerechten“ (D. Bonhoeffer)!

3. Einsicht, wieder eine Erinnerung: Frieden darf nicht mit Sicherheit verwechselt werden. Frieden ist das eine große Risiko, sagte Dietrich Bonhoeffer 1935 auf Fanö. Eine umfassende Sicherheit gibt es nicht in dieser Welt. Aber als Menschen suchen wir nach Sicherheit; gerade kleine Menschen, Kinder und Jugendliche, brauchen Sicherheit. Erzieherinnen und Erzieher sowie Lehrerinnen und Lehrer haben es in den Tagen danach erfahren, wie stark die Verunsicherung der Kinder und Jugendlichen war, wie sehr die alptraumhaften Fernseh-Bilder aus New York und Washington sie beschäftigten, wie stark sie erfahren haben, dass Menschen in der offenen Gesellschaft verletzbar sind und bleiben und dass es gegenüber solch aberwitzigen Ideologen und solch schrecklichem Hass keine 100-prozentige Sicherheit gibt. Risikogesellschaft ist ein Euphemismus! Wir leben in äußerer Unsicherheit.
   Was also tun? Wir müssen uns nach anderen als äußeren Quellen der Sicherheit umsehen. Wir müssen uns neu orientieren, unsere Begriffe überprüfen und ggf. unsere Prioritäten ändern. Christian Grethlein hat einmal in einer Debatte über die Risikogesellschaftsanalyse von Ulrich Beck darauf hingewiesen, dass der Gegenbegriff zu Risiko nicht Sicherheit (securitas) sondern Gewissheit (certitudo) ist. Gewissheit aber kann sich nicht auf äußere Medien wie Geld oder allein rationale Medien wie Vernunft stützen, sie kann nur von innen kommen und muss das emotionale einschließen. Fiducia ist lebensnotwendig! Dazu gehört dann auch die soziale Verlässlichkeit zwischenmenschlicher Beziehungen – in der Familie wie in Kindertagesstätten und Schulen.

Diese drei Einsichten sind wertvoll und hilfreich, wenn man über eine „werteorientierte schulische Bildung“ nachsinnt.

Sie machen darauf aufmerksam, dass Fragen ethischer und religiöser Bildung an den Schulen – nicht nur in Sachsen-Anhalt, sondern – grundsätzlich wieder stärker bedacht werden müssen. Denn diese Fragen sind in neuer Weise elementar und bedrängend: Was trägt wirklich, wofür lohnt es sich zu leben, was können wir zu Recht das höchste Gut nennen? Denn eine formale oder prozedurale Ethik allein reicht nicht aus; eine „Güterlehre“ ist notwendig, zumindest der öffentliche Streit darum, gerade in pluralen Zeiten!

Es hat sich wieder einmal gezeigt: Ethische und religiöse Bildung und Erziehung sind nicht nur ein Zusatz, ein Appendix, ein den Kirchen aus historischen Gründen zugestandener Bildungsbereich, also ein Privileg der Kirchen – dazu machen es die, die sich der Einrichtung eines muslimischen RU gemäß Art. 7, 3, 2. Satz verweigern – oder aber ein Randbereich von Bildung, den man am besten in den Randstunden unterrichtet. Nein, Ethik und Religionsunterricht sind *die Grundlage überhaupt* einer zukunftsfähigen Bildung in einer Schule mit Zukunft.

Diese Zukunft kann man nicht absichern, indem man nur das Wissen zu lernen aufgibt, das heute gefragt ist. Wie wichtig ethische und religiöse Bildung, also Gewissensbildung sind, erkennen sogar Staaten mit einem streng laizistischen Schulsystem, wie etwa Frankreich. Wo Schule in die eigene Kultur einführen will, muss man das „kulturelle Gedächtnis der Menschheit“ (Jan Assmann) pflegen. Wie wichtig Ethik- und Religionsunterricht für eine allgemeine Bildung sind, merkt man spätestens dann, wenn man sich den Herausforderungen technologischer Entwicklungen stellt. Im Blick auf die bio- und gentechnologischen Entwicklungen haben wir einen riesigen Ethikbedarf. Also: Wer die – eigene oder fremde – Vergangenheit verstehen und wer die Zukunft meistern will, braucht eine elementare wie umfassende, exemplarische wie gründliche ethische und religiöse Bildung[3].

Was wir aber besonders brauchen heute in unseren Gesellschaften, das ist der Zuspruch, der im christlichen Verständnis vom Menschen liegt, und das ist der Einspruch christlicher Religion gegen die Verkürzung des Menschen auf den homo sociologicus, homo oeconomicus oder – neuerdings – den homo optionis, den sich alle Optionen offenhaltenden, flexiblen Menschen. Der Terrorangriff in den USA war nicht nur ein Angriff auf Tausende Menschen – schlimm genug –, er war ein ideologisch verblendeter Angriff auf die Menschheit, pseudoreligiös – so wie die Kreuzzüge vor tausend, so wie der Nationalsozialismus vor sechzig Jahren, ebenso wie alle totalitären Ideologien, die Menschen einer Einheitsideologie und menschlichen Erlösungsversprechungen unterordnen. Insoweit war es ein Angriff auf die liberale und plurale Menschheit und gleichzeitig ein Angriff auf die monotheistischen Religionen.

---

[3] dazu ausführlicher vom Vf., Religiöse Bildung, in: Eckart Liebau (Hrsg.), Die Bildung des Subjekts. Beiträge zu einer Pädagogik der Teilhabe, Weinheim und München 2001, S. 213-234.

In diesem Sinne war es ein Anschlag auf den Menschen überhaupt. Dieses kann man nur verstehen, wenn man in jüdischer, christlicher und muslimischer Tradition davon ausgeht, dass der Mensch ein Geschöpf Gottes ist, des ganz anderen – totaliter aliter – und gleichzeitig ganz nahen Gottes. In jüdisch-christlicher Tradition verdankt dieser von Gott geschaffene Mensch nicht nur seine Vergangenheit, sondern auch seine Zukunft Gott. Nur deshalb können Menschen wirklich frei und im Blick auf eine offene Zukunft handeln, weil sie wissen, dass nicht sie selbst, sondern Gott, der Vater, der Erbarmer, der, dem alles möglich ist, der Einzige ist, dessen Wort wir im Leben und Sterben vertrauen können.

Viele haben behauptet, nach dem 11. September sei nichts mehr, wie es war. Das mag so sein. Aber dass wir zumindest in allen Bereichen gründlich prüfen müssen, was Bestand hat und haben soll, der Meinung bin ich schon. Dies gilt dann eben auch für den Bereich von schulischer Bildung und Erziehung insgesamt, nicht nur speziell für die Organisation ethischer und religiöser Bildung. Daher komme ich im nächsten Schritt auf einige wesentliche Grundsätze von und für Bildung zu sprechen, bevor ich dann die Fächergruppe thematisiere.

Bildung

In letzter Zeit haben sich gleich zwei kirchliche, d. h. theologisch verantwortete Stellungnahmen grundlegend mit Bildungsfragen beschäftigt: die Studie der VELKD „Traditionsaufbruch“ – Über die „Bedeutung der Pflege christlicher Institutionen für Gewissheit, Freiheit und Orientierung in der pluralistischen Gesellschaft“[4] und die Studie des Theologischen Ausschusses der EKU „Bildung in evangelischer Verantwortung auf dem Hintergrund des Bildungsverständnisses von F. D. E.Schleiermacher“[5]. Hier ist nicht die Gelegenheit, sich intensiv mit den beiden herausragenden Schriften auseinanderzusetzen. Im Einzelnen gäbe es da viel zu sagen, mehr positiv als kritisch. Aber es wäre fahrlässig, deren Hinweise zu einer Neubestimmung von Bildung in den Perspektiven von „Gewißheit, Freiheit und Orientierung“ gegenwärtig zu übergehen.

---

[4] Dorothea Wendebourg u.a. (Hg.), Traditionsaufbruch - Über die „Bedeutung der Pflege christlicher Institutionen für Gewißheit, Freiheit und Orientierung in der pluralistischen Gesellschaft, Hannover 2001.

[5] Hg. von Joachim Ochel, Göttingen 2001.

Die EKU-Studie hebt hervor

– *den personalen Aspekt von Bildung:*
  Diesen betonen ja auch andere, aber die meisten beziehen sich dabei auf den Menschen in einem verkürzten, nämlich sich selbst allein überlassenen Sinne. Welch schreckliche Perspektive! „Der Mensch ist erst dann hinreichend als Mensch erfasst, wenn er in seinem Gottesbezug wahrgenommen und im Sinne Luthers vor Gott (coram deo) verstanden wird, der von Gott in seinem Personsein konstitutiert wird." Entsprechend heißt es dann etwas später: „Im Zentrum von Bildung und Erziehung steht das Individuum in seiner Bezogenheit auf Gott, auf sich selbst, auf die Mitmenschen und auf Welt und Gesellschaft... Der Bildungsbegriff bringt präzise die nicht-instrumentalisierbare Zweckfreiheit des lebenslangen Bildungsprozesses" – explizit übrigens nicht: lebenslangen Lernens – „zum Ausdruck und trägt so der dem einzelnen Menschen geschenkten Würde Rechnung." (S. 54) Es geht um nichts weniger als die menschliche Freiheit, die seine Würde und Unverfügbarkeit ausmacht. Und allen, die jetzt auf ein „Bündnis Erziehung" setzen, schreibt der EKU-Ausschuss ins Stammbuch: „Nur solche Erziehung ist theologisch zu vertreten, die in der Liebe zum Edukanden um die Unverfügbarkeit des Anderen und die Unergründlichkeit seines Persongeheimnisses weiß." (S. 43)

– Von daher, und nicht von den Verfallszeiten einer Wissensgesellschaft, bestimmt sich dann auch *das „rechte Wissen"* (Comenius)[6], also dasjenige Wissen, was zu wissen als „einzigen Trost im Leben und Sterben" (Heidelberger Katechismus) notwendig ist. Und dies ist ein Wissen, das nicht nur den kleinen Gehirnkreislauf – bis zur nächsten Prüfung – durchläuft, sondern: Es geht um „ein Wissen, welches in eigener Erfahrung verankert sein muss, das" zumindest „jeder Christ selber verantworten und das ihn in Glaubens- und Lebensfragen zu selbständigem Urteilen und Entscheiden befähigen soll." (S. 47)
  „Bildung ist somit wesentlich mehr als ‚Lernen des Lernens', ‚Lebenslanges Lernen' oder ‚Management von Daten' im Informationszeitalter. Bildung gilt dem ganzen Menschen... erst mit der Frage nach der

[6] Vgl. K. E. Nipkow, Das recht Wissen – Comenius und die Schule heute, in: Comenius-Jahrbuch Bd. 7.(1999), Hohengehren 1999, S. 20-36.

Menschwerdung des Menschen ist ihr Horizont angemessen erfasst." (S. 55)

- „Zum Merkmal eines an Schleiermacher orientierten Verständnisses von Bildung gehören die Aufmerksamkeit für das Wechselverhältnis von Bildung und Selbstbildung und die Rehabilitierung der zu Unrecht diskreditierten Innerlichkeit. Eine wesentlich *innengeleitete Lebensführung* als Gegengewicht zur Dominanz der externen gesellschaftlichen, wirtschaftlichen und sozialen Systeme ist unabdingbar und führt zur Mündigkeit des Menschen." (S. 55) Diesen Gedanken nimmt die VELKD-Studie auf – kein Wunder, hat doch an beiden Eilert Herms intensiv mitgewirkt. Unter Verweis auf den gestiegenen „Bedarf an selbstbestimmtem und selbst verantwortetem Handeln" (S. 68) in unseren modernen Gesellschaften wird die mangelhafte Entwicklung und Förderung der Selbstbestimmungsfähigkeit beklagt. „Zu beobachten ist heute,...dass unsere Gesellschaftsordnung der Ausbildung der Fähigkeit zu innengeleitetem Handeln vielfach im Wege steht... Die Ausbildung einer Selbstbestimmungsfähigkeit aus eigener innerer Orientierung ist erschwert, wenn das gesamte Zusammenleben fast durchgehend auf wirtschaftliche Ziele festgelegt ist." (S. 70)

- Schließlich möchte ich noch einen Aspekt hervorheben, der mir (in der verhaltenen Tradition von Karl Ernst Nipkow wie in der kräftigen Sprache des englischen Religionspädagogen John Hull) immer schon wichtig war, nun aber noch wichtiger geworden ist: *die ideologiekritischen Elemente und Folgen* wirklich umfassender Bildung, also nicht der üblichen „Halbbildung", als welche Th. W. Adorno die gewalt- und herrschaftsvergessen(d)e bürgerliche Bildung gegeißelt hat, von der es sich grundsätzlich abzuwenden gelte bei einer „Erziehung nach Auschwitz". Und dies ist nach „New York" zu bekräftigen: Um der Ideologiekritik willen ist die explizite öffentliche Pflege religiöser Überlieferung dringend geboten. Dafür gibt es verschiedenen Gründe. Der wichtigste davon lautet: Ohne die Kenntnis von religiösen Überzeugungen und Überlieferungen samt ihrer Bedeutung etwa für das derzeit herrschende, in der Bevölkerung als modern und aufgeklärt geltende, wissenschaftliche Weltbild mit seinen impliziten, der Lebenswelt entnommenen Vorannnahmen, ist ein Streit um Wahrheit in der pluralen Gesellschaft nicht selbständig zu führen. Solcher kann erst gelingen, wenn religiöse und weltanschauliche Gewissheiten explizit kommuniziert werden können. Deshalb müssen die öffentlichen Bildungseinrichtungen dazu Gelegenheit geben.

Bildung in Freiheit, zum rechten Wissen, zur Selbstbestimmungsfähigkeit und ideologiekritische Bildung werden auch von anderen als wertvolle Bildung eingeschätzt, nicht zuletzt von Wolfgang Klafki, dem Mitverfasser der ausgezeichneten Sachsen-Anhalt-Studie zur „Schule mit Zukunft". Aber sie sind durch die beiden theologischen Studien von VELKD und EKU in einer grundlegenden und umfassenden Weise begründet, die man nicht einfach übergehen oder beiseite schieben kann, im Gegenteil, von denen man im selbständigen und kritischen Nach-Denken viel lernen kann. Denn immer wieder und so auch gerade jetzt gilt es, die Würde des Menschen zu verteidigen, „im Zusammenleben mit anderen sein eigenes Leben selbständig zu führen in undelegierbarer Verantwortung vor sich selbst, vor Gott und vor den Mitmenschen. Eben dies kann er jedoch nur im Lichte einer Gewissheit über die Grundverfassung, über den Ursprung und über die schon in diesem Ursprung gesetzte und somit auch letztgültige Bestimmung seines Lebens als leibhafte – von anderen unverwechselbar unterschiedene *und* unlöslich auf sie angewiesene – Person. ...

Zugespitzt muss man sagen: Vom Inhalt der Daseinsgewissheit eines Menschen, von der Lebendigkeit, mit der sie ihn ergriffen hat, und von der Klarheit, mit der sie ihm vor Augen steht, hängen sein Mut und seine Fähigkeit zu einem selbständigen und eigenverantwortlichen Leben ab" (VELKD 2000, S. 209f.).

Fächergruppe

Als ich die Stellungnahme „Ethik- und Religionsunterricht in der Schule mit Zukunft" las, fiel mir die Frage des Paulus ein: „Was sollen wir nun dazu sagen?" Ist nicht alles schon gesagt, nur noch nicht von allen?

Was sollen wir dazu nun sagen?

A) in europäischer Perspektive

Wir, das ist das Comenius-Institut in Münster, die evangelische Arbeitsstätte für Erziehungswissenschaft der evangelischen Kirchen und Verbände, also das zentrale Institut der EKD für Bildung und Erziehung in Theorie und Praxis. Als überregional arbeitendes Institut mit seinen europäischen und internationalen/ ökumenischen Arbeitszusammenhängen fällt einem so die Aufgabe zu, die vorgelegten Ergebnisse in diesem weiteren Horizont zu kommentieren.

Gerade haben wir – Hans-Günter Heimbrock, mein Kollege Peter Schreiner und ich – einen Band unter der Überschrift „Towards Religious Competence – Diversity as a Challenge for Education in Europe“ mit Beiträgen namhafter und junger Forscherinnen und Forscher aus England und Wales, Holland, Norwegen und Deutschland herausgebracht. Ein englischer Kollege, der die fünfzehn Artikel zu Fragen der Konzeption religiöser Bildung, zur Situation von SchülerInnen und LehrerInnen in multireligiösen Umwelten, zu Schulen und Bildungspolitik resümiert, spricht von überraschend ähnlichen Entwicklungen in den untersuchten europäischen Ländern bei bestehenden grundlegenden Differenzen. William K. Kay nennt als „driving forces behind convergence“

- erstens den Bezug religiöser Bildung auf die Menschenrechte – bei uns in den Grundrechten inkorporiert
- zweitens die innerreligiöse/ innerkonfessionelle Auseinandersetzung mit religiöser Intoleranz, also dem Fundamentalismus – in den verschiedenen Spielarten, aber in allen Religionen – durch differenzierte Darstellung von Religion im öffentlichen Bildungswesen und
- drittens die Auseinandersetzung mit „marxistischer oder atheistischer Intoleranz“ und der Göttin der Vernunft durch Betonung der Menschenrechte und der daraus folgenden negativen wie positiven demokratischen Freiheiten. „Nur die Anerkennung Gottes über allen Staatsflaggen und in der Stimme des Gewissens kann die Freiheiten zukünftiger Generationen schützen“(S. 271).

  Diese Auseinandersetzung verdient übrigens eine neue Aufmerksamkeit nach den Voten der LER-Prozessvertreter vor dem BVerfG in Karlsruhe. Denn im Juni 2001 behaupteten sie nicht mehr, Art. 7(3) gelte nicht für das Land Brandenburg – so wie anfangs, als alles auf die Karte von Art. 141 GG (Bremer Klausel) gesetzt wurde. Sie berufen sich nun vielmehr vehement auf Art. 7 (3) GG, allerdings Satz 1, um das Vorgehen des Landes Brandenburg als grundgesetzkonform erscheinen zu lassen. Dieser Satz 1 sieht vor, dass in allen Schulen, mit Ausnahme der bekenntnisfreien, Religionsunterricht ordentliches Lehrfach sei. Und Brandenburg habe eben von seinem Recht Gebrauch gemacht, alle seine Schulen zu bekenntnisfreien zu erklären. Unter der Hand wird hier eine historische Ausnahme aus den zwanziger Jahren, die ansonsten keine große, vor allem in unserem Schulwesen aus bildungstheoretischen Gründen zu Recht keine prägende Rolle spielt, werden also die bekenntnisfreien Schulen zur Regel erklärt und die wohl tuende Unterscheidung des herrschenden Schulrechts zwischen bekentnisneutralen und bekenntnisfreien Schulen unterlaufen. Zum Schaden der Bildung und im Namen der Ideologie angeblicher Ideologiefreiheit.

- Viertens, so William Kay, erleichtern die neuen internationalen Bemühungen und Kommunikationsmöglichkeiten die Konvergenz, insbesondere auch angesichts der globalen Bedrohungen, denen sich die Menschheit insgesamt und gemeinsam ausgesetzt sieht. Nur wenn man die Interdependenzen erkenne und zur Organisation von Widerstand gegen tödliche Bedrohungen wie die globale Erwärmung und die ökologische Katastrophe – heute müssen wir hinzufügen: sowie gegen weltweiten Terror – nutze, – so der Engländer – bestünde Hoffnung darauf, das Erbe den Enkeln zu sichern.

Diese Kräfte, die eine Konvergenz in religionspädagogischen Entwicklungen begünstigen, nämlich der Bezug religiöser Bildung auf die Grundrechte und die Auseinandersetzung mit anderen Weltanschauungen, insbesondere dem Fundamentalismus und der Intoleranz, sei sie nun pseudoreligiös oder weltanschaulich-atheistisch begründet, schlagen sich auch in den Plänen und konkreten Überlegungen zu einer Fächergruppe nieder.

Sie finden sich natürlich nicht nur dort, sondern auch in Vorschlägen zu einem „Religionsunterricht für alle" (wie in Hamburg), einem integrierten Fachbereich Religion und Ethik (mit phasenweiser interner Differenzierung wie bei Gottwald[7]) oder einem Fach „Religion und Kultur", wie es gerade im Kanton Zürich, in staatlichem Auftrag durch die evangelisch-reformierte Kirche eingeführt wird, aber auch in einer Alternativfach- bzw. Wahlpflichtfachlösung mit RU und EU.

Die Konzeption einer Fächergruppe hat gegenüber diesen allen, im entscheidenden Punkt unterschiedlichen Vorschlägen, den strukturellen Vorteil, dass sie die individuelle Mündigkeit und Verständigung in der Pluralität über religiöse, ethische und Weltanschauungsfragen nicht nur inhaltlich vorbereitet, sondern dies auch in einer entsprechenden Form tut, die eine individuelle Wahl zwischen dem Fachunterricht in den verschiedenen Religionen bzw. Konfessionen und dem Ethikunterricht zum einen fordert und zum anderen

---

[7] Vgl. Eckhart Gottwald/ Dirk Chr. Siedler (Hg.), Islamische Unterweisung in deutscher Sprache, Neukirchen-Vluyn 2001.

die Kooperation zwischen diesen Fächern nicht nur ins Belieben der Fachlehrkräfte stellt, sondern inhaltlich begründet und zwingend vorschreibt. Die Fächergruppe ist eine pluralismustaugliche und zukunftsfähige Lösung – auch in internationaler Perspektive.

B) in historischer Perspektive

„Die Schule von morgen kann nur verstanden und realisiert werden als *Veranstaltung der Gesamtgesellschaft*. Sie kann nicht mehr länger primär als Veranstaltung des Staates ... durchgeführt werden. Die in einem neuen Sinne „öffentliche Schule“ müsste die Pluralität aller tragenden und prägenden Gruppen der Gesellschaft in ihren wechselseitigen Beziehungen und Verflechtungen in pädagogisch verantwortbarer Weise zur Geltung kommen lassen.... Im Religionsunterricht stellt sich Lehrern und Schülern die Aufgabe, die vorhandenen oder die anzuregenden Lebens- und Sinnfragen so zu artikulieren und zu klären, dass die gegenwärtig möglichen Antworten einschließlich der christlichen zur Geltung kommen .... Die Freiheit des Lehrers und des Schülers muss durch die Möglichkeit zur Wahl zwischen verschiedenen akzentuierten Formen des Religionsunterrichts respektiert werden. ... Die Schule einer pluralistischen, demokratischen Gesellschaft, die durch den offenen und freien Dialog gekennzeichnet ist, macht – zumindest vom Zeitpunkt der Religionsmündigkeit der Schüler an – in allen Schularten ein plurales Angebot von christlich-konfessionellem ... und religionskundlich-religionsphilosophischem Unterricht erforderlich. ... Für die Verwirklichung und Förderung solcher Versuche sind die institutionellen Voraussetzungen zu schaffen. Vor allem sind zu nennen: Zusammenarbeit zwischen evangelischen und katholischen Religionslehrern sowie Lehrern religionskundlicher bzw. religionsphilosophischer Arbeitsgemeinschaften, Kolloquien zwischen Religions- und anderen Fachlehrern, Angebote von Arbeitsgemeinschaften und fachübergreifenden Unterrichtseinheiten ...“ (Stellungnahme des Comenius-Instituts vom November 1969, S. 18-20).

Dieses lange Zitat habe ich Ihnen nicht deshalb vorgetragen, um zu sagen, dass das, was hier in Sachsen-Anhalt in den letzten Jahren gedacht und vorangetrieben wurde im Blick auf einen Religions- und Ethikunterricht in einer Schule mit Zukunft, ein alter Hut sei. Ganz im Gegenteil möchte ich mit meinem Fund aus dem Archiv des Comenius-Instituts darauf hinweisen, dass nicht nur gegenwärtig, also synchron, in Europa, sondern auch diachron konvergierende Tendenzen zu beobachten sind. Die langen Wellen der Geschichte spülen die Fächergruppe, wie sie heute heißt, wieder an die Oberfläche. Das ist schon eine bemerkenswerte dreißigjährige Geschichte. Diese Stellungnahme des CI ist übrigens in einer offiziellen EKD-Dokumentation erschienen, was damals wie heute die Zustimmung des Rates voraussetzt.

Nun könnte man freilich auch mit Bezug auf die Stellungnahme des CI von vor dreißig Jahren angesichts der Tatsache, dass die damaligen Überlegungen bislang kaum realisiert worden sind, sieht man einmal von Mecklenburg-Vorpommern und den hiesigen Versuchen samt den Plänen in Berlin ab, auf die Idee kommen, dass sich die Idee einer Fächergruppe als unrealistisch und nicht machbar herausgestellt hat. Dies ist für die siebziger Jahre unbestreitbar. Und auch heute stellen sich diesbezügliche Fragen, die ernst genommen werden müssen.

– Da ist zum einen, Christian Grethlein hat darauf vor zwei Jahren schon aufmerksam gemacht, die Frage nach der Fachlichkeit einer Fächergruppe – eine Frage, der man sich auch angesichts der allgemeinen pädagogischen Diskussion um eine neue Fachlichkeit und Fachkulturen nicht entziehen darf. Ich sehe hier nicht unbedingt eine Einschränkung oder Gefahr, sondern vielmehr eine Herausforderung zur Schärfung des Profils des Religionsunterrichts – und das in mehrfacher Hinsicht
  a) durch den Bezug auf „konkurrierende Deutungen“ (wie schon in der NRW-Lehrplanentwicklung seit einigen Jahren, jetzt auch in entsprechenden Entwicklungen in Baden-Württemberg)
  b) zur Konzentration auf das Elementare und Wesentliche des RU, auf die „Sache mit Gott“ (Heinz Zahrnt)
  c) zur Kooperation mit der Philosophie und der Religionswissenschaft, was gleichzeitig eine interne Entlastung des RU bedeutet, wenn die Kooperation lehrplanmäßig und strukturell-organisatorisch abgesichert ist. Umgekehrt wird ja immer wieder dem RU vorgeworfen, er überfordere[8] sich selbst durch zu hohe und zu viele Ansprüche. Wie hoch diese Ansprüche im Kontext gesellschaftlicher Erwartungen („Werteverlust“!), staatlicher Vorgaben („große Bildungsworte“: „Entwicklung zur freien Persönlichkeit“) und kirchlich-theologischer Traditionen (Gott-Ebenbildlichkeit; Missionsbefehl) tatsächlich sind, wie bedrückend sie wirken, so dass oftmals von heiterer Gelassenheit und fröhlicher Christlichkeit wenig zu spüren ist, hat Frau Kollegin Büchner gerade einfühlsam und eindrucksvoll zugleich beschrieben[9]. Ist es da nicht richtig, die Überforderung abzubauen und sich die schwierigen Bildungs- und Schularbeiten im normativ-ethischen-religiösen Bereich zu teilen? Zwei oder mehr Fachlehrkräfte können, wenn sie nicht gegeneinander arbeiten, viel mehr bewirken, als isolierte EinzelkämpferInnen.

  Es geht bei der Fächergruppe nicht um fachlichen „Mischmasch“ (John Hull) wie bei den Einheitsfächern LER oder Religious Education mit de-

---

[8] So wiederholt Achim Leschinsky, zuletzt in ders./ Sabine Gruehn, LER, in: Neue Sammlung 41 (2001), Heft 3, S. 369-392.

[9] Frauke Büchner, Was hat sich in den letzten zehn Jahren in der Bildungsarbeit der Kirchenprovinz Sachsen verändert? In: ZPT 53 (2001), H.3, S. 260-269.

ren eklektischen und nicht immer hinreichend geklärten Bezügen zu verschiedenen Fachwissenschaften (samt der damit verbundenen „Enttheologisierung" religiöser Fragen), sondern es geht bei der Fächergruppe um professionelle Fachlichkeit angesichts von unübersehbarer Differenz. Differenzen bedeuten Lernchancen. Sie eröffnen für Kinder und Jugendliche selbst dann noch Lernchancen – auf sicherem Boden institutionalisierter Regelungen, quasi „haltenden Umgebungen" (Winnicott/ Kegan) –, wenn Verwirrung droht oder gar das Anderssein und der, die, das Fremde bedrohlich werden. Kinder und Jugendliche wachsen heute mit Indifferenz oder Differenz auf, nicht aber mit Nicht-Differenz. Insofern sind ihre Ausgangspunkte für Bildung und systematisches Lernen heute anders als die unsrigen vormals! Der Katholik Andreas Wollbold hat es – nach der Erwähnung seiner grundlegenden Differenz zum Protestantismus – konkret ausgedrückt: „So darf am Ende ein Dank für das Zeugnis evangelischer Christen stehen. Eine Stärke des Katholizismus ist sicher seine fest gefügte Gestalt und so auch seine Wetterfestigkeit gegenüber manchem Zeitgeist. Aber manches kann dann auch schon wieder allzu schnell klar sein. Von evangelischen Christen ist immer wieder zu lernen, das Kreuz nicht vorschnell zu verlassen, es gleichsam auf Ostern hin zu überspringen, auf dieser Welt nur Licht ohne Finsternis zu wollen, anstatt nach Martin Luther mitten in der Anfechtung den Sprung des Glaubens zu wagen."[10] Differenz braucht nicht zugekleistert zu werden. Für diese fachgebundene Offenheit steht die Perspektive der Fächergruppe mit Differenz- und Begegnungsphasen.

– Zum zweiten steht die These – hier zitiere ich erneut Chr. Grethlein – von der „sachliche(n) Unmöglichkeit der Zusammenfassung von „Religion" und „Ethik" o. ä. in einer Fächergruppe im Raum. Grethlein beruft sich dabei auf Schleiermachers kategoriale Unterscheidung zwischen „Metaphysik" (Denken), „Moral" (Handeln) und „Religion" (Anschauen) und will von daher den RU bestimmen und beschränkt wissen. Schleiermacher war auch aus diesen kategorialen Gründen ja eigentlich überhaupt gegen einen RU in der Schule und wies die religiöse Bildung den Lebensgemeinschaften zu. In diesem Sinne konsequent wäre ein totaler Verzicht auf RU in der Schule. Die Entwicklung von Schule und RU geht jedoch in eine andere Richtung, insbesondere im Zusammenhang

[10] Andreas Wollbold, Evangelisches Christsein aus katholischer Sicht, in: Matthias Hahn u.a. (Hrsg.), Religiöse Bildung und religionskundliches Lernen in ostdeutschen Schulen – Dokumente konfessioneller Kooperation, Münster 2000, S. 108.

mit einem mehrdimensionalen Verständnis von Bildung. Diesem umfassenden Verständnis zufolge zielt Bildung auf Selbständigkeit im Lernen und Wissen, Handeln und Können. Man kann heute Denken, Handeln und Anschauen nicht mehr auf verschiedene Institutionen verteilen, man muss sie freilich weiterhin unterscheiden, aber innerhalb jeder Institution sind sie alle im Spiel.

- Schließlich fragte Christian Grethlein im Zusammenhang mit der Diskussion über die Fächergruppe skeptisch an, ob der Staat „eine Begegnung mit ‚Religion' für bildungsmäßig so wichtig" halte, „dass er hierfür ein eigenes Fach .... beibehalten will." Oder ob er nicht unter dem Mantel einer Fächergruppe zur Rationalisierung greife, indem alle ethischen Fragen für alle dann eben in einem Fachbereich erledigt werden können! Das ist nicht nur die Grethlein-, sondern – wenn Sie gestatten – die Gretchenfrage. Die Fächergruppe ist jedoch grundsätzlich strukturell von einem Fachbereich zu unterscheiden. Wenn ich die Expertise aus dem Magdeburger Kultusministerium nicht völlig missverstehe oder fehlinterpretiere, dann will dieses Bundesland exakt den RU als eigenständiges Fach ausbauen in Kooperation mit dem Ethikunterricht.
  Wenn ich einen führenden Vertreter der Philosophie im Blick auf den Ethikunterricht bzw. das Fach praktische Philosophie in NRW wie Prof. Martens aus Hamburg nicht völlig missverstehe, dann sieht er gerade auch in der Kooperation mit dem ordentlichen Unterrichtsfach Evangelische bzw. Katholische Religionslehre eine Möglichkeit zur Stärkung der philosophischen Grundbildung in unseren Schulen.

- Auf einem ganz anderen, nicht minder wichtigen Blatt stehen all die schul- und verfassungsrechtlichen Fragen für einen Religionsunterricht, der mit anderen Fächern kooperiert und sich deshalb auch auf diese bezieht. Dazu hat sich kürzlich der Berliner Konsistorialrat Dr. Martin Richter[11] in einem Aufsatz geäußert. Sein Fazit: „Die verfassungsrechtlichen Fragen, die die Fächergruppe mit sich bringt, sind lösbar. Das Konzept bietet gleichzeitig Ansatzpunkte, um das Staatskirchen- und Religionsverfassungsrecht im Sinne eines neutralen, aber nicht wertneutralen, eines pluralen, aber nicht bindungslosen Gemeinwesens weiterzuentwickeln". Um dies wenigstens an einer, und zwar hoch sensiblen Stelle deutlich zu machen: Um der Möglichkeit der inhaltlichen Begegnung willen kann eine Religionsgemeinschaft nicht verpflichtet werden, be-

[11] Martin Richter, in: Recht der Jugend und des Bildungswesens 3/2001, S. 295-314.

stimmte gemeinsame Unterrichtseinheiten in ihrem Unterricht vorzubereiten und dazu bestimmte Inhalte anzubieten. Das verbietet das staatskirchenrechtliche Eingriffsverbot. Eine Weltanschauungs- bzw. Religionsgemeinschaft kann aber – von Staats wegen – darauf verpflichtet werden, die von ihr vorgesehenen Inhalte „in einer Art zu gliedern, die die inhaltliche Anknüpfung möglich macht“. Sie kann also verpflichtet werden, sich etwa im Blick auf den Zeitpunkt mit anderen Fächern abzustimmen. Etwas Vergleichbares geschieht ja heute schon im Blick auf einen fächerübergreifenden Unterricht, zu dem der RU beitragen möchte. Solche inhaltlichen Bezüge sind aus pädagogischen Gründen wünschenswert, wenn nicht die eigenständigen Profile abgeschliffen, sondern zur Geltung gebracht werden. Lernen *im* Kontrast und *durch* Kontrast!

– Und da sind noch die praktischen Fragen. Manche mögen in der verpflichtenden Kooperation, insbesondere in den – ich wiederhole: verpflichtenden – Begegnungsphasen Ansätze zu einer Schwächung der Eigenständigkeit des Faches, vielleicht zur Störung des „eigenen“ Unterrichts, oder die Gefahr einer unerlaubten Funktionalisierung bzw. Gleichschaltung erkennen. Katholische Stimmen aus Bonn gehen manchmal in diese Richtung.
  Aber genauso gut kann ein gezielter Bezug auf andere Fächer und „fremde“ Themen zur Profilierung des Religionsunterrichts dienen und zum besseren Verständnis von weltanschaulicher Differenz motivieren. Wichtig ist eben, und das soll ja durch die Fächergruppe erreicht werden, die ethischen, religiösen und weltanschaulichen Unterrichtsfächer in Relation – der Grundform der Pluralität – weiter zu entwickeln. Dazu bedarf es der gemeinsamen, aber auch der getrennten Phasen. Dazu braucht es vor allem weitere Konkretisierungen über die Berliner (alles-wissen-wollen.de) oder die Nipkow‘schen Inhaltsskizzen (im Anhang zur Expertise) hinaus.
  Mit Grundsatzdebatten kommt man hier nur bedingt weiter. Denn die praktischen Details sind schwierig genug. Etwa die Frage der Abmeldung. Ich denke hier eher in Richtung einer Parallele zur seit zwanzig Jahren bewährten Oberstufenregelung: Ein Wechsel des Grund-Faches ist für die (fast) religionsmündigen Schülerinnen und Schüler – und früher als in der Sek I würde ich sowieso nicht eine „Fächergruppe“ einrichten – etwa zum Halbjahreswechsel möglich. Diese Wahlmöglichkeit will vorbereitet sein und das hat dann auch Folgen für den Unterricht bis

zur 6. bzw. 7. Klasse. Aber im Vertrauen auf unsere Religionslehrkräfte (Braunschweig-Loccumer LehrerInnenstudie[12]), samt deren guter Aus- und Fortbildung werden wir diese Herausforderungen schon schaffen. Die wohl begründeten Ideen zu einer Fächergruppe dümpeln nun schon lange im Trockendock. Es wird Zeit, ein paar Schiffe jetzt mit allem Notwendigen auszurüsten – einschließlich Einstellungskorridor! – , sie schnell vom Stapel zu lassen und – vor allem – die Anfänge gut zu begleiten sowie auszuwerten. Hierbei darf man unsere Kolleginnen und Kollegen vor Ort nicht alleine lassen. Die Erfahrungen mit der Einführung eines neuen Faches wie LER in die alten Schulen sollten uns eine Warnung sein: Achtet auf die konkrete Begleitung der Kollegien, also der gesamten Schule, natürlich auch der Fachlehrerinnen und Fachlehrer.

Wer eine Schule mit Zukunft will, braucht

- nicht nur ein Konzept für eine Fächergruppe, sondern einen guten Unterricht in Ethik, Religion bzw. Weltanschauung
- ein spirituelles (begeisterndes) Klima der Nachdenklichkeit
- eine wert-volle Schulpraxis mit alltagstüchtigen Schulprogrammen, die auf die Wert-Fülle Wert legt und dazu auch mit außerschulischen Einrichtungen zusammenarbeitet.
- Eine solche Schule braucht vor allem aber Lehrerinnen und Lehrer, die sich einer individuellen und demokratischen Bildung zur Freiheit verpflichtet wissen und dazu ihre Fachlichkeit und ganze Professionalität einzusetzen bereit sind.

Die evangelische Kirche hat sich 1958 zu einem freien Dienst an einer freien Schule verpflichtet. K. E. Nipkow meint, dass wir Evangelischen mit dem Schulwort von Weißensee 1958 einen wichtigen, aber nur einen ersten Schritt auf dem Weg zur evangelischen Bildungsverantwortung in der Pluralität gegangen sind; der zweite wäre die Fächergruppe – mit diesen Worten jedenfalls hat er neulich die Expertise den Mitgliedern der EKD-Kammer für Bildung und Erziehung, Kinder und Jugend vorgestellt. Dieser zweite Schritt ist ein mutiger und zugleich überfälliger Schritt für eine Schule mit Zukunft *dank* Fächergruppe!

[12] Andreas Feige u.a., „Religion“ bei ReligionslehrerInnen, Münster 2001.

Elisabeth Wandt

Der Beitrag des LISA[1] zur Entwicklung des Ethikunterrichts in Sachsen-Anhalt

1. Vorbemerkungen zur historischen und rechtlichen Ausgangslage für die Entwicklung des Ethikunterrichts in Sachsen-Anhalt

Der historische Ausgangspunkt für die ersten Aktivitäten zum Ethikunterricht – wie auch für den Religionsunterricht – war die neue bildungspolitische Situation nach der Wende. Die Hoffnungen und Intentionen waren bzw. sind, dass schulischer Unterricht einen wesentlichen Beitrag zur werteorientierten, demokratischen Persönlichkeitsbildung leisten und zu freier Selbstverantwortung heranwachsender mündiger Bürger befähigen solle. Die grundlegenden Entscheidungen in der Landesverfassung und im ersten Schulgesetz des Landes Sachsen-Anhalt besagten: „Ethikunterricht und Religionsunterricht sind in den Schulen ordentliche Lehrfächer" (Verfassung des Landes Sachsen-Anhalt Art. 27, Abs. 3) und: „Schüler nehmen entweder am Religionsunterricht oder am Ethikunterricht teil" (in jedem Schulgesetz des Landes seit 1991 Art. 19-21).

Als im Jahr 1992 für das neue Unterrichtsfach Ethikunterricht, das es in allen Schulformen von der Grundschule bis ins Gymnasium, an Sonderschulen und in berufsbildenden Schulen geben sollte, die ersten Aktivitäten begannen, war dies nicht nur für Sachsen-Anhalt eine völlig neue Situation. Im gesamten Raum der Bundesrepublik hatte das Fach „Ethikunterricht" bis dahin noch keine lange Tradition mit allen dafür notwendigen Entwicklungsschritten aufzuweisen. Es gab zwar in wenigen anderen Bundesländern für einige

[1] Landesinstitut für Lehrerfortbildung, Lehrerweiterbildung und Unterrichtsforschung in Sachsen-Anhalt

Schulformen das Fach Ethikunterricht, aber eher im Status eines „Ersatzunterrichts". Ethikunterricht war noch nicht als ein in jeder Hinsicht ordentliches Unterrichtsfach mit allen dazugehörigen Strukturebenen entwickelt. Es gab weder eine an den Universitäten stabil etablierte grundständige Lehrerausbildung, noch eine im Zusammenhang systematischer Lehre entwickelte Fachdidaktik. Demzufolge fehlten auch grundständig ausgebildeten Lehrkräfte. Die für die Schulformen vorhandenen Rahmenrichtlinien waren mehr oder weniger pragmatisch entstanden, und auf Grund noch insgesamt geringer Schülerzahlen hatten auch Schulbuchverlage nur sehr wenige Lehrbücher und Materialien entwickelt.

Andererseits hatte sich aber in einigen Bundesländern ein Philosophieunterricht für die Kursstufe mit ausgebildeten Lehrkräften und der entwickelten Struktur eines ordentlichen Unterrichtsfaches etabliert. Außerdem konnten didaktisch-methodische Erfahrungen des Religionsunterrichts in Ansätzen bzw. Analogien verarbeitet werden. Es bestand also für den Beginn des Ethikunterrichts in den neuen Bundesländern eine in doppelter Hinsicht schwierige Ausgangssituation: Für die Aufbausituation eines spezifischen Ethikunterrichts gab es nur wenig direkten Vorlauf in den alten Bundesländern. Zudem war in einem überwiegend säkularisierten Land ein ordentliches allgemeinbildendes und weltanschaulich neutrales, aber nicht wertneutrales Fach zur Lebensorientierung für voraussichtlich die Mehrzahl der Schülerinnen und Schüler zu schaffen.

2. Vorbemerkungen zur Rolle des LISA bei der Entwicklung des Ethikunterrichts in Sachsen-Anhalt

Die Landesverfassung von Sachsen-Anhalt stellte mit Art. 19, Abs. 5 für die Fächer Ethik- und Religionsunterricht die Maßgabe: „Der Unterricht in diesen Fächern wird eingerichtet, sobald hierfür die erforderlichen Unterrichtsangebote entwickelt sind und geeignete Lehrer zur Verfügung stehen." Das bedeutete als konkrete Schlussfolgerung, dass die nächstliegenden Aufgaben nach der Wende darin bestanden, Rahmenrichtlinien zu erstellen und Lehrkräfte – zunächst durch Weiterbildung – zu qualifizieren. Mit diesen Aufgaben wurde das Landesinstitut für Lehrerfortbildung, Lehrerweiterbildung und Unterrichtsforschung von Sachsen-Anhalt betraut.

Die ersten konkreten Aktivitäten zur praktischen Einrichtung und Ausgestaltung des neuen Unterrichtsfaches Ethikunterricht begannen am LISA im Jahr 1992 im Zusammenhang mit der Besetzung der dafür zuständigen Dezernentenstelle.

Der in diesem Artikel dargestellte Rückblick auf die Entwicklung des Ethikunterrichts in Sachsen-Anhalt erfolgt aus der Sicht des Landesinstituts mit Blick auf die in diesem Zuständigkeitsbereich bearbeiteten Aufgabenbereiche. Über andere Aspekte der Entwicklung des Ethikunterrichts, wie z. B. die zahlenmäßige Unterrichtsversorgung, die Personalentwicklung oder die Qualität des Unterrichts unmittelbar in den Schulen kann an dieser Stelle nichts ausgesagt werden. Die Beiträge der Universitäten Halle und Magdeburg zur Entwicklung des Ethikunterrichts insbesondere im Bereich Lehreraus- und -weiterbildung sowie der Didaktikentwicklung wurden in der Expertise „Ethik- und Religionsunterricht in der Schule mit Zukunft" (2001) beschrieben.

Das LISA hat als dem Kultusministerium nachgeordnete Fachbehörde für den Wahlpflichtbereich bzw. den Ethikunterricht zu folgenden Aufgabenbereichen gearbeitet:

Schwerpunktaufgaben:

- Erarbeitung von Rahmenrichtlinien und Einheitlichen Prüfungsanforderungen (EPAs) in der Abiturprüfung für den Ethik- und Religionsunterricht
- Weiterbildung von Lehrkräften zur Unterrichtserlaubnis für den Ethikunterricht
- Fortbildung von Multiplikatoren und Lehrkräften für den Ethikunterricht bzw. zu ethischen und religiösen Themen

Weitere Aufgaben und Aktivitäten:

- Prüfung und Zulassung von Schulbüchern für den Ethikunterricht sowie den Religionsunterricht
- Veröffentlichung von Materialien für den Ethikunterricht.

3. Entwicklung der inhaltlichen und didaktischen Konzeption für den Ethikunterricht

Nach der rechtlichen und schulorganisatorischen Einrichtung des Ethikunterrichts als neues ordentliches Unterrichtsfach der Stundentafel aller Schulformen mussten inhaltliche und didaktische Konzeptionen jeweils schulformbezogen für Grundschule, Sekundarschule, Gymnasium, berufsbildende Schulen und Sonderschulen für Lernbehinderte erarbeitet werden. (Für Sonderschulen für geistig Behinderte wurden pauschal die Rahmenrichtlinien aus Niedersachsen übernommen.)

Es mussten also aus Grundintentionen für den Unterricht konkrete Rahmenrichtlinien mit Lernzielen, Inhalten sowie methodischen Hinweisen für den Unterricht in den einzelnen Schuljahrgängen entwickelt werden.

Für die Weiterbildungskurse bestand die schwierige Aufgabe darin, in relativ begrenzter Zeit für Lehrkräfte Lernarrangements zu schaffen, in denen wichtige Lernziele, Inhalte und Methoden des Ethikunterrichts inhaltlich und methodisch exemplarisch selbst erfahren werden konnten. Dabei mussten diese inhaltlichen und methodischen Beispiele so eindrücklich, wegweisend und motivierend sein, dass Lehrkräfte sich alle weiteren und künftigen Themen des Ethikunterrichts selbst mit Hilfe angegebener und verfügbarer Literatur erarbeiten konnten und wollten.

Da diese grundlegende Entwicklungsarbeit in einer Zeit neuer Herausforderungen nicht nur für Sachsen-Anhalt stattfand, waren die ersten Anfänge von verschiedenen Einflüssen geprägt.

Zum einen wurden die Arbeitsstände und Erfahrungen der westlichen Bundesländer mit Ethikunterricht, Philosophieunterricht, Sozialkunde und Religionsunterricht aufgegriffen und verarbeitet. Dies geschah vor allem durch die Gewinnung von Referenten für Fort- und Weiterbildungskurse und von Mitarbeitern in Rahmenrichtlinienkommissionen, die Erstellung von Materialien für diese Kurse, den damit verbundenen fachlichen Austausch und die Verarbeitung von Fachliteratur.

Zum anderen war die Entwicklung – vor allem in der Aufbruchstimmung nach der Wende – von viel Pragmatismus und großem Engagement der daran Beteiligten auf den vielfältigsten Ebenen der Fachentwicklung gekennzeichnet.

Seither vollzogen sich gerade in den letzten Jahren bundesweit deutliche Entwicklungen auf dem Gebiet der Fachdidaktik, der Einrichtung von Studiengängen und der Erarbeitung vielfältiger guter Lehrbücher und Materialien. Diese Entwicklungen wurden jeweils auch für Sachsen-Anhalt aufgegriffen bzw. aktiv verarbeitet und gestaltet. Im Rückblick auf die historische Entwicklung des Ethikunterrichts in Sachsen-Anhalt lässt sich – wie für die Bundesrepublik generell – eine Veränderung der Schwerpunktsetzung der didaktischen Ansätze bzw. Intentionen des Ethikunterrichts feststellen. In der folgenden Übersicht 1 werden vier didaktische Aspekte des Ethikunterrichts dargestellt, die in der bundesweiten Entwicklung des Faches (vgl. Schmidt, 1994) in den einzelnen Bundesländern entweder als sehr verschiedene Ansätze oder aber als unterschiedliche Schwerpunkte aufgetreten sind.

Didaktische Aspekte und didaktisch-methodische Prinzipien des Ethikunterrichts in Sachsen-Anhalt (Übersicht 1)

1. Ethische Reflexion
- Angesichts einer pluralen Praxis bezüglich von Werten, Normen, Vernunft ist klärende Reflexion ethischer Grundsätze für Urteilsbildung und Lebenspraxis im Grundsatz und jeweiligen Einzelfall nötig.
- Didaktisches Ziel ist eine ethische Kompetenz als Fähigkeit zu eigener ethischen Urteilsbildung und verantwortlich begründetem Handeln.
- Methodik: eigenes Fragen, Antworten, Antwortbegründungen mit Bezug auf ethische Theorien
- Mehrere Bezugswissenschaften wichtig (Philosophie, Religionswissenschaft, Soziologie, Psychologie, Pädagogik).

2. Praktische Philosophie
- Philosophische Ethik als Teil der Wissenschaft Philosophie als leitender Bezugswissenschaft
- Unterrichtlich wichtig vor allem das methodische Instrumentarium der Philosophie (Begriffsanalyse, Argumentation, Sokratisches Gespräch, Gedankenexperiment)
- Inhaltlich wichtig Problemfelder der philosophischen Ethik, Fragen der Anthropologie, Erkenntnistheorie, Religionsphilosophie/ Ontologie/ Metaphysik, d. h. für die RRL die „Klassischen vier Kant-Fragen“
- Für Primar- und Sekundarbereich 1 zutreffend der relativ junge Ansatz des „Philosophierens mit Kindern“.

3. Lebenshilfe zur Lebensgestaltung
- Pädagogisch reflektierte Lebensbegleitung für Schülerinnen und Schüler zur Identitätsbildung und Lebensgestaltung
- Aber nicht indoktrinierend
- Durch Vermittlung und Reflexion lebenspraktischer Kompetenzen von Kommunikation und Konfliktlösung und durch Anleitung zu kritischer Selbstreflexion, insbesondere im Umgang mit Gefühlen und mit Sinnangeboten de facto doch mittelbare Lebenshilfe
- Angewandte Ethik zu lebenswelt- und schülerorientierten Fragen
- Psychologie und Pädagogik als vorrangige Bezugswissenschaften.

4. Kritische Werteerziehung
- Bemühen um einen unterrichtlichen und gesellschaftlichen Minimal-Wertekonsens auf der Basis der Menschenrechte, der Rechte der Kinder (UN-Deklarationen) und des Grundgesetzes
- Bewusste und von Seiten der Lehrkräfte selbstkritisch reflektierte Erziehung zu Wertehaltungen, die auf Seiten der Lehrkräfte immer und grundsätzlich Werteklärung, Wertereflexion und Selbstreflexion initiieren und einbeziehen müssen
- Entwicklungspsychologie und Pädagogik als vorrangige Bezugswissenschaften.

Das Sinnvollste ist es jedoch, wenn diese vier Ansätze sich nicht als gegensätzliche Extrempositionen gegeneinander ausschließen, sondern zu einem wirklichen integrierten didaktischen Konzept als verschiedene didaktische Aspekte zusammengebracht werden.

Aus dieser Integration folgt als didaktisches Konzept für den Ethikunterricht in Sachsen-Anhalt:

- Ethische Reflexion ... nach begrifflichen, inhaltlichen und methodischen Kriterien von
- Praktischer Philosophie ... mit dem mittelbaren pädagogischen Effekt von
- Lebenshilfe zur Lebensgestaltung ... einschließlich angestrebter
- Kritischer Werteerziehung.

Es ergeben sich folgende methodische Prinzipien des Ethikunterrichts in Sachsen-Anhalt:
- Orientierung an Kern- und Schlüsselproblemen

– Wissenschaftsorientierung in fächerübergreifenden Zusammenhängen
– Schüler- und Erfahrungsorientierung
– Handlungs- und Projektorientierung
– Traditions- und Werteorientierung

Anhand der beschriebenen Ansätze lässt sich auch für Sachsen-Anhalt gut die historische Schwerpunktverschiebung der didaktischen Aspekte des Ethikunterrichts beschreiben. Für die erste Zeit unmittelbar nach der Wende und der Etablierung des Faches waren vorrangige Intentionen des Ethikunterrichts die möglichst direkte „Lebenshilfe zur Lebensgestaltung" sowie die „Werteerziehung" als Beitrag zur Demokratisierung und Reformierung vieler Bereiche des Lebens. „Ethische Reflexion" war dabei ansatzweise einbezogen. Dies spiegelte sich in der Struktur der ersten Rahmenrichtlinien wider. Strukturelemente für die Themenfelder waren unmittelbare Bereiche der Lebensgestaltung, zu denen der Ethikunterricht – allerdings auch ansatzweise philosophisch fundierte – Lebenshilfe und Werterziehung leisten sollte.

Themenfelder der Rahmenrichtlinien der ersten Generation nach der Wende für Sekundarschulen und Gymnasium für den Ethikunterricht in Sachsen-Anhalt waren deshalb:
– Der Mensch und sein persönliches Leben
– Der Mensch in der Gemeinschaft
– Sinn des Lebens – Weltdeutungen
– Verantwortung für sich selbst und die Welt

Im Verlaufe der Entwicklung der letzten 10 Jahre verlagerte sich der Schwerpunkt jedoch mehr und mehr auf die Ansätze „Ethische Urteilsbildung" und „Praktische Philosophie" durch die immer stärkere Einbeziehung der Methoden „Philosophieren mit Kindern" bzw. „Philosophieren lernen". Insbesondere im Rahmen der Lehrerweiterbildungskurse kam durch die diesbezüglich ausgewählten Referenten eine immer stärkere philosophische Orientierung und Fundierung der Fachdidaktik und Methodik zum Tragen und regte vielerlei weitere Verarbeitungsprozesse z. B. für Fortbildungskurse und Veröffentlichungen an. Diese in Übersicht 1 skizzierte integrative fachdidaktische Konzeption für den Ethikunterricht in Sachsen-Anhalt soll hier noch einmal näher erläutert werden. Es soll weder „Philosophie" gegen „Lebenshilfe zur Lebensgestaltung" ausgespielt werden noch sollen sich die Ansätze „Werterziehung" und eigene „Ethische Reflexion" gegenseitig diskreditieren.

Maßgeblich als Zielstellung für das didaktische Konzept des Ethikunterrichts in Sachsen-Anhalt sollen die vier didaktischen Aspekte sein:

Aspekt 1 Ethische Kompetenz wird verstanden als die Fähigkeit zu eigener *„ethischer Reflexion"*, eigener Urteilsbildung und begründetem Handeln.

Aspekt 2 Notwendige Voraussetzungen für diese Kompetenz sind zum einen die Kenntnis wesentlicher Fachinhalte der *praktisch (relevanten) Philosophie*, zum anderen methodisch notwendig das Philosophieren als Tätigkeit und Kompetenz.
Diese veränderte Schwerpunktsetzung bestimmte dann auch maßgeblich die fachdidaktische Konzeption der weiter unten dargestellten zweiten Generation der Rahmenrichtlinien (1999) für Sekundarschulen und Gymnasien (siehe Übersicht 2).
Auf der fachdidaktischen Ebene der Rahmenrichtlinien hat sich demzufolge für Sachsen-Anhalt in Analogie zur bundesdeutschen Entwicklung die Orientierung der Gliederung der Themenfelder an den vier Kant-Fragen ergeben, durch welche die für das praktisches Handeln relevanten Disziplinen der Philosophie (Philosophische Ethik, Ontologie/ Metaphysik/ Religionsphilosophie, Erkenntnistheorie und Anthropologie) in den Unterricht einbezogen werden.

Fachdidaktische Gliederungsstruktur der Rahmenrichtlinien für den Ethikunterricht in Sekundarschule und Gymnasium in Sachsen-Anhalt (Übersicht 2)

Themenbereiche der RRL	1	2	3	4
Kant-Frage	Was kann ich wissen?	Was soll ich tun?	Was darf ich hoffen?	Was ist der Mensch?
Entsprechende Disziplinen der Philosophie	Erkenntnistheorie	Ethik	Ontologie, Metaphysik, Religionsphilosophie	Anthropologie

Für den Ethik- und Philosophieunterricht steht deshalb „Philosophieren lernen als ein Ziel des Ethikunterrichts“[2]. Dabei sollen Schülerinnen und Schüler nicht nur rezeptiv philosophische Positionen, Begriffe und Urteile, z. B. von Kant, Rawls oder Jonas zu Menschenwürde, Gerechtigkeit oder Verantwortung lernen, sondern sie sollen in eigenem Philosophieren jeweils altersgemäß Begriffe klären und wichtige Positionen und Urteile herausfinden können. Dazu gehört das Erlernen und Beherrschen des methodischen Instrumentariums der Philosophie wie Begriffsanalyse, Argumentation, Gedankenexperiment und Sokratisches Gespräch. Für den schülerorientierten Transfer dieser philosophischen Methoden sind die Methoden und Entwicklungen des didaktisch-methodischen Ansatzes des „Philosophierens mit Kindern“ nicht nur für den Primarbereich, für den dies zuerst entwickelt worden ist, sondern mit Weiterentwicklungen auch für den Sekundarbereich von besonderer Bedeutung. Philosophieren fördert die Entwicklung von Grundkompetenzen wie reflektieren, hinterfragen, prüfen, Fragen und Probleme analysieren, kritisieren, argumentieren, beurteilen, Lösungen suchen, Konsequenzen abwägen, und Entscheidungen treffen und verantworten. Diese Grundkompetenzen werden seit einiger Zeit von Ethikdidaktikern als notwendige „vierte Kulturtechnik“ bezeichnet und dementsprechend wird „Philosophie als vierte Kulturtechnik humaner Lebensgestaltung“ (Martens 1995) gefordert. Ethik- und Philosophieunterricht haben also zur Entwicklung der von vielen Seiten geforderten „Problemlösekompetenz“ Entscheidendes beizutragen.

Aspekt 3 Der didaktische Aspekt zu *„Lebenshilfe zur Lebensgestaltung“* ergibt sich dann als Resultat aus den beiden ersten didaktischen Ansätzen in Form der eigenen Lebensorientierungskompetenz.

Einen dafür besonders wichtigen Beitrag kann und soll der Ethikunterricht durch die Vermittlung lebenspraktischer Kompetenzen zu Kommunikation und Konfliktlösung als Kompetenz angewandter Sozial- und Individualethik leisten.

---

[2] Vgl. den Beitrag von Gisela Raupach-Strey in diesem Band.

Aspekt 4 Der vierte Aspekt des Ethikunterrichts, die *„Kritische Werteerziehung"*, erstrebt wie der Ethikunterricht überhaupt einen unterrichtlichen und gesellschaftlichen Minimal-Wertekonsens auf der Basis der Menschenrechte, der Rechte der Kinder und des Grundgesetzes. Im Gegensatz zu Konzepten der „Werteerziehung" oder „Moralerziehung" kann dies jedoch nicht eine unmittelbare Instruktion oder Indoktrination zu bestimmten Werten bedeuten. Deshalb orientiert die „Kritische Werteerziehung" immer auf eine selbstkritische Reflexion bei den Lehrkräften und fördert Werteklärung, Wertereflexion und Selbstreflexion bei den Lernenden.

Die hier geschilderten Entwicklungen der didaktischen Konzeption waren bzw. sind von Belang für alle die verschiedenen Arbeitsbereiche des LISA zum Ethikunterricht. Im Folgenden werden diese einzelnen Arbeitsbereiche näher dargestellt.

4. Schwerpunktaufgaben des LISA für die Entwicklung des Ethikunterrichts

4.1 Erarbeitung von Rahmenrichtlinien und Einheitlichen Prüfungsanforderungen in der Abiturprüfung für den Ethik- und Religionsunterricht

Die inhaltlichen Entwicklungen insbesondere der curricularen Arbeit wurden schon ausführlich dargestellt. Deshalb soll an dieser Stelle vor allem ein Überblick über die schulpolitisch-organisatorischen Phasen der Entwicklungen der Rahmenrichtlinienarbeit gegeben werden. Im Jahr 1992 nahmen 15 Rahmenrichtlinienkommissionen ihre Arbeit auf, um für die Schulformen Grundschule, Sekundarschule, Gymnasium, berufsbildende Schulen sowie Schulen für Lernbehinderte die ersten Rahmenrichtlinien für alle drei Fächer des Wahlpflichtbereichs, also auch für den Ethikunterricht neu zu erarbeiten. Diese erste Generation neuer Rahmenrichtlinien trat 1993 bzw. z. T. 1994 in Kraft.

Seither gab es in Sachsen-Anhalt insgesamt vier verschiedene Phasen der Überarbeitung bzw. Neuerstellung der Rahmenrichtlinien für den Ethik- wie auch für den evangelischen und katholischen Religionsunterricht:

– 1993: Grundlegende Erstellung erster RRL der drei neuen Fächer für alle Schulformen
– 1994: Differenzierung der Sekundarschulrahmenrichtlinien in Hauptschul- und Realschulbildungsgang und Zufügung beispielhafter methodischer Hinweise zum Unterricht
– 1997: Einführung der Förderstufe an der SKS – Neuerstellung der RRL für Schuljahrgänge 5/6
– 1999: RRL der neuen Generation mit Neuerstellung für Schuljahrgänge 7-10 an SKS bzw. 7-13 an Gymnasien

Ab 1999, d. h. ab der vierten Bearbeitungsphase übernahm das LISA die vollständige Betreuung der Kommissionen sowohl für die Rahmenrichtlinien (RRL) als auch für die Einheitlichen Prüfungsanforderungen für das Abitur (EPA) für die Fächer der Fächergruppe. In den Phasen davor gab es auch einige Rahmenrichtlinienkommissionen insbesondere für den Religionsunterricht und die EPA-Kommission für Ethik, die in unmittelbarerem Kontakt mit dem Kultusministerium ohne Mitarbeit oder Betreuung durch das LISA arbeiteten.

4.2 Weiterbildung von Lehrkräften zur Unterrichtserlaubnis für den Ethikunterricht

Da es kurz nach der Wende für diese neuen Fächer keine ausgebildeten Lehrkräfte im Schuldienst Sachsen-Anhalts gab und neu ausgebildete Absolventen erst später und nur in geringerem Umfang zu erwarten waren, war bzw. ist es wichtig, Lehrkräfte im Schuldienst berufsbegleitend über Weiterbildungsmaßnahmen zu qualifizieren. Dies wurde auf zwei verschiedenen Wegen angestrebt, zum einen in Form von berufsbegleitenden Lehrerweiterbildungskursen mit dem Ziel des Erwerbs der Unterrichtserlaubnis für den Ethikunterricht der jeweiligen Schulform, zum anderen in Form von berufsbegleitenden Studiengängen an Universitäten mit dem Ziel der Lehrbefähigung nach der ersten Staatsprüfung für das Fach Ethik an der jeweiligen Schulform. Deshalb wurden ab Sommer 1992 die ersten Weiterbildungskurse zur berufsbegleitenden Qualifikation von Lehrkräften für den Ethikunterricht an Grundschulen, an Sekundarschulen sowie an Gymnasien begonnen. Je nach Schulform, Zugangsvoraussetzung und erforderlichem Umfang der Weiterbildungsmaßnahme wurden dafür unterschiedliche organisatorische Formen gewählt.

Der erste Kurs für Grundschullehrkräfte wurde durch das LISA in Halle mit personeller Unterstützung durch Kollegen aus Niedersachsen durchgeführt. Im Verlaufe eines Schuljahres absolvierten 50 Lehrkräfte in zwei Kursgruppen in mehrtägigen Kursveranstaltungen insgesamt 200 Stunden Lehrveranstaltungen. Ziel war die Unterrichtserlaubnis für den Ethikunterricht an Grundschulen. Inhaltlich wurden für die Grundschule relevante ethische Fragestellungen aus ihren philosophischen, psychologischen und soziologischen Dimensionen her erschlossen. Fachspezifische Didaktik und Methodik wurde mit Blick auf konkrete Unterrichtsthemen erarbeitet. Ebenso gehörten Kenntnisse über die Entwicklungspsychologie von moralischem Urteil und Verhalten für das didaktische Hintergrundwissen der Lehrkraft sowie Wissen über die Weltreligionen – für das religionskundliche Lernen im Ethikunterricht- und Themen angewandter Ethik wie z. B. Umweltethik zu den Kursinhalten. Die ersten berufsbegleitenden Weiterbildungskurse für Lehrkräfte an Sekundarschulen und Gymnasien wurden als Kooperationsveranstaltungen mit den Universitäten Halle und Magdeburg im Sommer 1992 begonnen. Die organisatorische Struktur dieser Kurse bestand aus dem Besuch universitärer Lehrveranstaltungen der sich gründenden Institute für Philosophie (zwei Schuljahre lang an je einem Studientag) und zusätzlichen drei bzw. vier Halbwochenkursen, die das LISA speziell mit Referenten der Schulpraxis für das Fach Ethikunterricht organisierte, und in denen der Schwerpunkt auf Didaktik und Methodik des Ethikunterrichts, der Erarbeitung und Umsetzung ethischer Positionen im Unterricht lag. Nach dieser ersten Reihe von Weiterbildungskursen für diese drei Schulformen folgten im Laufe der nächsten Jahre fortlaufend weitere Weiterbildungskurse am LISA. Allerdings erfolgten einige Veränderungen im Adressatenkreis und in der organisatorisch-strukturellen Anlage der Kurse.

Nachdem sich zwischenzeitlich die Institute für Philosophie an den Universitäten Halle und Magdeburg auch personell etabliert hatten, begannen berufsbegleitende Weiterbildungsstudiengänge zur Lehrbefähigung für „Ethikunterricht an Sekundarschulen“ und „Ethikunterricht an Gymnasien“, später auch für Grundschulen sowie berufsbildende Schulen unmittelbar an den Universitäten. Dies wurde in der Expertise „Ethik- und Religionsunterricht in der Schule mit Zukunft“ näher dargestellt. Parallel dazu hatten bzw. haben Lehrkräfte an Sekundarschulen bis 1998, Lehrkräfte an Schulen für Lernbehinderte 1995 und Lehrkräfte an Grundschulen seither durchgängig bis zur Gegenwart weiterhin die Möglichkeit, in einem Lehrerweiterbildungskurs am LISA in insgesamt 200 Stunden Lehrveranstaltungen die unmittelbarer praxisorientierte Unterrichtserlaubnis zu erwerben. Die ersten Weiterbildungskurse fanden in Form von Kompaktkursen, meist Halbwochenkursen statt. Ab 1996 wurde für Grundschulkurse und ab 1997 für Sekundarschulkurse ein wöchentlicher fester Studientag, ähnlich wie bei den Weiterbildungsstudiengängen an den Universitäten, eingeführt. Mit zwei verbliebenen Halbwochenkursen in den Ferien und den ca. 23 Studientagen ein Schulhalbjahr lang, war nun eine praktikable Organisationsform für die regelmäßige Durchführung eines Weiterbildungsdurchganges innerhalb eines Schuljahres gegeben. Im zweiten Halbjahr des Kurses war dann jeweils Zeit für die Erstellung und Begutachtung der Belegarbeit sowie für die Vorbereitung und Absolvierung des 20-minütigen Prüfungsgesprächs.

Insgesamt fanden in den 10 Jahren von 1992 bis 2001 am LISA für insgesamt 33 Kursgruppen Weiterbildungskurse statt:

- 13 Kursdurchgänge mit 24 Kursgruppen für Grundschulen
- 7 Kursdurchgänge in Einzelgruppen für Sekundarschulen
- 1 Kursdurchgang in Kooperation mit der Martin-Luther-Universität für Gymnasien und
- 1 Kursdurchgang für Schulen für Lernbehinderte sowie Schulen für Geistigbehinderte.

Insgesamt haben in diesem Zeitraum 760 Lehrkräfte eine Unterrichtserlaubnis für den Ethikunterricht am LISA erworben.

Inhaltlich unterlagen die Kurskonzepte und internen Curricula der Weiterbildungskurse im Laufe der Jahre den beschriebenen fachdidaktisch-inhaltlichen Veränderungen. Generell kann man sagen, dass in allen Kursen bestimmte inhaltliche Schwerpunkte in schulformbezogenen Akzentuierungen kursdidaktisch erarbeitet wurden:

- Grundlagen der Philosophie (Disziplinen; wichtige Begriffe wie Freiheit, Determination etc.)
- Grundlagen der Philosophischen Ethik (maßgebliche ethische Positionen, Begriffe)
- ausgewählte Probleme der philosophischen Ethik nach Relevanz für die bestimmten Altersstufen bzw. Schulformen (Identität, Freundschaft, Gerechtigkeit, etc.)
- religionskundliche Kenntnisse zu den großen Weltreligionen (Judentum, Christentum, Islam, Hinduismus, Buddhismus)
- Grundlagen zur Entwicklungspsychologie von moralischem Urteilen und Handeln

- Themen angewandter Ethik wie Sozialethik, Umweltethik, Tierethik, Medizinethik, Wirtschaftsethik, Politische Ethik
- Didaktik und Methodik des Ethikunterrichts
- Materialien, Medien, Spiele etc. für die Unterrichtspraxis.

4.3 Fortbildung von Multiplikatoren und Lehrkräften für den Ethikunterricht bzw. zu ethischen und religiösen Themen

Seit 1992 bietet das LISA mit dem zunächst halbjährlichen und ab Schuljahr 1997/1998 schuljährlichen Programm der landesweiten staatlichen Lehrerfortbildung Kurse zum Ethikunterricht an.

Im Jahr 1992 wurden mit den beiden ersten LISA-Programmheften sowohl Kurse zum Ethikunterricht (insgesamt 9) als auch Kurse zum Evangelischen Religionsunterricht (insgesamt 8) angeboten.

Diese ersten Kurse hatten als „Schnupperkurse" vor allem das Ziel, Lehrkräfte überhaupt für die neu auszugestaltenden Unterrichtsfächer Ethikunterricht bzw. Religionsunterricht zu interessieren und möglichst zu motivieren, dafür eine berufbegleitende Weiterbildung aufzunehmen.

Die ersten Ethikkurse fanden mit Unterstützung des NLI Hildesheim, z.T. auch in Einrichtungen in Niedersachsen, statt.

Die im LISA-Programm angezeigten Kurse zum Religionsunterricht wurden dabei von den Pädagogisch-Theologischen Instituten Wernigerode und Naumburg angeboten und durchgeführt. Ab 1993 wurden die Kurse für den Evangelischen Religionsunterricht dann von dem (später vereinigten) Pädagogisch-Theologischen Institut in der Kirchenprovinz Sachsen (PTI Drübeck) unmittelbar organisiert und über das Schulverwaltungsblatt bzw. eigene Publikationen angeboten, worauf im LISA-Programmheft verwiesen wurde.

Hinsichtlich der Fortbildung für den Ethikunterricht lassen sich im Rückblick drei Phasen bzw. Adressatengruppen unterscheiden.

1. In der ersten Phase bis ca. 1994 gab es zum einen „Schnupperkurse", die Lehrkräfte als Ethiklehrkräfte gewinnen sollten. Zum anderen gab es Kurse, die auch „Nicht-Ethiklehrkräfte" für ethische und religiöse Themenstellungen als fächerübergreifende Gegenstände in anderem Fachunterricht bzw. in fächerübergreifenden Projekten interessieren und fortbilden wollten mit Kursthemen wie:
   - „Frieden lernen mit Spielen ohne Sieger und Verlierer"

- „Was ist der Mensch? – Menschenbilder in Religion, Philosophie, Kunst und in uns selbst“
- „Ethnologie und Ethik- Menschliches Verhalten zwischen Natur und Kultur“
- „Identität und Persönlichkeit“.

2. Es folgten dann landesweit offene Lehrerfortbildungskurse für angehende bzw. weitergebildete Ethiklehrkräfte. Adressaten waren hierbei Lehrkräfte, die Ethik unterrichten, darunter vor allem Teilnehmer bzw. dann Absolventen der verschiedenen Weiterbildungskurse bzw. -studiengänge. Schwerpunkte dieser Kurse waren jeweils konkrete inhaltliche Themen der Rahmenrichtlinien des Ethikunterrichts und didaktisch-methodische Erarbeitungsformen.
   Themen solcher Kurse waren beispielsweise:
   - Zum Ethikunterricht an Sekundarschulen am Beispiel des Problemfeldes „Sinn des Lebens – Weltdeutungen“
   - Stationenlernen als eine Form offenen Ethikunterrichts – erfahren und erprobt am Thema Ökologie und Naturschutz bzw. Medizinethik
   - Das Sokratische Gespräch als Methode im Ethikunterricht
   - Praktische Methoden des Philosophierens mit Kindern bzw. Jugendlichen.

3. Die dritte und wichtigste Phase bzw. Adressatengruppe der LISA-Fortbildungskurse ist die der Fortbildung der Multiplikatoren für die regionale Fortbildung der Fachlehrkräfte, d. h. der Fachmoderatorinnen und Fachmoderatoren für Grundschulen und Sekundarschulen und der Fachbetreuerinnen und Fachbetreuer für Gymnasien. Diese Multiplikatoren waren sukzessive nach Abschluss der ersten Weiterbildungskurse bzw. Weiterbildungsstudiengänge berufen worden, sodass der erste Multiplikatorenkurs im Programmhalbjahr 96/2 unter dem Themenmotto „Glück auf -....“ den Auftakt der seither zweimal jährlich stattfindenden Multiplikatorenkurse bildete.

Ziel der Multiplikatorenkurse ist es, wichtige inhaltliche Themen, didaktische Intentionen und Unterrichtsmethoden fachlich und fachdidaktisch mit Hilfe entsprechender Fachreferenten zu erarbeiten und Ideen zur Weitervermittlung für die regionale Fortbildung gemeinsam zu entwickeln.

Insbesondere als ab 1999 die neue Generation der Rahmenrichtlinien auch für den Ethikunterricht beträchtliche Änderungen der didaktischen Konzeption vorgab, bestand ein großer Bedarf an dazu begleitender Fortbildung über die Multiplikatoren an die Fachlehrkräfte. Hilfreich war dabei, dass einige Multiplikatoren ebenfalls Mitglieder der Rahmenrichtlinienkommission waren und somit ein unmittelbar kontinuierlicher Informationsfluss zwischen Rahmenrichtlinienarbeit und Fortbildung genutzt werden konnte.

Themen von Multiplikatorenkursen waren z. B.:
- Entwicklungspsychologische Grundlagen zur Didaktik des Ethikunterrichts
- Psychologie und Soziologie der Kommunikation
- Begriffsklärung und ethisches Argumentieren als wesentliche fachspezifische Methoden des Ethikunterrichts
- Gedankenexperiment und ethisches Argumentieren als wesentliche fachspezifische Methoden des Ethikunterrichts
- „Was können wir wissen?" – Philosophische Erkenntnistheorie als Themenfeld in den neuen Rahmenrichtlinien von Sekundarschule und Gymnasium.

Bislang wurden also in 85 durchgeführten Lehrerfortbildungsveranstaltungen insgesamt ca. 2000 Lehrkräfte (Mehrfachteilnahmen eingeschlossen) zum Ethikunterricht fortgebildet.

5. Weitere Aufgaben und Aktivitäten des LISA

5.1 Prüfung und Zulassung von Schulbüchern für den Ethikunterricht sowie den Religionsunterricht

Mit Übernahme der Fachaufgabe der Schulbuchzulassung durch das LISA im Jahr 1995 wurden gemäß Schulgesetz und dem gültigen Prüferlass Schulbücher für die o. g. Fächer geprüft und bei Zulassung im jährlich erscheinenden Schulbuchverzeichnis des LISA veröffentlicht. Seitdem wurden ca. 75 Anträge auf Zulassung von Schulbüchern für den Religionsunterricht und ca. 55 Anträge auf Zulassung für den Ethikunterricht der Schulformen Grundschule, Sekundarschule und Gymnasien bearbeitet und abschließend beschieden.

Bei Schulbüchern für den Religionsunterricht geschah dies grundsätzlich im Einvernehmen mit den zuständigen Kirchenbehörden. Das Evangelische Konsistorium und das Bischöfliche Ordinariat haben zu den einzelnen Buchtiteln jeweils ihre konfessionelle Unbedenklichkeit erklärt und im Einzelfall Hinweise und Anregungen zur inhaltlichen und didaktischen Überarbeitung und Ergänzung übermittelt, die bei der Zulassungsentscheidung durch das LISA berücksichtigt wurden.

Schulbücher für den Ethikunterricht wurden durch Schulbuchgutachter geprüft. Das LISA hat dafür 16 Lehrkräfte als Gutachterinnen und Gutachter fortgebildet. Seit 1998 wurde dieses Verfahren auch bei der Zulassung von Schulbüchern für den Religionsunterricht angewandt. 9 Lehrkräfte für den evangelischen Religionsunterricht und 5 Lehrkräfte für den katholischen Religionsunterricht konnten mit Einvernehmen der Kirchenbehörden für die Tätigkeit als Schulbuchgutachter gewonnen und dafür durch das LISA fortgebildet werden.

Seit Ende 1999 erfolgt nach dem neuen Erlass des Kultusministeriums zur Zulassung von Schulbüchern weiterhin eine gutachterliche Prüfung. Die Schulbücher für den Religionsunterricht werden nach Antrag der Schulbuchverlage bei gleichzeitiger Vorlage der konfessionellen Unbedenklichkeitserklärung der Kirchenbehörden in einem vereinfachten Verfahren zugelassen und in das Schulbuchverzeichnis aufgenommen.

Darüber hinaus wurden in Verantwortung des LISA im Jahr 1996 alle zugelassenen Schulbücher für die Schuljahrgänge 5/6 einer Kurzprüfung hinsichtlich ihrer Weiterverwendung in der Förderstufe unterzogen, für die neue Rahmenrichtlinien erarbeitet worden waren.

Für den Ethikunterricht erfolgte die Prüfung durch eine Arbeitsgruppe von Schulbuchgutachtern. Die Bücher für den Religionsunterricht wurden durch die zuständigen Kirchenbehörden begutachtet.

5.2 Veröffentlichung von Materialien und Medien für den Ethikunterricht bzw. den Wahlpflichtbereich Ethik- und Religionsunterricht

Neben den Schwerpunktaufgaben Rahmenrichtlinienarbeit und Fort- und Weiterbildung wurden im LISA auch weitere Aktivitäten zur Entwicklung des Ethikunterrichts unternommen, wie z. B. die Erarbeitung von curricularen Medien und Materialien.

Dabei sollen die erstellten Medien und Materialien insbesondere in engem Bezug zu den Rahmenrichtlinien und für die spezielle schulische Situation in Sachsen-Anhalt hilfreiche Anregungen und Hinweise geben.

In folgender Übersicht sind die veröffentlichten Medien und Materialien zusammengestellt.

Veröffentlichung von curricularen, Fortbildungs- und Informationsmaterialien für den Wahlpflichtbereich (Übersicht 3)

1993 Broschüre
„Projektarbeit im Rahmen von Formen offenen Unterrichts – Theorie und Praxis"
Hrsg.: LISA
Autoren: Vera Billich, Dorothea Janzen-Pöhlmann, Wolfgang Pschichholz, Ursula Henk-Riethmüller

1996 Broschüre
„Mensch – Natur – Technik – Ethisches Handeln mit Medien?!" in der Reihe „Materialien zur Medienpädagogik"
Hrsg.: LISA und NLI Hildesheim
Autoren: Uwe Frinker, Elisabeth Wandt, Rene Marschall, Georg Wippler, Maria Beckmann, Marion Matthes, Wolfgang Langer, Sabine Grätz, Wolf-Rüdiger Wagner

1996 Broschüre
„Überlegungen und Vorschläge zur Gestaltung des Ethikunterrichts in der Grundschule"
Hrsg.: LISA in der Reihe „Beiträge zur Lehrerfortbildung"
Autoren: Barbara Brüning, Karin Legler, Christiane Marx, Hans-Detlef Oßwald, Günther Pidd, Elisabeth Wandt

2000 Medienpaket mit Video und Faltblatt
„Unterricht zur Lebensorientierung- Ethik- und Religionsunterricht an Grundschulen in Sachsen-Anhalt"
Hrsg.: LISA, Mitarbeit: Inge Bosse, Kerstin Finger, Juliane Kiesow, Ulrich Plaga, Wolfram Christ, Felicitas Beutler, Frau Höpfner-Dreselny; Elisabeth Wandt, Michael Arndt
(vorhanden an allen Grundschulen und allen Medienstellen in Sachsen-Anhalt; Ziel ist die Information von Eltern über die Inhalte, Ziele und Methoden der drei Fächer Ethikunterricht, Evangelischer Religionsunterricht und Katholischer Religionsunterricht an der

Grundschule als Entscheidungshilfe für die Wahl eines der drei Fächer des Wahlpflichtbereichs)

1999 Broschüre
„Das Projekt Weltethos in der Schule – Einführung und Arbeitshilfen", genehmigter Nachdruck
Hrsg.: Landesinstitut für Erziehung und Unterricht Stuttgart
Autoren: Ingrid Geschwentner-Blachnik, Ingrid Kaesler-Goretzki, Joachim Lambrecht, Eva Neundorfer, Stefanie Schnebel, (1. Auflage 1999, 25 Exemplare für die Multiplikatoren, weitere vorgesehen)

6. Resümee und Ausblick

Insgesamt gesehen kann gesagt werden, dass in den dargestellten Bereichen wichtige Grundlagen und Beiträge zur inhaltlichen Entwicklung des Faches Ethikunterricht in Sachsen-Anhalt geleistet worden sind. Für die Zukunft ist zu hoffen, dass auch für die äußeren Rahmenbedingungen, die rechtlich-organisatorische Situation, die allgemeine Akzeptanz und Förderung der Fächer der Fächergruppe Ethik- und Religionsunterricht durch den von der Expertise angeregten Prozess förderliche Impulse gegeben und Fortschritte erzielt werden können.

Literatur

– Schmidt, Heinz: „Ethik" lernen? Überlegungen zur Didaktik des Ethikunterrichts, in: edition ethik kontrovers 2, eine Publikation der Zeitschrift Ethik und Unterricht (E&U), Frankfurt a. M., 1994
– Martens, Ekkehard: Philosophie als vierte Kulturtechnik humaner Lebensgestaltung, in: Zeitschrift für Didaktik der Philosophie und Ethik, Nr. 1/95
– Kultusministerium von Sachsen-Anhalt: Ethik und Religionsunterricht in der Schule mit Zukunft – Expertise einer Arbeitsgruppe zur Zukunft ethischer und religiöser Bildung in den Schulen des Landes Sachsen-Anhalt, Magdeburg 2001

Reiner Andreas Neuschäfer

Thüringer Ringen um religiöse und ethische Bildung

Entwicklungen, Erfahrungen und Expertise-Einsichten

1. Grünes Herz und Denkfabrik

Wer zur Zeit in Thüringen unterwegs ist, trifft vor allem auf zwei Formulierungen, die beide etwas vom Selbstverständnis des Freistaates widerspiegeln. Auf Aufklebern und Autos ist zu lesen: „Thüringen – im grünen Herzen Deutschlands". Hier wird eine Verbindung von Geographie und emotionaler Betroffenheit versucht. Auf der anderen Seite trifft man in Zeitungen auf großflächige Werbung unter dem Slogan „Thüringen: willkommen in der Denkfabrik" mit der Betonung der wirtschaftlichen und wissenschaftlichen Kapazitäten. Letzteres hat zu teils heftigen Reaktionen unter der Thüringer Bevölkerung geführt, die ihr Land mehr mit der Landschaft und Kultur verbinden (und das nach außen auch so vertreten haben wollen).

Trotz etlicher Berührungen – etwa im kulturellen, politischen und kirchlichen Bereich – erscheint Thüringen, das am 14. Oktober 1990 als Land und am 25. Oktober 1993 als Freistaat neu gebildet wurde, als eine zwar zusammengewachsene, aber eben doch uneinheitliche Größe![1] Die *Vielzahl vergangener Fürstentümer* hat eine Zersplitterung und zugleich kulturelle Vielfalt hervorgebracht, die bis heute in einzelnen Differenzen erkennbar ist. Dies schlägt sich auch in der *kirchlichen Landschaft* nieder, die von fünf Kirchen geprägt wird: die römisch-katholische Kirche mit den Bistümern Erfurt,

[1] Einen hervorragenden historisch-politischen Überblick zu Thüringen vermittelt: Koch, Ernst: Thüringen, S. 497-523. Eine Übersicht zu kirchlichen Gegebenheiten bieten: Stahl, Rainer: Kirche, 180-200 sowie Pilvousek, Josef; Wilke, Andrea: Kirche, S. 201-217. Vgl. auch Epting, Wilhelm: PfarrerInnen, S. 173-175.

Dresden-Meißen und Fulda; die Evangelisch-Lutherische Kirche in Thüringen; die Evangelische Kirche der Kirchenprovinz Sachsen; die Evangelische Kirche von Kurhessen-Waldeck (Kirchenkreis Schmalkalden) und die Evangelisch-Lutherische Landeskirche Sachsens. Auf dem *wirtschaftlichen Sektor* gibt es in Thüringen ganz unterschiedliche Prägungen von der Landwirtschaft bis zur Computerbranche. Die Bedingungsfaktoren für den *Arbeitsmarkt* sind in den einzelnen Regionen sehr unterschiedlich, was sich in starken Differenzen bei den Arbeitslosenzahlen bemerkbar macht. Die *Kulturlandschaft* ist vielfältig und besinnt sich neben der Musik-, Architektur- und Landschaftskultur in weiten Teilen auf Größen wie Elisabeth von Thüringen, Luther, Bach, Goethe, Schiller, Fröbel u. a.

Auf diesem Hintergrund bemüht(e) sich der Freistaat Thüringen um Herz *und* Verstand, wofür der Einsatz für eine grundlegende ethische und religiöse Bildung beispielhaft ist.

2. Erste Schritte auf dem Weg zum Ethik- und Religionsunterricht

Vor zwei Jahren gab es nach zehn Jahren Religionsunterricht im Freistaat Thüringen Anlass für Einblicke in Vergangenes, aber auch für einen Blick in die Zukunft. Unter dem Leitwort „Religionsunterricht – Chance für die Gesellschaft" fand am 10. Mai 2001 eine zentrale Festveranstaltung (Religionslehrertag) im Konferenz- und Kongresszentrum der Erfurter Messe statt.[2] Hierbei erinnerte man sich auch an die ersten Schritte, die ausgehend von der Vorstellung eines „Gemeinsamen Grundwerteunterrichts" (Frühjahr 1990)[3] schließlich im Schuljahr 1991/1992 zu den gleichberechtigten Fächern „Ethik" und „Religionslehre" im Freistaat Thüringen – als erstem neuen Bundesland – führten.[4]

In der Ausgangssituation richtete man sein Augenmerk zunächst auf den Religionsunterricht als ordentliches Lehrfach, „während der Ethikunterricht den ausschließlichen Status eines obligatorischen Ersatzfaches erhielt"[5]. Bei den Anfangsüberlegungen zu religiöser und ethischer Bildung spielte die

---

[2] Vgl. Hoffmann, Roland: Bericht, S. 116f. sowie die ausführliche Dokumentation in: Thüringer Institut für Lehrfortbildung, Lehrplanentwicklung und Medien (Hg.): Schule.

[3] Vgl. Große, Ludwig: Religionsunterricht, S. 281f. und Petzold, Klaus: Thüringen, Sp. 2116.

[4] Vgl. Thüringer Institut für Lehrerfortbildung, Lehrplanentwicklung und Medien (Hg.): Schule, 12ff. und 39f.

[5] So Drößler, Bernd Th.: Religionsunterricht, S. 157.

Beherzigung eigener Thüringer Interessen eine hervorgehobene Rolle. Das jahrzehntelang sozialistisch geprägte Bildungssystem war nicht einfach innerhalb weniger Monate (oder Jahre) grundlegend zu überwinden – erst recht nicht durch unreflektierte Übernahme anderer Systeme. Die DDR-Situation blieb bei aller Neuordnung gegenwärtig, zumal es in vielen Unterrichtsfächern einen Mangel an Lehrkräften gab, in anderen – wie Russisch – einen Überschuss, für Ethik und Religion im ganzen Freistaat keine einzige Lehrkraft. Dem Religionsunterricht stand ein Großteil der Bevölkerung argwöhnisch gegenüber. Nicht geringe Skepsis machte sich innerhalb der Kirchen (weniger der Katholischen Kirche!) breit – v. a. unter Einbezug der eigenen Erfahrungen mit Schule in der DDR-Zeit und den Bildungsangeboten innerhalb der Kirchengemeinden (Christenlehre, aber auch Kindergottesdienst und die Arbeit mit jungen Menschen auf dem Weg zur Konfirmation).[6] Auch in Bezug auf den Religionsunterricht selbst war die Vision eines ökumenischen Religionsunterrichts bzw. „Religionsunterrichts für alle" ein ähnlich großer Faktor für Vorbehalte wie der Blick auf das Unterrichtsfach LER („Lebensgestaltung – Ethik – Religionskunde") im Bundesland Brandenburg.[7] Am 25. März 1991 legte der § 18 des vorläufigen (bis 31. Juli 1993 befristeten) Bildungsgesetzes den Religionsunterricht als ordentliches Lehrfach an öffentlichen Schulen fest.

Im September 1992 wurde das Pädagogisch-Theologische Zentrum in Reinhardsbrunn (seit 1998 in Neudietendorf) gegründet. Die Weiterbildung von staatlichen Lehrkräften und die Fortbildung von kirchlichen Mitarbeitenden wurde regional wie zentral sehr engagiert vorangetrieben. Mit der Klärung der Rahmenbedingungen einher ging die Aus- und Weiterbildung von Lehrkräften u. a. in Jena und Erfurt. Wesentlich zur Qualifizierung im evangelischen Bereich trugen sog. Multiplikatorinnen und Multiplikatoren bei, die

---

[6] Zu den einzelnen Argumenten, die bis heute in alltäglichen Diskussionen um Religionsunterricht nachwirken, siehe v.a. Grethlein, Christian; Hanisch, Helmut (Hg.): Religionsunterricht und Ratzmann, Wolfgang: Religionsunterricht, S. 52-57. Vgl. auch Petzold, Klaus: Thüringen, Sp. 2115f. und Epting, Wilhelm: PfarrerInnen, S. 178f. Klaus Ziller stellt seine Überlegungen in einen breiteren Kontext von Bildungsdiskussion und gesellschaftlichen Umbrüchen: Ziller, Klaus: Religionsunterricht, S. 193-204.

[7] Zur Chronologie und schulpädagogischen Einordnung von LER siehe die empirisch-qualitativ ausgerichtete Dissertation von Leewe, Hanne: Lehrerinnen, S. 36-53 und S. 344-406 sowie die Hefte 2/2001 bis 1/2003 der Zeitschrift „Schule und Kirche. Informationsdienst zu Bildungs- und Erziehungsfragen", hg.v. der Abteilung IV – Erziehung und Bildung – der Ev. Kirche im Rheinland (Dieter Boge). Einen Einblick in die LER-Diskussion der Anfangsjahre bietet Baldermann, Ingo: Sache, S. 157-160. Breiter angelegt ist die Studie von Hahn, Matthias: Einführung, S. 20-23. Eine aktuelle Studie bietet: Pirner, Manfred L.: Religion.

unterstützt von Partner- und Nachbarkirchen etwa 1400 Lehrkräfte zur Erlangung der Unterrichtserlaubnis begleiteten. Für das Gebiet um Schmalkalden zeichnete das Pädagogisch-Theologische Institut Kassel verantwortlich (und errichtete in Schmalkalden eine Außenstelle), die Gebiete der Kirchenprovinz Sachsen betreuten die Institute in Naumburg und Wernigerode, jetzt: Pädagogisch-Theologisches Institut Drübeck. Zum Wintersemester 1992/1993 wurde Prof. Dr. Dr. Klaus Petzold auf den Lehrstuhl für Religionspädagogik an der Theologischen Fakultät der Friedrich-Schiller-Universität Jena berufen und sorgte – auf Unterstützung von regional engagierten Personen angewiesen – für eine weiterführende religionspädagogische Qualifizierung von Unterrichtenden bis hin zum 1. Staatsexamen.[8] Eine eigene Herausforderung stellte der erste Jahrgang der Lehrpläne für Ethik und Religionslehre dar, die über die Erstellung hinaus ihren Praxisbezug erweisen und in den Schulalltag installiert werden mussten.[9] *Bei all diesen einzelnen Punkten, die zur Einführung und Festigung von Ethik- und Religionsunterricht beitrugen, war der persönliche Einsatz und die Courage vieler Einzelpersönlichkeiten in Politik, Wissenschaft und Kirche der letztlich entscheidende Faktor!*[10]

Als günstige Rahmenbedingung ist die relative Kontinuität in der Politik (CDU-(Koalitions-)Regierung seit November 1990; Ministerpräsident Bernhard Vogel seit Februar 1992) und der couragierte Einsatz der ersten Kultusminister Christine Lieberknecht (1990-1992) und Dieter Althaus (1992-1998) zu nennen, die die Kirchen bei der Neubildung eines tragfähigen Bildungssystems einbezogen. Hierin drückt sich für Thüringen eine besondere Verhältnisbestimmung aus, bei der den Kirchen unter den gesellschaftlichen Kräften von Anfang an ein legitimer Platz eingeräumt wurde. Als aktuelles Beispiel für diese Beziehung ist der Einbezug der Kirchen in die gesellschaftlich-politische Diskussion um Schule, Gewalt und Normen nach den Morden am Erfurter Gutenberg-Gymnasium am 26. April 2002 zu nennen. Die vielfältige Zusammenarbeit mit den Kirchen unmittelbar nach dieser

---

[8] Vgl. Grethlein, Christian; Meyer-Blank, Michael (Hg.): Geschichte, S. 56 und Petzold, Klaus: Thüringen, Sp. 2117. Die Motive für eine religionspädagogische Ausbildung wurden aus ganz unterschiedlichen Quellen gespeist. Zu den Anforderungen und Hürden der Qualifizierungen vgl. v.a. Epting, Wilhelm: PfarrerInnen, S. 178f.

[9] Vgl. exemplarisch für den Bereich Ev. Religionslehre die detaillierten Ausführungen von: Hoenen, Raimund: Lehrplan, S. 304-315 und Bürger, Klaus; Epting, Wilhelm u.a.: Bericht, 246f. sowie Drößler, Bernd Th.: Religionsunterricht, S. 157-159.

[10] Vgl. Epting, Wilhelm: PfarrerInnen, S. 176f. und Große, Ludwig: Entwicklung, S. 10f. Ein Beispiel aus der Zusammenarbeit Schule-Kirche der Anfangsjahre findet sich bei Hering, Ulrich; Reuss, Johanetta: Erfahrungen, S. 13.

Tragödie (Notfallseelsorge; Andachten u. a.) fand in dem ökumenischen Gottesdienst am 3. Mai 2002 auf dem Erfurter Domplatz einen besonderen Ausdruck. Infolge dessen haben die evangelischen Kirchenleitungen in einem Brief vom 12. Juni 2002 ihre Bereitschaft an der Mitarbeit in einer Enquete-Kommission (grundsätzlicher Diskurs zu Fragen der Bildung und der sie bestimmenden Werte und Menschenbilder) erklärt.

Als weitere günstige Rahmenbedingung ist der konsequente Einsatz kirchlicher Mitarbeiterinnen und Mitarbeiter zu nennen. Etliche Pfarrer, Pfarrerinnen und kirchliche Mitarbeitende ließen sich in oder durch Partnerkirchen zu Multiplikatorinnen und Multiplikatoren für Religionsunterricht ausbilden, selbst wenn sie in den Pfarrkonventen überaus kritischen Stimmen in Sachen Schule und Religionsunterricht begegneten. Auf Seite der Kirchenleitung war Oberkirchenrat und Ausbildungsdezernent Ludwig Große eine Größe, die auch im Kultusministerium als kompetenter und engagierter Gesprächspartner geschätzt wurde. Dieser kirchliche Einsatz für ethische und religiöse Bildung geschah in einem Raum, der zwar insgesamt stark entkirchlicht war, in dem jedoch noch Menschen aus dem kirchlichen Leben im öffentlichen Leben eine Rolle spielten. Von daher konnte auf eine relativ hohe Rückendeckung auf (kommunal-)politischer wie schulamtlicher Ebene gebaut werden.

3. Auf dem Weg zu festen Bestandteilen Thüringer Schulen

Mit dem Erlass des Thüringer Schulgesetzes vom 6. August 1993 bekamen – parallel zur konzeptionellen Neuordnung – sowohl der Ethik- als auch der Religionsunterricht eine feste, rechtlich gleichgestellte Existenz in der Thüringer Schullandschaft.[11] Mit der Koexistenz der beiden Unterrichtsfächer trug man der Tatsache einer mehrheitlich konfessionell ungebundenen Thüringer Bevölkerung Rechnung. Die Zeitsituation der ersten 1990er Jahre (fremdenfeindliche Straftaten) ließ die Notwendigkeit religiöser und ethischer Bildung ähnlich unabdingbar erscheinen wie aktuell die Ereignisse vom 11. September 2001 (New York) und 26. April 2002 (Erfurt). So beabsichtigte auch der Ethikunterricht als Grundlage verantwortlichen Handelns und Urteilens von Anfang an ein kritisches Verständnis von gesellschaftlich wirk-

[11] Die Formulierung von Ernst Koch: Thüringen, S. 515: „In den Schulen ist auf Grund gesetzlicher Regelung nur dort Ethikunterricht zu erteilen, wo auch Religionsunterricht erteilt wird und umgekehrt“ trifft zwar in bezug auf die Installierung beider Fächer in den Anfangsjahren zu, ist seit Jahren jedoch (zumindest im juristischen Blickwinkel) überholt.

samen Wertvorstellungen und Normen – allerdings weltanschaulich neutral. Der Religionsunterricht wurde als konfessionell (römisch-katholisch; evangelisch; jüdisch) zu erteilen festgelegt, allerdings mit offener partnerschaftlicher Couleur. Dass dabei Religionsunterricht und Ethikunterricht jeweils ihr eigenes, unverwechselbares Profil ausprägen mussten, ist besonders im Hinblick auf die inhaltlichen Überschneidungen zu betonen. Der Religionsunterricht hat es ebenso mit Ethik zu tun, wie der Ethikunterricht die christliche Religion tangiert – auch bei unterschiedlichen Auslegungshorizonten.[12]

Zu einer Brückenfunktion im Schnittfeld Schule und Kirche kristallisierten sich Mitte der 1990er Jahre sog. Schulbeauftragte heraus (seit 1995 hauptamtlich), deren Zahl sich kontinuierlich diametral zum umfangreicher werdenden Aufgabengebiet verringerte. Schulbeauftragte „sind in den Regionen außerordentlich wichtige Funktionsträger für eine qualitativ hochwertige schulpraktische Ausbildung. Sie sichern Qualitätsstandards bezüglich der Inhalte des Religionsunterrichts durch ihren Einblick in die Schulen über die Schulleitungen, Mentoren und durch Unterrichtsbesuche. Sie koordinieren den Einsatz kirchlichen Mitarbeiter und Lehrer. Sie befördern und gestalten in Zusammenarbeit mit den Fachberatern regionale Fortbildungsveranstaltungen in Vernetzung mit den Studienleitern des PTZ.“[13]

Zum Schuljahr 1994/95 wurden zwischen den Kirchen und dem Freistaat Thüringen Gestellungsverträge abgeschlossen, die u. a. die Finanzierung von kirchlichen Mitarbeitenden, die Religionsunterricht erteilen, regelten. Im Herbst 1995 wurden die Pfarrerinnen und Pfarrer auf dem Gebiet der Evangelisch-Lutherischen Kirche in Thüringen zur Erteilung von Evangelischem Religionsunterricht verpflichtet, was teils erneut zu heftigen innerkirchlichen Diskussionen führte.

Gemäß § 46 des Thüringer Schulgesetzes ist der Religionsunterricht ordentliches Lehrfach für alle Schülerinnen und Schüler, für deren Konfession Religionsunterricht in Thüringen eingerichtet ist. Diese Schülerinnen und Schüler sind verpflichtet, am Religionsunterricht ihrer Konfession teilzunehmen. Die Erziehungsberechtigten von Schülerinnen und Schülern, für deren Konfession Religionsunterricht als ordentliches Lehrfach eingerichtet ist, können darüber bestimmen, dass ihr Kind nicht am Religionsunterricht ihres Bekenntnisses teilnehmen soll. Damit entfällt die Pflicht zur Teilnahme am

---

[12] Vgl. Kirchenamt der Evangelischen Kirche in Deutschland (Hg.): Identität, S. 73-81. Zu den Berührungspunkten mit anderen Unterrichtsfächern vgl. Schreier, Bernd: Weg, 10.

[13] Hahn, Margret: Bericht, S. 51. Ähnlich Epting, Wilhelm: PfarrerInnen, S. 180 und Große, Ludwig: Entwicklung, S. 12.

Religionsunterricht. Dennoch haben die Schülerinnen und Schüler die Möglichkeit, am Religionsunterricht einer anderen Konfession teilzunehmen, wenn entsprechender Unterricht an der Schule erteilt wird und die Kirche bzw. Religionsgemeinschaft ihre Zustimmung zur Aufnahme der Schülerin/ des Schülers erklärt. Grundsätzlich gilt hierbei die Gastbereitschaft von Seiten der Kirchen. Verwehrt die Kirche bzw. Religionsgemeinschaft jedoch dies, hat der Schüler bzw. die Schülerin am Ethikunterricht teilzunehmen. Ein konfessionsloses Schulkind (oder wo ein der Konfession entsprechender Religionsunterricht als ordentliches Lehrfach nicht eingerichtet ist) kann sich auch zum Religionsunterricht anmelden.

Im Schuljahr 1994/1995 erhielten – sofern überhaupt Ethik- oder Religionsunterricht angeboten wurde – im Freistaat Thüringen 19,4 % der Schülerinnen und Schüler Evangelischen Religionsunterricht, 6,2 % Katholischen Religionsunterricht und rund 50 % Ethikunterricht.[14] Im Schuljahr 1999/2000 konnten 22,7 % der Schülerinnen und Schüler an den allgemeinbildenden Schulen evangelischen Religionsunterricht, 6,7 % katholischen Religionsunterricht und 65,4 % Ethikunterricht erhalten. Zwei Jahre später besucht (bei einem evangelischen Bevölkerungsanteil Anfang 2002 von 29,6 % [15]) fast ein Viertel der Schülerinnen und Schüler Evangelischen Religionsunterricht, 7,3 % Katholischen Religionsunterricht, sechs Schülerinnen und Schüler Jüdischen Religionsunterricht, 130 Schülerinnen und Schüler sonstigen Religionsunterricht und 65,86 % Ethikunterricht.[16] Die Entscheidung für eines der Fächer lässt sich dabei nicht grundsätzlich auf getauft/ ungetauft oder religiös/ unreligiös übertragen, sondern ist von vielfältigen Faktoren abhängig.[17] 10987 der 258408 Schülerinnen und Schüler nehmen weder am Ethik- noch an einem Religionsunterricht teil! Der Anteil der Schülerinnen und Schüler, die weder in Religionslehre noch in Ethik unterrichtet wurden, sank von rund

---

[14] Nach Schultze, Harald: Sachsen, S. 587 erfolgte die Einführung des Religionsunterrichts in den jüngeren Bundesländern sehr unterschiedlich und erreicht in Thüringen die größte Dichte. Zu den Zahlen Anfang der 1990er Jahre siehe Große, Ludwig: Religionsunterricht, S. 291-293.

[15] Im Bereich der Kirchenprovinz Sachsen ist von einem Anteil evangelischer Christen von höchstens 18 Prozent auszugehen (Vgl. Schultze, Harald: Sachsen, S. 587).

[16] Bei den statistischen Angaben ist allerdings die demoskopische Entwicklung in Thüringen zu berücksichtigen, die von starken Geburtenzahlenrückgängen (allerdings unterschiedlich in den einzelnen Sozialschichten) und teils erheblichen Abwanderungen gekennzeichnet ist und sich auch auf die Teilnahmeanteile am Ethik- bzw. Religionsunterricht auswirkt.

[17] Auffällig ist dennoch, dass mehr junge Menschen im Religionsunterricht als in den Angeboten der kirchlichen Kinder- und Jugendarbeit auftauchen. Vgl. auch Messerschmidt, Christof: Jahre, S. 314f. Erste Ergebnisse einer empirischen Untersuchung zu Rahmenfaktoren u.a. legte vor Kiesow, Hartwig: Jugendliche, S. 9-15. Vgl. Petzold, Klaus: Religionspädagogik, S. 63f.

41,6 % im Schuljahr 1993/1994 und 5,13 % im Schuljahr 1999/2000 kontinuierlich auf 4,25 % im Schuljahr 2001/2002 bzw. 3,71 % im Schuljahr 2002/2003.

4. Einblicke in neuere Entwicklungen und Zukunftsperspektiven

Die Chance des schulischen Engagements und die Wahrnehmung christlicher Bildungsverantwortung zeichnen sich auch durch Schulen in kirchlicher Trägerschaft aus. Auf katholischer Seite sind zu „den kirchlichen Einrichtungen auch die elf Schulen zu rechnen, darunter je zwei Fachschulen für Sozialpädagogik und Krankenpflege, zwei Berufsfachschulen und zwei Gymnasien.“[18] Das Evangelische Schulwerk Thüringen unter Vorsitz von Schulreferent Johannes Ziegner hat inzwischen elf Schulen in kirchlicher Trägerschaft zu betreuen, von denen Impulse beispielsweise für die Gestaltung von Religionsunterricht in der Thüringer Oberstufe – einschließlich schriftlichem Abitur – ausgehen. Als erste evangelische Schulen in kirchlicher Trägerschaft sind hier das Martin-Luther-Gymnasium Eisenach, das Christliche Gymnasium Jena und die Evangelische Grundschule Gotha zu nennen. Besonders seit dem Schuljahr 2002/0303 hat sich die Zahl der vom Evangelischen Schulwerk betreuten Schulen vergrößert.[19] Darunter sind fünf Grundschulen, eine Regelschule und fünf Gymnasien, die sich jeweils als ganzheitlicher Lebensraum verstehen und in ihr Schulkonzept reformpädagogische Ansätze einbeziehen.

Neue Bedingungen im Schnittfeld Schule und Kirche werden sich durch eine intensivere Zusammenarbeit der Kirchen der Kirchenprovinz Sachsen und der Evangelisch-Lutherischen Kirche in Thüringen ergeben, die in einer Kooperationsvereinbarung im Juni 2001 einen ersten Ausdruck fand[20] und auf dem Gebiet der Schulen in kirchlicher Trägerschaft bereits gepflegt wird.[21]

Der neueste Beschluss zur Attraktivitätserhöhung von Religionsunterrichtserteilung bei Pfarrerinnen und Pfarrern ist die probeweise Aufwandsent-

---

[18] Pilvousek, Josef; Wilke, Andrea: Kirche, S. 213.

[19] Zur aktuellen Situation siehe die aktuelle Homepage unter www.schulwerk-thueringen.de sowie Ziegner, Johannes: Schulgründungen. Zeit- und schulgeschichtliche Perspektiven vermitteln: Große, Ludwig: Schulen, S. 132-139; Ziegner, Johannes: Aufbau, 162-168 sowie in breiterem Kontext: Bohne, Jürgen; Adam, Gottfried; Baron, Rüdiger (Hg.): Schulen und Bohne, Jürgen; Stoltenberg, Annegrethe (Hg.): Zukunft.

[20] Siehe Amtsblatt der Evangelisch-Lutherischen Kirche in Thüringen 54./2001, S. 230f.

[21] Vgl. Ziegner, Johannes: Aufbau, S. 162-168 und Große, Ludwig: Schulen, S. 132-139.

schädigung für erteilten Religionsunterricht.[22] Diese besagt, dass den kirchlichen Mitarbeitenden eine finanzielle Unterstützung für die Beschaffung von Unterrichts(vorbereitungs)materialien zukommt, die je nach Zahl der wöchentlich gehaltenen Unterrichtsstunden gestaffelt ist.

Seit dem Wintersemester 2001/2002 ist der Lehrstuhl für Religionspädagogik an der Universität Erfurt wieder besetzt. Prof. Dr. Andrea Schulte sorgt hier über die Universitätsausbildung hinaus für eine Zusammenarbeit mit den Pädagogisch-Theologischen Instituten und den Schulbeauftragten.[23]

Mit dem Schuljahr 2002/2003 wurde die Zahl der Schulbeauftragten im Gebiet der Evangelisch-Lutherischen Kirche in Thüringen aus finanziellen Erwägungen heraus von sieben auf vier reduziert.[24] Eine Aufwertung erhielten zugleich staatlicherseits die Fachberaterinnen und Fachberater, die sich im Rahmen von Leitbildveränderungen verstärkt um Fortbildungen und Hospitationen bemühen. Eine Zusammenarbeit mit dem Thüringer Institut für Lehrerfortbildung, Lehrplanentwicklung und Medien (ThILLM) erfolgte von Anfang an auf verschiedenen Ebenen (Fachberater-Tagungen; Fortbildungen; Lehrplankommissionen usw.).

Eine aktuelle Herausforderung stellt(e) die Kooperation von Ethik- und Religionsunterricht bei der Ausgestaltung des Seminarfaches in der Thüringer Oberstufe (bis Klassenstufe 12) dar. Außerdem berücksichtigten etliche Arbeitsgemeinschaften zur Erstellung von Begleitmaterialien die Lehrpläne der jeweils anderen Fächer. In den Jahren 1999 bis 2001 konnten verbindliche Lehrpläne für Evangelische Religionslehre an Grund-, Regel-, Förderschulen und Gymnasien eingeführt werden; der Lehrplan für berufsbildende Schulen befindet sich seit Ende 2001 in der Erprobungsphase.[25] Allen Lehrplänen liegt das ganzheitliche Kompetenzmodell zugrunde, das auf die Entwicklung von Lernkompetenz fokussiert ist und sich v. a. auf die Ebenen

---

[22] Siehe Amtsblatt der Evangelisch-Lutherischen Kirche in Thüringen 54./2001, S. 119.

[23] Zu ihrem Konzept der religionspädagogischen Ausbildung vgl. Schulte, Andrea: Bedeutung, S. 246-260. Vgl. Expertise, S. 37: „Aus Gründen der Qualitätssicherung ebenso wie der Öffentlichkeitswirkung kann ein Unterrichtsfach, das „ordentlich" zu sein beansprucht, auf Dauer nur bestehen, wenn Forschung und Lehre an den Universitäten, Lehramtsausbildung und Einstellungspraxis aufeinander abgestimmt ausgebaut werden."

[24] Während im Bereich der Ev.-Luth. Kirche in Thüringen die Schulbeauftragten überregional vollzeitlich tätig sind, ist im Bereich der Kirchenprovinz Sachsen eine Schulbeauftragtenstelle anteilig an eine Pfarr- oder Katechetinnenstelle gekoppelt und regional auf den Bereich von Superintendenturen begrenzt.

[25] Zu den Lehrplanentwicklungen im Kontext von Bildungstheorie und –praxis in Thüringen vgl. Ziller, Klaus: Religionslehrplänen, S. 12-15; Einblicke in Zusammenhang mit Schulentwicklung bietet Schreier, Bernd: Weg, S. 9f.

Sachkompetenz, Methodenkompetenz, Sozialkompetenz und Selbstkompetenz bezieht.[26]

Die besondere Situation des Katholischen Religionsunterrichts äußerte sich von Anfang an in der regional differenzierten Teilnahme (zwischen nahezu 100% im Bereich Eichsfeld und unter 3% in einzelnen Städten) und in organisatorischen Varianten wie klassen-, klassenstufen-, schul- und schulartenübergreifender Katholischer Religionsunterricht, der teils in kirchlichen Räumen in Nachmittagsstunden erteilt werden muss.[27]

5. Beispiele aktueller Herausforderungen[28]

Obwohl an Thüringer Schulen ein überaus hohes Angebot an Ethik- und Religionsunterricht besteht, gibt es etliche Schulen, an denen keines dieser Fächer zustande kommt.[29] Im besonderen Maße sind davon berufsbildende Schulen betroffen, an denen vielerorts überwiegend weder Ethik- noch Religionsunterricht angeboten wird – auch weil beide Fächer von den Schulleitungen gern miteinander gekoppelt werden.[30] Die Gründe hierfür liegen aber auch in den finanziellen und personellen Möglichkeiten des Freistaates Thüringen. Problematisch gestaltet sich seit Anfang des 21. Jahrhunderts wieder die teils enorme Abwanderung junger (oder frustrierter) Lehrerinnen und Lehrer sowie Lehramtskandidatinnen und -kandidaten in andere Bundesländer. Es wäre in dieser Situation viel gewonnen, wenn Pfarrerinnen und Pfarrer sowie kirchliche Mitarbeitende überhaupt oder in verstärktem Maße sich der Herausforderung einer Erteilung von Ev. Religionsunterricht stellen wür-

---

[26] Vgl. zum Lern- und Leistungsverständnis in Sachsen-Anhalt die Ausführungen der Expertise unter „Ethische und religiöse Bildung in einer sich verändernden Schule“, v. a. Kultusministerium des Landes Sachsen-Anhalt: Ethik- und Religionsunterricht in der Schule mit Zukunft. Expertise einer Arbeitsgruppe zur Zukunft ethischer und religiöser Bildung an den Schulen des Landes Sachsen-Anhalt, S. 29f.

[27] Vgl. Petzold, Klaus: Thüringen, S. 2117f. und Pilvousek, Josef; Wilke, Andrea: Kirche, S. 201-217.

[28] Einen sehr persönlichen Einblick in seine südostthüringischen Erfahrungen mit Religionsunterricht bietet Messerschmidt, Christof: Jahre, S. 312-315. Ich beziehe mich in meinen Ausführungen im wesentlichen auf Rückmeldungen bei Schulleiterkonferenzen im Schulamtsbereich Rudolstadt und auf den Erfahrungsaustausch bei Schulbeauftragtenkonventen.

[29] Nicht unerwähnt bleiben soll an dieser Stelle die Problemlage, die durch Schließung oder Zusammenlegung von Schulen geschaffen wurde.

[30] Dies ist zwar juristisch nicht akzeptabel, wird aber vielerorts so gehandhabt. Seine sachliche Berechtigung hat dies darin, dass dort, wo beispielsweise lediglich eines der beiden Unterrichtsfächer angeboten wird, die Schülerinnen und Schüler eine gewonnene Freistunde vorziehen.

den. Zum Teil kann an Schulen (v. a. Regelschulen) kein Religionsunterricht angeboten werden, weil zwar (relativ spät) vom Schulamt kirchliche Gestellungskräfte angefragt werden, kirchliche Mitarbeitende aber nicht (mehr) für einen Einsatz gewonnen werden können. Leichtere Motivierung kann dort erfolgen, wo ein persönlicher Bezug zum Gemeindearbeitsfeld erkennbar ist: beispielsweise wenn die Schule im Gebiet der Kirchengemeinde liegt oder Schülerinnen und Schüler aus der Kirchengemeinde die Schule, an der die kirchliche Lehrkraft unterrichtet, besuchen.

Für eine qualitative Verbesserung des Unterrichtsgeschehens wäre wünschenswert, eine konstantere Beteiligung von Pfarrpersonen und kirchlichen Mitarbeitenden an zentralen und regionalen Fortbildungen zu erreichen.

Eine hohe Frustration ist unter den staatlichen Lehrkräften im Grundschulbereich wahrzunehmen, deren Einsatz von vielen und vielschichtigen Veränderungen gekennzeichnet ist (z. B. Übernahme von Unterricht an Regelschulen – und dann wieder deren Rücknahme). Nicht selten unterrichtet eine Lehrkraft seit Jahren ausschließlich Ethik oder Religion, und zwar an mehreren verschiedenen Schulen. Bei allem Engagement für das Fach entsteht dabei der Eindruck, an keiner Schule mehr wirklich Zuhause zu sein. Zum Problem des Unterrichtens an verschiedenen Schulen (teilweise über eine halbe Stunde oder 35 km voneinander entfernt) kommt die Herausforderung des jahrgangsübergreifenden Unterrichtens, auf die sich viele Lehrkräfte nur mühsam einstellen können. Beim Unterrichten von Erst- und Zweitklässlern zusammen mit Drittklässlern kann man sich manche methodische Herausforderung vorstellen. Aber auch beim gemeinsamen Unterricht von Schülerinnen und Schülern der Klassenstufe 3 und 4 geschieht dies häufig auf Kosten der älteren Schülerinnen und Schüler. Zwar gibt es auch Beispiele für Unterricht im Klassenverband, aber in der Regel wird klassenübergreifend unterrichtet.

Überwiegend werden Randstunden für den Ethik- und Religionsunterricht eingerichtet – in einigen Fällen auch einstündig oder 14-tägig. Erfreulich ist das Angebot ethischer und religiöser Bildung an vielen Schulen in freier Trägerschaft, wo es oft zum Selbstverständlichen (und zum Schulprofil) gehört, sowohl Ethik als auch Religionsunterricht in angemessener Weise und unter förderlichen Bedingungen anzubieten.

Beim Religionsunterricht erleben Schulleitungen einen erheblichen Mehraufwand aufgrund besonderer Verwaltungsaufgaben (Meldungen an Kirche(n) und Schulamt) und Berücksichtigung der Bedürfnisse kirchlicher

Lehrkräfte.[31] So können etliche kirchliche Lehrkräfte ihren Jahresurlaub nur im Schuljahr nehmen oder sind durch Kasualien, Rüstzeiten (Freizeiten) mit Konfirmandinnen und Konfirmanden oder Fortbildungen immer wieder verhindert.
Zu organisatorischen Schwierigkeiten gesellen sich Fragen des Rollenverständnisses einer kirchlichen Lehrkraft an der Schule. Manchmal werden sie als Fremdkörper und „nicht richtige Lehrer" angesehen oder diskreditieren sich selbst durch ihr Verhalten in der Schule und im Lehrkollegium. Dies rührt zum Teil auch noch von den DDR-Erfahrungen her, die immer dort präsent werden, wo man in der Schule mit denselben Personen in Schulleitung oder im Lehrkörper zu tun hat wie vor 1990.[32]

Ein ganz eigenes Problemfeld stellen die Leistungsbewertungen und Prüfungen dar, wobei die Zusammenarbeit der Ethik- und Religionsfachlehrenden an einigen Stellen ergänzungsbedürftig ist und wenigstens innerschulisch mehr Abstimmungen wünschenswert wären. Dies betrifft z. B. das vergleichbare Niveau bei vergleichbaren Themen (z. B. Weltreligionen) oder die Wahl der gleichen Operatoren (erläutere, stelle dar, beschreibe, analysiere u. ä.) bei Prüfungsaufgaben. Erst in seltenen Fällen kommt es zu tatsächlicher Kooperation beider Fächer bei gleichen Themen. Immer wieder ist ein deutlich zu erweiterndes Grundlagenwissen von Ethikunterrichtenden bei Themen aus dem Bereich Religion festzustellen. Wo eine auch sonst gute Zusammenarbeit erfolgt, wird dann selbstverständlich die Hilfe von Fachkolleginnen und Fachkollegen in Anspruch genommen. Von meinem Einblick her kann innerhalb Thüringens nicht davon ausgegangen werden, dass Ethik- und Religionsunterricht immer auf ähnlichem Niveau unterrichtet wird. Es gibt Schulen, wo der Ethikunterricht deutlich qualifizierter erteilt wird oder umgekehrt. Jedenfalls kann nicht von einem homogenen Erscheinungsbild ausgegangen werden.

Die Wahl von Ethik- und Religionsunterricht durch die Schülerinnen und Schüler erfolgt in der Regel zum Schulhalbjahresbeginn, wird aber in vielen Fällen auch innerhalb des Schuljahres praktiziert. Hinter der Entscheidung für eines der Fächer stecken oft schwer rekonstruierbare Gründe und Motive, was auch mit dem individuellen Niveau und Gestaltungsspielraum beider Fächer zusammen hängt. In vielen Fällen hat die Entscheidung etwas mit der Person des/ der Unterrichtenden zu tun. An etlichen Schulen wird unter-

[31] Wie unterschiedlich die Praxis aussehen kann, zeigen die Beispiele von Hahn, Matthias: Gemeinsamkeit, S. 42.
[32] Vgl. Große, Ludwig: Schulen, S. 132-135.

schwellig oder offen eine Konkurrenzsituation von Ethik- und Religionsunterricht aufgebaut. Dabei ist per Schulgesetz deutlich ausgedrückt, dass Religionsunterricht ordentliches Lehrfach für alle konfessionell gebundenen Schülerinnen und Schüler ist. Wo von konfessionell gebundenen Schülerinnen und Schülern kein Religionsunterricht besucht wird (weil er nicht angeboten wird oder von ihnen nicht besucht werden will), ist die Teilnahme am Ethikunterricht vorgesehen. Konfessionslose können in Abstimmung mit der Lehrkraft am Religionsunterricht teilnehmen.

Auf Schülerseite kann von einer deutlichen Hochschätzung sowohl des Ethik- als auch des Religionsunterrichts in Thüringen ausgegangen werden. Darauf lassen – zumindest in den höheren Klassen – die Ergebnisse einer empirischen Erhebung der Friedrich-Schiller-Universität Jena schließen.[33] So hat sich der Ethik- und Religionsunterricht überwiegend zu einer selbstverständlichen Erscheinung in den Thüringer Schulen ausgebildet, die von Seiten der Unterrichtenden, der Erziehenden und Schülerinnen und Schüler mitgetragen wird.

Auf Grundlage der bisher gemachten Einblicke in Zeitgeschichte, Rahmenbedingungen und Herausforderungen ethischer und religiöser Bildung in Thüringen wird im Folgenden die Situation in Sachsen-Anhalt in den Blick genommen: auf die Skizzierung der in der Expertise dargestellten Grundatmosphäre sowie ihrer inhaltlichen Grundlinien folgt eine kritisch-konstruktive Entdeckungsreise mit vorsichtigen Empfehlungen, wie eine ethische und religiöse Bildung in beiden Bundesländern gefördert bzw. verbessert werden kann.

6. Rechts blinken, links fahren – Grundstimmung der Expertise

Manche Menschen kennen dieses Phänomen aus dem Straßenverkehr: da blinkt vor einem jemand rechts, und fährt dann weiter gerade aus oder (noch schlimmer) biegt links ab. Dieses Bild lässt sich übertragen auf den in der Expertise „Ethik- und Religionsunterricht in der Schule mit Zukunft“[34] beschriebenen Schlusslicht-Zustand in Sachsen-Anhalt: Es gibt rechtlich klare

[33] Zu den Einzelheiten, insbesondere der Ausdifferenzierung und Vorgehensweise, siehe Petzold, Klaus: Religion, S. 40-42. Im Frühjahr 2003 erscheint bei der Evangelischen Verlagsanstalt Leipzig eine ausführliche Darstellung und didaktische Analyse der Studie durch Klaus Petzold.

[34] Im Folgenden immer genannt als Expertise. Seitenzahlen im laufenden Text (in Klammern) beziehen sich auf die in diesem Band abgedruckte Fassung der Expertise.

Regelungen und gesellschaftlich-politisch ein vernehmliches Ja zur Notwendigkeit ethischer und religiöser Bildung. D. h.: die Richtung ist klar angegeben. Mehr noch: es gibt etliche Beispiele für hervorragende *Erfahrungen* mit dem Ethik- und Religionsunterricht, auf die man zurückblicken und zurückgreifen kann.[35]
Dennoch geht die Fahrt in eine andere Richtung: Sachsen-Anhalt bildet das Schlusslicht aller Bundesländer in der Versorgung mit Ethik- und Religionsunterricht – was jedoch noch nichts über die Qualität der geleisteten Unterrichtsstunden aussagt.

In der Expertise werden etliche Probleme aufgezeigt und freundlich mit „*Hemmnisse*" umschrieben. Diese Wortwahl (Hemmnisse als Ausdifferenzierung der Überschrift Probleme) verdeutlicht, dass etliche Faktoren etwas verhindern bzw. verzögern, was eigentlich nicht zu diskutieren ist. Die Expertise hebt in diesem Zusammenhang v. a. auf die konzeptionellen, institutionellen und schulorganisatorischen Gesichtspunkte ab. Um im Bild des Straßenverkehrs zu bleiben: da gibt jemand Vollgas bei angezogener Handbremse und wundert sich, wenn er nicht von der Stelle kommt.

Dieser Grundton, der sich durch die gesamte Expertise zieht, ist im Anblick von zwölf Jahren Aufbaumöglichkeiten letzten Endes als Verharmlosung zu bezeichnen. Eher wäre von einem katastrophalen Zustand zu reden, der dringend einer „Umkehrung" bzw. „Wendung" (*katastrophe*) bedarf. In Sachsen-Anhalt können nur etwa ein Drittel der Schülerinnen und Schüler an einem Ethik- oder Religionsunterricht teilnehmen und hierdurch *qualifizierte* ethische bzw. religiöse Bildung erfahren![36]

Bei allem Verständnis für Hindernisse, Hemmnisse und Probleme, die vielerorts nicht wirklich selbst zu verantworten sind, darf der selbstkritische Blick nicht fehlen: Wo haben wir in Sachsen-Anhalt zu lange gewartet? Wo waren wir in der Darstellung und Umsetzung unserer Vorstellungen nicht couragiert genug? Wo haben wir insgeheim doch unsere Vorbehalte gegen einen Ethik- und Religionsunterricht? Sicherlich spielt die – im Vergleich zu Thüringen – gravierendere Entkirchlichung und Multitoptionalität gesellschaftlich akzeptierten Lebens in Sachsen-Anhalt eine große Rolle. Für ein misslingendes Zusammenspiel beispielsweise von Politik und Kirche kann dies aber nicht allein verantwortlich gemacht werden. Auch wenn es nur wenige der Kirche engagiert nahestehende Landespolitiker in Sachsen-Anhalt gibt (und die Personaldecke insgesamt recht dünn ist): eine kritisch-konstruk-

---

[35] Siehe Expertise, S. 38-44.

[36] Statistisches Material bietet die Expertise auf Seite 38.

tive, engagiert-beherzte Grundhaltung ist bei Menschen, die sich für ethische und religiöse Bildung einsetzen, unabdingbare Voraussetzung für ein „Überspringen des Funkens ethische und religiöse Bildung". Anders ausgedrückt: die Situation in Thüringen ist auch nicht vom Himmel gefallen, sondern hat einer ganzen Reihe von Bemühungen und persönlichem Engagement bedurft. Wer etwas entzünden will, muss selbst brennen! (Augustinus)

7. Fordern und Fördern – Grundlinien der Expertise

Die Expertise überzeugt durch einen klaren Aufbau und eine inhaltlich stringente Grundlinie in deutlicher Sprache. Dabei ist sowohl ein Blick über den regionalen Tellerrand „Sachsen-Anhalt" als auch über den fachlichen Tellerrand „Ethik- und Religionsunterricht" erkennbar. Es geht der Expertise grundsätzlich um eine *qualifizierte* ethische und religiöse Bildung in der deutschen Schullandschaft. Manche Ausführungen gehen bis in kleinste Details des Schulalltags und zeigen auf, wie sehr es sich nicht allein um ein Papier für den Schreibtisch handelt, sondern der Praxisalltag fokussiert wird.

Der Aufbau selbst legt bereits die *Intention der Stellungnahme* „einer Arbeitsgruppe zur Zukunft ethischer und religiöser Bildung an den Schulen des Landes Sachsen-Anhalt" offen: nämlich die kritisch-konstruktive Einforderung einer Realisierung ethisch-religiöser Bildung. *Aus einer juristisch klaren Situation (S. 16-24) wird die Notwendigkeit ethischer und religiöser Bildung (S. 24-37) aufgezeigt und mit bestehenden (positiven wie negativen) Erfahrungen (S. 38-44) konfrontiert. Den grundlegenden und speziellen aktuellen Problemen ethischer und religiöser Bildung in Sachsen-Anhalt (S. 44-52) werden detailliert-konstruktive Vorschläge zur Verbesserung (S. 52-69) nachgestellt und in zwölf einleuchtende Thesen (S. 70ff.) zusammengefasst.* Eine Anlage (Thema „Gewalt") führt das Anliegen der Expertise in anregender Weise überzeugend vor Augen (S. 73ff.) und erhält durch die Ereignisse vom 26. April 2002 in der Thüringer Landeshauptstadt Erfurt eine besondere Brisanz. Interessanter Weise fehlt bei den Ausführungen zu „'Gewalt' als Kursthema in Religion" von Prof. Dr. Karl Ernst Nipkow der Aspekt des Leidens (unter Gewalt) und jegliche spirituelle Seite des Themas.[37]

[37] Gerade hier zeigte sich in Zusammenhang mit den Erfurter Ereignissen vom 26. April 2002 ein hohes Potenzial, das sich in Begriffen wie Trauerspiritualität und religiöse Sprachkompetenz ansatzweise widerspiegeln lässt. Vgl. Schulte, Andrea: Sprache, S. 34-43.

Vom Gesetzes- und Gesellschaftsbezug über den Erfahrungs- und Problemhorizont hinaus spannt die Expertise einen Bogen zu einer Zukunftsvorstellung und Schulalltagsrelevanz. Der Grundduktus aller Anregungen und Forderungen drückt sich in der Formulierung aus, dass die „Arbeit der Lerngruppen im Ethik- und Religionsunterricht nur gelingen (kann), wenn sie weder strukturell noch atmosphärisch behindert wird“ (S. 72). Viele Gründe für das Schlusslicht-Daseins Sachsen-Anhalts rühren daher, dass „bisher zu wenig Kraft und Aufmerksamkeit in die konzeptionelle Bearbeitung und Ausgestaltung investiert worden (ist)“ (S. 44). *Die Hauptursachen liegen also nicht im Bereich der rechtlichen oder politischen Grundlagen, sondern in einem enormen Realisierungsdefizit (vgl. S. 24), das in der Expertise in allen Punkten zu recht in den Vordergrund gestellt wird.* Was ist also aus Thüringer Perspektive vor allem zu diesem Realisierungsdefizit zu sagen?

8. Entdeckungen und Empfehlungen

Juristisch ist die Situation in Sachsen-Anhalt und Thüringen zwar nicht gleich, aber gleich deutlich und umsetzbar. Die Darstellung der gesetzlich-gesellschaftlichen Aspekte in der Expertise *(„Eckpfeiler der Grundsituation ethischer und religiöser Bildung in Sachsen-Anhalt“)* hebt hervor, dass das Bundesland Sachsen-Anhalt im Hinblick auf das Grundgesetz der Bundesrepublik Deutschland eine Interpretation vorgenommen hat, die auf einen Wahlpflichtbereich Ethikunterricht und Religionsunterricht hinausläuft. Bei entsprechenden Ressourcen im Lehrpersonal und finanziellen Möglichkeiten kann sich diese Entscheidung durchaus als solide Basis für eine ethische und religiöse Bildung in der Schule erweisen. Da in Sachsen-Anhalt diese Gegebenheiten jedoch nicht vorzuweisen sind, hemmt ein Wahlpflichtbereich die Einführung wenigstens eines der beiden Unterrichtsfächer enorm. Auf Thüringer Seite war man – z. B. in den Kirchen – offen für Freiräume und kurzfristige Entscheidungen und war weniger auf klare Festlegung von Strukturen aus. Man experimentierte in Sachen Ethik und Religion parallel zu den Entwicklungen in anderen Bereichen. Dies war zwar für viele Menschen unbefriedigend, wenn sie bereits Anfang der 1990er Jahre wissen wollten, wie die Schulbedingungen in zehn Jahren aussehen würden. Aber es ermöglichte auch mehr Anpassung an die jeweilige Situation und Veränderungen im Verlauf der Entwicklungen.

Die Expertise fordert zu Recht eine Verbesserung der Unterrichtsversorgung, „wenn die Kirchen das Unterrichtsangebot der jeweils anderen Konfession anerkennen und so der Wahlpflichtbereich schon bei Angebot *eines* Religionsunterrichts und des Ethikunterrichts in Kraft treten würde." (S. 43) Aus Thüringer Sicht hat sich ausgezahlt, dass die Unterrichtsfächer Evangelische Religionslehre, Jüdische Religionslehre, Katholische Religionslehre und Ethik unabhängig voneinander angeboten werden können. Diese Möglichkeit eröffnet Freiräume und ermöglicht den einzelnen Schulen die Einrichtung wenigstens eines dieser Fächer. Gleichzeitig wird die Schule vor einer zu starken Abhängigkeit von den jeweiligen Lehrkräften bewahrt, die nur dann beispielsweise in Ethik eingesetzt werden könnten, wenn der Wahlpflichtbereich auch anderweitig versorgt würde. In Bezug auf den binnenkirchlichen Bereich ist von Thüringer Seite die Verpflichtung zur Erteilung von Evangelischem Religionsunterricht bei Pfarrerinnen und Pfarrern zu erwähnen. Diese ruft zwar einerseits extreme Widerstände unter den kirchlichen Mitarbeitenden hervor, andererseits nimmt die Kirche dadurch konkret ihre Bildungsverantwortung wahr. Viele Pfarrpersonen haben erst durch diese Verpflichtung ihre pädagogischen Kapazitäten entdecken können.

Die bildungstheoretische Argumentation der Expertise hebt v. a. auf ethische und religiöse Kompetenzen im Bereich Wissen und Verhalten ab. Dabei geht sie aber m. E. zu wenig auf die Frage der ethischen wie religiösen Sprachkompetenz ein und berücksichtigt unzureichend einen symboldidaktischen Ansatz neuerer Religionspädagogik. Demnach wäre es Ziel (religiöser) Bildung, Schülerinnen und Schüler auf der Basis des ihnen gewährten Personseins ein eigenes Selbst-, Welt- und Gottverstehen entwickeln und eine Handlungsfreiheit in Toleranz gewinnen zu lassen. Basis dafür wäre das Subjektwerden durch die Wahrnehmung von Mitmensch, Schöpfung und eigenem Selbst im Spiegel kultureller und religiöser Symbole.

Hier hat sich das Thüringer Kompetenzmodell zu einer insgesamt gelungenen Umsetzung des ganzheitlichen Bildungsverständnisses herauskristallisiert. Deren Ziel ist es, alle Schülerinnen und Schüler zur Mitwirkung an den gemeinsamen Aufgaben in Schule, Beruf, Familie und Gesellschaft zu befähigen. Hierzu werden Wissensvermittlung, Werteaneignung und Persönlichkeitsentwicklung miteinander verzahnt und eine Grundbildung der Schülerinnen und Schüler anvisiert. Von diesem Verständnis her hat ein Land auch für die ethische und religiöse Bildung in ihren Schulen zu sorgen, zumal nur so die ganze Wirklichkeit des Lebens von der Bildung erfasst werden kann.

Auch in Sachsen-Anhalt gehört die ethische und religiöse Bildung zur Aufgabe einer Schule. Wenn aber Religionsunterricht und Ethikunterricht schul- wie verfassungsrechtlich ein unabdingbarer Pflichtbestandteil schulischen Lebens und Lernens ist, sollte zum Gelingen von Schule unentwegt in diese beiden Fächer investiert werden! Wenn dies nicht erfolgt, nimmt man die eigenen bildungstheoretischen Argumente auf Kosten einer gelingenden Schulkultur nicht ernst!

In dem ausführlichsten Teil der Ist-Analyse der Expertise *(„Ethische und religiöse Bildung in einer sich verändernden Schule")* steht die gemeinsame Profilierung der beiden Fächer des Wahlpflichtbereichs im Vordergrund – allerdings ohne Preisgabe der fachlichen Identität von Ethik- oder Religionsunterricht. Vielmehr ist eine gemeinsame Zielvorgabe im Blick, bei der „eine Kultur des fachdidaktischen, fachwissenschaftlichen und schulpraktischen Dialogs" (S. 27) entwickelt und gepflegt wird, um verstärkt die Persönlichkeitsbildung von Schülerinnen und Schülern vor Augen zu haben. Ausführlich wird auf die eigenständigen Profile von Ethikunterricht und Religionsunterricht hingewiesen, wobei für den Religionsunterricht die kognitive und ethisch-moralische Seite im Vordergrund steht und eine religiöse Sprach- und Symbolkompetenz unter Einbezug spiritueller Elemente unwesentlich tangiert wird. Hier bietet das Thüringer Kompetenzmodell anregende Möglichkeiten, von Grund auf die ethische und religiöse Bildung ganzheitlich auszurichten. Erfreulich scharf wird in diesen Ausführungen der Expertise auf die Begriffe geachtet. Zum Beispiel heißt es im Anschluss an die Dialogprinzipien: „Diese Prinzipien fördern eine aktive, starke *Toleranz* im Unterschied zu einer passiven, schwachen Toleranz, die entweder nur unwillige Duldung des Anderen ist oder Ausdruck von Gleichgültigkeit hinsichtlich des Ringens um wahrheitsfähige Aussagen" (S. 35). In den folgenden Ausführungen ist in besonderer Weise die Handschrift von Prof. Dr. Karl Ernst Nipkow erkennbar, wenn formuliert wird: „Religiöse Bildung wird in Zukunft im Zeichen eines komplementären, d. h. zugleich identitäts- und verständnisbezogenen Bildungsbegriff stehen müssen: Identität fördert Verständigung – Verständigung fördert Identität" (S.35).[38]

Auffällig knapper fallen die Ausführungen zur Profilierung eines Ethikunterrichts aus, die sich in Formulierungen einfangen lassen wie: „der Ethikunterricht zielt also auf Kennenlernen, nicht auf das Bekenntnis einer weltanschaulichen Lehre" (S. 37) oder „‚Lernziel' des Ethikunterrichts ist also die ‚Reflexion als Moment sittlicher Kompetenz', bezogen auf die individuelle Lebensführung" (S. 37). Kaum erkennbar wird hier zwar die Neutralität des Ethikunterrichts hervorgehoben, nicht aber die Neutralität mit Freiheit verwechselt. Für Thüringen wäre in Bezug auf diesen Abschnitt der Expertise zu lernen, wie sich beide Fächer – Ethik und Religion – auf das gleiche Ziel

[38] Zur kritischen Reflexion dieses Ansatzes vgl. Mayer, Rainer: Religionsunterricht, S. 207-210.

einer soliden ethischen wie religiösen Bildung ausrichten müssen und von daher auf die Schulkultur Einfluss nehmen. Hierfür wäre es wünschenswert, wenn beide Fächer gemeinsam – als Fächergruppe – auftreten. An etlichen Schulen sind – sicherlich bedingt aus den Anfangserfahrungen beider Fächer – noch Berührungsängste zwischen einem kirchlich mitverantworteten Schulfach und einem weltanschaulich nicht festgelegten Unterrichtsfach festzustellen. Hier kann am Beispiel von Sachsen-Anhalt die respektvolle Nähe geschätzt und ein Ideologieverdacht überwunden werden. Erste Ansätze und Erfahrungen bündelt das Projekt „Fächergruppe Ethik-Religion" am Pädagogisch Theologischen Zentrum Neudietendorf unter Leitung von Dr. Hanne Leewe.

Der kürzeste Abschnitt der Expertise *(„Erfahrungen mit dem Religions- und Ethikunterricht")* schildert – durch griffige Zahlen belegt – eine desolate Situation, was die Versorgung des Wahlpflichtbereichs Ethik- und Religionsunterricht anbetrifft. In den vielen zu recht pessimistisch gefärbten Sätzen fallen Einblicke in positive Erfahrungen beispielsweise bei den Projekten „der Kooperation von ethischer und religiöser Bildung" (S. 40) besonders auf. Manche negativen Beispiele sind so erschreckend, dass sie kaum für real gehalten werden können (z. B. S. 41, Anm. 13).[39] Hier wird – ähnlich wie in Thüringen – deutlich, dass das Warten auf Entscheidungen von höherer Stelle letztendlich nicht belohnt wird, sondern Eigeninitiative gefragt ist. An etlichen Schulen Thüringens wurde erst durch enormen Einsatz von Eltern und Erziehungsberechtigten oder durch Schulbeauftragte und kirchliche Mitarbeitende ein Religionsunterricht etabliert! Es muss „von unten her" deutlich werden, dass tatsächlich ein Bedürfnis nach ethischer und religiöser Bildung besteht, das sich eben nicht vorzeitig mit Argumenten der Strukturen oder gesetzlichen Regelungen abspeisen lässt. Dieser Wunsch wird vielmehr von einem klaren Recht sowie der berechtigten Einforderung einer Bildungsverantwortung gespeist. *Schülerinnen und Schüler haben ein Recht auf Religion und Ethik. Auch von daher ist ethische und religiöse Bildung kein Luxus einer Schullandschaft, sondern Barometer für eine am jungen Menschen ausgerichtete Schulpolitik!*

In den Erläuterungen der Probleme *(„Probleme der Fächer und ihre Ursachen")* fällt auf, wie viel Kräfte engagierter Menschen durch fortwähren-

---

[39] Vgl. auch Hahn, Matthias: Gemeinsamkeit, S. 42 sowie Hahn, Matthias: Zwischenbilanz, S. 12-19. und Petzold, Klaus: Ethik, S. 40-42. Im Frühjahr 2003 erscheint bei der Evangelischen Verlagsanstalt Leipzig eine ausführliche Darstellung und didaktische Analyse der empirischen Untersuchung durch Klaus Petzold.

den Kampf um die Existenzberechtigung usw. von Ethik- und Religionsunterricht gebunden werden und für eine qualifizierte Arbeit an der Sache und den Menschen verloren gehen (S. 44). Die Aufteilung in verschiedene Formen von Hemmnissen entzerrt zwar die Realität, zeigt aber auch auf, an wie *vielen* Stellen durch *kleine* Schritte Entscheidendes verändert werden kann nach dem Motto: „Viele kleine Menschen an vielen kleinen Orten, die viele kleine Schritte tun, können das Gesicht der Welt verändern!". Als Beispiel hierfür sticht m. E. die Zusammenarbeit mit dem LISA hervor, wenn es um Transparenz hinsichtlich der Fortbildungsangebote geht (S. 45). Etliche schulorganisatorische Hemmnisse lassen sich wohl weniger von oben als durch großzügige Spielräume vor Ort lösen (S. 52). Unschätzbar war und ist diesbezüglich in Thüringen die enorme Beziehungsarbeit von staatlichen und kirchlichen Aus- und Fortbildern, Schulleitungen, Schulamtsreferenten usw., die in kleinen Schritten zu Veränderungen führt(e). Die Früchte dieser Zusammenarbeit treten gerade angesichts knapper finanzieller Möglichkeiten auf allen Ebenen hervor.

Eine offensiv-freundliche Zukunftsperspektive nehmen die letzten Seiten der Expertise *(„Empfehlungen für die Verbesserung religiöser und ethischer Bildung in Sachsen-Anhalt")* ein, die Ansätze bzw. Anregungen zur Problemlösung aufzeigen wollen. Der Grundtenor ist „fordern und fördern": Es gibt kurzfristige und langfristige Strategien, verfügbare Möglichkeiten und Wege, die weniger greifbar und absehbar sind wie die öffentliche Diskussion um ethische bzw. religiöse Bildung (S. 66). Im Hinblick auf die Erarbeitung eines Personalentwicklungskonzepts fällt auf, dass die Fortbildungsperspektive alle Ebenen einbezieht (S. 62). Für den Freistaat Thüringen können hilfreiche Impulse aus den Ausführungen zur Zusammenarbeit von Ethikunterricht und Religionsunterricht erwachsen (S. 53ff. im Hinblick auf schulpraktische und schulorganisatorische Gestaltungsmöglichkeiten). Auch wenn viele dieser Punkte abhängig sind vom Wollen und Können der Lehrkräfte und Schulen, sollte sich Thüringen die Vielfalt der Kooperation zu eigen machen. Dies baut zudem einer Isolierung bzw. Binnenstruktur der jeweiligen Fächer Ethik oder Religion vor: man sieht sich aufeinander bezogen und versteht sich als gleichberechtigte Quelle für religiöse und ethische Bildung in der Schule.

Ausgesprochen konstruktiv erscheinen die fünf Schritte von Sofortmaßnahmen, die in jedem Falle umsetzbar sind, wenn eine ethische wie religiöse Bildung sachsen-anhaltinischer Schülerinnen und Schüler tatsächlich gewollt ist. Aus Thüringer Erfahrung wäre dabei auch Punkt 5 (Intensivierung des Engagements der Kirchen) selbstkritisch im Blick zu behalten und den Kirchen Sachsen-Anhalts ins Stammbuch zu schreiben: der persönliche Einsatz und die Courage vieler Einzelpersönlichkeiten in Politik, Wissenschaft und Kirche sind der letztlich entscheidende Faktor.

Literatur

- *Baldermann, Ingo:* Um die Sache des Religionsunterrichts. Ein Bericht, in: Die Christenlehre 47./1995, S. 157-160
- *Bohne, Jürgen; Adam, Gottfried; Baron, Rüdiger (Hg.):* Evangelische Schulen im Neuaufbruch. Schulgründungen in Bayern, Sachsen und Thüringen 1989-1994, Göttingen 1998
- *Bohne, Jürgen; Stoltenberg, Annegrethe (Hg.):* Zukunft gewinnen. Evangelische Schulgründungen in den östlichen Bundesländern in den Jahren 1994-2001, Göttingen 2001
- *Bürger, Klaus; Epting, Wilhelm u.a.:* Bericht der Lehrplankoordinierungsgruppe Thüringen/ Sachsen/ Sachsen-Anhalt für Evangelische Religion, in: Die Christenlehre 48./1995, S. 246-257
- *Deutsche Bischofskonferenz:* Die bildende Kraft des Religionsunterrichts. Zur Konfessionalität des katholischen Religionsunterrichts, Bonn 1996
- *Domsgen, Michael:* Religion an den Schulen Ostdeutschlands – ein zehnjähriges Novum, in: PTh 91./2002, S. 429-444
- *Drößler, Bernd Th.:* Religionsunterricht und Ethikunterricht an Thüringer Schulen, in: Scheilke, Christoph Th. (Hg.): Religionsunterricht in schwieriger Zeit. Ein Lesebuch zu aktuellen Kontroversen, Münster 1997, S. 157-159
- *Epting, Wilhelm:* Wenn PfarrerInnen, kirchliche MitarbeiterInnen und LehrerInnen erneut „zur Schule gehen". Erinnerungen und Erfahrungen im Zusammenhang mit der Einführung des Religionsunterrichts in: Schwerin, Eckart u.a. (Hg.): Aufbrüche und Umbrüche, Leipzig 1998, S. 172-190
- *Grethlein, Christian; Meyer-Blanck, Michael (Hg.):* Geschichte der Praktischen Theologie. Dargestellt anhand ihrer Klassiker, Leipzig 2000
- *Grethlein, Christian; Hanisch, Helmut (Hg.):* Religionsunterricht. Informationen zu einem neuen Unterrichtsfach im Osten, Leipzig 1995 (2. Aufl.)
- *Grethlein, Christian:* Art. „Sachsen-Anhalt", in: LexRP 2 (2001), S. 1885-1887
- *Große, Ludwig:* Zur Entwicklung des Religionsunterrichts in Thüringen, in: AUFBrüche 1/1999, S. 8-13
- *Große, Ludwig:* Religionsunterricht in Thüringer Schulen – Wie es begann, in: Die Christenlehre 47./1994, S. 279-294
- *Große, Ludwig:* Schulen in kirchlicher Trägerschaft in Thüringen. Überlegungen aus der Sicht der Kirchenleitung, in: Bohne, Jürgen (Hg.): Evangelische Schulen im Neuaufbruch. Schulgründungen in Bayern, Sachsen und Thüringen 1989-1994, Göttingen 1998, S. 132-139
- *Hahn, Margret:* Bericht über Fort- und Weiterbildung der Lehrkräfte im Unterrichtsfach Evangelische Religionslehre, in: Evangelisch-Lutherische Kirche in Thüringen (Hg.): Das Kind in der Gemeinde. Dokumentation zum Schwerpunktthema der 4. Tagung der IX. Landessynode der Evangelisch-Lutherischen Kirche in Thüringen vom 2.-5.4.1998, S. 51f.
- *Hahn, Matthias:* Die Einführung des Religionsunterrichts in Sachsen-Anhalt im Kontext der jüngeren religionspädagogischen Reformdiskussion, in: AUFBrüche 1/1994, S. 20-23
- *Hahn, Matthias:* Gemeinsamkeit der praktischen Schwierigkeiten Ethikunterricht-RU (Aufbrüche 1/96), in: Scheilke, Christoph Th. (Hg.): Religionsunterricht in schwieriger Zeit. Ein Lesebuch zu aktuellen Kontroversen, Münster 1997, S. 42

– *Hahn, Matthias:* Kleine Geschichte religionspädagogischer Konzeptionen nach 1945 – nebst einigen Überlegungen zu ihrer möglichen Bedeutung für die Verhältnisse in Sachsen-Anhalt, in: AUFBrüche 3/1995, S. 14-23
– *Hahn, Matthias:* Religionskundliches Lernen im Ethikunterricht – am Beispiel einer Schulbuchreihe, in: Hahn, Matthias; Hartmann, Christoph u.a. (Hg.): Religiöse Bildung und religionskundliches Lernen in ostdeutschen Schulen – Dokumente konfessioneller Kooperation, Münster u.a. 2000 (Religionspädagogische Kontexte und Konzepte; 7), S. 79-87
– *Hahn, Matthias:* Zwischenbilanz: Stolpersteine bei der Einführung des Religionsunterrichts in Sachsen-Anhalt, in: AUFBrüche 1/1995, S. 12-19
– *Hering, Ulrich; Reuss, Johanetta:* Erste Erfahrungen aus dem Miteinander von Lehrern und kirchlichen Mitarbeitern im Kirchenkreis Nordhausen/Ilfeld, in: AUFBrüche 1/1994, S. 13
– *Hoenen, Raimund:* Vorläufiger Lehrplan für das Fach Evangelische Religionslehre im Freistaat Thüringen vom Juli 1993, in: Die Christenlehre 47./1994, S. 304-315
– *Hoenen, Raimund:* Religionsunterricht (RU) in Sachsen-Anhalt, in: Hahn, Matthias; Hartmann, Christoph u.a. (Hg.): Religiöse Bildung und religionskundliches Lernen in ostdeutschen Schulen – Dokumente konfessioneller Kooperation, Münster u.a. 2000 (Religionspädagogische Kontexte und Konzepte; 7), S. 195-207
– *Hoffmann, Roland:* Bericht des Landesbischofs zur Frühjahrssynode 2001, in: Amtsblatt der Evangelisch-Lutherischen Kirche in Thüringen 54./2001, S. 110-119
– *Kiesow, Hartwig:* Atheistische oder fromme Jugendliche? Erste Ergebnisse einer Fragebogenerhebung im Evangelischen Religionsunterricht der Klassen 8 bis 10 in Thüringen, in: CRP 50./1997 (Heft 3), S. 9-15
– *Kirchenamt der Evangelischen Kirche in Deutschland (Hg.):* Identität und Verständigung. Standort und Perspektiven des Religionsunterrichts in der Pluralität. Eine Denkschrift, Gütersloh 1995 (2. Aufl.)
– *Kirchenamt der Evangelischen Kirche in Deutschland (Hg.):* Im Dialog über Glauben und Leben. Zur Reform des Lehramtsstudiums Evangelische Theologie/ Religionspädagogik. Empfehlungen der Gemischten Kommission, Gütersloh 1997
– *Koch, Ernst:* Art. „Thüringen“, in: TRE 33 (2002), S. 497-523
– *Kultusministerium des Landes Sachsen-Anhalt (Hg.):* Ethik- und Religionsunterricht in der Schule mit Zukunft. Expertise einer Arbeitsgruppe zur Zukunft ethischer und religiöser Bildung an den Schulen des Landes Sachsen-Anhalt, Magdeburg 2001
– *Leewe, Hanne:* „Man lernt ja immer, wenn man sich nicht verschließt.“ Lehrerinnen des Unterrichtsfaches „Lebensgestaltung – Ethik – Religionskunde“ im interkulturellen Lernprozess: Wie lehren sie Religion?, Münster u.a. 2000 (Religionspädagogische Kontexte und Konzepte)
– *Marggraf, Eckhart:* Religionsunterricht in unübersichtlichen Zeiten. Fragen der Konzeption von Religionsunterricht in Deutschland, in: Schule und Kirche. Informationsdienst zu Bildungs- und Erziehungsfragen 2/2001, S. 2-5
– *Martin, Gerhard:* Mitverantwortung der Kirche für die Schule: Religionsunterricht in Sachsen und Thüringen, in: Birkacher Beiträge zu einer evangelischen Pädagogik 9/1992, S. 24-31
– *Mayer, Rainer:* Religionsunterricht – Quo vadis? Orientierungssuche in der neueren religionspädagogischen Diskussion, in: ThB 31./2000, S. 207-210
– *Messerschmidt, Christof:* Zwei Jahre als Religionslehrer in Thüringen – Erfahrungen eines Absolventen aus Württemberg, in: Zeitschrift für Pädagogik und Theologie 52./2000, S. 312-315
– *Petzold, Klaus:* Religion und Ethik hoch im Kurs. Eine repräsentative Befragung bei Schülerinnen und Schülern in Thüringen (9.-12. Klasse Gymnasium), in: AUFBrüche 1/2002, S. 40-42

- *Petzold, Klaus:* Religionspädagogik. Religion – Tradition – Kreation. Wie passt das in die Schule von heute?, in: Lütgert, Will; Hallpap, Peter (Hg.): Didaktik in Jena. Aufgaben zu Beginn des 21. Jahrhunderts, Jena 2002 (Beiträge des Zentrums für Didaktik i.G.- ZfD; 1), S. 61-96
- *Petzold, Klaus:* Art. „Thüringen", in: LexRP 2 (2001), S. 2114-2119
- *Petzold, Klaus:* „Sie müssen wissen: wir sind atheistisch erzogen!" Ein Beitrag aus Thüringen, in: Bell, Desmond (u.a.): Menschen suchen – Zugänge finden, Wuppertal 1999, S. 4-81
- *Petzold, Klaus:* Religion und Ethik hoch im Kurs. Repräsentative Befragung und innovative Didaktik, Leipzig 2003
- *Pilvousek, Josef; Wilke, Andrea:* Die katholische Kirche, in: Schmitt, Karl (Hg.): Thüringen. Eine politische Landeskunde, Weimar u.a. 1996, S. 201-217
- *Pirner, Manfred L.:* Wieviel Religion braucht die Schule? Eine religionspädagogische Auseinandersetzung mit dem Brandenburger Unterrichtsfach „Lebensgestaltung – Ethik – Religionskunde" (LER), in: Online-Zeitschrift „Theo-Web-Wissenschaft. Zeitschrift für Theorie der Religionspädagogik" seit April 2002
- *Ratzmann, Wolfgang:* Religionsunterricht an ehemals sozialistischen Schulen? Zur Begründung eines problematischen Fachs, in: Die Christenlehre 43./1991, S. 52-57
- *Riemann, Andreas:* Religionsunterricht vor Ort – ein Bericht aus zwei Jahren im Schuldienst, in: AUFBrüche 2/2001, S. 25-28
- *Scheilke, Christoph Th. (Hg.):* Religionsunterricht in schwieriger Zeit. Ein Lesebuch zu aktuellen Kontroversen, Münster: Comenius-Institut 1997
- *Schmidt, Heinz:* Art. „Ethikunterricht", in: LexRP 1 (2001), S. 489-494
- *Schreier, Bernd:* Der Thüringer Weg. Merkmale und Korridore eines Schulentwicklungsansatzes in einem jungen Bundesland, in: CRP 51./1998 (Heft 4), S. 7-12
- *Schulte, Andrea:* Die Bedeutung der Sprache in der religionspädagogischen Theoriebildung, Frankfurt am Main u.a. 2001 (Religion in der Öffentlichkeit; 5)
- *Schulte, Andrea; Eckert, Manfred:* Was mit Friedrich Schleiermacher zu PISA zu sagen wäre, in: Herausforderungen der Bildungsgesellschaft. Ringvorlesung der Universität Erfurt im Sommersemester 2002, hg. v. Wolfgang Bergsdorf u. a., Weimar 2002, S. 295-309
- *Schulte, Andrea:* Sprache finden. Religiöse Kompetenz im Umgang mit Kindern, in: PTh 36./2001, S. 34-43
- *Schultze, Harald:* Art. „Sachsen III. Kirchenprovinz Sachsen", in: TRE 29 (1998), S. 580-589
- *Stahl, Rainer:* Die evangelische Kirche, in: Schmitt, Karl (Hg.): Thüringen. Eine politische Landeskunde, Weimar u.a. 1996 (Jenaer Beiträge zur Politikwissenschaft; 4), S. 180-200
- *Thüringer Institut für Lehrerfortbildung, Lehrplanentwicklung und Medien (Hg.):* In der Schule von Gott sprechen. Religionsunterricht – Chance für die Gesellschaft. 10 Jahre Religionsunterricht im Freistaat Thüringen, Bad Berka 2001 (Forum; 10)
- *Ziegner, Johannes:* Aufbau des „Gemeinsames Schulwerks der Evangelischen Schulen im Freistaat Thüringen", in: Bohne, Jürgen; Stoltenberg, Annegrethe (Hg.): Zukunft gewinnen. Evangelische Schulgründungen in den östlichen Bundesländern in den Jahren 1996-2001, Göttingen 2001, S. 162-168
- *Ziegner, Johannes:* Schulgründungen – Schulen in freier Trägerschaft im Bereich der Evang.-Luth. Kirche und der Kirchenprovinz Sachsen im Freistaat Thüringen, in: www.schulwerk-thueringen.de (November 2001)
- *Ziller, Klaus:* Mit Religionslehrplänen Schulen in Thüringen profilieren, in: CRP 51./1998 (Heft 4), S. 12-15
- *Ziller, Klaus:* Religionsunterricht in Thüringen. Religionspädagogik innerhalb gesellschaftlicher Umbrüche, in: Zilleßen, Dietrich (Hg.): Religion, Politik, Kultur, Münster u.a. 2001, S. 193-204

Rolf Lüpke

Der Berliner Weg zum Konzept einer Fächergruppe

Eine Fächergruppe gleichrangiger Unterrichtsfächer religiöser, philosophisch-ethischer und weltanschaulicher Bildung ist in Berlin bisher nicht realisiert worden. Bislang ist sie bildungspolitische Forderung der evangelischen und der katholischen Kirche, unterstützt von Gruppierungen in Parteien, Verbänden und Schulen. Insofern beschreiben die folgenden Stationen die Anlässe zur spezifischen Ausgestaltung des Konzepts der Fächergruppe, nicht aber ihre Erprobung in der schulischen Wirklichkeit. Diese Stationen markieren zugleich den langsamen Abschied von der Auffassung, das so genannte Berliner Modell des Religionsunterrichts, wie es sich in den ersten Jahrzehnten nach 1945 entwickelt hat, würde sich nach wie vor bewähren und sei weiterhin tragfähig.

1. Der Start: Ende der 70er Jahre

Die außergewöhnliche Stellung des Religionsunterrichts in der Berliner Schule bestimmt alle Überlegungen und Initiativen zur Einrichtung einer Fächergruppe. Religionsunterricht ist kein ordentliches Unterrichtsfach im Sinne des Grundgesetzes.[1] Die inhaltliche, personelle und anfangs auch die alleinige finanzielle Verantwortung für Religionsunterricht liegt bei den Kirchen. Nur in Fragen seiner schulischen Organisation sind staatliche Stellen beteiligt. Diese schulrechtliche Stellung bedeutet, dass neue Konzepte für den Religionsunterricht sich mit seiner schulrechtlichen Neuregelung verbinden. Umgekehrt ist ein „ordentlicher Religionsunterricht“ ohne gleichrangige

---

[1] „Religionsunterricht ist Sache der Kirchen, Religions- und Weltanschauungsgemeinschaften“, bestimmt das Schulgesetz in Aufnahme einer Richtlinien-Formulierung zur Wiedereröffnung der Schulen im Jahr 1945.

Unterrichtsangebote für andere Religionen, Weltanschauungen oder Konfessionslose politisch nicht erreichbar.

Ende der 70er Jahre führt eine erneute Reform der gymnasialen Oberstufe dazu, dass Religionsunterricht aus den 11. bis 13. Jahrgängen fast verdrängt wird. Das wird von den Religionslehrkräften schmerzvoll erfahren. Denn beim ersten Reformschritt wurde die Teilnahme am Religionsunterricht – trotz seiner schulrechtlichen Stellung – im begrenzten Umfang auf die Belegverpflichtung angerechnet, was den Religionsunterricht in der Schule stabilisierte. Dies endet plötzlich zum Schuljahr 1977/78. Alle nachfolgenden Bemühungen, Religionsunterricht wieder in das Kurswahlsystem zu integrieren, bleiben ohne Erfolg. Nach ersten ergebnislosen Verhandlungen mit der Schulverwaltung wird der Konflikt in die Öffentlichkeit gebracht. Der Bischof schreibt im Juni 1978: *Je länger desto deutlicher zeigt sich, dass hier ein Konstruktionsfehler der Oberstufenreform in Berlin vorliegen muss. Schon von der Stundenplangestaltung eines komplizierten, verschachtelten Kurssystems her gerät ein Fach ohne Anrechenbarkeit ganz an den Rand.*[2] Die Bemühungen der Kirchen ziehen sich bis in die zweite Hälfte der 80er Jahre quälend hin. Wahlen, neue Koalitionskonstellationen und Wechsel im Schulressort des Senats machen immer neue Anläufe erforderlich. Verwaltungsvorschriften der Schulverwaltung zur organisatorischen Gewährleistung von Religionsunterricht bleiben wirkungslos. So wächst die Erkenntnis, dass Religionsunterricht in der gymnasialen Oberstufe nur dann als Unterrichtsfach überleben kann, wenn er bei der Kurswahl und für die Gesamtqualifikation relevant wird. Weil das bei der gegebenen Gesetzeslage „rechtlich nicht zulässig“[3] ist, wird schließlich von den Kirchen – beschränkt auf die gymnasiale Oberstufe – ein neuer schulrechtlicher Status des Religionsunterrichts vorgeschlagen. Verhandlungen darüber mit dem Senat und den Parteien bleiben jahrelang erfolglos, weil die CDU-FDP-Koalition im Koalitionsvertrag auf das Nein der FDP festgelegt ist und die SPD-Opposition keine Veränderung will. Die Schulverwaltung präzisiert dann zwar noch einmal die organisatorischen Vorgaben, aber die Auswertung für den evangelischen Religionsunterricht stellt wieder deren Wirkungslosigkeit fest: *Es bestätigt sich, dass angesichts der Struktur der gymnasialen Oberstufe ein Unterrichtsangebot dort nicht integriert werden kann, das sich darin von allen*

[2] M. Kruse am 18. Juni 1978 in einer Kolumne des Sonntagsblatts, die auch im Evang. Pressedienst verbreitet wird.

[3] So die Senatsschulverwaltung in einem Bescheid vom 13. Oktober 1982 an die evangelische Kirche.

anderen Fächern unterscheidet, was Fächer in der Oberstufe charakterisiert und was die Fächer- und Kurswahl bestimmt.[4] Der Bericht notiert allerdings auch, dass eine deutliche Minderheit der Religionslehrkräfte die Randständigkeit akzeptieren will, weil sie die sonst unumgänglichen Anforderungen („ausgewiesene und überprüfbare Leistungsorientierung, deutlichere Rahmenplan-Vorgaben") als Nachteil ansehen. Sie werden von Religionslehrkräften in der Grundschule und im Sekundarbereich 1 unterstützt. Denn schon damals bahnt sich an, was die zweite Etappe bestimmen wird: Nicht nur der Religionsunterricht für die gymnasiale Oberstufe steht zur Debatte.

2. Schwindende Tragfähigkeit des Berliner Modells (Ende der 80er Jahre)

Auch in dieser Etappe wird der Streit um den schulrechtlichen Status des Religionsunterrichts nicht durch die Entwicklung der religionspädagogischen Konzeption und der Ziele des schulischen Religionsunterrichts bestimmt. Vielmehr führen andere Faktoren dazu, einen neuen Status zu verlangen. Dabei handelt es sich vordergründig um schulische Organisationsprobleme, die aber auf strukturelle und bildungspolitische Problematiken verweisen: Verschiedene Schulreformschritte verändern die Bedingungen der Stundenplangestaltung. Diese wird flexibler, orientiert sich nicht allein am Klassenverband, benötigt mehr Zeit eines Unterrichtstages und löst sich ansatzweise von der klaren Orientierung an Fächern. Die Erfahrung im Zusammenhang der Oberstufen-Reform wiederholt sich nun in anderen Schulstufen. Solche Veränderungen geschehen nicht auf einmal, aber die Platzierung von Religionsunterricht in einem Klassen-Stundenplan wird durch sie mehr und mehr erschwert. Schon früher begann die religiöse, kulturelle und ethnische Pluralisierung der West-Berliner Bevölkerung und damit auch der Schülerschaft. Je länger je mehr besuchen Kinder und Jugendliche aus türkisch-muslimischer Tradition nicht fast ausschließlich die Hauptschulen. So finden sich in Klassen aller Schularten zunehmend Schülerinnen und Schüler, die nicht am Religionsunterricht der Kirchen teilnehmen. Wo die Lerngruppe des Religionsunterrichts nur einen Teil einer Klasse oder Schülerinnen und Schüler aus mehreren Parallelklassen umfasst, bleiben die anderen ohne Unterricht und

---

[4] Bericht zur Situation des Religionsunterrichts in der gymnasialen Oberstufe vom 22. Juli 1987, Vorlage für die Kirchenleitung und die Gemischte Kommission von Senatsschulverwaltung und beiden Kirchen.

müssten in der Schule beaufsichtigt werden. Dafür haben die Schulen keine Ressourcen. Religionsunterricht wird darum aus dem Stundenplan weiter herausgedrängt.

Wenn Religionsunterricht nur einen Teil der Schülerinnen und Schüler erreicht, kann er in diesem veränderten schulischen und gesellschaftlichen Kontext nicht mehr leisten, was er zuvor für die schulische Bildung bedeutete. Darum wird gefragt: Wo vollzieht sich eine integrierende Orientierung angesichts einer in Disziplinen zergliederten Wirklichkeitserfassung? Wo werden Kenntnisse über die Traditionen des Christentums und über andere Religionen vermittelt? Wie werden ethische Fragestellungen und neue Herausforderungen – z. B. Jugendreligionen, Gewalt, Gen-Ethik oder Umweltverantwortung – schulisch repräsentiert? Überlegungen zu einem Parallelfach zum Religionsunterricht haben schon die Debatte um die gymnasiale Oberstufe bestimmt – in einer für Berlin spezifischen Weise: Ein neues Fach – in der Diskussion wurden Sozialethik oder Grundorientierung genannt – könnte eingeführt werden, von dem die Teilnehmer am Religionsunterricht, der weiterhin von außerschulischen Trägern angeboten wird, befreit werden. Diese Überlegungen, die von westdeutschen Regelungen über ein Ersatzfach beeinflusst sind, bestimmen dann auch Vorschläge für den Sekundarbereich 1 und die Grundschule. Der Streit darüber wird auch unter Religionslehrkräften heftig geführt und begrenzt die politischen Handlungsmöglichkeiten der kirchlich zuständigen Stellen.

Im Jahr 1988 werden dann mehrere Initiativen gebündelt. Als Ziel wird formuliert: „das Berliner Modell weiterdenken“, nicht beenden oder durch Neues ersetzen. Die Leiterinnen und Leiter der regionalen Ämter für Religionsunterricht erörtern bei einer Arbeitstagung im September 1988 eine Vorlage, die sich mit den gängigen Einwänden gegen „eine deutlichere Integration des Religionsunterrichts in die Schule“ auseinandersetzt[5]. Im November 1988 wird die Forderung eines neuen schulrechtlichen Status des Religionsunterrichts bei einer Veranstaltung des Berliner Elternvereins („Werteerziehung in der Berliner Schule – Was leistet der Religionsunterricht? Brauchen wir ein Fach Ethik?“) auch öffentlich vertreten. Die letzte von sechs Thesen lautet: *Ethik in einem Wahlpflichtbereich zusammen mit konfessionellem Religionsunterricht könnte zukünftig ein tragfähiges Modell religiöser und ethischer Bildung werden.* Dabei wird für ein *Miteinander verschiedener*

---

[5] in R. Lüpke, Zeit für den Religionsunterricht in der Berliner Schule. Vier Diskussionsbeiträge auf dem Weg zu einem Wahlpflichtmodell „Religionsunterricht - Ethik/Philosophie“, als Manuskript gedruckt, Berlin 1993, S. 19ff.

Träger für Fächer, die untereinander austauschbar sind, plädiert[6]. Die evangelische Kirche bringt diese Position in die Beratungen zwischen Senatsschulverwaltung und beiden Kirchen ein. Wegen des Wahlkampfes werden die Gespräche bald abgebrochen. Nach der Bildung der SPD-AL-Koalition im Frühjahr des nächsten Jahres wendet sich der Bischof im Juni 1989 an den Regierenden Bürgermeister mit dem Wunsch, *Gespräche mit dem Ziel aufzunehmen, dass neben dem Religionsunterricht andere ethisch-religiöse Unterrichtsfächer eingeführt werden, die zusammen mit dem Religionsunterricht gleichrangig in einem Wahlpflichtbereich angeboten werden, so dass die Schülerinnen und Schüler eines dieser Fächer wählen müssen. ... Die Schaffung eines solchen Wahlpflichtbereichs würde unserer freiheitlich-pluralistischen Gesellschaft im allgemeinen und der zunehmend multireligiösen und kulturellen Zusammensetzung der Klassen im besonderen Rechnung tragen und wäre ein wesentlicher Beitrag zur Verwirklichung der im § 1 des Schulgesetzes für Berlin beschriebenen „Aufgabe der Schule".*[7] Die gewünschten Gespräche sollen zu einer schulrechtlichen Neuregelung oder wenigstens zu einer gemeinsamen Willenserklärung führen, die der damals verhandelten Fortschreibung der Abschließenden Protokolle[8] vorangestellt werden soll. Beides wird politisch nicht erreicht.

3. Neue Fragestellungen nach der Wende (Anfang der 90er Jahre)

In Folge der politischen Wende werden die Bemühungen West-Berliner Ursprungs zunächst gebremst. Andere Themen dominieren gesellschaftspolitisch, auch in der nun gemeinsamen Synode der West- und Ost-Region der Evangelischen Kirche in Berlin-Brandenburg. Hinsichtlich der Bedeutung des schulischen Religionsunterrichts bestehen grundsätzliche Kontroversen. Die Diskussionen und Entscheidungen in der evangelischen Kirche werden dann von Entwicklungen mitbestimmt, die sie selbst nicht initiiert: In Berlin wird die Geltung des Schulgesetzes von 1948 mit Wirkung zum Schuljahr 1991/92 auf die östlichen Bezirke ausgedehnt. Damit treten dort auch die

---

[6] u.a. in R. Lüpke, Zeit für den Religionsunterricht ..., S. 6.

[7] Schreiben von Bischof Kruse vom 29. Juni 1989 an den Regierenden Bürgermeister Momper.

[8] Die „Abschließenden Protokolle" aus dem Jahr 1970 mit mehreren Fortschreibungen regeln vertraglich „gemeinsam interessierende Fragen" zwischen dem Senat von Berlin und der evangelischen bzw. katholischen Kirche. Sie ersetzen Kirchenverträge, die in Berlin wegen alliierter Vorbehaltsrechte nicht abgeschlossen werden konnten.

schulgesetzlichen Regelungen zum Religionsunterricht in Kraft. Die Frage ist nun nicht, ob die Kirchen Religionsunterricht in den Schulen der östlichen Bezirke (damals mit etwa gleicher Schülerzahl wie in West-Berlin) wollen, sondern wie sie in der Lage sein werden, den geschaffenen rechtlichen Rahmen auszufüllen. Dabei kollidiert Religionsunterricht als ein unverkennbar kirchlicher Unterricht mit den atheistischen und weltanschaulichen Prägungen von Schulleitungen, Lehrerkollegien und Elternschaft. Wegen seiner konfessionellen Grundausrichtung kann er sich nicht als religionskundlicher oder ethischer Unterricht präsentieren. Die daraus resultierenden Akzeptanzprobleme nötigen zu verstärkter Klärung der religionspädagogischen Konzeption. Gleichzeitig erhält Religionsunterricht fachliche Konkurrenz: Der Lebenskundeunterricht des Freidenkerverbandes[9] war zwar schon Anfang der 80er Jahre in West-Berlin nach gleichem Recht wie Religionsunterricht wieder zugelassen worden, aber ohne große Resonanz geblieben. Das ändert sich nun. Freidenkerische Lebenskunde scheint eher der Weltanschauung und der Mentalität des Ostens zu entsprechen. Weil es sonst keinen weltanschaulich neutralen Unterricht über Ethik und Religionen gibt, wird dort der Unterricht eher gewählt, der weniger Verbindlichkeit und existentielle Entscheidung fordert als der kirchliche Religionsunterricht. So gewinnt Lebenskunde in den östlichen Schulen mehr Teilnehmer als der evangelische und katholische Religionsunterricht, allerdings überwiegend in Grundschulen. Die Einfügung von Religionsunterricht in die Stundenpläne bleibt in Ost-Berliner Schulen dennoch unvergleichlich schwieriger; vielerorts sind nur Randstunden möglich. Denn auch wo Religionsunterricht und Lebenskunde parallel erteilt werden, nehmen selten alle Schüler einer Klasse an einem der beiden Fächer teil.

Der Wunsch nach einem weltanschaulich neutralen Unterricht für alle, die Erstarkung der religionslosen Lebenskunde und die Verschärfung der Organisationsprobleme lassen von unterschiedlichen gesellschafts- und parteipolitischen Positionen her die Debatte um eine schulrechtliche Neugestaltung wieder aufleben. Dabei muss von nun an davon ausgegangen werden, dass keine Regelung politisch mehrheitsfähig sein wird, wenn sie nicht auch für Lebenskunde offen ist. Die Berliner Debatte ist dabei mit der Entwicklung und den Auseinandersetzungen um den „Lernbereich Lebensgestaltung-

[9] Der Freidenkerverband hat sich später – u. a. in Abgrenzung von der SED-Gründung gleichen Namens – umbenannt in: Humanistischer Verband Deutschlands.

Ethik-Religion"[10] verbunden, der in dieser Zeit in Brandenburg an Stelle eines konfessionellen Religionsunterrichts eingeführt werden soll. Eines seiner Hauptanliegen ist der integrative Ansatz ohne Aufteilung des Klassenverbands je nach Teilnahme am konfessionell unterschiedenen Religionsunterricht. Hier ist nicht der Ort, Gründe und Verlauf der Auseinandersetzung mit dem Konzept von LER und seiner Realisierung darzustellen. Auf die Debatte in Berlin wirkt sich die Auseinandersetzung mindestens in zweifacher Weise aus: Erstens muss die Bedeutung der Konfessionalität von Religionsunterricht für den Prozess der allgemeinen Bildung plausibler dargestellt werden, zweitens muss der Attraktivität entsprochen werden, die dem gemeinsamen Lernen in der Klassengemeinschaft auf der Grundlage verschiedener religiöser oder weltanschaulicher Überzeugungen zugemessen wird. Konsequenterweise wird in der Evang. Kirche damals das Konzept des angestrebten Wahlpflichtbereichs mit Religionsunterricht, Lebenskunde und Philosophie/ Ethik weiter entwickelt: *Bei der Weiterentwicklung sollte im Sinne des Wahlpflichtbereichs nicht nur von einem Nebeneinander alternativer Fächer ausgegangen werden. Aus ihrer konzeptionellen und inhaltlichen Nähe müssen curriculare und organisatorische Konsequenzen gezogen werden. Das heißt u. a.*

- *Abstimmung der Rahmenpläne, auch hinsichtlich möglicher Wechsel in der Teilnahme an den verschiedenen Fachangeboten von einem Schuljahr zum anderen.*
- *Vorgabe fächerverbindender Themen, die in allen Fächern des Wahlpflichtbereichs unter jeweils spezifischer Perspektive zu bearbeiten sind.*
- *Verpflichtung zu kooperativen Unterrichtsphasen, verbunden mit der Vorgabe von Mindestanteilen, Themen oder Projekten dafür.*[11]

In diesem Kontext wird erstmals das Wahlpflichtmodell als ein *Fächerverbund* charakterisiert.[12] Frühere Ausarbeitungen von 1989/90 werden nun aktualisiert und es wird ein Arbeitspapier fertiggestellt, das als Grundlage *zur*

---

[10] Inzwischen lautet die Bezeichnung des Unterrichtsfachs „Lebensgestaltung-Ethik-Religionskunde".

[11] R. Lüpke, „Modellversuche" – Religionsunterricht im Kontext von Ethik/ Philosophie. Einführung bei einer Tagung mit den Kreiskatecheten und Beauftragten für Religionsunterricht in Chorin (Oktober 1992), in: Zeit für Religionsunterricht, S. 10ff.

[12] Nach der Veröffentlichung der EKD-Denkschrift „Identität und Verständigung" (1994) wird von den Kirchen in Berlin meist der Begriff Fächergruppe verwendet – trotz seiner evangelischen Provenienz. Auch der Terminus Wahlpflichtbereich wird später aufgegeben, weil er schulisch festgelegt ist und nicht genügend verdeutlicht, dass die eigenständigen Unterrichtsfächer aufeinander bezogen sein sollen.

Diskussion und Verhandlung über Schulversuche zur Einführung von Religionsunterricht und Ethik/ Philosophie als gleichwertige und alternative Pflichtfächer im Sekundarbereich 1[13] dienen soll.
Die Bestrebungen in den Kirchen und zahlreiche Initiativen sind in dieser Phase nicht vergebens. Dazu trägt erheblich bei, dass Religionslehrkräfte das Wahlpflichtmodell in ihren Schulen bekannt machen und zur Debatte stellen. Darum gibt es viele interessierte Schulen, als seitens des CDU-Schulsenators ein Schulversuch „Unterricht in Ethik/ Philosophie" im Sekundarbereich 1 (Klasse 7 bis 10) erwogen wird. In Abgrenzung von LER in Brandenburg soll sich der Schulversuch in Berlin klar auf Philosophie als Bezugsdisziplin stützen und ein Unterrichtsangebot nur für die Nichtteilnehmer am Religions- und Weltanschauungsunterricht sein. Wegen der schulrechtlichen Stellung des Religionsunterrichts darf dies nicht zu Wahlpflicht führen; auch die Teilnahme am Schulversuch bleibt freiwillig. Wo eine Schule trotzdem das Wahlpflichtmodell erreichen will, wird den nicht zum Religionsunterricht angemeldeten Schülerinnen und Schülern bzw. ihren Erziehungsberechtigten die Teilnahme an Ethik/ Philosophie deutlich empfohlen. So gibt es unter den anfangs elf, später über dreißig Schulen mit diesem Schulversuch viele, an denen alle Schülerinnen und Schüler der Klassen 7 bis 10 entweder Religionsunterricht oder Ethik/ Philosophie besuchen. Nach dem Beginn im Schuljahr 1994/95 muss die weitere Ausgestaltung und Akzeptanz des Schulversuchs erweisen, wie er die Chancen einer grundlegenden Veränderung der religiösen, philosophisch-ethischen und weltanschaulichen Bildung in der Berliner Schule fördert.[14] Ein Schritt nach vorn ist die politische Zustimmung des Schulsenators, bei den Verhandlungen über die Kirchenverträge nun die Etablierung von Religionsunterricht als ordentliches Unterrichtsfach zu erörtern.

---

[13] Am 10. November abschließend in einem Fachausschuss „Schulversuch Wahlpflichtbereich im Sekundarbereich 1" beraten und dem Beirat für Religionsunterricht zugeleitet.

[14] In einem Beschluss vom 16. September 1994 („Der Bildungsauftrag der Kirche und ihre Mitverantwortung im öffentlichen Bildungswesen") unterstützt die Kirchenleitung ausdrücklich die bisherige Entwicklung und formuliert die Verhandlungsposition: „Es muss sichergestellt werden, dass alle Schülerinnen und Schüler in einem besonderen Unterricht und nicht nur im Zusammenhang anderer Fächer die Auseinandersetzung mit ethischen Fragen lernen können. Die verschiedenen Formen von konfessionell bestimmtem Religionsunterricht und der Unterricht in Ethik/Philosophie sollten deshalb in einer Fächergruppe „Religion-Ethik-Philosophie" zusammengefasst werden. Sie lässt sich als ein Wahlpflichtbereich verstehen, innerhalb dessen alle Schülerinnen und Schüler ein Unterrichtsangebot wahrzunehmen haben."

4. Anstrengungen ohne Fortschritt (Ende der 90er Jahre)

Nach einigen Jahren ist weder der Schulversuch Ethik/ Philosophie noch die Realisierung der Fächergruppe voran gekommen. Der Schulversuch ist nach wie vor unter Parteien und bildungspolitischen Verbänden umstritten, die SPD-Schulsenatorin fördert ihn wenig, Schulen kritisieren die geringe personelle Ausstattung, die konzeptionelle, inhaltliche und methodische Stabilisierung für die verschiedenen Schularten scheint zu stagnieren, eine unterrichtsbezogene Zusammenarbeit mit den Religionslehrkräften und dem Religionsunterricht ist kaum entstanden und die ersten Schulen erwägen einen Abbruch. Sie hatten mehr gewollt. Religionsunterricht muss in derselben Zeit erhebliche Kürzungen des staatlichen Personalkostenzuschusses hinnehmen, was in der evangelischen Kirche zu einem mehrjährigen Einstellungsstopp in West-Berlin und zur Einschränkung der Ausbildungskapazität führt. Die in Karlsruhe nicht verhandelte Verfassungsbeschwerde gegen das Schulgesetz des Landes Brandenburg liefert der Berliner Politik den Vorwand, Entscheidungen weiter zu vertagen.

Im Laufe des Jahres 1998 wird dann zwischen dem Senat von Berlin und den Kirchen vereinbart, die im Jahr 1995 ausgesetzten Verhandlungen über den Staat-Kirche-Vertrag wieder aufzunehmen. Am Dissens in der CDU-SPD-Koalition über die bereits paraphierte Regelung zum Religionsunterricht droht der Vertrag insgesamt zu scheitern.[15] In dieser Situation wird in Zusammenarbeit beider Kirchen ein vierseitiges Informationsblatt erstellt, um in der Berliner Öffentlichkeit für den Religionsunterricht zu werben und die Fächergruppe als innovatives Konzept darzustellen. Damit soll zugleich die Übereinstimmung beider Kirchen in dieser Frage verdeutlicht werden. Nach gemeinsamer Plakatwerbung zum Start des Religionsunterrichts in Ost-Berlin und gemeinsamen Schreiben der Bischöfe an Eltern der Schulanfänger und zum Übergang in die Oberschulen ist dies ein weiterer Schritt evangelisch-katholischer Kooperation. Das Informationsblatt erscheint im Oktober 1998[16]. Nach der Darlegung der Bedeutung von Religionsunterricht für die schuli-

---

[15] Es ist auch gegenwärtig (April 2002) nicht absehbar, wann ein Abschluss der Verträge möglich ist.

[16] Religionsunterricht in Berlin: Schulisches Unterrichtsfach in einer Fächergruppe. Hg. im Auftrag des Konsistoriums der Evangelischen Kirche in Berlin-Brandenburg und des Erzbischöflichen Ordinariats.

sche Bildung[17] wird die angestrebte Fächergruppe ausführlich erläutert. Hier werden die drei Kennzeichen der Fächergruppe formuliert, die seitdem alle Veröffentlichungen beider Kirchen zu diesem Thema bestimmen: Pluralität, Authentizität und Positionalität sowie Kooperation.[18]

Am 4. November 1998 entscheidet das Oberverwaltungsgericht Berlin gegen das Land Berlin, dass die Islamische Föderation Berlin eine Religionsgemeinschaft im Sinne des Berliner Schulgesetzes ist.[19] Dies ist Voraussetzung dafür, dass sie in der Schule islamischen Religionsunterricht anbieten darf. Ihre Bemühungen darum wurden seit Anfang der 80er Jahre durch Politik und Verwaltung immer wieder blockiert. Dass Religionsunterricht nicht Sache des Staates sondern von Religionsgemeinschaften sei, ist eines der Argumente für die Untätigkeit der Schulverwaltung, obwohl die Notwendigkeit einer religiösen Unterweisung außerhalb der Koranschulen nicht bestritten wird. Durch das Urteil des OVG erhält nun eine Vereinigung das Recht, Religionsunterricht zu erteilen, deren Verfassungstreue angezweifelt wird. Weil Religionsunterricht nicht der staatlichen Schulaufsicht unterliegt, wird befürchtet, dass die Föderation und andere Vereinigungen, denen dasselbe Recht zugesprochen wird, unkontrolliert, aber mit staatlicher Förderung einen Gegenunterricht zu den Bildungszielen der Schule etablieren. Das könnte nur durch Änderung der schulrechtlichen Regelungen für den Religionsunterricht verhindert werden. Die Kirchen reagieren in einem veröffentlichten Brief an den Regierenden Bürgermeister, in dem die Notwendigkeit eines islamischen Religionsunterrichts erneut betont wird. Die Entscheidung des OVG mache aber zugleich deutlich, *dass der Staat eine besondere Verantwortung für den Religionsunterricht hat und diese wahrnehmen muss. ... Dieser Verantwortung kann und darf sich das Land Berlin nicht länger entziehen, wenn nicht durch die inzwischen eingetretene Entwicklung Schaden für die Berliner Schule und das heißt natürlich zuerst für die Schülerinnen und Schüler entstehen soll*[20]. Das Land Berlin kann sich der Verantwortung entziehen: Senat

---

[17] Die Bedeutung von Religionsunterricht wird mit einem später häufig zitierten Satz zusammengefasst: „Die Schule als 'Haus des Lernens' benötigt Fenster, um den weiten Horizont der ganzen Wirklichkeit wahrnehmen zu können, sie braucht Türen, damit lebensorientierende Begegnungen in ihrem sozialen Umfeld zustandekommen, und sie lebt davon, dass über ihrem Dach der Himmel offengehalten wird."

[18] Später umformuliert: siehe unten.

[19] Die Entscheidung wird von der Senatsschulverwaltung zur Revision gebracht. Das Bundesverwaltungsgericht weist am 23. Februar 2000 die Revision zurück.

[20] Schreiben des Konsistoriums der EKiBB und des Erzbischöflichen Ordinariats Berlin vom 9. November 1998.

und Parteien, Bildungspolitiker und Verbände streiten weiter über den Stellenwert von Religionsunterricht und seine angemessene schulrechtliche Institutionalisierung. Die Planung eines Schulversuchs zu „Islamkunde" im Frühjahr 1999, die in alleiniger Verantwortung der Schulverwaltung unterrichtet werden soll, stößt auf grundsätzliche Bedenken hinsichtlich der Zuständigkeit des Staates für einen Unterricht über Religion(en).

Vor der Wahl zum Abgeordnetenhaus im September 1999 fallen zum Religionsunterricht keine Entscheidungen mehr. Erstmals machen die Kirchen den Religionsunterricht während eines Wahlkampfes zum Thema. In einem gemeinsamen Brief „An die evangelischen und katholischen Christen in Berlin" bitten beide Bischöfe, *die Parteien und ihre Kandidatinnen und Kandidaten zur Wahl des Abgeordnetenhauses auch auf die Wichtigkeit des Religionsunterrichts und unser Modell einer Fächergruppe anzusprechen*[21]. Die feste Verankerung der religiösen, philosophisch-ethischen und weltanschaulichen Bildung stelle für Christen ein wichtiges Element ihrer politischen Verantwortung dar. Nach der Wahl ist Religionsunterricht bei den Koalitionsverhandlungen zwischen CDU und SPD lange Zeit ein Dissenspunkt, worüber die Medien regelmäßig berichten. Die SPD sperrt sich vehement gegen jede Neuregelung, die zu einer stärkeren schulischen Einbindung des Religionsunterrichts führt. Mangels Einigungschancen wird schließlich in der Koalition nichts vereinbart.

5. Neue Aufmerksamkeit: das Jahr 2000

Eine Äußerung des neuen Schulsenators und vorherigen Vorsitzenden der SPD-Fraktion entfacht kurz nach der Bildung des CDU-SPD-Senats eine Debatte über den Religionsunterricht, nachdem gerade wegen des Widerstands der SPD eine Überwindung des Status quo unerreichbar schien.[22] Es bildet sich prompt ein *Aktionsbündnis* verschiedener Personen und Verbandsvertreter, das gegen die vom Schulsenator befürwortete und von den Kirchen seit längerem angestrebte Fächergruppe mit mehreren Wahlpflicht-

---

[21] Im August 1999 von der EKiBB und dem Erzbischöflichen Ordinariat Berlin veröffentlicht und verteilt.

[22] In einem Interview hat der Schulsenator die Einführung von Religionsunterricht als Wahlpflichtfach in dieser Legislaturperiode nicht ausgeschlossen. Die Medien melden: Vorstellen könne er sich ein Modell, bei dem die Schüler zwischen Ethik/ Philosophie und Religion wählen müssen.

fächern agitiert und andere Lösungen entwickelt. Die Friedrich-Ebert-Stiftung veranstaltet daraufhin zusammen mit der Senatsschulverwaltung eine Reihe von Foren „Wertebezogene Bildung in der Demokratie" – jedes Mal mit prominenten Diskutanten, mit großer Teilnehmerzahl, umfangreicher Berichterstattung in den Medien und späterer Dokumentation. Die öffentliche Debatte löst sich davon, Religionsunterricht und religiöse Bildung in der Schule nur als ein kirchliches Anliegen zu diskutieren. Dass die Schule über Jahre hinweg – nicht aus bösem Willen, sondern aus strukturellen Gründen und als Folge ihrer bildungspolitisch gesetzten Aufgaben und Arbeitsbedingungen – eine wichtige Aufgabe vernachlässigt, ist nach mehreren Monaten Debatte kaum noch zu bestreiten. In diesem Zusammenhang erlangt auch der Schulversuch Ethik/ Philosophie öffentliche Beachtung.

In der Debatte werden mehrere Varianten dem Modell einer Fächergruppe (vom Schulsenator *Begegnungsmodell* genannt) entgegengesetzt. Unter anderem wird die Anreicherung von Sozialkunde gefordert: Das Fach soll mit zusätzlichen Wochenstunden ausgestattet werden und neben Politologie oder Politischer Bildung sollen auch Philosophie und Religionswissenschaften für die curriculare Ausgestaltung leitend werden. Andere favorisieren die Einrichtung von Ethik/ Philosophie als Pflichtfach für alle. Attraktivität erlangt eine Modifizierung dieser Lösung, das so genannte Fenstermodell: Dabei soll das für alle verbindliche Unterrichtsfach „Zeitfenster" erhalten, in denen Vertreter der verschiedenen Religions- und Weltanschauungsgemeinschaften Gelegenheit bekommen, die gesamte Klasse authentisch über ihre religiösen Überzeugungen und Lehren zu unterrichten. Die dafür zur Verfügung stehende Unterrichtszeit soll entsprechend der Größe der Religionsgemeinschaften aufgeteilt werden. Bei beiden Varianten kann Religions- oder Weltanschauungsunterricht zusätzlich angeboten werden. Die Kirchen lehnen beide Vorschläge ab, weil sie den Religionsunterricht wegen der Ausweitung der Stundentafel noch weiter erschweren, dem Staat eine unangemessene Verantwortung beim Unterricht über Religionen geben und auch durch ein *Fenstermodell* keine sinnvollen Lernprozesse eröffnet werden.

Angesichts der kontroversen Diskussion, die im Zusammenhang der geplanten Neufassung des Schulgesetzes zu einer Entscheidung führen soll, entfalten die Kirchen das Modell der Fächergruppe detaillierter und suchen die gesellschaftliche Debatte. Dazu dienen zwei Flyer mit dem Leitwort „www.alles-wissen-wollen.de oder Leben mit Sinn und Verstand", eine 36-seitige Broschüre der evangelischen Kirche und eine Computer-Animation und Farb-Folien der katholischen Kirche. Die drei Kennzeichen der Fächergruppe – im Informationsblatt von 1998 noch mit Fremdworten benannt –

werden neu umschrieben: *Verschiedenheit gestalten*, *Standpunkte erfahren* und *Über Wahrheit streiten*. Der erste Flyer (veröffentlicht im April 2000) beschreibt die Fächergruppe und antwortet auf Fragen und Einwände, die bei Veranstaltungen und in Medien gegen die Fächergruppe und gegen schulischen Religionsunterricht überhaupt vorgebracht werden.[23] Ein zweiter Flyer wird im November 2000 veröffentlicht, um die Eigenständigkeit und die Kooperation der verschiedenen Fächer zu veranschaulichen. An drei Unterrichtsthemen wird illustriert, *wie die Eigenständigkeit von Positionen und Chancen der Kooperation sich ergänzen*. Zusätzlich werden Formen der Kooperation im Unterricht und ihr Umfang[24] beschrieben sowie die Prinzipien benannt, *die für alle Unterrichtsfächer in der Fächergruppe und die beteiligten Kirchen, Religions- und Weltanschauungsgemeinschaften verbindlich sind und von den Schülerinnen und Schülern akzeptiert werden* müssen, nämlich *Transparenz*, *Gleichrangigkeit*, *Respekt*, *Selbstkritik* und *Authentizität*. Das Ziel von Kooperation gilt nach der Darstellung als erreicht, *wenn die Schülerinnen und Schüler der einzelnen Unterrichtsfächer das Gelernte untereinander austauschen, verschiedene Wahrnehmungen und Einstellungen wechselseitig kennen lernen und die Tragfähigkeit ihrer Einsichten und Überzeugungen im Dialog auf die Probe stellen.*

6. Einsichten und neue Fragen[25]

Seit das Konzept des Religionsunterrichts als *Kirche in der Schule* mit den Leitbegriffen *Evangelische Unterweisung* und *Christenlehre* in den fünfziger Jahren an Plausibilität verlor und von anderen Konzeptionen abgelöst wurde,

---

[23] „Acht Fragen und Antworten" zu: Gehören Religion und Weltanschauung in die Schule? Sollten die Klassen nicht gemeinsam lernen? Soll Religionsunterricht als Pflichtfach zum Glauben zwingen? Müssen nicht Staat und Kirche getrennt bleiben? Warum soll die Berliner Regelung nicht fortgeführt werden? Muss Werteerziehung nicht in allen Fächern stattfinden? Ist die Fächergruppe nicht viel zu teuer? Kann Glaube benotet werden?

[24] Dazu heißt es: „Durch Mindestverpflichtungen wird das Verhältnis von Eigenständigkeit und Kooperation festgelegt: In jedem Schuljahr soll etwa ein Viertel der Unterrichtszeit für Themen und Arbeitsphasen in Kooperation verwendet werden. In diesem zeitlichen Rahmen soll zweimal eine Zusammenarbeit aller Unterrichtsfächer, die in einer Klasse oder Klassenstufe erteilt werden, erfolgen. Einmal kann statt einer Kooperation, die alle verbindet, eine Zusammenarbeit zwischen einzelnen Unterrichtsgruppen verabredet werden."

[25] Dieser Beitrag wurde zusammen mit Hans-Hermann Wilke konzipiert, der dann an der Fertigstellung krankheitsbedingt nicht mitarbeiten konnte. Der Abschnitt „Einsichten und neue Fragen" erhält Passagen und Formulierungen, die auf seine Vorarbeiten zurückgehen.

betonen auch die Religionspädagogen, die an der kirchlichen Bindung und theologischen Verantwortung des Religionsunterrichts festhalten, dass er zugleich aus und in dem Bildungsauftrag der Schule zu begründen und ihm gemäß zu erteilen ist. In der schulischen Arbeitsteilung nach Fächern nimmt Religionsunterricht den allgemeinen Bildungsauftrag für das Feld von Christentum/ Religionen/ Religion wahr. Im Sinne solcher Arbeitsteilung entlastete der Religionsunterricht auch in Berlin (West) de facto andere Fächer davon, sich eigens mit Christentum/ Religionen/ Religion zu beschäftigen, aber dies geschah ohne Integration des Religionsunterrichts in den schulischen Bildungsauftrag und ohne Wechselwirkung mit anderen Unterrichtsfächern. Werden schulische Lehr- und Lernprozesse anders als herkömmlich in Unterrichtsfächern organisiert, dann wird das Fach Religionsunterricht dysfunktional und fällt aus der Schule heraus, wie zunächst das Kurssystem in der Oberstufe, dann die Organisation der Gesamtschule und inzwischen auch die Grundschulreform mit ihrer teilweisen Abkehr von der Verfächerung zeigen. Religiöse (und weltanschauliche) Bildung braucht einen festen Ort im Bildungsauftrag der Schule und in ihrer Lern- und Lehrorganisation. Das ist der Nerv der kirchlichen Forderung nach einer Statusveränderung des Religionsunterrichts. Die Frage, wie dieser Ort angesichts zurückgehender Kirchlichkeit und wachsender religiöser und weltanschaulicher Pluralität zu gestalten ist, hat zur schrittweisen Ausarbeitung des Konzepts der Fächergruppe geführt.

Die Fächergruppe lässt dem Unterricht in Religionen und Weltanschauungen deren unterschiedliche Profile, ebnet also Differenzen nicht ein, blendet Fremdheitserfahrungen nicht aus und nötigt die Verschiedenen und einander oft Fremden zum Dialog. Unterricht in der Fächergruppe fordert von den Fachlehrkräften ein hohes Maß fachlicher Kompetenz in Fragen der Interpretation des eigenen Glaubens bzw. der eigenen Weltanschauung und in der Didaktik. Neue Kompetenzen interreligiöser Dialogfähigkeit müssen eigens erarbeitet werden, wenn man nicht Gefahr laufen will, sich auf den kleinsten gemeinsamen (zivilreligiösen) Nenner zu einigen und Differenzen, die das je eigene fachliche Profil kennzeichnen, zu übergehen. Darum ist es nötig, neben den kooperativen Phasen (einschließlich ihrer Vorbereitung und Auswertung) ausreichend Zeit für Themen und Fragestellungen zu haben, die jedem der Fächer eigen sind. Die Überwindung eines fachinternen Monologs oder eines nur mit sich selbst geführten Dialogs stellt den Fächern allerdings neue Anforderungen:

– Gerade weil sie die Eigenständigkeit des *evangelischen* und *katholischen Religionsunterrichts* respektiert haben, konnten beide Kirchen bei der Entwicklung des Konzepts der Fächergruppe ein hohes Maß an Übereinstimmung entwickeln. Auf diesem evangelisch-katholischen Weg wächst allerdings die Erwartung von mehr Gemeinsamkeit in der noch getrennten Unterrichtspraxis. Solche evangelisch-katholische Kooperation sollte dann so offen gestaltet werden, dass sie auch Schülerinnen und Schüler anderer christlicher Herkunft – insbesondere der Migrantinnen und Migranten verschiedener orthodoxer Konfessionen – gerecht wird. Trotz Nötigung zu ökumenischer Übereinstimmung und einem gemeinsamen christlichen Profil bestehen Akzentsetzung und konfessionelle Traditionen fort – im evangelischen Religionsunterricht beispielsweise die Betonung der biblischen Erzählüberlieferung.

– Der Humanistische Verband versucht, seine in der freidenkerischen Tradition gründende Gegnerschaft zu Religion – insbesondere in ihrer kirchlich-christlichen Gestalt – zu überwinden und eine Weltanschauung des religionslosen Humanismus zu entwickeln. Für *Lebenskunde* wird zur Zeit ein Weg über ein sozial- und reformpädagogisch gefärbtes Unterrichtsverständnis gesucht. Dies ist zwar mit dem schulischen Bildungsauftrag kompatibel, aber gemäß der Rechtsstellung des Religions- und Weltanschauungsunterrichts eben nicht ihr Bestandteil. Als Weltanschauungsunterricht wird Lebenskunde Auskunft geben müssen, wie sich ihr „Humanismus" gegenüber den allgemeinen Standards des schulischen Bildungsauftrags spezifisch ausweisen kann und wie er sich von der Orientierung an philosophischen Grundlegungen und Einsichten abgrenzt, denen das weltanschaulich neutrale Fach *Ethik/ Philosophie* folgt. Für die Fächergruppe bildet die Einbeziehung eines Unterrichtsfachs mit programmatischer Religionslosigkeit eine besondere Herausforderung.

– *Islamischer Religionsunterricht* wird derzeit erst in zwei Grundschulen in Trägerschaft der Islamischen Föderation Berlin erteilt. Erschwert wird dies, weil die Föderation – unter anderem durch den nicht-religiösen Türkischen Bund (im Kemalistischen Sinne?) – auf fundamentalistische Tendenzen und Personen festgelegt wird und ohne detaillierten Nachweis der Verfassungsfeindlichkeit verdächtigt wird. Das findet bei solchen Teilen der deutschen Bevölkerung Resonanz, die Religion überhaupt als rückständig und als ein Hindernis gesellschaftlicher Integration ansehen und diese Einstellung insbesondere auf den fremden Islam projizieren. Das Konzept einer Fächergruppe ist Aufforderung an die vielerlei islamischen Gruppierungen und ihre Bemühungen um einen eigenen Religionsunterricht, sich nicht in erster Linie über Abgrenzungen darzustellen, sondern sich auf einen Weg mit dem Ziel zu begeben, das in der christlichen Ökumene als versöhnte Verschiedenheit beschrieben wird. In dessen Perspektive können Öffentlichkeit und argumentierender Dialog eingeübt werden, wie es für das respektvolle Zusammenleben der Religionen in der Nachbarschaft notwendig ist.

Alle Bemühungen um die Verbesserung der schulrechtlichen Stellung religiöser Bildung im Rahmen einer Fächergruppe stehen gegen den Trend, Religion aus dem öffentlichen Bildungswesen ins vermeintlich Private abzudrängen oder sie auf eine Zutat eines in seinen Konturen unklaren „Leben gestaltenden“ oder religionskundlichen Faches zu beschränken. Mit der Fächergruppe soll die unterrichtliche Präsenz von Religionen und Weltanschauungen in den öffentlichen Schulen neu konzipiert und gestärkt werden – im Spannungsverhältnis von Differenz und Integration, von Eigenständigkeit und Kooperation. Dieser Weg ist mühsam. Aber er passt zu dem, was in der Debatte um grundlegende Veränderungen von Schule ohnehin zunehmend für notwendig gehalten wird. So wie in dieser Debatte die Verfächerung der Schule nicht völlig aufgegeben wird, sollen auch in der Fächergruppe die verschiedenen Unterrichtsfächer religiöser, philosophisch-ethischer und weltanschaulicher Bildung zwar miteinander kooperieren, aber ihre Eigenständigkeit behalten.

Das Konzept der Fächergruppe hat in den Berliner Kontroversen Konturen gewonnen, die über das hinausweisen, was die Denkschrift „Identität und Verständigung“ mit diesem Begriff andeutete. Für die „Berliner Fächergruppe“ ist charakteristisch: Schülerinnen und Schüler (oder ihre Erziehungsberechtigten) wählen – grundsätzlich unabhängig von ihrer Konfessions- oder Religionszugehörigkeit – eines der Unterrichtsfächer, in der Regel mindestens für ein Schuljahr. Neben evangelischem und katholischem Religionsunterricht sowie Ethik/ Philosophie schließt die Fächergruppe die humanistische Lebenskunde und islamischen Religionsunterricht ein, wobei sich an der einzelnen Schule regionale Unterschiede des Angebots und der Schwerpunkte von Unterrichtsfächern ausbilden können. Religionsunterricht anderer Konfessionen kann bei Bedaft in einzelnen Schulen hinzukommen. Die Kooperation im Unterrichtsprozess ist konstitutiv und für alle beteiligten Fächer und ihre Lerngruppen obligatorisch – mit Konsequenzen für Rahmenpläne, für die Arbeit in schulischen Fachkonferenzen, für die Aus- und Fortbildung und für die Formen des Lehrens und Lernens.

Gisela Raupach-Strey

Ergänzende Bemerkungen zum Berliner Weg aus der Sicht der Philosophie

Seit nunmehr etwa 15 Jahren (wenn nicht länger) sind Vertreter des Religions- und des Philosophie-Unterrichts in Berlin im Gespräch, um gemeinsam das Vorhaben voranzubringen, unter den speziellen Bedingungen dieses Bundeslandes die ethische und religiöse Bildung in einer Fächergruppe zu etablieren, so dass der von Rolf Lüpke nachgezeichnete Weg bis zu einem gewissen Grad auch ein gemeinsamer war – bislang leider immer noch ohne durchgreifenden politischen Erfolg. Was um 1993/94 durch das Zusammenwirken verschiedener Kräfte immerhin gelang, war die Einrichtung des Schulversuchs Ethik/ Philosophie[1], wenn auch auf quantitativ recht schmaler Basis, die dem intendierten Ziel, möglichst für alle Schüler/innen das Angebot eines orientierenden Unterrichts zu entwickeln, kaum entsprechen konnte. Durch die etwas später hinzukommenden Schulen waren dann der Ostteil der Stadt sowie die nicht-gymnasialen Schulformen etwas besser vertreten. Der Name war ein Kompromiss, allzu elitäre Assoziationen bzgl. des Faches Philosophie (wiewohl sie dem Stand der Didaktik ohnehin nicht gerecht werden) zu vermeiden und dennoch deutlich zu machen, dass der „Ethik-Unterricht", wie er im Schulalltag dann meistens heißt, seine wissenschaftliche Grundlage im Fach Philosophie besitzt. Damit wird nicht nur die Ernsthaftigkeit der gedanklichen Auseinandersetzung im Unterricht unterstrichen, die sich dialogisch-argumentativ vollziehen und an rationalen Maßstäben orientieren soll, sondern im Prinzip auch die Perspektive für die Ausbildung künftiger Ethik-/ Philosophielehrer an den Universitäten eröffnet. In Ermangelung einer ausreichenden Zahl von Philosophie-Lehrer/innen wurden zunächst für den Schulversuch Weiterbildungskurse[2] eingerichtet, die mit einer Unter-

---

[1] Raupach-Strey, Gisela: Der Berliner Schulversuch Ethik/Philosophie. Ein Bericht. In: Information Philosopphie, Lörrach März 1997, S.44-50.

[2] Raupach-Strey, Gisela: Das Weiterbildungskonzept zum Berliner Schulversuch Ethik/ Philo-

richtserlaubnis abschließen. Da der politische Wille fehlt, ist ein einschlägiger Studiengang bis heute nicht etabliert, was der Sache nach ohne größere Probleme möglich wäre.

Die Antriebe für die Philosophie-Vertreter/innen waren naturgemäß anders gelagert als für die Religionsvertreter und zugleich anders als in anderen Bundesländern. Das historisch erste Motiv der westlichen Bundesländer für den Ethikunterricht, diejenigen Schüler/innen zu „versorgen", die sich vom Religions-Unterricht abgemeldet haben, entfällt (formal) in Berlin aufgrund der Gesetzeslage („Bremer Klausel"), da der Religions-Unterricht nicht Pflicht ist, und somit nach dem Status quo auch keine Alternative verpflichtend gemacht werden kann. Stattdessen ist eher wahrzunehmen – von Seiten vieler anderer Fächer, aber auch im öffentlichen Leben – dass die Bildung im ethisch-religiösen Bereich generell viel zu wünschen übrig lässt, da in Berlin schon spätestens seit den Nachkriegsjahren man sich nicht mehr allgemein und selbstverständlich mit derartigen Themen befasst, eine Diskussionskultur zu weltanschaulichen und religiösen Fragen kaum – fast nur in Nischen – gepflegt wird, und man somit Gefahr läuft, eine anthropologische Grunddimension zu verlieren. An die Stelle scheint mir häufig eine Art „Standpunkt-Kultur" getreten zu sein, die eher eine Un-Kultur ist, da man sich (teilweise sehr fixiert und dem Schwarz-Weiß-Denken verhaftet) zwar positioniert, aber nicht argumentiert, so dass eine gemeinsame Arbeit an den Problemen inhaltlich wie politisch sehr erschwert ist. Das Standpunkt-Denken gilt nicht weniger im Hinblick auf die DDR-Geschichte des Ostteils der Stadt.

Die politische Wende hat aber Bewegung auch in dieses Feld hineingebracht, da nun die Anfrage an die Philosophie entstand, was sie – insofern sie nicht ideologisch-weltanschaulich eingefärbt ist – im Bereich der Grundorientierung in dieser Welt zu sagen habe. Der Philosophie als Hochschuldisziplin lag diese Problematik im allgemeinen zunächst ferner, aber für die Philosophie-Didaktik war dies eine Herausforderung. Denn einerseits wollte sie sich diesem Anspruch stellen, während sie ja andererseits (in Übereinstimmung mit der Universitätsdisziplin) mit guten, insbesondere historischen Gründen Philosophie nicht als Weltanschauung versteht und deshalb den Unterricht und die Lehrer-Ausbildung an das wissenschaftliche Fach Philosophie anbindet. Philosophie darf nicht als Ideologie missverstanden oder gar missbraucht werden. Daher ist auch innerhalb der Philosophie darauf zu ach-

---

sophie. In: Zeitschrift für Didaktik der Philosophie und Ethik, 4/96 ‚Jahrtausendwende', Schroedel Verlag Hannover, S.298-304.

ten, dass sie sich nicht einseitig einer Richtung, einem Trend oder einer „Schule" verschreibt. Die Schüler/innen haben ein Recht darauf, jedenfalls im Unterricht einer öffentlichen Schule, unterschiedliche Auffassungen und Vorgehensweisen des Philosophierens kennenzulernen, gewissermaßen eine Pluralität des philosophischen Denkens. Die Philosophie-Didaktik hat die so begründete anfängliche Zurückhaltung aber überwunden und sich zur Ethik-Didaktik geöffnet, indem sie zwei Antworten gegeben hat: Einen Beitrag zur Orientierung junger Menschen kann die Philosophie sehr wohl leisten, und zwar, indem sie Grundvorstellungen und -ideen, Denkmuster, Denkmodelle und theoretische Ansätze, die in der philosophischen Tradition bereitliegen, aktiviert, verständlich macht und sie zur Deutung gegenwärtiger Probleme (im Großen wie im Kleinen) mit den Schüler/innen zusammen ausprobiert und fruchtbar macht. Inhaltlich ist dieser Ansatz also wesentlich umfassender als lediglich moralische Regeln oder Werte zum Unterrichtsgegenstand zu machen; er betrifft das Selbstverständnis des Menschen und sein Weltbild in allen Dimensionen – aber er ist bescheiden-vorsichtig, insofern er sich eines Dogmas, einer eindeutigen „Lehre" enthält. Damit hängt der andere Beitrag der Philosophie zur Orientierung zusammen, der vorwiegend methodischer Art ist: Philosophisch begründeter Ethikunterricht fördert Zuhören und Verständnis, Sensibilität und Nachdenklichkeit, veranlasst zum Wechsel der Perspektive, zum Fragen nach Gründen und zu sorgfältig abwägendem Urteil. Philosophie liefert nicht die Lösungen, sondern hilft bei der gemeinsamen Suche nach Problemlösungen in konkreten Fällen und spielt gedanklich gewissermaßen prophylaktisch unterschiedliche Antwortversuche durch. Auf diese Weise fördert Philosophieren die Selbständigkeit im Denken und Handeln, und zugleich eine Empathie-getragene verantwortliche und tolerante Grundeinstellung. Philosophie lehrt nicht Wissen, sondern fördert in erster Linie Kompetenzen, indem Antwortmöglichkeiten auf die grundlegenden, allgemeinen Fragen des Menschseins durchgesprochen werden.

Mit dieser Doppelantwort über ihren spezifischen Beitrag[3] war der Weg frei für das Engagement der Philosophen in einem einschlägigen Unterrichtsfeld.

Die Notwendigkeit, dass die Philosophie sich im Feld der moralischen und weltanschaulichen Orientierung in die Bildungsprozesse der Schülerschaft

---

[3] Raupach-Strey, Gisela: Ethik-Unterricht auf philosophischer Basis, Referat vom 11.3.1994 auf der Tagung ‚Wertevermittlung in der pluralistischen Gesellschaft', Dokumentation ‚Werte Erziehung' der GEW Berlin, Februar 1995, S.40-47.

einbringt, ergibt sich freilich erst aus zusätzlichen Annahmen und Überzeugungen. Die Hinweise auf den (wirklichen oder vermeintlichen) Werteverlust der Gesellschaft oder die Orientierungslosigkeit der Jugendlichen sind dabei die plakativsten. Schaut man genauer hin, ist die gesellschaftliche Situation nicht durch ein Alles-oder-Nichts-Muster angemessen zu beschreiben. Dennoch ist es richtig, dass über längere Zeiträume betrachtet gesellschaftliche Veränderungen hinsichtlich der Grundorientierung zu verzeichnen sind. Auf zunehmende Säkularisierung, das Schwinden volkskirchlicher Strukturen, Denk- und Lebensweisen sowie demographische Verschiebungen lässt sich verweisen. Neben einer manifesten Pluralität an Überzeugungen wächst gleichzeitig Desorientierung, aber auch Desinteresse in den „letzten Fragen". Wie auch immer eine genaue Gesellschaftsanalyse ausfallen mag und mit welchen politischen Denkmustern sie jeweils gedeutet werden mögen – ein Feld, in dem sich trefflich streiten lässt – , nicht von der Hand zu weisen ist, dass der Staat sich in der Vergangenheit auf eine Art Dienstleistungsfunktion des Religionsunterrichts hinsichtlich der Vermittlung eines ethisch-moralischen Grundkonsenses und wohl auch einer gewissen Gesprächskultur verlassen hat (ohne dass Religionsunterricht in diesen beiden Funktionen aufginge), die de facto der Religionsunterricht nicht mehr flächendeckend wahrnehmen kann, weil er entweder nicht angeboten oder nicht angewählt wird. In diesem Punkt konvergieren eine soziologische Tendenz in den alten Bundesländern mit der ursprünglich künstlich hergestellten Situation in der ehemaligen DDR sowie dem strukturellen Vakuum speziell in Berlin. Aus dieser Tatsache der zunehmend entfallenden Dienstleistung für die gesamte Gesellschaft – mag sie vom Religionsunterricht bedauert oder begrüßt werden –, resultiert umgekehrt eine zunehmende pädagogische Verantwortung des Staates, ein religiös bzw. weltanschaulich neutrales Angebot eines orientierenden Unterrichts an den öffentlichen Schulen bereitzustellen. Dieser Überzeugung bin ich als Philosophie-Vertreterin jedenfalls mehr und mehr gefolgt, indem ich den umschriebenen doppelten Orientierungsbeitrag der Philosophie in der Theorie wie in der Praxis wie in der bildungspolitischen Diskussion stark gemacht habe. Freilich darf ein Ethik-Unterricht nicht als Alibi für gesellschaftlich zu verantwortende Missstände (wie z. B. Gewaltzunahme) missverstanden werden. Philosophisch begründeter Ethik-Unterricht kann die pädagogische Verantwortung für Orientierungsmöglichkeiten der jungen Generation nicht alleine einlösen – sie muss gesellschaftlich und auch von der ganzen Schule mitgetragen werden –, aber er kann seinen spezifischen Beitrag leisten und sollte es somit auch, nimmt man die beiden Argumentationsstränge zusammen[4].

Als drittes Motiv kam ein weiterer Argumentationsstrang hinzu, der sich aus einer internen fachdidaktischen Problematik des Philosophie-Unterrichts ergibt:

Philosophie war bislang nur ein Fach der Sekundarstufe II (Klasse 11-13). Der in anderen Fächern übliche Aufbau von elementaren Grundlagen schrittweise zu komplexeren und abstrakteren Gegenständen, Einsichten resp. methodischen Kompetenzen vorzustoßen, entfällt daher bislang für den Philosophie-Unterricht. Im Bild: Man betritt zu Beginn der Oberstufe unmittelbar das Obergeschoss im „Haus des Lernens" speziell dieses Faches, ohne den Unterbau zu kennen bzw. unterrichtlich aufgearbeitet zu haben. Auch wenn begabtere oder interessiertere Schüler/innen hier weniger Schwierigkeiten haben dürften, resultiert aus diesem didaktischen Defizit grundsätzlich ein Nachholbedarf: Elementare Denkschritte und elementare Einsichten sind als Voraussetzung für das weitere Nachdenken bewusst zu machen und können nicht ohne weiteres übersprungen werden. In der ersten Zeit des neu einsetzenden Philosophie-Unterrichts sind vor allem die allgemeinen Aussagen immer wieder auf konkrete Beispiele zurückzubeziehen, damit sie sich nicht unverstanden verselbständigen. Derartiges elementares Philosophieren kann prinzipiell schon in jungen Jahren geleistet werden und entlastet andererseits das Philosophieren in der Oberstufe für seine weitergehenden, altersgerechten Möglichkeiten.

Nun hat zwar Philosophie als Oberstufenfach nicht dieselbe Akzentuierung in der Zielsetzung wie der Ethik-Unterricht, aber es handelt sich nur um eine Schwerpunkt-Verschiebung, die unter methodischem Aspekt hier nicht diskutiert werden muss. Wenn daher – wie es für Berlin angedacht war – in den Klassen 7-10 Ethik-Unterricht angeboten wird, kann er bis zu einem gewissen Grad den „Unterbau" für das Oberstufenfach Philosophie/ Ethik liefern. Wie auch immer die juristische Konstellation gewählt würde, ob mit einem oder mit zwei Fächern in der Sekundarstufe II, ergäbe sich daher für die Philosophie-Didaktik durch den avisierten Ethik-Unterricht trotz der anders gelagerten, gesellschaftlich bedingten Entstehungsgeschichte eine sinnvolle und wünschenswerte Erweiterung „nach unten". Umgekehrt entspricht ein philosophischer Ethik-Unterricht in den nicht-gymnasialen Bildungsgän-

---

[4] Raupach-Strey, Gisela: Ethik-Unterricht auf philosophischer Basis. In: Deutsche Zeitschrift für Philosophie 4/1998, S.615-668.

gen dem Desiderat (das in anderen Ländern längst eingelöst wird), *allen* Schüler/innen die Möglichkeit zu philosophischem Fragen und Anregung zu philosophischer Nachdenklichkeit zu geben sowie zur gedanklichen Durchdringung ihrer konkreten Lebenswelt. Die Öffnung der Philosophie für die Probleme dieser Welt (ob in Alltag, Beruf, Gesellschaft o. a.) ist in der didaktischen Theorie seit langem Allgemeingut; hier bietet sich ein praktisches Betätigungsfeld.

Schließlich lassen sich zwei bildungstheoretische Argumentationsstränge anführen, die das erste Argument der doppelten Möglichkeit des Orientierungsbeitrags der Philosophie in zweifacher Weise zur Notwendigkeit erheben: Das Vernunft-Argument und das Kulturgut-Argument.

Zum vierten Argumentationsstrang, der auf die Vernunft rekurriert: Wenn als gleichberechtigte Alternative zu religiös oder weltanschaulich (Lebenskunde) gebundenem Unterricht ein religiös bzw. weltanschaulich nicht festgelegtes Unterrichtsangebot benötigt wird, so kann dieses nur als tragende Bezugswissenschaft die Philosophie haben, die nicht auf der Basis einer confessio, sondern auf der Basis der allen Menschen gemeinsamen *Vernunft* operiert. Denn der genuine Ort solcher unvoreingenommenen gedanklichen Grundlagen-Arbeit ist die Philosophie, insbesondere im Paradigma des Sokratischen Dialogs. Dies bedeutet nicht Unverbindlichkeit hinsichtlich des ethischen Grundkonsenses, vielmehr erweist sich dessen Gültigkeit in der vernünftigen, diskursiven Auseinandersetzung. Ethik-Unterricht auf philosophischer Basis ist weltanschauungs-, aber nicht wertneutral, sofern sich die beanspruchten Werte vernünftig begründen lassen. Eine andere Gemeinsamkeit als die Vernunft lässt sich nicht universal in Anspruch nehmen.

Als fünfter Argumentationsstrang lässt sich für einen philosophisch begründeten Ethik-Unterricht noch das Argument des Bildungsgutes anführen: Philosophie verwaltet gewissermaßen in ihrer „Vorratstruhe" an Schriften, Texten und Gedankengebäuden ein Kulturgut, einen „Schatz", der nicht verloren gehen, sondern bereits als solcher, ohne auf einen Nutzen oder Zweck zu schielen, weitergegeben und lebendig gehalten werden sollte. Dieser Argumentationsstrang hat wieder an Bedeutung gewonnen, seit wir als Aufgabe des Ethik-Unterrichts auch das Vertrautmachen mit religiösem Gedankengut einbezogen haben; Ethik-Unterricht hebt gewissermaßen Schätze aus beiden Truhen, der philosophischen und der religiösen, die beide zudem in sich viele

Abteilungen enthalten und miteinander zu einem tolerant-kooperativen Verhältnis finden sollten[5].

Darüber hinaus sind interdisziplinäre Elemente notwendig. Auch Kenntnisse aus den Sozial- und Kulturwissenschaften, der Geschichte, der Psychologie, aber auch den Naturwissenschaften werden jeweils in bestimmten Bereichen des Ethik-Unterrichts als Voraussetzung vernünftiger Argumentation benötigt, so dass auch hier Kooperationsformen anzustreben sind.

Für diese fünf zusammenfließenden Argumentationsstränge hat die Philosophie für die Konzeption eines Ethik-Unterrichts auf philosophischer Basis viel Unterstützung durch die Religionsvertreter erfahren, auf den zahlreichen Foren und in der bildungspolitischen Diskussion der 90er Jahre in Berlin[6].

Gegenläufig nahm die politische Unterstützung des Schulversuchs, der eigentlich als erster Schritt zu einer Neuregelung der Fächergruppe (vornehmlich als Wahlpflichtbereich) gedacht war, nach einer gewissen Euphorie des Anfangs eher ab. Die Realitätsbedingungen hinsichtlich zeitlicher Kapazitäten, materieller und personeller Ressourcen waren und sind bis heute nicht nur allzu spärlich, sondern leider auch geeignet, durch Überlastung, Überfrachtung und Übererwartung ein falsches Bild des Ethik-Unterrichts in der Öffentlichkeit zu erzeugen oder zu befestigen, das seinem eigentlichen Potential in keiner Weise entspricht. Es bleibt zu hoffen, dass die allzu starren, insbesondere ideologischen Barrieren – die oftmals bei näherer Betrachtung historische Relikte sind und den gegenwärtigen gesellschaftlichen Anforderungen mitnichten korrespondieren – schließlich doch überwunden werden und ein politischer Wille seine pädagogische Verantwortung erkennt, Ethik-Unterricht neben den verschiedenen Formen des religiösen oder weltanschaulichen Unterrichts in einer Gruppe von Fächern verbindlich etabliert und für alle Schüler/innen Berlins zugänglich macht – um der Zukunft willen, als Orientierungshilfe für die junge Generation und um ihrer ethischen und religiösen Bildung willen.

---

[5] Raupach-Strey, Gisela: Das Verhältnis des Philosophie/Ethik-Unterrichts zu religiösen und nicht-religiösen Weltanschauungen. (Referat am 2.3.1998 an der Universität Rostock). In: Philosophie und Religion. Zukunft einer Fächergruppe, hrsg. von Hastedt/Ausborn-Brinker/Fröhlich, Rostocker Philosophische Manuskripte, Neue Folge, Heft 5/ 1998, S.57-74.

[6] Raupach-Strey, Gisela: Der Berliner Schulversuch Ethik/Philosophie, Referat vom 10.3.1995 in der Evangelischen Akademie Berlin-Brandenburg, Dokumentation Nach-Lese ‚Zwischen Konfessionalität und Schule', November 1995, S.21-28.

Helmut Hanisch/ Jochen Kinder

Religions- und Ethikunterricht im Freistaat Sachsen aus statistischer Sicht

1. Vorbemerkung

Die politische Wende im Osten Deutschlands brachte in vielen gesellschaftlichen Bereichen grundlegende Veränderungen. Dazu gehörte nicht zuletzt auch die Einführung des Religions- und Ethikunterrichts. Während das Fach Ethik gesellschaftspolitisch unproblematisch erschien, löste die Frage der Einführung des Religionsunterrichts im Osten Deutschlands teilweise heftige Debatten aus. Denn manche kirchliche Vertreterinnen und Vertreter sahen es keineswegs als selbstverständlich an, dass nach jahrzehntelanger Trennung von Staat und Kirche nun im Osten Deutschlands Religionsunterricht an der staatlichen Schule stattfinden sollte.[1] Nicht zuletzt sahen die Kritikerinnen und Kritiker des Religionsunterrichts dadurch die Unabhängigkeit der Kirchen und die Eigenständigkeit der Christenlehre als kirchliches Bildungsangebot in Frage gestellt. Trotz andauernder Bedenken stimmte zunächst die Synode der Evangelischen Kirche der schlesischen Oberlausitz und später die Synode der Evangelisch-Lutherischen Landeskirche Sachsens der Einführung

---

[1] Dazu u. a. Domsgen, M (1998): Religionsunterricht in Ostdeutschland, Leipzig: Evangelische Verlagsanstalt; Hanisch, H. & Pollack, D. (1997): Religion – ein neues Schulfach. Eine empirische Untersuchung zum religiösen Umfeld und zur Akzeptanz des Religionsunterrichts aus der Sicht von Schülerinnen und Schülern in den neuen Bundesländern, Stuttgart: Calwer Verlag u. Leipzig: Evangelische Verlagsanstalt; Hanisch, H. (2002): Im Schnittpunkt von Indifferenz und Affirmation. Anmerkungen zum Religionsunterricht im Freistaat Sachsen. In: Schweitzer, Friedrich (Hg.): Der Bildungsauftrag des Protestantismus, Gütersloh: Chr. Kaiser, S. 145-163; Grethlein, Ch. (1995): Empirische Stolpersteine auf dem Weg zur kirchlichen Mitverantwortung im Osten Deutschlands. In: Degen, R. & Doyé, G. (1995): Bildungsverantwortung der Kirche in Ostdeutschland. Grundsatztexte. Entwicklungen. Kommentare, Berlin: Comenius-Institut, S. 175-179.

des Religionsunterrichts an den öffentlichen Schulen im Freistaat Sachsen zu, so dass landesweit ab dem Schuljahr 1992/93 offiziell mit der Erteilung des Religionsunterrichts – und parallel dazu – mit der Einführung des Ethikunterrichts begonnen werden konnte.

Das Hauptproblem bei der Einführung beider Fächer bestand zunächst darin, die Versorgung mit Lehrkräften sicherzustellen. Aufgrund der Schulgeschichte der DDR liegt es auf der Hand, dass kein Lehrpersonal zur Verfügung stand, das in den neuen Fächern einsetzbar gewesen wäre. Im Hinblick auf den Religionsunterricht erwies es sich jedoch als günstig, dass auf kirchliche Mitarbeiterinnen und Mitarbeiter sowie Pfarrerinnen und Pfarrer als Lehrpersonal zurückgegriffen werden konnte. Diese wurden in kurzen religionspädagogischen Einführungskursen für die Aufgabe an der Schule vorbereitet. Daneben wurden Weiterbildungskurse für staatliche Lehrerinnen und Lehrer eingerichtet, an denen anfänglich 100 Personen teilnahmen. Dennoch reichten die zur Verfügung stehenden kirchlichen und später auch staatlichen Lehrkräfte keineswegs aus, um landesweit die Einführung des Religionsunterrichts sicherzustellen. Noch gravierender zeigte sich das Versorgungsproblem im Ethikunterricht. Durch großzügige Weiterbildungsmaßnahmen für staatlich angestellte Lehrerinnen und Lehrer versuchte das Staatsministerium für Kultus den personellen Mangel zu mildern, um so die Einführung beider Fächer und deren Integration im Bildungskanon der Schule voranzutreiben.

Nach fast 10 Jahren, in denen die Fächer Religion und Ethik im Freistaat Sachsen erteilt werden, stellt sich die Frage, ob es gelungen ist, ein flächendeckendes Angebot zu realisieren, das es allen Schülerinnen und Schülern ermöglicht, an den Fächern Religion oder Ethik teilzunehmen. Zugleich ist es von Interesse zu wissen, von welchen Teilnehmerzahlen im Einzelnen im Hinblick auf beide Fächer auszugehen ist. Zwar tauchen in unterschiedlichen staatlichen und kirchlichen Publikationsorganen vereinzelt statistische Angaben auf, aber bislang fehlt eine Gesamtübersicht, die nicht zuletzt auch dazu beitragen kann, das Erreichte zur Kenntnis zunehmen, zu würdigen und zu neuem Nachdenken über beide Fächer anzuregen und Vorschläge zu deren Weiterentwicklung zu entfalten.

Zur Gewinnung einer Gesamtübersicht haben wir die amtlichen Statistiken des Freistaates Sachsen seit dem Schuljahr 1996/97 ausgewertet. Hinzu kommen Angaben der sächsischen Landeskirche sowie eine Sonderübersicht, die wir beim Statistischen Landesamt in Kamenz in Auftrag gegeben haben.[2]

Bei unseren Auswertungen und Interpretationen der dokumentierten Zahlen ließen wir uns von der normativen Annahme leiten, dass es aus pädagogischen und schulpolitischen Gründen wünschenswert wäre, wenn die Fächer Religion und Ethik flächendeckend für alle sächsischen Schülerinnen und Schüler, die öffentliche Schulen besuchen, angeboten würde. Entsprechend erscheint es aus unserer Sicht beispielsweise bedenklich, wenn Schülerinnen und Schüler – aus welchen Gründen auch immer – nur eines der beiden Fächer zum Besuch angeboten bekommen, so dass keine Möglichkeit besteht, zwischen beiden Fächer zu wählen. Zugleich sehen wir es als günstig an, wenn möglichst viele, vor allem auch konfessionslose junge Menschen das Fach Religion besuchen, um so den gesellschaftlichen Mangel an religiöser Kompetenz, wie er sich über Jahrzehnte im Osten Deutschlands besonders krass herausgebildet hat, in bescheidenem Maße abzubauen.

Vor der Präsentation der für unser Anliegen aufschlussreichen Zahlen (Kapitel 3) sowie ihrer zusammenfassenden Kommentierung (Kapitel 4) sollen zunächst die Rahmenbedingungen kurz erläutert werden, unter denen die Fächer Religion und Ethik[3] im Freistaat Sachsen angeboten werden (Kapitel 2).

2. Rahmenbedingungen

Der Religionsunterricht ist das einzige Schulfach, das im Grundgesetz der Bundesrepublik Deutschland erwähnt wird und sich rechtlich dadurch von allen anderen Schulfächern unterscheidet. Im Artikel 7, Absatz 3 wird der Religionsunterricht an den öffentlichen Schulen u. a. als ordentliches Lehrfach ausgewiesen. Ohne die weitreichenden Konsequenzen dieser Aussage im einzelnen zu erörtern, genügt an dieser Stelle der Hinweis, dass sich der Freistaat Sachsen nach dem Beitritt zur Bundesrepublik Deutschland verpflichtet sah, den Religionsunterricht als ordentliches Schulfach im Einvernehmen mit den evangelischen Kirchen und der römisch-katholischen Kirche einzuführen. Für die jungen Menschen, die nicht am Religionsunterricht

---

[2] An dieser Stelle sei besonders Frau Sylvia Prittmann herzlich Dank für wertvolle Unterstützung gesagt.

[3] Seit der Veröffentlichung der neuesten Landeslehrerprüfungsordnung vom 13.3.2000 heißt das Fach Ethik „Ethik/ Philosophie“. Bei unseren Ausführungen behalten wir aus Gründen der einfacheren Darstellung die herkömmliche Bezeichnung bei.

teilnehmen, ist der Besuch des Ethikunterrichts verpflichtend. Entsprechend heißt es in der Verfassung des Freistaates Sachsen im Artikel 105, Absatz 1: „Ethikunterricht und Religionsunterricht sind an den Schulen mit Ausnahme der bekenntnisgebundenen und bekenntnisfreien Schulen ordentliche Lehrfächer...“[4] Dieser Passus findet sich in vergleichbarer Form auch im Schulgesetz des Freistaates in den Paragraphen 18 und 19. Der Paragraph 18, Absatz 1 lautet: „Der Religionsunterricht ist an den öffentlichen Schulen, ausgenommen die Fachschulen, ordentliches Lehrfach ...“ Und im Paragraph 19, Absatz 1 heißt es: „Schüler, die nicht am Religionsunterricht teilnehmen, besuchen den Unterricht im Fach Ethik.“

Aufgrund der zitierten gesetzlichen Regelungen wird deutlich, dass Religions- und Ethikunterricht Wahlpflichtfächer sind, von denen eines zu besuchen ist. Dabei gilt es zu betonen, dass der Besuch des evangelischen Religionsunterrichts für alle Schülerinnen und Schüler grundsätzlich offen ist, unabhängig davon, ob sie getauft sind oder nicht. Weil nicht in jedem Fall davon auszugehen ist, dass die Eltern über hinreichende Informationen über beide Fächer verfügen, sind die Schulen aufgrund ministerieller Vorgabe dazu verpflichtet, die Eltern der Schülerinnen und Schüler des ersten Schuljahres bzw. die Eltern der Kinder zu Beginn der weiterführenden Schulen über die Fächer Religion und Ethik zu informieren, um eine begründete Entscheidung der Erziehungsberechtigten für das eine oder das andere Fach zu garantieren. Während der Schulzeit ist es möglich, sich für das eine oder andere Fach neu zu entscheiden. Dies kann nach Eintritt der Religionsmündigkeit mit Vollendung des 14. Lebensjahres auch ohne Zustimmung der Eltern geschehen.

Aufgrund der misslichen personellen Versorgungslage in den Fächern Ethik und Religion zum Zeitpunkt ihrer Einführung im Jahr 1992/93 wurde festgelegt, dass der Unterricht parallel im 5. und im 9. Schuljahr beginnen und sukzessiv in der Sekundarstufe I ausgebaut werden sollte. Zugleich beschränkte man ihn, abweichend von den zwei Wochenstunden, die in der gesetzlichen Stundentafel ausgewiesen sind, auf eine Wochenstunde, um dadurch dauerhafte Versorgungsengpässe zu relativieren. Diese Beschränkung gilt jedoch nicht für die Sekundarstufe II. Hier wurde der Unterricht von Anfang an zweistündig erteilt.

---

[4] Dieses und die nachfolgenden Zitate zu den rechtlichen Voraussetzungen des Religions- und Ethikunterrichts im Freistaat Sachsen finden sich in: Grethlein, Ch. & Hanisch, H. (Hg.) (2/1995): Religionsunterricht. Informationen zu einem neuen Unterrichtsfach im Osten, Leipzig: Evangelische Verlagsanstalt, S. 33ff.

Lange Zeit bestand Unsicherheit, ob mit dem Religionsunterricht ab der Sekundarstufe I oder in der Grundschule begonnen werden sollte. Die Unsicherheit mag auf evangelischer Seite mit der Befürchtung zusammengehangen haben, dass die Christenlehre durch die Einführung des Religionsunterrichts an der Grundschule Schaden nehmen könnte. Zugleich erschien es fraglich, ob es gelingen würde, das Fach Ethik in der Grundschule mit Lehrkräften zu versehen. Schließlich wurden nach entsprechenden Beschlüssen der Synoden 1997/98 beide Fächer an der Grundschule eingeführt und sukzessiv ausgebaut, so dass seit dem Schuljahr 2000/2001 dort, wo es von den Lehrkräften her möglich war, Religions- und Ethikunterricht an der Grundschule durchgängig unterrichtet werden.

3. Ausgewählte statistische Daten

Bei der nachfolgenden Zusammenstellung der statistischen Daten ließen wir uns von folgenden Fragen leiten:

- Ist die landesweite Versorgung mit Religions- und Ethikunterricht seit Einführung dieser beiden Fächer sichergestellt? (3.1)
- Wie viele Schülerinnen und Schüler nehmen am Ethikunterricht, wie viele am Religionsunterricht teil? Wie verhält sich die Aufteilung getrennt nach Konfessionen (evangelisch/ katholisch)? (3.2)
- In welchem Umfang wird evangelischer Religionsunterricht im Freistaat Sachsen nicht erteilt? (3.3)
- Wie viele staatliche und wie viele kirchliche Lehrkräfte erteilen evangelischen Religionsunterricht? (3.4)

3.1 Landesweite Versorgung mit Religions- und Ethikunterricht

Die Größe „landesweite Versorgung“ wird erfasst, indem der Prozentsatz der Schülerinnen und Schüler, bezogen auf die Klassenstufe und Schulart, ermittelt wird, die eines der Fächer Ethik bzw. evangelische oder katholische Religion besuchen. Im Idealfall sollte dieser Anteil 100 Prozent betragen. Dies würde die vollständige, landesweite Einführung der neuen Fächer bedeuten.

Tab. 1: Landesweites Angebot von Ethik und Religion nach Klassenstufen und Schularten (in Prozent der Gesamtschülerzahl)

Grundschule

	1. Schulj.	2. Schulj.	3. Schulj.	4. Schulj.
1996/97	1,3	1,4	1,4	1,4
1997/98	29,6	1,9	1,8	1,7
1998/99	62,9	46,2	2,4	2,2
1999/00	75,2	70,0	51,1	3,7
2000/01	84,1	80.9	67,9	57,8

Mittelschule

	5. Schulj.	6. Schulj.	7. Schulj.	8. Schulj.	9. Schulj.	10. Schulj.
1996/97	94,9	95,9	85.9	80,0	82,8	79,0
1997/98	97,6	97,4	90,6	87,1	87,3	85,4
1998/99	97,6	99,2	94,5	91,6	92,2	87,7
1999/00	98,3	98,4	97,1	98,2	97,8	97,2
2000/01	99,9	99,8	99,4	98,2	97,8	97,2

Gymnasium (Sek I)

	5. Schulj.	6. Schulj.	7. Schulj.	8. Schulj.	9. Schulj.	10. Schulj.
1997/98	94,0	93,7	82,9	81,3	90,7	90,3
1998/99	96,8	96,3	90,8	89,5	96,2	94,9
1999/00	98,8	99,3	93,2	91,3	96,6	97,0
2000/01	99,4	99,3	96,1	93,7	98,5	97,6

Gymnasium (Sek II)

	11. Schulj.	12. Schulj.
1997/98	61,4	47,3
1998/99	67,8	61,0
1999/00	75,6	67,2
2000/01	82,3	75,2

Die Zahlen belegen, dass die Anstrengungen zur Einführung des Religions- und Ethikunterrichts zumindest im Hinblick auf die Quantität erfolgreich waren bzw. sind. In den Grundschulen steigen seit der Einführung beider Fächer im Jahr 1997/98 die Zahlen sprunghaft an. In der Sekundarstufe I nähern sich die Zahlen in den Mittelschulen und den Gymnasien auf allen Klassenstufen der 100-Prozent-Marke, nachdem noch in den Schuljahren 1996/97 und 1997/98 die Jahrgänge 7 und 8 – in den Mittelschulen dazu auch die Jahrgänge 9 und 10 – deutlich weniger versorgt waren. Die geringeren Zahlen in den Klassenstufen 7 und 8 sind sicherlich eine Folge der versetzen Einführung, die mit den Klassenstufen 5 und 9 begann (vgl. 2. Rahmenbedingungen). Zudem hielt sich die evangelische Kirche aufgrund ihres knappen

Personalbudgets in den Schuljahren 7 und 8 zunächst zurück, da dies der Zeitraum für den Besuch des zweijährigen Konfirmandenunterrichts ist. Daneben war ursprünglich geplant, dass der Religionsunterricht auf diesen Klassenstufen von staatlichen Lehrkräften erteilt werden sollte, was sich jedoch schulorganisatorisch nicht aufrecht erhalten ließ.

Obwohl in der Sekundarstufe II des Gymnasiums – vergleichbar mit der Grundschule – ein deutlicher Aufwärtstrend zu beobachten ist, wird an den Zahlen ablesbar, dass die landesweite Versorgung mit Religion und Ethik in der Grundschule und in der Sekundarstufe II noch teilweise erhebliche Versorgungslücken aufweist. Dies ist vermutlich darauf zurück zu führen, dass in beiden Bereichen offenbar im Vergleich zu den anderen Schularten der größte Personalmangel besteht. Trotz dieses unbestreitbaren Defizits sieht das Gesamtbild der Entwicklung durchaus positiv aus. Erkennbar wird dies, wenn wir die Entwicklung des landesweiten Versorgungsangebots mit beiden Fächern ab dem Schuljahr 1997/98 bis 2000/01 betrachten:

Tab. 2: Landesweites Angebot von Ethik- und Religionsunterricht
(in Prozent der Gesamtschülerzahl, alle Schularten)

1997/98	59,2
1998/99	69,5
1999/00	79,6
2000/01	90,7

Im Hinblick auf die einzelnen Regierungsbezirke (vgl. Tab. 3) gibt es geringfügige Abweichungen, die besonders im Regierungsbezirk Chemnitz hervortreten. Die vergleichsweise geringeren Zahlen sind hier auf die langsamere Einführung des Ethik- und Religionsunterrichts im Grundschulbereich zurückzuführen, wie aus Tab. 4 hervorgeht. Verwunderlich mag erscheinen, dass die Tabellen mit dem Schuljahr 1999/00 aufhören. Das hat seinen Grund darin, dass für das Schuljahr 2000/01 die amtliche Statistik Daten nicht mehr getrennt nach Regierungsbezirken ausweist.

Tab. 3: Landesweites Angebot von Ethik- und Religionsunterricht
(in Prozent der Gesamtschülerzahl, alle Schularten, aufgeteilt in Regierungsbezirke)

	RB Leipzig	RB Chemnitz	RB Dresden
1997/98	59,5	58,3	59,9
1998/99	71,5	67,4	70,1
1999/00	82,4	77,4	79,7

Tab. 4: Landesweites Angebot von Ethik- und Religionsunterricht
(in Prozent der Gesamtschülerzahl, Grundschulen, aufgeteilt in Regierungsbezirke)

	RB Leipzig	RB Chemnitz	RB Dresden
1997/98	6,2	5,3	10,7[5]
1998/99	25,0	19,3	25,0
1999/00	47,6	35,8	46,3

Aus Gründen der Übersichtlichkeit und Vergleichbarkeit haben wir im Kapitel 3.1 nur Prozentwerte mitgeteilt. Was sich hinter diesen Werten an absoluten Zahlen verbirgt, kommt in Tab 5 zum Ausdruck.

Tab. 5: Absolute Teilnahmezahlen nach Schulstufen, Schularten und Fächern
(Schuljahr 2001, landesweit bezogen auf den Freistaat Sachsen)

	Grundschule	Mittelschule	Gym Sek I	Gym Sek II	gesamt
Ethik	53511	168376	75572	18204	315663
ev. RU	24435	32477	23492	7760	88164
kath. RU	3314	3527	3014	538	10393

Im Vergleich zu den Vorjahren (tabellarisch nicht dokumentiert) ist zu beobachten, dass die Entwicklung der Schülerzahlen insgesamt zurückgeht, was in Zukunft eine Entschärfung des Lehrkräftemangels im Religions- und Ethikunterricht und den zweistündigen Ausbau beider Fächer zur Folge haben sollte. Falls der zweistündige Ausbau mittelfristig nicht in Angriff genommen wird, ist im Hinblick auf den Religionsunterricht zwischen staatlichen und kirchlichen Religionslehrkräften eine Art Verdrängungswettbewerb zu befürchten, der für die Entwicklung des Faches und seiner schulischen Integration äußerst problematisch wäre.

3.2 Teilnahme im Blick auf die Fächer Ethik und evangelische und katholische Religion

Während die Zahlen zur Versorgung den Stand der organisatorischen Einführung der Fächer Ethik und Religion widerspiegeln, geben die Daten, die sich auf die Verteilung der Schülerinnen und Schüler auf die beiden neuen Fächer beziehen, Auskunft über deren Reichweite bzw. Akzeptanz. Naheliegend ist es in diesem Zusammenhang, dass aufgrund der relativ geringen Kirchenmit-

[5] Dieser hohe Wert erklärt sich hauptsächlich aus dem schon vor der flächendeckenden Einführung erfolgten Aufbaus des katholischen Religionsunterrichts an der Grundschule, der im RB Dresden aufgrund der katholischen Prägung einzelner Gebiete am stärksten zum Tragen kommt.

gliedschaftszahlen im Osten Deutschlands keine überwältigenden Besucherzahlen im Religionsunterricht zu erwarten sind. Denn während im Westen Deutschlands mehr als 80 Prozent der Bevölkerung einer der beiden Großkirchen zugehören, wobei sich die konfessionellen Anteile in etwa gleichen[6], sind es in Ostdeutschland weniger als 30 Prozent. Knapp 25 Prozent gehören der evangelischen und drei Prozent der römisch-katholischen Kirche an. Der Anteil der Konfessionslosen beläuft sich auf knapp 70 Prozent der Gesamtbevölkerung.[7]

Im Freistaat Sachsen ist mit entsprechenden Zahlenverhältnissen wie in ganz Ostdeutschland zu rechnen. Da jedoch die Kirchenmitgliedschaftszahlen in einzelnen sächsischen Regionen sehr unterschiedlich sind, ist davon auszugehen, dass im Regierungsbezirk Chemnitz die Teilnahme am Religionsunterricht größer sein dürfte als etwa im Regierungsbezirk Leipzig. Auch ist zu vermuten, dass Schülerinnen und Schüler am Gymnasium eher den Religionsunterricht besuchen als ihre Altersgenossen an der Mittelschule. Um auf die hypothetisch angenommenen Unterschiede aufmerksam zu werden, ist es naheliegend, die entsprechenden Daten nach Schularten und Regierungsbezirken aufzuschlüsseln.

---

[6] Allgemeine Bevölkerungsumfrage der Sozialwissenschaften (ALLBUS 1994): Codebuch/hrsg. vom Zentralarchiv für Empirische Sozialforschung an der Universität zu Köln, Variable 321. Seit Mitte der achtziger Jahre liegt die Zahl der Katholiken leicht über der Zahl der evangelischen Kirchenmitglieder.

[7] ALLBUS 1994, a. a. O., Variable 321.

Grundschule

Tab. 6: Versorgung mit Ethik und Religion; Verhältnis von Ethik- und Religionsunterricht; Aufschlüsselung nach Konfessionen (Schuljahre und Klassenstufen in Prozent, landesweit)[8]

		Kl. 1		Kl. 2		Kl. 3		Kl. 4	
1996/97	Versorgung	1,3		1,4		1,4		1,4	
	Verhältnis EU-RU	0	100	0	100	0	100	0	100
	Verhältnis ev.-kath. RU	37,1	62,9	46,4	53,6	46,0	54,0	47,8	52,2
1997/98	Versorgung	29,6		1,9		1,8		1,7	
	Verhältnis EU-RU	50,3	49,7	2,0	98.0	0	100	0	100
	Verhältnis ev.-kath. RU	88,8	11,2	37,4	62,6	42,6	57,4	39,6	60,4
1998/99	Versorgung	62,9		46,2		2,4		2,2	
	Verhältnis EU-RU	63,0	37,0	57,2	42,8	6,4	93,6	0	100
	Verhältnis ev.-kath. RU	89,8	10,2	90,0	10,0	34,1	65,9	39,6	60,4
1999/00	Versorgung	75,2		70,0		51,1		3,7	
	Verhältnis EU-RU	66,2	33,8	64,6	35,4	61,7	38,3	30,4	69,6
	Verhältnis ev.-kath. RU	90,2	9,8	89,8	10,2	89,8	10,2	37,7	62,3
2000/01	Versorgung	84,1		80,9		67,9		57,8	
	Verhältnis EU-RU	67,5	32,5	66,8	33,2	64,7	35,3	64,5	35,5
	Verhältnis ev.-kath. RU	87,8	12,2	89,6	10,4	87,6	12,4	87,5	12,5

---

[8] Die Tabelle ist wie folgt zu lesen: Die erste Zeile „Versorgung“ gibt wie unter 3.1 den Anteil der Schülerinnen und Schüler an, die eines der Fächer besuchen, bezogen auf die Gruppe aller Schülerinnen und Schüler eines Schülerjahrganges. Die folgenden Zeilen beziehen sich dann jeweils aufeinander. Die zweite Zeile gibt das Verhältnis zwischen Ethik und Religion innerhalb der Gruppe der Schülerinnen und Schüler an, die eines der beiden Fächer besuchen. Die dritte Zeile gibt Auskunft über das Verhältnis von evangelischem und katholischem Religionsunterricht innerhalb der Gruppe der Schülerinnen und Schüler, die den Religionsunterricht besuchen. Ein Beispiel zur Verdeutlichung: Im Schuljahr 1996/97 besuchten im ersten Schuljahr 1,3 Prozent aller Schülerinnen und Schüler entweder das Fach Ethik oder Religion. Davon ging niemand in den Ethikunterricht. Alle 1,3 Prozent besuchten den Religionsunterricht. Davon besuchten 37,1 Prozent den evangelischen und 62,9 Prozent den katholischen Religionsunterricht. Diese Lesart gilt auch für die folgenden Tabellen 7 bis 10. Eine andere Darstellungsform der Verhältnisse findet sich dann in den Tabellen 11 und 12. Dort wird die Zahl der Teilnehmerinnen und Teilnehmer immer auf den Gesamtjahrgang bezogen.

Was ist nun aus den Zahlen der Tab. 6 abzulesen?

- Nach der flächendeckenden Einführung von Ethik und Religion ist ein sprunghaftes Ansteigen des Gesamtangebots festzustellen. Dies wird u. a. deutlich, wenn man die Zahlen des ersten Schuljahres im Jahr 1997/98 mit denen aus dem Jahr 2000/01 vergleicht. Die Versorgung ist von 29,6 Prozent auf 84,1 Prozent gestiegen. Das bedeutet, dass es in relativ kurzer Zeit gelungen ist, beide Fächer in vielen Grundschulen des Freistaates anzubieten, wenngleich in Zukunft noch mit weiteren Versorgungslücken zu rechnen sein wird.
- Im Laufe der durchgängigen Einführung stabilisiert sich die Relation der Besucherzahlen in beiden Fächern. Während zunächst weit mehr Kinder den Religionsunterricht besuchten – 1997/98 waren es 49,7 Prozent der Erstklässler –, nehmen in allen Schuljahren der Grundschule im Jahr 2000/01 nur noch etwa ein Drittel der Schülerinnen und Schüler am Fach Religion teil. Diese Zahlen deuten darauf hin, dass anfänglich der Religionsunterricht gegenüber dem Ethikunterricht schneller eingeführt worden ist.
- Im Hinblick auf die Konfessionen gilt es festzuhalten, dass das Angebot an Religionsunterricht – so bescheiden es sich auch darstellen mag – vor der flächendeckenden, sukzessiven Einführung im Jahr 1997/98 vor allem auf das Konto des katholischen Religionsunterrichts geht. Erst im Jahr 2000/01 drehen sich die Zahlenverhältnisse in allen Schuljahren zu Gunsten des evangelischen Religionsunterrichts um. Dies ist aufgrund der oben angedeuteten Kirchenmitgliedschaftszahlen kaum anders zu erwarten. Aus den Zahlen geht hervor, dass offenbar die römisch-katholische Kirche von Anfang an ein wesentlich stärkeres Interesse an der Einführung des Faches Religion hatte als die evangelischen Kirchen. Weiterhin lässt sich ablesen, dass der katholische Religionsunterricht bereits seit längerer Zeit mit relativ stabilen Teilnehmerzahlen erteilt wird (s. dazu auch unten Tab. 11a).

An der Stelle haben wir nach regionalen Unterschieden zu fragen. Ist unsere Vermutung richtig, dass im Regierungsbezirk Chemnitz die Teilnahme am Religionsunterricht höher liegt als in den beiden anderen Regierungsbezirken Leipzig und Dresden?

Tab. 7: Versorgung mit Ethik und Religion; Verhältnis von Ethik und Religion; Aufschlüsselung nach Konfessionen (in Prozent, 1. Schuljahr Grundschule im Schuljahr 1999/2000)

	Sachsen		RB Leipzig		RB Chemnitz		RB Dresden	
Versorgung	75,2		79,0		65,9		82,1	
Verhältnis EU-RU	66,2	33,8	73,5	26,5	55,6	44,0	70,1	29,9
Verhältnis ev.-kath. RU	90,2	9,8	89,6	10,4	96,4	3,6	83,2	16,8

Aus der Tab. 7 ist zu entnehmen, dass offensichtlich der Religionsunterricht im Regierungsbezirk Chemnitz weitaus stärker gefragt ist als in allen anderen Regionen des Freistaates. Das hängt damit zusammen, dass die Kirchenmitgliedschaftszahlen im Erzgebirge und im Vogtland wesentlich höher sind als im Landesdurchschnitt. Zugleich wird deutlich, dass im Regierungsbezirk Dresden der Anteil des katholischen Religionsunterrichts wesentlich höher liegt als in anderen Landesteilen. Dies hängt u. a. damit zusammen, dass die sorbischen Gebiete östlich von Dresden überwiegend katholisch geprägt sind.

Mittelschule
Während bei den Grundschulen auf Grund der gegenwärtig noch nicht abgeschlossenen Einführung der Fächer Ethik und Religion die Zahlen noch relativ stark schwanken, sind bei den Schulformen der Sekundarstufe I stabile

Tab. 8: Versorgung mit Ethik und Religion; Verhältnis von Ethik und Religion; Aufschlüsselung nach Konfessionen (in Prozent, Mittelschulen im Schuljahr 2000/01, ganz Sachsen)

	Kl. 5		Kl. 6		Kl. 7		Kl. 8		Kl. 9		Kl. 10		gesamt	
Versorgung	99,9		99,8		99,4		98,2		97,8		97,2		98,7	
Verhältnis EU-RU	81,6	18,4	82,4	17,6	83,2	16,8	82,7	17,3	82,6	17,4	81,5	18,5	82,4	17,6
Verhältnis ev.-kath. RU	89,6	10,4	89,9	10,1	90,1	9,9	89,3	10,7	91,0	9,0	91,5	8,5	90,0	10,0

Werte ablesbar. Deshalb können wir auf eine Darstellung der Werte seit 1996/97 wie in Tab. 6 verzichten. Zur Information genügt die Angabe der neuesten Zahlen für das Schuljahr 2000/01.

Aufgrund der Stabilität der Zahlen seit 1996/97 können wir für ganz Sachsen sowie für die einzelnen Regierungsbezirke – die ebenfalls seit dem Schuljahr 1996/97 stabile Daten aufweisen – verlässliche *Richtwerte* für die Verteilung von Ethik- und Religionsunterricht angeben:

– In ganz Sachsen besuchen in der Mittelschule knapp über 80 Prozent der Schülerinnen und Schüler den Ethikunterricht. Für die einzelnen Regierungsbezirke ergeben sich folgende Richtwerte:

Leipzig:	knapp über 85 Prozent
Chemnitz:	knapp über 75 Prozent
Dresden:	knapp unter 85 Prozent

– Entsprechend liegen die Zahlen für den Anteil am Religionsunterricht zwischen ca. 25 Prozent (RB Chemnitz) und ca. 15 Prozent (RB Leipzig und Dresden).
– Von denen, die das Fach Religion besuchen, gehen über 90 Prozent in den evangelischen Religionsunterricht. Nur im Regierungsbezirk Dresden liegt der Wert mit gut 80 Prozent etwas niedriger, weil hier, wie wir oben bereits bei der Grundschule gesehen haben, der katholische Anteil wesentlich höher ist.

Gymnasium Sek. I
Bei dieser Schulart ist vergleichbar mit der Mittelschule die fast vollständige Einführung der beiden Fächer Ethik und Religion erreicht. Auch hier sind die Zahlen im Blick auf die Schuljahre und Klassenstufen sehr stabil, wobei der Anteil des Religionsunterrichts im Gymnasium Sek. I auf allen Klassenstufen und in allen Regierungsbezirken durchweg höher liegt als an der Mittelschule. Für das Schuljahr 2000/01 haben wir von folgenden Werten auszugehen:

Tab. 9: *Versorgung mit Ethik und Religion; Verhältnis von Ethik und Religion; Aufschlüsselung nach Konfessionen (in Prozent, Gymnasium Sek. I im Schuljahr* 2000/01, ganz Sachsen)

	Kl. 5		Kl. 6		Kl. 7		Kl. 8		Kl. 9		Kl. 10		gesamt	
Versorgung	99,4		99,3		96,1		93,7		98,5		97,6		97,4	
Verhältnis EU-RU	74,1	25,9	74,6	25,4	74,5	25,5	74,2	25,8	73,6	26,4	73,0	27,0	74,0	26,0
Verhältnis ev.-kath. RU	89,0	11,0	88,7	11,3	87,7	12,3	88,5	11,5	88,0	11,0	89,3	10,7	88,5	11,5

Die *Richtwerte* für diese Schulform lassen sich so zusammenfassen:

– In ganz Sachsen besuchen knapp 75 Prozent der Schülerinnen und Schüler den Ethikunterricht. Im Hinblick auf die Regierungsbezirke ergibt sich folgende Verteilung:

Leipzig: knapp 80 Prozent
Chemnitz: ca. 70 Prozent
Dresden: ca. 75 Prozent

– Landesweit liegt der Anteil des Religionsunterrichts dementsprechend zwischen ca. 30 Prozent (RB Chemnitz) und ca. 20 Prozent (RB Leipzig).

– Die Verteilung hinsichtlich der Konfessionen ist vergleichbar mit der bei den Mittelschulen. Von den Schülerinnen und Schülern, die am Religionsunterricht teilnehmen, besuchen über 90 Prozent in den Regierungsbezirken Leipzig und Chemnitz das Fach evangelische Religion. Im Regierungsbezirk Dresden sind es etwas mehr als 80 Prozent. Entsprechend sind die Anteile am katholischen Religionsunterricht, der in den Regierungsbezirken Leipzig und Chemnitz von knapp 10 Prozent und im Regierungsbezirk Dresden von knapp 20 Prozent der Schülerinnen und Schüler besucht wird, die am Religionsunterricht teilnehmen.

Gymnasium Sek. II
Etwas anders als im Gymnasium Sek I sind die Verhältnisse in der gymnasialen Oberstufe. Dort hinkt die Versorgung mit den Fächern Ethik und Religion erheblich hinter der in der Sek. I zurück. Die Zahlen für 2000/01 sehen folgendermaßen aus[9]:

Tab. 10: Versorgung mit Ethik und Religion; Verhältnis von Ethik und Religion; Aufschlüsselung nach Konfessionen
(in Prozent, Gymnasium Sek. II im Schuljahr 2000/01, ganz Sachsen)

	Kl. 11		Kl. 12		gesamt	
Versorgung	82,3		75,2		78,6	
Verhältnis EU-RU	69,0	31,0	68,3	31,7	68,7	31,3
Verhältnis ev.-kath. RU	93,2	6,8	93,9	6,1	93,5	6,5

Wie wir oben bereits festgestellt haben, sind die Zahlen bezüglich der Versorgung und der daraus resultierenden Verteilung von Ethik- und Religionsunterricht mit denen in den Grundschulen vergleichbar, wobei der Anteil des evangelischen gegenüber dem katholischen Religionsunterricht stärker ins Gewicht fällt. Warum die Versorgung an der gymnasialen Oberstufe mit den Fächern Ethik und Religion niedriger ausfällt als beispielsweise an der Sekundarstufe I, hängt vor allem damit zusammen, dass hier weniger für diese Schulstufe qualifizierte Lehrerinnen und Lehrer zur Verfügung stehen. Auch die Dauer der Weiterbildung mag eine Rolle spielen. Denn sie erstreckt sich für diejenigen, die sich für den Unterricht in Ethik oder Religion für die Sekundarstufe II qualifizieren wollen, immerhin auf drei Jahre. Dieser Zeitraum lässt manche potenziellen Teilnehmerinnen und Teilnehmer zurückschrecken. Nicht unerwähnt bleiben sollte, dass der Anteil des Religionsunterrichts im Vergleich mit dem des Ethikunterrichts an der gymnasialen Oberstufe weitaus höher liegt als etwa auf der Sekundarstufe I. Dies mag damit zusammenhängen, dass manche Schülerinnen und Schüler nach dem Besuch des Ethikunterrichts in der Sekundarstufe I in den Schuljahren 11 und 12 den

[9] Leider schlüsselt die amtliche Statistik die Angaben für die Sek. II nicht nach Regierungsbezirken auf, weshalb hier nur die Zahlen für ganz Sachsen präsentiert werden können.

Religionsunterricht vorziehen. Was im Einzelnen dazu führen mag, müsste eigens empirisch erhoben werden.

In Ergänzung zu den Zahlen, auf die wir oben im Hinblick auf die einzelnen Schularten eingegangen sind, erscheint es lohnend, danach zu fragen, wie viele Schülerinnen und Schüler tatsächlich am Religionsunterricht bezogen auf die Gesamtschülerzahl der jeweilige Schulart teilnehmen. Die folgende Tabelle enthält eine Aufschlüsselung nach Konfessionen und Schularten.

Tab. 11: Teilnehmeranteil am Religionsunterricht
bezogen auf die jeweilige Gesamtschülerzahl einer Schulart (ganz Sachsen, in Prozent)

a) kath. RU:

Schuljahr	Grundschule	Mittelschule	Gymn. (Sek. I)	Gymn. (Sek.. II)
1997/98	1,2	1,5	2,4	1,1
1998/99	1,7	1,5	2,6	1,4
1999/2000	2,1	1,6	2,7	1,6
2000/01	2,9	1,7	2,9	1,6

b) ev. RU:

Schuljahr	Grundschule	Mittelschule	Gymn. (Sek. I)	Gymn. (Sek. II)
1997/98	3,3	15,2	21,3	15,6
1998/99	8,2	15,0	21,5	18,4
1999/2000	13,7	15,3	21,8	20,9
2000/01	21,1	15,7	22,4	23,0

Wie bereits oben erwähnt zeigt sich auch bei dieser Darstellung, dass katholischer Religionsunterricht bereits vor der flächendeckenden Einführung von Religion und Ethik an der Grundschule erteilt worden ist. In den Mittelschulen und den Gymnasien der Sek. I bleiben die Zahlen stabil. Bemerkenswert ist dabei, dass sich am Gymnasium weit mehr Schülerinnen und Schüler für den Religionsunterricht entscheiden, als dies an der Mittelschule der Fall ist. Darauf haben wir im Zusammenhang mit der Diskussion der Tabellen 8 und 9 bereits hingewiesen. Ob von weiteren „Steigerungsraten" in der Grundschule und in der Oberstufe des Gymnasiums in naher Zukunft ausgegangen werden kann, bleibt abzuwarten.

Insgesamt scheint das „Potential" des Religionsunterrichts – evangelisch und katholisch zusammen genommen – gegenwärtig bei höchstens 25 Prozent eines Jahrgangs zu liegen, wobei im Hinblick auf die Mittelschule von einem deutlich geringerem Prozentanteil auszugehen ist.

Die Tabellen könnten eine geringfügige, aber kontinuierliche Aufwärtsentwicklung bei den Teilnehmerzahlen suggerieren. Doch hier ist vor einer Fehlinterpretation zu warnen. Offensichtlich beruht bei den Mittelschulen der prozentuale Zuwachs beim evangelischen Religionsunterricht lediglich auf dem „Aufholprozess" in bisher schwächeren Jahrgängen. In anderen Jahrgängen – insbesondere in den 5. und 6. Schuljahren – sinkt der Anteil am Gesamtjahrgang. Zur Verdeutlichung seien zum Schluss dieses Kapitels die Zahlen für die Mittelschulen in ganz Sachsen sowie – als deutlichstes Beispiel – für den Regierungsbezirk Chemnitz aufgeführt:

Tab. 12: Teilnehmeranteil am evangelischen Religionsunterricht, bezogen auf die jeweilige Gesamtschülerzahl (Mittelschulen nach Klassenstufen, in Prozent)

a) ganz Sachsen:

	Kl. 5	Kl. 6	Kl. 7	Kl. 8	Kl. 9	Kl. 10	gesamt
1996/97	16,3	17,2	13,0	12,1	14,4	13,5	14,6
1997/98	16,9	16,5	13,8	13,1	14,7	16,3	15,2
1998/99	16,1	16,4	14,2	13,5	15,1	15,1	15,0
1999/00	16,0	15,5	15,0	14,5	15,1	16,0	15,3

b) Regierungsbezirk Chemnitz:

	Kl. 5	Kl. 6	Kl. 7	Kl. 8	Kl. 9	Kl. 10	gesamt
1996/97	24,5	25,2	16,3	15,3	21,5	22,4	20,9
1997/98	24,0	24,1	18,4	17,5	21,6	24,3	21,6
1998/99	22,8	23,7	19,6	18,5	21,6	22,3	21,4
1999/00	22,0	21,9	21,4	21,3	22,1	22,5	21,9

3.3 Ausfall von Religionsunterricht

Die Zahlen zur Versorgung scheinen in den Schularten Mittelschule und Gymnasium Sek. I die flächendeckende Einrichtung von Ethik- und Religionsunterricht nahe zu legen. Danach wäre gewährleistet, dass jeder Schüler bzw. jede Schülerin im Freistaat Sachsen tatsächlich das Fach Ethik oder Religion wählen kann. Diese Annahme ist jedoch irreführend. Denn um diesen Tatbestand überprüfen zu können, genügt es nicht, nur die Teilnahmezahlen zu betrachten. Dort können sich nämlich Verzerrungen dadurch ergeben, dass Schülerinnen und Schüler nicht das Fach ihrer Wahl, sondern ein anderes besuchen, weil ihr Wunschfach an ihrer Schule – genauer: in ihrer Klassenstufe – nicht angeboten wird. Gründe für den Ausfall der Fächer Ethik oder Religion sind insbesondere:

- Die Zahl der Lehrkräfte reicht für ein Angebot in allen Klassenstufen nicht aus.
- Die Zahl der Interessenten für ein Fach ist zu gering. In der Regel trifft dies weniger für den Ethik- als für den Religionsunterricht zu.[10]

Um ein klares Bild darüber zu erhalten, an welchen Schulen in welchem Umfang der evangelische Religionsunterricht ausfällt bzw. nicht angeboten wird, haben wir beim Statistischen Landesamt eine entsprechende Aufstellung erbeten. Die Ergebnisse, nach Klassenstufen aufgeschlüsselt, finden sich in Tabelle 13.

Tab. 13: Anzahl der Schulen ohne ev. RU
(nach Schularten und Klassenstufen, Schuljahr 2000/01, ganz Sachsen)

Grundschule

	Kl.1	Kl. 2	Kl. 3	Kl. 4
Schulen ohne ev. RU	240	257	294	339
in % aller Schulen	24,3	26,0	29,8	34,3
Versorgung (EU+RU, in %)	84,1	80,9	67,5	57,8

[10] Der Organisationserlass sieht eine Teilnehmerzahl von mindestens acht Schülerinnen bzw. Schülern vor, wobei klassen- oder jahrgangsübergreifende Gruppen gebildet werden können. Bei einer Teilnehmerzahl von unter acht ist eine Genehmigung des Regionalschulamtes erforderlich, die z. T. auch gewährt wird. Vgl. Ministerialblatt 8/99; Verwaltungsvorschrift vom 11. 6. 1999, S. 277f.

Mittelschule

	Kl. 5	Kl. 6	Kl. 7	Kl. 8	Kl. 9	Kl 10
Schulen ohne ev. RU	85	116	133	149	143	161
in % aller Schulen	13,5	18,4	21,1	23,7	22,7	25,6
Versorgung (EU+RU, in %)	99,9	99,8	99,4	98,2	97,8	97,2

Gymnasium Sek. I

	Kl. 5	Kl. 6	Kl. 7	Kl. 8	Kl. 9	Kl 10
Schulen ohne ev. RU	4	4	8	12	8	11
in % aller Schulen	2,1	2,1	4,3	6,4	4,3	5,9
Versorgung (EU+RU, in %)	99,4	99,3	96,1	93,7	98,5	97,6

Gymnasium Sek. II

	Kl. 11	Kl. 12
Schulen ohne ev. RU	34	44
in % aller Schulen	18,2	23,5
Versorgung (EU+RU, in %)	82,3	75,2

Die Zahlen zeigen deutlich, dass wir nur bei den Gymnasien in der Sekundarstufe I von einem flächendeckenden Angebot von evangelischem Religionsunterricht sprechen können. Der Eindruck, dass auch in den Mittelschulen nahezu alle Schülerinnen und Schüler eines der beiden Fächer Ethik oder Religion besuchen, relativiert sich vor dem Hintergrund einer erheblichen Anzahl von Schulen, an denen kein evangelischer Religionsunterricht angeboten wird bzw. nicht zustande kommt. Dies könnte bedeuten, dass der oben festgestellte Unterschied zwischen der Mittelschule und dem Gymnasium Sek I (vgl. Tab. 11 b) hinsichtlich des Verhältnisses von Ethik und Religion vor allem auch auf der Tatsache einer nicht selten fehlenden Wahlmöglichkeit zwischen den Fächern an der Mittelschule besteht. Zugleich ist zu vermuten, dass der Anteil christlich sozialisierter Schülerinnen und Schüler an Gymnasien höher ist als an der Mittelschule.

Für die Grundschulen und die Gymnasien der Sek II lässt sich sagen, dass die Zahlen den dort noch stattfindenden Einführungsprozess bzw. den noch vorhandenen Lehrermangel widerspiegeln. Vermutlich werden noch einige Jahre vergehen, bevor hier die Versorgungsengpässe geschlossen werden können.

Ein Blick auf die Regierungsbezirke zeigt keine großen Auffälligkeiten. Dennoch lässt sich feststellen, dass beim Ausfall des evangelischen Religionsunterrichts an den Mittelschulen der Regierungsbezirk Dresden am schlechtesten abschneidet. Dort liegen die Prozentzahlen der Mittelschulen ohne evangelische Religion auf Kreisebene zwischen 18,8 Prozent und 37,6 Prozent. Zum Vergleich seien die Zahlen von den Regierungsbezirken Chemnitz und Leipzig erwähnt. Sie liegen zwischen 9,4 Prozent und 17,5 Prozent bzw. zwischen 10,0 Prozent und 17,9 Prozent. Bei diesen Werten sind allerdings die katholisch geprägten Gebiete zu berücksichtigen, die im Regierungsbezirk Dresden liegen und möglicherweise den Ausfall von evangelischem Religionsunterricht z. T. erklären können.

Interessant ist ferner, dass insbesondere in den drei Großstädten Leipzig, Dresden und Chemnitz an vielen Schulen kein evangelischer Religionsunterricht stattfindet. Diese Tendenz lässt sich für alle Schularten ausmachen. So findet in den 1. Klassen in 64 Prozent aller Chemnitzer Grundschulen kein evangelischer Religionsunterricht statt. Bei den Mittelschulen liegt Dresden „an der Spitze“: In den 10. Klassen sind 64,4 Prozent ohne evangelische Religion. Leipzig weist etwas geringere Zahlen auf. Der Spitzenwert liegt hier bei 42,3 Prozent Ausfall in den 3. Klassen der Grundschule. An den 7. Klassen der Leipziger Gymnasien findet jedoch an allen Schulen evangelischer Religionsunterricht statt.

3.4 Verhältnis der staatlichen und kirchlichen Lehrkräfte im Religionsunterricht

Der evangelische und katholische Religionsunterricht ist im Freistaat Sachsen gegenwärtig stark dadurch geprägt, dass er zum großen Teil von Mitarbeiterinnen und Mitarbeitern der Kirchen einschließlich Pfarrerinnen und Pfarrern unterrichtet wird. Mit dem Freistaat haben die Kirchen über diese Kooperation im Kirchengesetz (Evangelischer Kirchenvertrag Sachsen) vom 20.4.1994 und dem Vertrag über die Gestellung von Lehrkräften im kirchlichen Dienst vom 7.9.1994 die Grundlage geschaffen, die den Kirchen einen finanziellen Ausgleich für die Bereitstellung von Lehrkräften für den staatlichen Religionsunterricht zusichert. Zur Illustration der Verhältnisse seien hier einige Zahlen aufgeführt[11]:

[11] Für diesen Themenkomplex stehen keine Daten der allgemeinen Statistik zur Verfügung, weshalb auf andere Quellen zurückgegriffen werden muss.

– Im Schuljahr 1999/2000 erteilten in ganz Sachsen ca. 1200 kirchliche Mitarbeiterinnen und Mitarbeiter evangelischen und katholischen Religionsunterricht. Dem standen ca. 260 staatliche Lehrkräfte gegenüber. Zusammen wurden von diesen Lehrkräften ca. 5500 Unterrichtsstunden Religionsunterricht erteilt.[12]
– Auf dem Gebiet der Evangelisch-Lutherischen Landeskirche Sachsens – flächenmäßig nicht identisch mit dem Freistaat – waren 1999/2000 insgesamt 804 kirchliche Mitarbeiterinnen und Mitarbeiter an den Schulen tätig. Darunter waren 386 Pfarrerinnen und Pfarrer und 418 sonstige Mitarbeiterinnen und Mitarbeiter. Diese erteilten 3625 Unterrichtsstunden – also ca. 2/3 des gesamten Religionsunterrichts in ganz Sachsen. Schon zu Beginn der Einführung des Religionsunterrichts waren die Vertreterinnen und Vertreter der Landeskirche an den Schulen stark engagiert: 1993/94 erteilten 668 kirchliche Mitarbeiterinnen und Mitarbeiter (402 Pfarrerinnen und Pfarrer, 266 sonstige Mitarbeiterinnen und Mitarbeiter) 1947 Unterrichtsstunden RU.[13]

4. Zusammenfassung

Abschließend sollen noch einmal die zentralen Trends angegeben werden, die sich aus den Zahlen ableiten lassen und die teilweise weiterer Datenerhebung bedürfen, um zu differenzierten Analysen zu gelangen:

– Seit der Einführung der neuen Fächer Ethik und Religion sind große Erfolge bei den Bemühungen um eine flächendeckende Versorgung zu verzeichnen. Die Entscheidung, mit Ausnahme des Religions- und Ethikunterrichts an der Oberstufe der Gymnasien, aufgrund des anfänglichen eklatanten Lehrermangels nur eine Wochenstunde zu unterrichten, muss im Nachhinein als richtig angesehen werden. So gelang es weitgehend, die Fächer Ethik und Religion an den öffentlichen Schulen im Freistaat Sachsen zu verankern.

– Der Religionsunterricht scheint gegenwärtig insgesamt in Sachsen ein „Potential“ von ca. 25% der Gesamtschülerzahl zu besitzen. Davon entfallen auf den evangelischen Religionsunterricht etwas mehr als 90%. Es zeigt sich, dass die Quoten nach einiger Zeit sehr stabile Werte annehmen. Die unterschiedlichen Zahlen in den Regierungsbezirken bilden die kirchlichen Mit-

---

[12] Vgl. Christenlehre/ Religionsunterricht – Praxis, 53. Jg., Heft 1 (2000), S. 21

[13] Tätigkeitsbericht des Evangelisch-Lutherischen Landeskirchenamtes Sachsens (2000), unveröffentlicht.

gliedschaftsverhältnisse ziemlich genau ab. So hat der evangelische Religionsunterricht seine größte Beteiligung im Regierungsbezirk Chemnitz, der katholische dagegen im Regierungsbezirk Dresden.

– Der katholische Religionsunterricht weist über den gesamten Zeitraum, den wir statistisch ins Auge gefasst haben, weitgehend stabile Teilnahmezahlen auf. Dies gilt auch für die Grundschulen, in denen katholischer Religionsunterricht schon vor dem Beginn der flächendeckenden Einführung 1997/98 in nennenswerten Umfang erteilt wurde. Die römisch-katholische Kirche hat demnach die Einführung auf der Basis des Grundgesetzes, der Landesverfassung und des Schulgesetzes energisch betrieben.

– Für den evangelischen Religionsunterricht gilt, dass dieser zunächst zielstrebiger eingeführt wurde als der Ethikunterricht, was auf der Tatsache beruhen dürfte, dass eine große Zahl von kirchlichen Mitarbeiterinnen und Mitarbeitern nach kurzen Einführungskursen als Lehrpersonal für den Religionsunterricht zur Verfügung standen. Nach wie vor erscheint Lehrermangel als einer der wichtigsten Gründe für die noch relativ schwache Position des Ethikunterrichts in der gymnasialen Oberstufe sein.

– Nachdem sich die flächendeckende Versorgung an den Gymnasien in der Sekundarstufe I bereits abzeichnet, wäre es wünschenswert, wenn die Versorgungslücken an den anderen Schularten zügig geschlossen werden könnten. Zugleich wäre es pädagogisch sinnvoll, wenn dort, wo Lehrkräfte vorhanden sind, mit dem zweistündigen Ausbau des Ethik- und Religionsunterrichts begonnen würde. Dabei wird auch in Zukunft davon auszugehen sein, dass der Großteil des Religionsunterrichts von kirchlichen Mitarbeiterinnen und Mitarbeitern beider Konfessionen erteilt werden wird.

– Gesehen haben wir, dass sich in der Mittelschule und am Gymnasium Sek I *Richtwerte,* wie wir sie genannt haben, abzeichnen, die das Potential der Teilnahme am Religionsunterricht beider Konfessionen widerspiegeln. Aus der Sicht des Religionsunterrichts sind diese Zahlen jedoch nicht einfach hinzunehmen. Durch einen qualitativ hochwertigen Religionsunterricht könnte die Chance bestehen, die Teilnahmezahlen im Fach Religion auszubauen. Dies wäre vor allem im Hinblick auf die Ausweitung religiöser Kompetenz wünschenswert, von der wir eingangs gesprochen haben. Nicht zuletzt sollte durch eine möglichst hohe Teilnahmezahl am Religionsunterricht gesellschaftlich gewährleistet werden, dass junge Menschen Informationen über

Christentum und Religion erhalten, „um so das eigene Land, dessen Kultur und Geschichte besser zu verstehen."[14] Zugleich gewinnen sie im Religionsunterricht die Fähigkeit, „religiöse Angebote der Gegenwart für ihr eigenes Leben zu beurteilen" und „sich mit Menschen anderer Religionszugehörigkeit über Fragen der Lebensorientierung auszutauschen".[15]

– Eingehender Analyse und Erforschung bedarf vor allem die Tatsache der unterschiedlichen Teilnahmeanteile am Religionsunterricht im Vergleich von Mittelschulen und Gymnasien Sek. I[16]. In den Mittelschulen liegt der Anteil für den Religionsunterricht deutlich unter dem der Gymnasien. Dies gilt für den gesamten Untersuchungszeitraum und in gleicher Weise für den evangelischen wie katholischen Religionsunterricht. Korrespondierend dazu wird an einer nennenswerten Zahl von Mittelschulen kein (evangelischer) Religionsunterricht angeboten, während dies an fast allen Gymnasien in der Sek. I der Fall ist. Zu fragen ist, wie diese Diskrepanz zu erklären ist. Zunächst wäre zu erwägen, ob hier signifikante Bildungsunterschiede zwischen Kirchenmitgliedern und Konfessionslosen, die sich von der Eltern- zur Schülergeneration fortsetzen, zum Tragen kommen. Betrachtet man nur die entsprechenden sozialstatistischen Daten, dann scheidet diese Erklärung aus. In der Gruppe der Kirchenmitglieder in Ostdeutschland sind weniger Höhergebildete vertreten als in der Gruppe der Konfessionslosen.[17] Dem steht allerdings die oft geäußerte Wahrnehmung entgegen, dass zu DDR-Zeiten in den Kirchengemeinden „intelligentere" Leute anzutreffen waren, mit denen in großer Offenheit verschiedene Themen des Alltags, des Glaubens usw. diskutiert werden konnten.[18] Möglicherweise konnte sich unter den Bedingungen des SED-Regimes diese Offenheit nicht durchgängig in höheren Bildungsabschlüssen ausdrücken, was nun – unter gewandelten politischen Verhältnissen – eher der Fall ist.[19] Weiter wäre zu prüfen, ob auch in der Gruppe der Konfessionslosen Offenheit und Interesse für religiöse Fragen mit dem elterlichen Bildungsgrad korrelieren, so dass eher im Gymnasium mit Teilnehmerinnen und Teilnehmern ohne Kirchenbindung zu rechnen wäre. Schließlich wäre zu erheben, ob auf Seiten der Schulleitungen Unterschiede bestehen, die sich

---

[14] Ch. Grethlein und H. Hanisch (2/1995): Religionsunterricht. Informationen zu einem neuen Unterrichtsfach im Osten. a. a. O. S. 10.

[15] A. a. O. S. 11.

[16] Da die Einführung in den anderen Schularten noch nicht abgeschlossen ist, können diese in einen Vergleich noch nicht einbezogen werden.

[17] Vgl. Engelhardt, K. u. a. (Hg.) (1997): Fremde Heimat Kirche. Die dritte EKD-Erhebung über Kirchenmitgliedschaft, Gütersloh: Gütersloher Verlagshaus, S. 316; vgl. a. a. O. S. 291.

[18] Vgl. a. a. O. S. 254.

[19] Vgl. a. a. O. S. 298.

dahingehend auswirken, dass die Bildung von Unterrichtsgruppen für den Religionsunterricht auch bei wenigen Teilnehmerinnen und Teilnehmern eher im Gymnasium als in Mittelschulen gefördert wird[20]. Dies erscheint möglich, wäre aber genauer zu verifizieren. Rein praktisch können Probleme weiter daraus entstehen, dass Mittelschulen oft kleiner als Gymnasien sind und deshalb die erforderliche Teilnehmerzahl schwerer zu erreichen ist.

[20] Förderung ist notwendig, da eine Reihe von organisatorischen Fragen in solchen Fällen angegangen werden müssen: Bildung klassen- und jahrgangsübergreifender Gruppen, Stundenplanabstimmung, Einholung von Sondergenehmigungen beim Regionalschulamt.

Eckart Schwerin

Die Fächergruppe Katholische und Evangelische Religionslehre und Philosophieren mit Kindern / Philosophie in Mecklenburg-Vorpommern

Ein Vergleich mit dem Wahlpflichtbereich Ethik-Religion in Sachsen-Anhalt

1. In der Schule mit Zukunft zu einer eigenverantwortlichen Lebensgestaltung befähigen

Die Expertise zur Zukunft ethischer und religiöser Bildung an den Schulen des Landes Sachsen-Anhalt „Ethik- und Religionsunterricht in der Schule mit Zukunft" verdient vor aller kritischen eine allgemeine Würdigung. Ihr Ziel ist eine „Verbesserung der werteorientierten schulischen Bildung", „um den Schülerinnen und Schülern Orientierungshilfe zu geben, die sie zu einer eigenverantwortlichen Lebensgestaltung befähigen soll" (Geleitwort).

Die mit dieser Intention und ihrer Realisierung verbundenen rechtlichen, inhaltlichen und organisatorischen Aspekte werden überzeugend differenziert entfaltet, aufeinander bezogen und zu einem Ganzen geordnet. Damit liegt ein beispielhaftes Konzept vor, dem eine breite Akzeptanz und Bereitschaft, an seiner Umsetzung beteiligt zu sein, zu wünschen ist.

Vor dem Hintergrund der vielfach lastigen LER-Debatte in Brandenburg und ihrer rechtlichen und politischen Verwicklung präsentiert das Ergebnis des Verständigungsprozesses in Sachsen-Anhalt beispielhaft die Notwendigkeit, die Heranwachsenden zu befähigen, ihre Zukunft eigenverantwortlich sozialorientiert zu gestalten. Dabei verzichtet die Expertise auf ehrgeizige eigenwillige Absichten und bemüht sich um einen Diskurs, der nach einem tragfähigen Konsens sucht. Die Expertise könnte in Teilen eine wichtige

Ergänzung der in Nordrhein-Westfalen erarbeiteten Denkschrift „Zukunft der Bildung – Schule der Zukunft"[1] sein, weil diese ethische und religiöse Bildung – zur Überraschung vieler – geradezu unverständlich vernachlässigt. Viele Passagen der Expertise lassen vermuten, dass ihr die Philosophie der Denkschrift Pate stand.

Was wäre das für eine Schule, die von der Denkschrift und der Expertise gespeist, Eltern für ihre Kinder zur Verfügung stünde?

Die Expertise für sich ist bereits Beispiel dafür, in welcher Richtung und auf welche Weise Bildungspolitik, Aus- und Weiterbildung für die Schule und Reflexion wie Gestaltung ihres Alltags geschehen sollten, eigentlich sogar müssten.

Diese Schule hat nur wenig gemein mit der empirisch nach wie vor erkennbaren und spürbar nachwirkenden Schule, die in einem anderen Gesellschafts- und Staatsgefüge verwurzelt war und deren Transformationsprozess ganz sicher noch über einen längeren Zeitraum konsequent fortzuführen ist, weil er primär Personen betrifft, die in jenem Gesellschafts- und Staatsgefüge geprägt wurden.

Was die Expertise diskutiert, leidenschaftlich anstrebt und dringend zur Umsetzung empfiehlt, hat diese andere Bildungsgeschichte zum Hintergrund. Ethik und Religion können nicht in geschichtlicher Kontinuität weiter gedacht werden, sondern sie sind als vielen Menschen verloren gegangene und ihnen deshalb auch nicht mehr bewusste konstitutive Voraussetzungen und Quellen für eine selbstverantwortete Lebensgestaltung, gerade in der pluralistischen Demokratie, im Zusammenhang mit gegenwärtigen und erkennbaren künftigen Aufforderungen und Herausforderungen bewusst zu machen. Dieser Reanimierungsprozess ist Teil des Bildungs- und Erziehungsauftrages und hat damit seinen Ort in der Schule, damit die heranwachsende Generation „durch schulische Erziehungs- und Bildungsprozesse zum Erhalt und zur zukunftsoffenen Weiterentwicklung der Gesellschaft mit ihrer politischen Verfasstheit und kulturellen Vielfalt" befähigt werden kann. (S. 20)

---

[1] Zukunft der Bildung – Schule der Zukunft, Denkschrift der Kommission „Zukunft der Bildung – Schule der Zukunft" beim Ministerpräsidenten des Landes Nordrhein-Westfalen, Neuwied, Kriftel, Berlin 1995

2. Die Gegenwart der „Schule der Zukunft“ hat eine Vergangenheit

Die Anteile der Bildungspolitik der DDR an der gegenwärtigen Werteunsicherheit, Werteunklarheit und Wertekonfusion wegen der von ihr programmatisch betriebenen schadensreichen Verkürzung und Verkehrung der im Christentum verwurzelten Geschichte mit der Konsequenz eines umfassenden Geschichtsverlustes werden in der Expertise fast schamhaft gerade noch gestreift. Sie werden nicht deutlich benannt und sind doch ihr präsenter Hintergrund. Das in seiner für das Individuum wie für die Gesellschaft als ganze existentiell bedeutsame Bemühen um die „Schule der Zukunft“ bedarf geradezu zwingend einer differenzierten Analyse der so charakterisierten Gegenwart mit ihrer spezifischen Vergangenheit. Geschichte kann nur in ihrem gesamten und nicht in einem konstruiert selektiven und damit verkürzenden Zusammenhang gesehen und verstanden werden. Das gegenwärtige nach wie vor durch die DDR-Vergangenheit mit geprägte gesellschaftliche Bewusstsein und Bewusstsein der Gesellschaft kennzeichnet und qualifiziert zwar den Status quo und wird so zum Ansatz und zur Vorgabe für eine den Zusammenhang von Vergangenheit, Gegenwart und Zukunft suchende und herstellende Auseinandersetzung, kann aber nicht per se als „normal“ angesehen oder gar als Norm gesetzt werden.

Damit wird eine erhebliche Verständigungs- und Klärungserfordernis angezeigt. Sie betrifft vor allem die Beschreibung und Analyse der im Zusammenhang mit der bezweifelten „Rechtmäßigkeit“ des Religionsunterrichtes in der Schule als primäres Argument ins Feld geführten *Säkularisation*, nämlich die DDR-gewachsene geringe Kirchenzugehörigkeit und der damit begründete unwesentliche Bedarf an schulischem Religionsunterricht. Genau an diesem Punkt ist jedoch die Spezifik der Säkularisation in Ostdeutschland zu erinnern und differenziert zu klären. Selbst Achim Leschinsky entzieht sich in einem Beitrag zur Fächergruppe in Mecklenburg-Vorpommern dieser Auseinandersetzung und unterlässt eine begründete, differenzierte Unterscheidung zwischen der Säkularisierung in den alten Bundesländern und in Ostdeutschland vor 1989 und auch danach. So wird die marginale Rolle der Religion bzw. der Kirche in Ostdeutschland normativ gesetzt. Sie hat ihre einflussreiche, gestaltende Kraft verloren. Damit steht ihr auch keine tragende Funktion im „moralisch-evaluativen Unterricht“ zu. Auf diese Weise werden – dieser Eindruck entsteht – plausible Argumente für das Brandenburger LER-Modell und seine Werte-Neutralität gewonnen, zu der ja nach dem Grundgesetz der demokratische Staat generell, damit aber auch das öffentliche Schulwesen verpflichtet ist.[2]

Leschinsky vertritt eine Position, die die Notwendigkeit der in der Expertise vermissten gesellschaftlichen und politischen Debatte unterstreicht, damit darüber diskutiert wird, dass und wie der Wahlpflichtbereich Religions- und Ethikunterricht plausibel als selbstverständliches Integral des schulischen Bildungsauftrages etabliert wird und eine wirkungsvolle Gestalt gewinnt.

Die Expertise weist der Schule die Aufgabe zu, „die für die anstehenden Wertfragen, Entscheidungs- und Verantwortungsprobleme notwendigen ethischen und religiösen Kompetenzen anzubahnen“ (S. 23). Sie rechnet also mit der gestaltenden Kraft der Religion als einer wesentlichen Dimension des Menschseins.

Leschinsky verdächtigt den theologisch-hermeneutisch wie auch didaktisch begründeten gegenwartsbezogenen und zukunftsorientierten Religionsunterricht modernistischer „Anpassung und Angleichung an die weltlichen Parallelfächer, seien es sozialpädagogische Gegenstrategien, die bis zum Therapieersatz reichen können“.[3]

Damit bezieht er eine sowohl von der Expertise als auch von der Konzeption der Fächergruppe in Mecklenburg-Vorpommern generell unterschiedene Position, die in der gesellschaftlichen und politischen Diskussion nicht nur gelegentlich, sondern gerade im ostdeutschen Kontext häufig vertreten wird. Sie ist deshalb nicht aus taktischen Gründen, sondern um einer fairen Auseinandersetzung willen ernst zu nehmen. Divergierende Überzeugungen und die aus ihnen resultierenden Folgerungen dürfen nicht gegenseitig verdächtigt werden und sich auch nicht gegenseitig verdächtigen. Leben und Entwicklungen hemmende Ideologisierungen und Dogmatisierungen dürfen unter keinen Umständen Platz greifen.

Insgesamt wird damit eine gewaltige Aufgabe in den Blick genommen Sie hat eine gesamtgesellschaftliche Erstreckung. Die Schule ist ein Teil des Ganzen mit besonderem Gewicht. Sie hat einen in der Expertise klar be-

---

[2] A. Leschinsky, Lebensgestaltung als Unterrichtsfach und Studienfach, in: W. Franzen, A. Leschinsky u.a. (Hg.), Philosophie und Religion / Zukunft einer Fächergruppe, Rostocker Philosophische Manuskripte, Heft 5/1998, Universität Rostock, S. 31ff.

[3] Ders., a.a.O., S. 37

schriebenen und begründeten Auftrag. Seine konkrete Gestalt ist auch eine Widerspiegelung dieses Prozesses.

Die wichtige gesamtgesellschaftliche Aufgabe von Erziehung und Bildung verträgt weder Zufälligkeiten noch Beliebigkeiten. Ihre Intention muss es sein, die Heranwachsenden in ihrer Entwicklung und zunehmenden Emanzipation zu unterstützen, damit sie fähig werden, Lebenszusammenhänge zu verstehen und ihr Leben eigenverantwortlich und gesellschaftsbezogen zu gestalten, sich mit ihren Fähigkeiten aktiv am Geschehen der „politeia", dem Gemeinwesen, zu beteiligen.

An der Leitfrage der Expertise nach der „Bedeutung des Ethik- und Religionsunterrichtes für die Allgemeinbildung und für die Schulentwicklung zu einer ‚Schule der Zukunft'" (S. 15) wird dieses eindrücklich deutlich.

Die Expertise lädt geradezu dazu ein, mit ihr oder bezogen auf sie die bisherigen Erfahrungen mit dem Religionsunterricht und seinem Korrespondenzfach in den östlichen Bundesländern aufzurufen, zu erörtern und auszuwerten. Das wäre ein in vielfacher Hinsicht wünschenswerter kritischer Zwischenschritt auf dem Weg zur „Schule der Zukunft" und ein Modell für eine die Länder angesichts vergleichbarer Aufgaben und Interessen verbindende kooperative Arbeitsstruktur. Diese schadete keinesfalls den regionalen Verschiedenheiten, sondern würde sogar deren spezifisches Profil schärfen. Insgesamt wäre ein solches Vorgehen eine wechselseitige Bereicherung.

Die „Empfehlungen für die Verbesserung religiöser und ethischer Bildung in Sachsen-Anhalt" als Ermunterung und Aufforderung zu Fort-Schritten sind die Konsequenz aus den konzeptionellen Überlegungen, die besonders in 1.4 und 2. der Expertise zusammengefasst sind. Sie nehmen bisherige Erfahrungen mit dem Religions- und Ethikunterricht auf und identifizieren Probleme, die bei ihrer Konzeptionierung, ihrer Einrichtung und ihrem Aufbau hervorgetreten sind. Ob auf die „allgemeinen Hemmnisse" (4.1) geschaut wird oder auch auf die „konzeptionellen", die „institutionellen" und die „schulorganisatorischen" Schwierigkeiten, die oben zitierte Vergangenheit wirkt auf unterschiedliche Weise behindernd nach, nicht nur in den jeweiligen lokalen schulischen Konstellationen, sondern auch auf der landespolitischen und auf der kirchlichen Ebene. Die Wert-Schätzung beider Fächer wird wahrnehmbar an der in Zweifel gezogenen Wissenschaftlichkeit der Theologie als der Bezugswissenschaft für den Religionsunterricht, an dessen Randständigkeit im Stundenplan, wie generell an der Vorrangstellung der Naturwissenschaften und der Nachordnung der Geisteswissenschaften, auch an dem ‚verkürzten Bildungsverständnis einiger Kolleginnen und Kollegen' (S. 46).

Benannt wird der Mangel an einer gesellschaftlichen und politischen, also einer umfassenden Debatte darüber, wie der gesetzlich geregelte Bildungsauftrag der Schule, zu dem auch der Religions- und Ethikunterricht gehören, dem entsprechend eine konzeptionelle und konkrete Gestalt zu gewinnen hat.

Es fehlt ein Verständnis für einen Unterrichts-Ort in der Schule, an dem die Grundfragen des Lebens und der Welt, also die „religiösen" Fragen, uneingefordert selbstverständlich thematisiert werden. Das trifft auf Eltern ebenso zu wie auf Lehrerinnen und Lehrer und auch auf Schulbehörden.

Diese Feststellungen unterscheiden sich nicht von Beobachtungen in den anderen östlichen Bundesländern. Sie spiegeln die faktische Wirklichkeit des Schulalltags wider.

In Mecklenburg-Vorpommern hat der schulische Religionsunterricht eine etwas andere Geschichte genommen als in den anderen ostdeutschen Bundesländern und Landeskirchen. Bei der Entwicklung der Verfassung des Landes Mecklenburg-Vorpommern 1992/93 legten die Kirchen Wert auf die Übernahme von Artikel 7(3) des Grundgesetzes. In Artikel 6 des im Januar 1994 unterzeichneten Staat-Kirchen-Vertrages wird Artikel 7(3)GG aufgenommen und entfaltet.[4] §7 des Schulgesetzes vom 15. Mai 1996 zitiert Artikel 7(3)GG und enthält in (3) den Hinweis: „Die Unterrichtsfächer evangelische Religion, katholische Religion und Philosophieren mit Kindern oder Philosophie können zeitweilig auch als Fächergruppe angeboten werden. Innerhalb dieser Fächergruppe sollen die einzelnen Fächer unter Wahrung ihrer Eigenständigkeit und ihrer Besonderheiten und der Rechte der Schüler und Erziehungsberechtigten in kooperativer Form unterrichtet werden."[5]

1995 haben sich die evangelischen Kirchen in Mecklenburg-Vorpommern „Zum Verständnis, zur Einrichtung und zur Begleitung des ordentlichen Lehrfaches Evangelische Religionslehre in Mecklenburg-Vorpommern" verständigt.

Dem waren jahrelange Klärungs- und Präzisierungsprozesse vorausgegangen, bei denen drei Positionen von prinzipieller Bedeutung waren:

---

[4] Vertrag zwischen dem Land Mecklenburg-Vorpommern und der Evangelisch-Lutherischen Landeskirche Mecklenburgs und der Pommerschen Evangelischen Kirche vom 20. Januar 1994, Schwerin 1995, S. 16.

[5] Schulgesetz für das Land Mecklenburg-Vorpommern vom 15. Mai 1996, Schwerin 1996, S. 16.

1. Der Religionsunterricht ist Teil des Bildungsauftrages der Schule, der darin besteht, die Heranwachsenden bei der Orientierung in der Welt, der Bewältigung der Zukunftsaufgaben und der Vergewisserung über die eigene Identität zu unterstützen.
2. Der Religionsunterricht ist für alle Schülerinnen und Schüler „offen". In Mecklenburg-Vorpommern sind von 100 Schülern etwa nur 5-6 kirchlich sozialisiert und wenige andere hatten bzw. haben nur punktuelle Berührungen mit der Kirche und dem christlichen Glauben. Grundfragen des Lebens und der Welt bedürfen unabhängig dieses Tatbestandes notwendigerweise eines selbstverständlichen für alle zugänglichen Ortes in der Schule. Im Zusammenhang mit der vom Christentum geprägten und weithin verloren gegangenen Geschichte soll der Religionsunterricht „die Frage nach dem Sinn des Lebens, nach Wahrheit und Gerechtigkeit, nach Werten und Normen für verantwortliches Handeln im Horizont der biblisch-christlichen Tradition und in der Auseinandersetzung mit ihr sowie mit anderen religiösen und weltanschaulichen Traditionen bezogen auf die Lebenswirklichkeit der Schüler" erörtern. „Der hohe spezifische Säkularisierungsgrad der Gesellschaft und der Schule macht es notwendig, die religiöse Dimension so in den schulischen Lernprozess einzubeziehen, dass die eigenen geistig-kulturellen Wurzeln bewusst und verstanden werden."
3. Die Landeskirchen erwarten die Einrichtung eines adäquaten Ersatzfaches für die vom Religionsunterricht abgemeldeten Schülerinnen und Schüler. Möglichkeiten der Kooperation zwischen beiden Fächern sollten geprüft werden.

Unabhängig von den rechtlichen Vorgaben in Artikel 7(3) GG, dessen Auslegungshorizont sich bereits in der sog. alten Bundesrepublik über ein sehr weites Spektrum erstreckt, sollte angesichts des Geschichts- und Traditionsabbruches in den DDR-Jahrzehnten unter dem Bildungsaspekt der Religionsunterricht so verstanden und konzipiert werden, dass er für möglichst viele kirchlich nicht sozialisierte, vielleicht sogar für alle Schülerinnen und Schüler ein Fach wird, in dem die im Christentum verwurzelte Gegenwart erschlossen und an der Substanz dieser Geschichte orientierte Perspektiven auf das Leben und auf eine verantwortliche Lebensgestaltung ohne eine vereinnahmende Verengung interpretiert und erörtert werden.

Eine grob gerasterte Analyse der bisherigen Geschichte des Religionsunterrichtes bestätigt den Ansatz. Seine Akzeptanz legt ungebrochen bei 50 %. Zum Teil nehmen sogar Klassengruppen geschlossen an ihm teil.

In dem hier dargestellten Zusammenhang ist der kooperative Kontakt zum Ersatzfach Philosophieren mit Kindern / Philosophie als Korrespondenzfach eine logische Folgerung.

Die Aufnahme dieser von den evangelischen Kirchen vorgeschlagenen dialogischen Beziehung im Schulgesetz von 1996 ist ein Zeichen dafür, dass diese Idee konsensfähig war und entsprechend schnell auch von der Landespolitik akzeptiert wurde.

Dessen ungeachtet folgt die (Schul)Wirklichkeit oft einer anderen Dynamik. Auch in Mecklenburg-Vorpommern waren und sind die Einführung, der Aufbau und die Entwicklung des evangelischen Religionsunterrichtes denselben Hemmnissen ausgesetzt, wie sie in der Expertise für Sachsen-Anhalt benannt werden. Ihr Gewicht war jedoch nicht konterkarierend stark, so dass es erforderlich gewesen wäre, das Konzept für den Religionsunterricht grundsätzlich aufzurufen und nötigenfalls zu korrigieren.

Schwierigkeiten gleich welcher Art, auch schulorganisatorische, konnten und können relativ präzise in Vorurteilen und Vorbehalten von Eltern und Lehrern identifiziert werden.

Die Akzeptanz des Religionsunterrichtes, auch die Zusammenarbeit in der Fächergruppe, ist letztlich und maßgeblich auch an die pädagogische und kommunikative Kompetenz der Lehrerinnen und Lehrer gebunden.

Für die Religionsunterricht erteilenden Lehrerinnen und Lehrer wurden in Mecklenburg-Vorpommern Voraussetzungen erarbeitet und es wurde und wird darauf Wert gelegt, dass ihnen entsprochen wird, wiewohl sich bestimmte Aspekte einer schlüssigen Einschätzung und Bewertung entziehen. Das betrifft vor allem den Aspekt der Glaubwürdigkeit, die Authentizität. Sie ist in im Grunde genommen eine conditio sine qua non, weil alle Wertvermittlung personengebunden ist.

Dasselbe gilt für das Korrespondenzfach. Vergleichbar dem Religionslehrer bedarf der Philosophielehrer einer ihn zur Kooperation in der Fächergruppe befähigenden Kompetenz.

Die Chance einer engen kooperativen Beziehung und Verständigung besteht nicht nur in einer mehrperspektivischen und grenzüberschreitenden Wahrnehmung, sondern wesentlich darin, „mit den (Kindern und) Jugendlichen Beurteilungskriterien für die Unterscheidung zwischen lebensermöglichenden und lebensverhindernden Formen von religiösen und außerreligiösen Sinnangeboten zu entwickeln". (S. 25) Dieses zu leisten wird als verbindliche Aufgabe definiert.

3. Die philosophische Disziplin „Ethik“ als Korrespondenzpartner im Wahlpflichtbereich

Andere Akzentuierungen im Konzept der Fächergruppe in Mecklenburg-Vorpommern sind nicht als Unterschiede zu deklarieren. Beide Konzeptionen stimmen weitgehend überein und können einander ergänzend aufeinander bezogen werden. Die Expertise argumentiert teilweise differenzierter und formuliert weithin klarer. Ihr Anlass waren unbefriedigende Erfahrungen in der schulischen Praxis. Sie verursachte, die mit dem in Sachsen-Anhalt im Schulgesetz geregelten Wahlpflichtbereich Religions-/ Ethikunterricht verbundenen grundsätzlichen Fragen vor diesem Hintergrund unkaschiert und konsequent aufzunehmen, zu reflektieren und zu entfalten, um dann „für die Verbesserung religiöser und ethischer Bildung in Sachsen-Anhalt“ Empfehlungen zu formulieren.

Interessant wäre allerdings ein kritischer Vergleich der „Prinzipien der Organisation fächerübergreifenden Unterrichts“ im Konzept der Fächergruppe. Zu ihnen gehören die Beschreibung des Verhältnisses von Religion und Philosophie in den „Grundsätzen“, die „Bedingungen“ einer inhaltlichen und methodischen Kooperation in der Fächergruppe, die „Ziele“, Hinweise für die „Praxis“ der Kooperation und „Konsequenzen“ für die Aus-, Fort- und Weiterbildung mit den entsprechenden Passagen der Expertise.[6] Auch wenn das Korrespondenzfach zur ev./ kathol. Religionslehre Philosophie ist, sind kaum gravierende inhaltliche Unterschiede zum Unterrichtsfach Ethik festzustellen, das als „philosophische Disziplin des richtigen Lebens und Handelns“ verstanden wird und sich „mit den Bedingungen und begrifflichen Orientierungen verantwortlich gestalteter Weisen des Zusammenlebens“ beschäftigt wie auch Fragen gelingenden Lebens klärt. (S. 35)

Es entsteht der Eindruck, dass der Religionsunterrichtes grundsätzlicher, umfassender und auch differenzierter im Gesamtzusammenhang des Wahlpflichtbereiches begründet und in seinen ihn vom Korrespondenzfach unterscheidenden Inhalten und Intentionen dargestellt wird als der Ethikunterricht. Bei ihm fallen vergleichsweise Unschärfen auf. Z. B. wird in den grundsätzlichen Aussagen über die ethische und religiöse Bildung (S. 24ff.) der Ethikunterricht fachwissenschaftlich eindeutiger und prinzipieller der Philosophie zugeordnet, als er später, etwa unter 2.3.2 „Ethikunterricht“, auf

---

[6] E. Schwerin, H.-H. Wilke (Hg.), Aufbrüche und Umbrüche – Zur pädagogischen Arbeit der evangelischen Kirchen seit der Wende, Leipzig 1998, S. 153ff.

eine „ethische Urteilskompetenz" hin verengt wird, die die Weite einer philosophischen Auseinandersetzung zurückdrängt. Ethik als eine Konsequenz religiöser Lebens- und Weltinterpretation ist nicht ablösbar von der unter der Prämisse des Glaubens als einer Haltung des Vertrauens gegenüber dem sich offenbarenden Gott und gegenüber dem geoffenbarten Wort Gottes gestellten Gottesfrage. Diese Frage wird – neben anderen – auch in der Philosophie „argumentativ auf der Basis von Vernunft" bearbeitet, wie auch die Frage nach „Anfang und Ende von Mensch und Welt, nach Freiheit und Unsterblichkeit, Schicksal Schuld und Tod". Die angestrebte sittliche Urteilskompetenz soll dazu befähigen, „durch Reflexion einen eigenen sittlichen Standpunkt zu erarbeiten und zu artikulieren" (S. 36).

Kaum erkennbar ist dessen „lebens- und weltanschaulicher" Ort, seine im umfassenden Sinne philosophische Begründung, seine „Deutung der Wirklichkeit als Ganzem". (S. 30)

Das ist doch wohl die „Philosophie" des Wahlpflichtbereichs, nämlich verschiedene Deutungen der Lebens- und Weltwirklichkeit dialogisch aufeinander zu beziehen, Gemeinsamkeiten wie Unterschiede herauszuarbeiten, um so noch andere als die eigene lebens- und weltanschauliche Perspektive in ihren grundsätzlichen Bezügen kennen zu lernen, und so das Verständnis füreinander zu fördern, bereichernde Erweiterungen des eigenen Verstehenshorizontes aufzunehmen und die gemeinsame Suche nach Wahrheit anzuregen.

Möglicherweise wäre der Philosophieunterricht tatsächlich der adäquatere Partner des Religionsunterrichtes.

4. Die offene Frage nach didaktischen Prinzipien für den Wahlpflichtbereich

Der Expertise ist beispielhaft „eine mögliche Form der Ausgestaltung der Kooperation im Wahlpflichtbereich" zum Thema „Gewalt" angelegt (S. 44), wobei – auch bei Beachtung von 5.1 – die leitenden didaktischen Prinzipien dieser Kooperation nicht schlüssig erkennbar sind.

Nach den einleuchtenden und überzeugenden vorgeordneten, grundlegenden Aussagen wären solche grundsätzlichen didaktischen Prinzipien als Zuweg zur Praxis und zur Unterstützung ihrer Strukturierung wünschenswert gewesen.

Auf der anderen Seite hätte dieser weitere Arbeitsschritt vielleicht auch in der Rückspiegelung die angesprochenen Unschärfen erkennen lassen.

In den Grundsätzen zu den „Prinzipien der Organisation fächerübergreifenden Unterrichts“ wird der Unterschied und damit auch die Differenz von „Religionslehre“ und „Philosophie“ in folgender Weise charakterisiert: „In Religionslehre geschieht Sinnentdeckung in der Auseinandersetzung und Begegnung mit der Glaubensoffenbarung und ihren Wirkungen. Das Fach Philosophieren mit Kindern richtet sich auf Sinnentdeckung in der Selbstvergewisserung durch Vernunft. Das schließt für den Religionsunterricht den rationalen Diskurs und für die Philosophie die Artikulation der Bedingungen und die Erfahrung der Grenzen dieser Rationalität ein. In diesen Fächern bedingen Öffnen für das Unbedingte und Vernunftorientierung einander. Von daher können sich Philosophie und Religion füreinander öffnen und innerhalb einer Fächergruppe ergänzen.“[7]

Die Konzeption der Fächergruppe schließt mit einem „Kommentar zum Schema für die exemplarischen Themen der Fächergruppe“. Das Schema ist als ein „Raster“ gedacht, das dazu geeignet ist, Kooperationsthemen der Fächergruppe auszuarbeiten. Es ist gegliedert in

- Voraussetzungen und Perspektiven
- Gemeinsame Intentionen
- Mögliche Schülerfragen
- Fachliche Differenzierungen (Philosophie, Theologie)
- Inhalte und Themenvorschläge
- Gestaltungsmöglichkeiten der Schule
- Mindestanforderungen
- Fächerübergreifende Perspektiven.

Entfaltet werden für die Klasse 5/6 „Ursprungsvorstellungen“. Ein wesentlicher Bestandteil der Darstellung sind die ausführlichen fachlichen Differenzierungen, die die spezifischen Grundlagen der Fächer getrennt ausweisen. „Dadurch kann die Eigenart der kooperierenden Fächer deutlich werden. Zugleich wird der unterschiedliche Zugriff der Theologie und Philosophie auf das Thema deutlich. Die fachlichen Differenzierungen dienen auch dazu, die Persönlichkeitsrechte der Kinder zu wahren; außerdem verdeutlichen sie die unterschiedlichen Aspekte des Themas, die diese berühren könnten. Der Kooperationsunterricht geht davon aus, dass für die Schüler des jeweils anderen Faches die unterschiedlichen Zugänge deutlich werden sollen. Deshalb

---

[7] A.a.O., S. 154.

kommt den fachlichen Differenzierungen für die exemplarischen Themen der Fächerkooperation eine besondere Bedeutung zu."[8]

Aufmerksam zu machen wäre auf die „fächerübergreifenden Perspektiven" zum Thema „Ursprungsvorstellungen". Sie werden benannt für die Fächer Geschichte, Physik, Astronomie, Biologie, Geografie, Mathematik, Chemie, Kunst und Deutsch.

Das entspricht der Forderung der Expertise, die ethische und religiöse Bildung nicht auf den Ethik- und Religionsunterricht zu beschränken. Sie „muss ... von der gesamten Schule getragen werden" (S. 26).

Was hier kritisch angemerkt wird, ist in der Expertise zwar impliziert, jedoch für diejenigen, deren Interesse für Kooperationen im Wahlpflichtbereich geweckt, verstärkt und deren Reflexions- und Handlungsbereitschaft mit dem Ziel einer Kooperationskompetenz unterstützt werden müsste, kaum zusammenhängend erkennbar.

Insofern ergänzen sich beide Konzeptionen. Sie sollten bei der weiteren Entwicklung des Wahlpflichtbereiches wie der Fächergruppe jeweils mit hinzugezogen werden.

Die Praxis der Fächergruppe wurde bisher trotz der Vereinbarung einer wissenschaftlichen Begleitung geradezu vernachlässigt. Möglicherweise führt eine dringend anzumahnende Evaluation zu dem Ergebnis, etwa mithilfe der Expertise auch inhaltliche Korrekturen vorzunehmen. Beide Konzeptionen sind anspruchsvoll und bedürfen einer hohen fachwissenschaftlichen und pädagogischen Kompetenz. Aber diese wäre für alle Fächer von Belang, für die gesamte Schule, und zwar um der Zukunft der Heranwachsenden willen.

---

[8] A.a.O., S. 159.

Michael Domsgen

Braucht Ostdeutschland eine eigene Religionspädagogik?

Es gibt Fragen, die irritieren. Allein die Tatsache, dass sie gestellt werden, reicht aus, um Verunsicherung, Ablehnung oder Erstaunen zu provozieren, weil damit Unbewusstes zur Sprache gebracht wird.

Die hier zu bedenkende Frage gehört in diese Kategorie. Wer sie stellt, muss sich dessen bewusst sein. Deshalb wird es zuerst darum gehen müssen, die Frage an sich zu problematisieren und danach zu suchen, was diese Thematik so irritierend macht.

Eine irritierende Frage

Wie steht es also um eine eigene ostdeutsche Religionspädagogik? Vor allem ostdeutsche Leserinnen und Leser werden die dahinterstehende Problematik in aller Regel nicht als Frage, sondern als Feststellung zur Kenntnis nehmen. Denn im Grunde ist man sich darüber einig, dass vierzig Jahre eigener Geschichte eine eigene religionspädagogische Antwort verlangen. Irritierend wäre hier also lediglich, dass man so etwas überhaupt anfragen müsse, da doch die Sache ganz klar auf der Hand zu liegen scheint.

Westdeutsche Leserinnen und Leser reagieren in aller Regel anders auf so eine Frage. Für sie steckt ja in dieser Fragestellung die unausgesprochene Behauptung, dass bisherige (auch durchaus in der Praxis bewährte) Erkenntnisse religionspädagogischer Theoriebildung als nicht hinreichend für Ostdeutschland erachtet werden, dass man also mit den eigenen religionspädagogischen Antworten im Osten nichts ausrichten könne. Und das ist natürlich im höchsten Maße irritierend.

Die Frage nach einer eigenen ostdeutschen Religionspädagogik weckt also Emotionen, die es schwer machen, sich dieser Problematik in aller Ruhe und Sachlichkeit anzunähern. Trotzdem soll dies im Folgenden versucht werden, wobei gleich im Vorfeld mit Nachdruck darauf verwiesen werden soll, dass es nicht die *eine* Situation in Ostdeutschland gibt, so wie ja auch die westdeutsche religionspädagogische Situation alles andere als homogen ist. Trotzdem jedoch gibt es durchgehende Linien, die für die ostdeutschen Bundesländer insgesamt gelten, auch wenn es im Detail immer wieder regionale Besonderheiten gibt.

Der „Sonderfall" Ostdeutschland

Gesamtgesellschaftlich von herausragender Bedeutung ist die Tatsache, dass Ostdeutschland im Blick auf die Konfessionszugehörigkeit ein „Sonderfall" ist. Bereits kurz vor der Wende hatte der marxistische Gesellschaftswissenschaftlicher Klohr eine Kirchenstudie fertig gestellt und darin mit unverhohlener Genugtuung vom „Sonderfall" DDR gesprochen, denn „in keinem anderen Land der Welt (soweit uns bekannt) ist der Säkularisierungsprozess und damit der Rückgang religiösen Glaubens und der Kirchenzugehörigkeit so weit fortgeschritten wie in der DDR"[1]. Dieser religionspädagogisch äußerst bedeutsame Gesichtspunkt wird auch von der Europäischen Wertestudie vom Beginn der 90er Jahre gestützt.[2] Inzwischen hat sich dieser Trend weiter fortgesetzt. Hoffnungen, es könnte zu einer Umkehrung dieser Entwicklung kommen, haben sich nicht erfüllt.

Man muss also davon ausgehen, dass fast 75% der Bevölkerung in Ostdeutschland keiner Kirche angehören. Die Konfessionslosigkeit „stellt auch 10 Jahre nach der Wende so etwas wie ein stabiles gesellschaftliches Milieu dar, das ziemlich unangefochten in sich selbst ruht und keine Anstalten zeigt, sich für das Anliegen des christlichen Glaubens zu öffnen"[3]. Hinsichtlich der Konfessionslosigkeit könnte man geradezu von einer Konstante sprechen, die sich trotz aller rasanter Veränderungen im Zuge der Wiedervereinigung Deutschlands durchgehalten hat. Wenn auch vieles andere auf den Prüfstand musste, die Konfessionslosigkeit wurde davon nicht berührt. Hier liegt geradezu ein Stück geschichtliche Identität, die in anderen Bereichen abgeschnitten wurde.

---

[1] Kollektiv der Forschungsgruppe Religionswissenschaft der Hochschule für Seefahrt Warnemünde-Wustrow, Leitung: Prof. Dr. phil. Habil Olof Klohr, Prognose 2000. – Kirchenstudie 1989 – (Forschungsbericht 50), Rostock-Warnemünde 1989, S. 19.

[2] Vgl. Paul M. Zulehner/ Hermann Denz, Wie Europa lebt und glaubt. Europäische Wertestudie, Düsseldorf 1993.

[3] Wolf Krötke, Religion und Weltanschauung im postsozialistischen Kontext, in: Materialdienst der EZW 11/2000, S. 379-384, 379.

Dies ist religionspädagogisch auch deshalb von herausragender Bedeutung, weil dadurch in großem Maße Argumentationsmuster des so genannten wissenschaftlichen Atheismus transportiert werden. Zwar ist der kirchenfeindliche Ton insgesamt zurückgegangen, auch die ideologischen Parolen der marxistisch-leninistischen Dialektik sind in Vergessenheit geraten, aber die Vorstellung, dass Religion „unwissenschaftlich" und deshalb in höchsten Maße überholt sei, hält sich geradezu eisern. Eine Folge davon ist, dass man sich eine Verbindung von Religion mit den alltäglichen Lebensvollzügen schlechterdings nicht vorstellen kann. Deshalb bleibt an dieser Stelle eine große Distanz. Hier liegt auch ein Grund dafür, dass die zu Beginn der 90er Jahre geäußerte Befürchtung, die Ostdeutschen könnten scharenweise in die Fänge von Sekten geraten, nicht eingetreten ist.

Dieses Milieu des „massenhaften Gewohnheitsatheismus"[4] ist also immer mit zu denken, wenn man sich über religionspädagogische Ansätze in Ostdeutschland verständigen will. Allerdings sollte man dabei im Blick haben, dass die Konfessionslosen keineswegs eine homogene Gruppe sind. Auch hier gibt es unterschiedliche Ansätze und Auffassungen, die differenziert bedacht werden müssen, wenn man dem Phänomen „Konfessionslosigkeit" in Ostdeutschland gerecht werden will.[5]

Die Lebenswirklichkeit der Menschen möglichst genau in den Blick zu nehmen, ist unerlässlich. Und in der Einstellung zu Kirche und Religion liegen unübersehbare Unterschiede zwischen Ost- und Westdeutschland. Entkirchlichung gibt es auch in der alten Bundesrepublik, aber der Atheismus im Osten speist sich aus anderen historischen Quellen.

Auf dem Hintergrund dieser gesamtgesellschaftlichen Situation in Bezug auf Kirche und Religion in Ostdeutschland möchte ich nun versuchen, die einzelnen „Orte religiösen, christlichen und kirchlichen Lernens"[6] in den Blick zu nehmen und sie auf ihre besonderen ostdeutschen Gegebenheiten hin zu reflektieren. Ich beginne dabei mit dem Lernort Schule, weil sich hier in religionspädagogischer Sicht die bedeutsamsten Veränderungen seit der Wende ergeben haben.

---

[4] Krötke, a.a.O., S. 381.

[5] Vgl. dazu die Aufführungen von Helmut Zeddies, Konfessionslosigkeit im Osten Deutschlands. Merkmale und Deutungsversuche einer folgenreichen Entwicklung, in PTh 91(2002), S. 150-167.

[6] Christian Grethlein, Religionspädagogik. Berlin, New York 1998, S. 307.

Die Schule

In der Regel verbringen alle Menschen einen großen Teil ihrer Zeit in der Institution Schule. Dem Phänomen des Religiösen begegnen sie dort meistens im Ethik- und Religionsunterricht (so sie denn eingerichtet sind[7]). Dabei hat der Religionsunterricht in Ostdeutschland nicht immer einen leichten Stand. Denn trotz aller Neuerungen muss man ein hohes Maß an Kontinuität zur DDR-Schule konstatieren. Eine kritische Reflexion der DDR-Volksbildung ist bisher nicht erfolgt, so dass Altgewohntes tradiert wird, wozu auch die Vorurteile gegenüber Kirche und Glauben gehören.[8] Besonders gravierend ist hier das personale Moment. Mehr als drei Viertel aller Lehrerinnen und Lehrer haben auch vor der Wende ihren Beruf ausgeübt. Bekanntermaßen wurde damals eine klare Distanzierung gegenüber Kirche und Religion gefordert. Die Lehrerinnen und Lehrer hatten die Aufgabe, in ihrer pädagogischen Funktion den Atheismus als einzige „wissenschaftliche Weltanschauung" zu propagieren. Daraufhin wurden sie geschult, hier sollten sie propagandistisch tätig werden, und das hat unübersehbare Folgen in ihnen selbst hinterlassen. Auch heute wird deshalb von vielen Lehrerinnen und Lehrern Religion lediglich als einzig und allein im privaten Sektor zu duldendes Phänomen verstanden, das in der Schule nichts zu suchen habe. Ebenso tradiert werden alte pädagogische Muster im Verhältnis von Lehrenden und Lernenden.

Nach einer Phase der starken Verunsicherung greift nun wieder eine restaurative Stimmung um sich nach dem Motto „Alles war in der DDR auch nicht schlecht". Gestützt wird das durch das schlechte Abschneiden deutscher Schülerinnen und Schüler in der PISA-Studie, so dass zum Beispiel in der Grundschule gesagt wird: „Kein Wunder, wenn unsere Schüler nicht mehr lesen und rechnen können, wo doch so viel Unterrichtszeit für Sachkunde und Religionsunterricht verschwendet wird".

In den ostdeutschen Schulen ist die Suche nach Anknüpfungspunkten für einen Dialog, der das in aller Regel vorhandene antireligiöse Klima verbessern helfen kann und umfassende Hilfestellungen für die Lehrkräfte bietet, dringend erforderlich. Religionspädagogisches Nachdenken wird sich dabei

---

[7] Zum momentanen Stand bei der Erteilung des Religionsunterrichts in Ostdeutschland vgl. Michael Domsgen, Große Unterschiede. Wie in Ostdeutschland das Fach Religion unterrichtet wird, in: Zeitzeichen 4/2002, S.15-17, sowie: Religionsan den Schulen Ostdeutschlands – ein zehnjähriges Novum, in: PTh 91(2002), S. 429-444.

[8] Vgl. ausführlicher dazu: Michael Domsgen, Religionsunterricht in Ostdeutschland. Die Einführung des evangelischen Religionsunterrichts als religionspädagogisches Problem, Leipzig 1998, S. 479ff.

keineswegs auf das Fach Religion beschränken dürfen, sondern muss den gesamten Lernort Schule im Blick haben. Nur wenn es gelingt, die Schule in ihrer Gesamtheit zu verändern, wird auch der Religionsunterricht eine Chance haben können.

In dieser Hinsicht sind die in der Expertise formulierten Vorschläge zur Bildung einer Fächergruppe durchaus begrüßenswert. Sie nehmen Bezug auf die Denkschrift der EKD „Identität und Verständigung“ und korrespondieren mit den Überlegungen der beiden Tübinger Religionspädagogen Karl-Ernst Nipkow[9] und Friedrich Schweitzer[10], von denen ersterer ja auch Mitglied der Kommission zur Erarbeitung der Expertise in Sachsen-Anhalt war. Die Vorzüge einer Fächergruppe sind unverkennbar: Zum einen wird die ökumenische Kooperation gestärkt, weil die Religionsgemeinschaften wirklich zusammenarbeiten müssen. Zum anderen wird der Religionsunterricht insgesamt stärker beachtet, da er im gesamten Schulalltag deutlicher profiliert wird.

Allerdings muss an dieser Stelle auch auf eine mögliche Gefahr hingewiesen werden, die in den Überlegungen zur Fächergruppe steckt und sich auch schon in der Expertise andeutet. Wenn Religion in der Fächergruppe unterrichtet wird, könnte das zu einer unstatthaften Funktionalisierung von Religion führen, indem sie auf ihren ethischen Gehalt reduziert wird. Religion wäre dann nicht mehr als eigenständig pädagogisch relevante Praxis von Bedeutung[11], sondern nur noch in ihrem ethischen Gehalt. Tendenzen in diese Richtung lassen sich bereits beobachten, wenn Verantwortliche in Schule und Politik den Religionsunterricht unter Hinweis auf den Verlust von ethischen Werten zu legitimieren versuchen (z. B. beim Thema Gewalt). Hier besteht die Gefahr, dass das Eigengewicht von Religion verloren geht und Religion als eigene bildungstheoretisch relevante Größe nicht mehr gerechtfertigt wird.

Diese äußerst problematische Engführung muss bei allem Nachdenken über eine Fächergruppe im Hintergrund sein. Für Ostdeutschland im besonderen

---

[9] Vgl. Karl Ernst Nipkow, Der Weg der Fächergruppe mit einem dialogorientierten, mehrseitig kooperierenden evangelischen Religionsunterricht, in: Wolfram Weiße (Hg.), Wahrheit und Dialog. Theologische Grundlage und Impulse gegenwärtiger Religionspädagogik, Münster, New York, Berlin 2002, S. 89-106.

[10] Friedrich Schweitzer beleuchtet die Perspektive der Kinder bei einem konfessionell-kooperativen Religionsunterricht. Vgl. Ders., Konfessionell-kooperativer Religionsunterricht: Die Perspektive der Kinder, in: Wolfram Weiße (Hg.), a.a.O., S. 107-119.

[11] Auf die pädagogisch relevante Praxis von Religion weist Dietrich Benner in seinen „Thesen zur Bedeutung der Religion für die Bildung“ hin. Vgl. Ders., Studien zur Theorie der Erziehung und Bildung. Pädagogik als Wissenschaft, Handlungstheorie und Reformpraxis, Band 2, Weinheim, München 1995, S. 179ff.

ist es entscheidend, dass es gelingt, den unverzichtbaren Gehalt von Religion für die Bildung herauszustellen. Dabei kann es keineswegs nur um ein einzelnes Fach gehen. Religion ist als Dimension des Lernens und Lebens deutlich zu profilieren.

Eine besondere Bedeutung in dieser Hinsicht haben zweifellos die Evangelischen Schulen.[12] Gerade in Ostdeutschland gibt es ja einen ungebrochenen Trend zur Gründung solcher Schulen. Religionspädagogisch sind sie von großem Gewicht, weil hier exemplarisch deutlich werden kann, was es bedeutet, wenn Religion das Lernen und Leben am Lernort Schule durchwaltet.

Hält man sich dann noch vor Augen, dass diese Schulen in kirchlicher und christlicher Trägerschaft fast ausnahmslos weitaus mehr Anmeldungen von Schülerinnen und Schülern zu verzeichnen haben, als sie dann auch aufnehmen können, wird vollends deutlich, dass die Kirchen hier angesichts der schwierigen Situation innerhalb der schulischen Landschaft einen diakonischen Auftrag in der Gesellschaft wahrzunehmen haben.

Die Gemeinde

Gemessen an der Gesamtbevölkerungszahl sind es im Vergleich mit dem Lernort Schule nur wenige, die mit der Gemeinde als Lernort in Berührung kommen. Trotzdem jedoch ist die Gemeinde religionspädagogisch äußerst bedeutsam. „Sie ist der institutionalisierte Ort christlicher Praxis ... und insofern für christliche Bildung, Erziehung und Sozialisation in der gegenwärtigen Situation von grundlegender Bedeutung."[13]

Aber auch die Gemeinden stehen in Ostdeutschland vor tiefgreifenden Veränderungen. Die Kirchen sind nicht nur eine Minderheitenkirche. In höchstem Maße problematisch ist vor allem die Tatsache, dass die Gemeinden in überdurchschnittlichem Maße aus alten und älteren Gemeindegliedern bestehen. Durch die Abwanderung vor allem junger Familien in die so genannten alten Bundesländer, wo Aussicht auf gute Arbeitsmöglichkeiten besteht, wird diese Entwicklung noch verstärkt. In der mecklenburgischen Kirche beispielsweise sind fast die Hälfte der Kirchenmitglieder 60 Jahre und

---

[12] Vgl. Martin Schreiner, Im Spielraum der Freiheit. Evangelische Schulen als Lernorte christlicher Verantwortung, München 1996; Christoph Th. Scheilke, Martin Schreiner (Hg.), Handbuch Evangelische Schulen, Gütersloh 1999.

[13] Grethlein, a.a.O., S. 311.

älter.[14] Daraus ergeben sich enorme finanzielle Schwierigkeiten. So sind in der Kirchenprovinz Sachsen nur 20% der Mitglieder kirchensteuerpflichtig. 80% können nicht zur Kirchensteuer herangezogen werden (wegen Arbeitslosigkeit, Alters oder Berufsausbildung). Vergegenwärtigt man sich dann noch, dass ohnehin nur 20 bis 25% der Bevölkerung in der Kirche sind, wird die Dramatik dieser Entwicklung besonders deutlich.

Die Kirchen stecken in einer „Zwangslage bisher nicht gekannten Ausmaßes"[15] und müssen ihre Aufgaben neu ordnen und reflektieren.

Davon betroffen sind auch die gemeindepädagogischen Aktivitäten. Hier liegt ein besonderer Schwerpunkt in der Christenlehre, die Kinder der Klassen 1 bis 6 im Blick hat. Historisch gesehen ist die Christenlehre ganz klar aus einer Notsituation heraus geboren worden. Da der Religionsunterricht in den Schulen nicht mehr erteilt werden konnte, musste die Kirche die christliche Unterweisung ihrer Kinder selbst in die Hand nehmen. Im Nachhinein wurde jedoch deutlich, dass das genuin gemeindliche pädagogische Handeln keineswegs beliebig ist, sondern unverzichtbarer Bestandteil kirchlichen Tuns.

Diese Erkenntnis führte nach der Wende zu heftigen Diskussionen bezüglich der Zukunft der Christenlehre. Mittlerweile ist deutlich geworden, dass die Christenlehre als gemeindepädagogisches Angebot für die Kinder der Klassen 1 bis 6 beibehalten werden soll, aber modifiziert werden muss. Bei der Frage der Transformation der Christenlehre könnten Überlegungen hilfreich sein, die in Westdeutschland unter den Stichworten KU 3 und KU 4[16] eingebracht wurden. Hier wird der Konfirmandenunterricht, der üblicherweise in den Klassenstufen 7 oder 8 stattfindet, vorgezogen in die Klassen 3 oder 4. Gut verdeutlicht wird dadurch der prozessuale Charakter gemeindlichen Handelns. Dies korrespondiert mit dem Konzept des konfirmierenden Handelns, das bereits 1973 vom Facharbeitskreis Konfirmation beim Bund der Evangelischen Kirchen in der DDR vorgestellt und das auch im Rahmenplan für die kirchliche Arbeit mit Kindern und Jugendlichen von 1977 Eingang fand. Eine Vergegenwärtigung dieser wichtigen Gedanken ist dringend erforderlich, weil es dadurch auch zu einer Verzahnung von Erwachsenen- und Kinderbildung kommen kann. Beim Konzept von KU 3 und KU 4 sind

---

[14] Zu den Zahlenangaben vgl. dazu und im Folgenden: Helmut Zeddies, Die Kirchen in den neuen Bundesländern: Minderheit mit Zukunft, in: Materialdienst der EZW 11/2000, S. 384-389, 385.

[15] Zeddies, Die Kirche in den neuen Bundesländern (Anm. 14), S. 386.

[16] Vgl. Michael Meyer-Blanck, Lena Kuhl, Konfirmandenunterricht mit 9/10jährigen, Göttingen 1994, S. 19-21.

es ja zum großen Teil die Eltern selbst, die den Konfirmandenunterricht inhaltlich gestalten. Hier liegt die große Stärke dieses Ansatzes.

Die entscheidende Frage für die nächsten Jahre im gemeindepädagogischen Bereich wird sein, ob es gelingt, die Verbindung zur Familie als dem primären Sozialisationsraum eines jeden Einzelnen wiederherzustellen.

Diese Aufgabe steht für Ost und West gleichermaßen an. In Ostdeutschland ergeben sich besondere Herausforderungen nicht nur aufgrund der bereits geschilderten Probleme einer Kirche mit großen finanziellen Sorgen inmitten einer entkirchlichten Gesellschaft, sondern auch durch Besonderheiten im familiären Bereich, auf die ich nun zu sprechen kommen möchte.

Die Familie

Nach wie vor ist die Familie „für die meisten Menschen die wichtigste Sozialisationsinstanz, auch in religiöser, christlicher und kirchlicher Hinsicht"[17]. Ihre Bedeutung ist äußerst hoch zu veranschlagen. Weder der Religionsunterricht in der Schule noch die Angebote im gemeindepädagogischen Bereich sind in der Lage, das in der Familie Versäumte aufzuholen. Deshalb ist es unverzichtbar, sich diesem Bereich in den nächsten Jahren mit größter Sorgfalt zu widmen.

Bei allem Wandel der privaten Lebensformen, die oftmals mit den Stichworten Pluralisierung und Individualisierung zu umschreiben versucht werden, bleibt die Familie die wichtigste Lebensform. Fast 80% der Einwohner Deutschlands lebt in Familienhaushalten[18]. Auffällig im Osten ist, dass trotz des starken Aufschubs seit der Wiedervereinigung biographisch immer noch deutlich früher eine Familie gegründet wird. Außerdem leben mehr ostdeutsche Paare – vor allem zu Beginn der Elternschaft – unverheiratet zusammen. Dies bedeutet, dass anfangs vier von zehn Kleinkindern bei unverheirateten Müttern und Vätern aufwachsen. Dieser Anteil verringert sich jedoch mit steigendem Kindesalter wieder, weil viele Elternpaare heiraten oder die Kinder einen Stiefvater oder – weitaus seltener – eine Stiefmutter bekommen. Insgesamt gesehen ist der Anteil der Alleinerziehenden und unverheirateten Paare mit Kindern im Osten Deutschlands (28%) höher als im Westen (19%).

---

[17] Grethlein, a.a.O., S. 311.

[18] Vgl. zu den Zahlen und im folgenden: Bundesministerium für Familie, Senioren, Frauen und Jugend (Hg.), Die Familie im Spiegel der amtlichen Statistik. Lebensformen, Familienstrukturen, wirtschaftliche Situation der Familien und familiendemografische Entwicklung in Deutschland, Berlin 2001, S. 15ff.

Weniger als ein Fünftel der Sechs- bis Neunjährigen hat keine Geschwister im Haushalt. Im Osten haben die Kinder insgesamt weniger Geschwister als im Westen. Unter den Sechs- bis Neunjährigen sind ungefähr ein Drittel Einzelkinder.[19]

Auffällig ist, dass ostdeutsche Kinder weitaus häufiger als die Kinder im Westen eine vollzeit erwerbstätige Mutter haben. Unter den 6- bis 17jährigen Kindern betrifft das 59% (gegenüber 18% im alten Bundesgebiet).[20]

Diese familiären Wandlungsprozesse sind bisher unter religionspädagogischer Perspektive viel zu wenig beachtet worden. Die Familie ist auch in religiöser Hinsicht die primäre Sozialisationsinstanz. Deshalb wird es verstärkt darum gehen müssen, die Familien zu fördern, „ihre Lebensvollzüge umfassender und zureichender zu verstehen als dies ohne christliche Deutungsmuster möglich ist“[21].

Traditionell von hoher Bedeutung sind hier die Kasualien. Hier ließen sich Brücken schlagen. Problematisch in Ostdeutschland ist dabei jedoch, dass die Zahl der in Anspruch genommenen Rituale sinkt bzw. auf sehr niedrigem Niveau verharrt. Das verwundert auch nicht, wenn man sich die eben genannten Zahlen in Erinnerung ruft. Wenn sich ein Paar nicht zur Ehe entschieden hat, wird die kirchliche Trauung keine Brücke schlagen können zwischen christlichem Glauben und den alltäglichen Lebensvollzügen. Wichtig wären hier niederschwellige Angebote wie Mutter-Kind-Gruppen oder sogenannte Senfkorngottesdienste, die besonders auf Kinder im Krabbelalter zugeschnitten sind.[22] Interessant ist hier auch ein Angebot der katholischen Kirche in Erfurt, die zu Segnungsgottesdiensten am Valentinstag einlädt.

Insgesamt bleibt festzuhalten, dass sich Kirche darum bemühen muss, familienstützend zu wirken. Denn auffällig ist, dass es eine signifikante Nähe

---

[19] An diesem Punkt ist eine Umkehrung im Verhältnis zwischen Ost und West zu verzeichnen. Lag zu Beginn der 90er Jahre der Anteil der Zwei-, Drei-, und Mehr-Kinder-Familien im Osten über dem im Westen, so hat sich dies aufgrund des dramatischen Geburtenrückgangs inzwischen umgekehrt.

[20] Dieser Trend hat sich durchgehalten. Zu den genauen Einstellungsmustern, die Anfang der 90er Jahre erhoben wurden vgl. Hans Bertram (Hg.), Die Familie in den neuen Bundesländern. Stabilität und Wandel in der gesellschaftlichen Umbruchsituation, Opladen 1992.

[21] Grethlein, a.a.O., S. 340.

[22] Hier gibt es viele gute Erfahrungen vor allem in westlichen Kirchengemeinden, die diesem Aufgabenbereich in aller Regel große Aufmerksamkeit gewidmet haben und widmen. Zu Modellen und Anregungen vgl. z.B. Monika Hofmann, Veronika Kress, Gabriele Siegel, „Mama, es glockt!“ Wie Eltern mit ihren kleinen Kindern Gottesdienst feiern, Tips und Modelle, München 1996.

gibt zwischen eigener religiöser Praxis und dem Erleben, Vater und Mutter zu sein. Alle empirischen Untersuchungen weisen deutlich darauf hin.

Wie wichtig religionspädagogische Bemühungen im Hinblick auf die Familie sind, zeigt auch ein Blick auf die Fähigkeit zur Weitergabe der eigenen Konfession. In Ostdeutschland „bewahrten von den katholisch Erzogenen ... 63 Prozent ihre Herkunftsreligion und von den Evangelischen sogar nur 53 Prozent, während die, die nicht christlich erzogen wurden, zu 95 Prozent konfessionslos blieben“[23]. Die Konstanz der Konfessionslosigkeit überrascht nicht, weil die meisten Eltern und Großeltern von heute nicht mehr religiös sozialisiert wurden und niemals Kontakt zu Kirche und Religion hatten. Dass nur reichlich die Hälfte aller evangelisch und katholisch Erzogenen ihre Herkunftsreligion bewahrten, weist darauf hin, wie schwierig es ist, im allgemeinen Klima des „massenhaften Gewohnheitsatheismus“ den eigenen Glauben zu tradieren.

Hier brauchen die Familien also Unterstützung. Deutlich ist, dass die sozialen Verhältnisse die religiöse Praxis prägen. Religionspädagogisch unerlässlich ist es deshalb, „auf mögliche Verbindungen zwischen religionspädagogischen Angeboten und unspezifisch alltagspraktischen Vollzügen aufmerksam zu machen“[24].

Zu beachten ist dabei, dass Kinder, Jugendliche und Erwachsene in ihren Anschauungen zu einem großen Teil von dem geprägt werden, was sie im Fernsehen und Radio sehen und hören. Deshalb möchte ich nun noch kurz auf die elektronischen Medien zu sprechen kommen.

Die Medien

Ohne die elektronischen Massenmedien ist heutiges Leben kaum noch vorstellbar. Bis auf wenige Ausnahmen finden sich in allen Haushalten Radio und Fernseher. Während Radio meistens bei beruflichen Tätigkeiten gehört

---

[23] Helmut Hanisch, Detlef Pollack, Religion – ein neues Schulfach. Eine empirische Untersuchung zum religiösen Umfeld und zur Akzeptanz des Religionsunterrichts aus der Sicht von Schülerinnen und Schülern in den neuen Bundesländern, Stuttgart, Leipzig 1997, S. 20. „Das heißt, im Osten ist die Wahrscheinlichkeit, dass konfessionslose Eltern ihre weltanschauliche Einstellung auf ihre Kinder übertragen, in etwa so hoch wie die Wahrscheinlichkeit im Westen Deutschlands, dass christliche Eltern ihre konfessionelle Bindung an ihre Kinder weitergeben. Sie liegt bei über 85 Prozent. Umgekehrt entspricht die Übertragungswahrscheinlichkeit der Entscheidung über die Konfessionszugehörigkeit bei den Konfessionslosen im Westen in etwa der der Konfessionsangehörigen im Osten.“ (S. 20f.).

[24] Grethlein, a.a.O., S. 310 (im Original kursiv).

wird, ist das Fernsehen „das am meisten die Freizeit prägende Massenmedium“[25]. Zur Nutzung dieses Mediums sind keine besonderen Fähigkeiten (wie z. B. das Lesen beim Buch) nötig. Deshalb verbringen bereits kleine Kinder einen nicht geringen Teil ihrer Zeit vor dem Fernseher. Die Zielgruppe der 2- bis 4jährigen ist den Fernsehanbietern deutlich im Blick. Sendungen, wie z. B. die „Tele-Tubbies“ belegen das klar.

Die meiste Zeit verbringen allerdings die 65jährigen und Älteren vor dem Fernseher, während die 14-19jährigen am wenigsten fern sehen. Auffällig bei allen statistischen Befunden ist dabei, dass in Ostdeutschland deutlich mehr fern gesehen wird als in Westdeutschland. Ebenso signifikant ist, dass sich die öffentlich-rechtlichen Anbieter in Ostdeutschland nicht so großer Beliebtheit erfreuen wie im alten Bundesgebiet. Zwar haben die privaten Anbieter die öffentlich-rechtlichen Anstalten in ganz Deutschland bezüglich der Einschaltdauer überholt, trotzdem jedoch ist die „Tendenz zu den mehr – vorsichtig formuliert – leichtere Unterhaltung anbietenden Privatsendern ... in Ostdeutschland noch stärker ausgeprägt“[26].

Hält man sich dann noch vor Augen, dass ein Schulanfänger ca. 3.000 und ein Jugendlicher im 7. Schuljahr ungefähr 12.000 Stunden vor dem Fernseher verbracht hat[27], wird deutlich, dass diesem Medium in Zukunft größte Aufmerksamkeit zu widmen ist, da hier Prägungen geschehen, die auch religionspädagogisch äußerst bedeutsam sind.

Auf zwei Dinge soll kurz hingewiesen werden. Zum einen: Spirituelles Leben braucht nach herkömmlicher Auffassung „Zeit und Ruhe ... sowie Bezug zu Vergangenem“. Da im Fernsehen immer mehr in immer kürzerer Zeit dem Zuschauer zugemutet wird, werden diese Dinge „dadurch nicht gefördert, sondern behindert“[28]. Zum anderen: Durch das Fernsehen haben Menschen unterschiedlichen Alters „Zugang zu denselben Informationen. Damit verliert auch die Bedeutung von Familie an Gewicht, insofern die

---

[25] Grethlein, a.a.O., S. 365 (im Original kursiv). Auch im folgenden beziehe ich mich auf Grethlein.

[26] Grethlein, a.a.O., S, 366.

[27] Darauf weisen die römisch-katholischen Bischöfe hin. Vgl. Sekretariat der Deutschen Bischofskonferenz (Hg.), Die bildende Kraft des Religionsunterrichts. Zur Konfessionalität des katholischen Religionsunterrichts, Bonn 1996, 14. Man geht davon aus, dass ein Jugendlicher in der 7. Klasse ca. 11.000 Schulstunden absolviert hat, aber ca. 12.000 Stunden vor dem Fernseher verbracht hat.

[28] Grethlein, a.a.O., S. 369.

Menschen eine Vielzahl von Informationen mit anderen Menschen außerhalb ihrer Familie teilen"[29].

Das Fernsehen wirkt bewusstseinsprägend. Deshalb müssen die Medien mehr in das Blickfeld religionspädagogischen Nachdenkens rücken. Stärker als bisher müssen die moralpädagogischen Programme, zu denen die Fernsehserien gehören, beachtet werden. Hier werden ethisch-religiöse Normen tradiert, an die angeknüpft werden muss. Dies ist für Ostdeutschland um so wichtiger, da in den Familien selbst die religiöse Praxis kaum noch anzutreffen ist. So geschieht es, dass nichtgetaufte Kinder zuerst im Fernsehen von Gott erfahren, weil die primären Bezugspersonen keinerlei religiöse Praxis mehr ausüben und dem Gegenstand überhaupt äußerst distanziert gegenüber stehen.[30] Aber auch für getaufte Kinder stellt das Fernsehen eine beachtenswerte Informationsquelle in Sachen Religion dar.

Kinder und Jugendliche nehmen in den elektronischen Medien eine Form von Religion wahr, die nicht kirchlich bestimmt ist. Diese „Schlüsselrolle"[31] elektronischer Medien muss unbedingt näher in das Blickfeld rücken.

Kurz angesprochen werden soll noch die Gewaltproblematik. In dieser Richtung ist in den letzten Jahren viel geforscht worden. Auch wenn die Rezeptionsprozesse wesentlich komplizierter verlaufen und es viel zu kurz greifen würde, die Medien allein für die Gewaltbereitschaft unter Jugendlichen verantwortlich zu machen, so sollte dieses Problem durchaus im Blick

---

[29] Grethlein, a.a.O., S. 373. Interessant ist in diesem Zusammenhang, dass „‚das Fernsehen den ‚Schweigeanteil' im familiären Zusammenleben' erheblich erhöhen kann. In Familien mit starkem Fernsehkonsum kommt es seltener zu ‚kommunikativen Lösungen anstehender Familienprobleme'" (ebd.).

[30] Hanisch und Pollack haben in ihrer Studie die Frage untersucht, durch wen die Schülerinnen und Schüler von Gott gehört haben. Sie stellten fest, dass das Fernsehen dabei eine große Rolle spielt. Die Eltern waren bei den Nichtgetauften nicht mehr die primäre Bezugsgröße in dieser Frage. „Gefragt danach, von wem sie von Gott gehört haben, geben die nichtgetauften Religionsschülerinnen und –schüler etwas häufiger ihre Großeltern (43 Prozent) als ihre Eltern (42 Prozent) an ... Noch häufiger nennen sie andere Personen, von denen sie von Gott gehört haben (52 Prozent). Und am häufigsten geben sie das Fernsehen an (58 Prozent)" (Dies., a.a.O., S. 39f). Bei den getauften Kindern ist das anders, aber auch dort geben immerhin noch 37 Prozent an, sie hätten aus dem Fernsehen von Gott erfahren. Davor stehen der Pfarrer (79 Prozent), die Eltern (68 Prozent), die Großeltern (56 Prozent) und andere Personen (48 Prozent). Auffällig ist, dass Gott im Gespräch mit Gleichaltrigen kaum eine Rolle spielt. Das gilt sowohl für die Getauften wie für die Ungetauften. Nur 32% sagten, sie hätten durch Freundinnen und Freunde etwas von Gott gehört. Zu beachten sind dabei die regionalen Unterschiede. In Leipzig steht das Fernsehen als Informationsquelle in Sachen Religion an erster Stelle, in Auerbach an letzter. Vgl. Hanisch/ Pollack, a.a.O., S. 109.

[31] Hanisch/ Pollack, a.a.O., S. 40.

sein. Hier sind Aufarbeitungen in den anderen Lernorten unerlässlich.[32] Schule, Gemeinde und Familie müssen dabei gleichermaßen berücksichtigt werden.

Zusammenfassung

Braucht Ostdeutschland eine eigene Religionspädagogik? Ja! Aber es kann keine Religionspädagogik in Abgrenzung zur westdeutschen Diskussion sein, sondern nur in Aufnahme der dabei gewonnenen Erkenntnisse und Lösungswege. Es gibt viele Probleme, die Ost- und Westdeutschland gemeinsam haben. Die einzelnen Problemstellungen wie sie beispielsweise mit den Stichworten „Entkirchlichung" oder „naturwissenschaftliches Weltbild" bezeichnet werden, sind im alten Bundesgebiet genauso zu finden. Das ist gar keine Frage. Schon die parallel eingerichteten Strukturen haben das ihre dazu beigetragen, auch die damit verbundenen Problemstellungen zu transportieren. Auf der anderen Seite ist das Zusammenspiel der Problemstellungen einzigartig. Die Mischung der einzelnen Problemlagen lässt die Herausforderung durchaus besonders werden. Zudem sind die ostdeutschen Konstellationen aufgrund der speziellen geschichtlichen Prägung von einer besonderen Qualität.

Die Notwendigkeit einer Religionspädagogik für Ostdeutschland ergibt sich sowohl unter pädagogischen wie theologisch-ekklesiologischen Gesichtspunkten. Pädagogisch ist es unumstritten, dass von der Lebenswelt der Adressaten religionspädagogischen Handelns ausgegangen werden muss. Da diese – wie in den vorausgegangenen Ausführungen angedeutet – in einigen Punkten ihre spezifische Prägung hat, müssen auch die Antworten darauf in adäquater Weise Bezug nehmen. Was den Lernort Gemeinde betrifft, so ist ekklesiologisch zu bedenken, dass vierzig Jahre einer besonderen Kirchengeschichte zu berücksichtigen sind. Die hier gewonnenen Prägungen sind aufzunehmen, was im gemeindepädagogischen Bereich besonders deutlich wird.

Bei alledem wird es darum gehen müssen, westdeutsche Lösungsvorschläge, die auf ähnliche Probleme reagieren, auf ihre Anwendbarkeit im Osten zu prüfen, zu modifizieren und weiterzuentwickeln. Nur so wird eine eigene ostdeutsche Religionspädagogik Gestalt gewinnen können. Nötig ist sie allemal.

---

[32] Aus der Fülle der Materialen sei auf eine für Ostdeutschland erstellte Studie hingewiesen: Wilfried Schubarth/ Christoph Ackermann, Aggression und Gewalt. 45 Fragen und Projekte zur Gewaltprävention, Dresden 1998.

Martin Kloke

Welche Bücher braucht das Land?

Überlegungen zur Entwicklung neuer Unterrichtsmedien für den Wahlpflichtbereich Ethik- und Religionsunterricht

1. Einleitung

Die Autorinnen und Autoren der „Expertise zur Zukunft ethischer und religiöser Bildung an den Schulen des Landes Sachsen-Anhalt" haben einen bemerkenswerten Beitrag zum bildungstheoretischen Diskurs der Fächergruppe Ethik und Religion geleistet. Es wäre nicht verwunderlich, wenn die Impulse zur praktischen Schulentwicklung über die Landesgrenzen hinaus Beachtung finden würden. Diese Erwartung gilt ausdrücklich auch für die Entwicklung neuer Unterrichtsmedien. – Wie begründet ist eine solche Einschätzung, will sie nicht nur der optimistischen Perspektive einer bundesweit ausgerichteten Schulbuchredaktion geschuldet sein?

Jahrhundertelang standen sich in unserer Kultur- und Religionsgeschichte wenige divergierende Weltbilder unversöhnlich gegenüber. Anhänger von Glaubensüberzeugungen und Weltanschauungen ließen sich immer wieder für imperiale Machtinteressen instrumentalisieren. Samuel Huntingtons vielerorts missverstandenes Diktum vom „Clash of Civilisations" verweist auf historische Vorläufer: Die Religionskriege des 17. Jahrhunderts gehören ebenso dazu wie die antireligiösen Verfolgungswellen in Josef Stalins Sowjetunion im 20. Jahrhundert.

In den vergangenen Jahrzehnten ist es den westlich-liberalen Gesellschaften in mühevoller Kleinarbeit gelungen, emanzipatorische Impulse ihrer religiösen und aufklärerischen Traditionen in kulturelle Praxis zu transformieren. Heute wird das Begriffspaar „Identität und Verständigung" – so der griffige Titel der EKD-Studie von 1994 zum Religionsunterricht – als Geschäftsgrundlage für die diskursiven Verfahrensweisen pluralistischer Gesellschaften begriffen. Die Fähigkeit gerade multiethnisch bzw. multikulturell geprägter Gesellschaften, Differenz und Anderssein wechselseitig auszuhalten, ohne dass die Beteiligten Repressalien befürchten müssen, sind unaufgebbare zivilisatorische Errungenschaften. Doch wie schwer es noch immer fällt, multikulturelle Toleranz oder gar aktives Verständnis im globalen Maßstab auszuüben – bei Aufrechterhaltung eigener Standpunkte und Identitäten –, zeigen die Herausforderungen durch den islamistischen Terror. ‚Wir' stehen vor der unlösbaren Aufgabe, ‚unsere' Werte verteidigen zu müssen, ohne dass diese durch die Wahl der Gegenmittel allzu sehr Schaden nehmen.

Vor diesem Hintergrund kommt der Expertise eine pädagogische Schlüsselrolle zu: Sie ist der exemplarische Versuch, unterschiedliche geistige Traditionen nicht nur zum gemeinsamen Dialog, sondern zu gemeinsamen Handlungsperspektiven im Lebenskontext der multikulturell sich verändernden Schule in einer globalisierten Welt zu bewegen. Niemand wird bestreiten wollen, dass die Fächer Ethik und Religion von je unverwechselbaren fachwissenschaftlichen und fachdidaktischen Ausgangspunkten gekennzeichnet sind. Die religiöse Deutung des Menschen als „Geschöpf und Ebenbild Gottes" kann im Ethikunterricht allein vor dem Hintergrund der Möglichkeiten und Grenzen eines philosophischen Vernunftdiskurses erörtert werden. Religiöse Überzeugungen stehen hier argumentativ genauso zur Disposition wie jede andere weltanschauliche Lebensäußerung. „Etsi deus non daretur" – diese Maxime des holländischen Rechtsgelehrten Hugo Grotius aus dem frühen 17. Jahrhundert ist das unausgesprochene Leitbild des Ethikunterrichts; es findet seine Grenze allenfalls an der staatlich gebotenen weltanschaulichen Neutralität.

Zu Recht geht es den Verfasserinnen und Verfassern der Studie nicht darum, Unterschiede zwischen religiös gebundener Selbst- und Weltdeutung und bekenntnisoffener Philosophie zu nivellieren. Ihr Anliegen ist es, auszuloten, inwieweit unterschiedlich geprägte Traditionen in einer gemeinsamen Fächergruppe zu mehr als zu indifferenter Koexistenz fähig sind: Und genau da bietet die Expertise in bezug auf ethische und religiöse Bildungsziele ein beachtliches Arsenal an didaktischen und pädagogischen Überschneidungen oder gar Gemeinsamkeiten auf – in den persönlichkeitsbildenden Fragestellungen und ethischen Konsequenzen bis hin zum humanen Lern- und Leistungsverständnis. Freilich laborieren beide Fächer zu ihrem gemeinsamen Leidwesen noch immer an konzeptionellen und institutionellen Hemmnissen, die den verfassungsmäßigen und schulrechtlichen Vorgaben kaum gerecht werden können.

Sachsen-Anhalt hat mit der schulorganisatorischen Entscheidung zugunsten einer religiösen und ethischen Wahlpflicht-Fächergruppe einen dritten Weg eingeschlagen – jenseits eines staatlich verantworteten Pflichtfaches für alle (LER) und dem herkömmlichen ‚Westmodell' eines ordentlichen Lehrfaches Religion mit subordiniertem „Ersatzfach" Ethik. Die Konstruktion einer gleichberechtigten „Fächergruppe" bietet Möglichkeiten der Kooperation und Vernetzung, in denen mehrperspektivische und grenzüberschreitende Unterrichtsverfahren zum Zuge kommen können. Selbst die Idee „wahldifferenzierter Phasen", in denen gemeinsame („integrierte") und getrennte („differenzierende") Unterrichtszeiten vorgesehen sind, sprengen keineswegs den Rahmen der gesetzlichen Vorgaben.

Wer die weitreichenden Kooperationsempfehlungen der Expertise ernst nimmt, kommt nicht umhin, Vergleiche zum brandenburgischen Pflichtfach LER zu ziehen: Gewiss sind die verfassungsmäßig umstrittenen Unterschiede in Status und schulorganisatorischer Umsetzung nicht zu übersehen. Der durchweg integrative Charakter von LER scheint noch mutiger auf die Anforderungen einer postsäkularen Bildungslandschaft zu antworten. Dem erst im Lichte der jüngsten Karlsruher Rechtsprechung allmählich verstummenden Vorwurf, wonach LER in der öffentlichen Schule Brandenburgs faktisch ein weltanschauliches Monopol beanspruche, entzieht sich der Ethik- und Religionsunterricht von vornherein dadurch, dass er die Wahlfreiheit von Eltern und religionsmündigen Schülern nicht zur bürokratisch erschwerten Ausnahmeregelung verkommen lässt, sondern im Rahmen des Wahlpflichtbereichs institutionell garantiert.

Auf schulpraktischer Ebene dagegen sind die Affinitäten viel ausgeprägter als ihre Unterschiede:

– In LER genauso wie im Ethik- und Religionsunterricht stehen „Grundfragen des Verständnisses und der Gestaltung des Lebens" im Mittelpunkt. In Brandenburg ist knapper von der „Lebensgestaltung" die Rede.

– Auch in der konzeptionellen Modellphase von LER war Anfang der neunziger Jahre schon einmal von „Integrationsphasen" und „Differenzierungsphasen" die Rede gewesen. Dieser Gedanke wurde erst aufgegeben, als die beiden Kirchen aus Sorge um den gleichberechtigten Stellenwert authentischer religiöser Bildung ihre Kooperation mit LER aufkündigten. In der Expertise lebt diese Idee in der Anregung zu einem „Kurssystem mit wahldifferenzierte Phasen" wieder auf.

– Weitere begriffliche Parallelen, etwa zum „integrierenden" bzw. „integrativen" Lernen, können ebenfalls ihre geistige Verwandtschaft kaum verleugnen – auch wenn die Arbeitsgruppe Religion/ Ethik in ihrem föderalen Abgrenzungsbedürfnis womöglich nicht so gerne daran erinnert werden möchte.

Doch Überschneidungen genau der genannten Art sind es, die im Rahmen des föderalen Bildungssystems Vergleichsmöglichkeiten schaffen und im günstigsten Falle einen regelrechten Wettbewerb auslösen: um die bessere – sprich: zukunftsweisendere Förderung lebensgestaltender, ethischer und religiöser Bildung im Lande. Insofern liegt es auf der Hand, dass auch einschlägige Verlagsredaktionen diese innovativen Perspektiven mit großer Aufmerksamkeit verfolgen.

2. Curriculare Ansätze für eine kooperative Lehrwerksentwicklung

Seit Jahren gehört es zur Realität professioneller Schulbuchentwicklung, dass sich Materialangebote für die Fächergruppe Ethik und Religion (der Vollständigkeit halber seien hier auch Philosophie, LER und die Berliner „Lebenskunde" erwähnt) in vielem sehr ähnlich sind: In all diesen Fächern spielen Werte klärende Problemstellungen, die zugleich an kindlichen bzw. jugendlichen Lebenswelten orientiert sind, eine große Rolle. So wie auch der diskursfähige Religionsunterricht auf philosophische Reflexionen und kognitive Lernprozesse angewiesen ist, so reflektiert der Ethikunterricht die Sinnfrage und geht metaphysischen Grenzproblemen nach. Unterschiedlich sind allenfalls die dem jeweiligen Fach inhärenten „Auslegungshorizonte". Das hohe Maß an thematischer und fachdidaktischer Kongruenz muss im Übrigen gar nicht weiter verwundern, sind doch auch die allgemeinpädagogischen Voraussetzungen nahezu identisch. Hinzu kommt, das die Interessen und Erwartungen der Schülerinnen und Schüler seit langem didaktisch geadelt werden – in allen Fächern. Ein Unterricht, in dem das Selbst- und Weltverständnis der Adressaten zentraler Bestandteil des Curriculums ist, kann pädagogisch bedeutsame Erkenntnisse der Lern- und Motivationspsychologie sowie andere humanwissenschaftliche Impulse nur um den Preis des Scheiterns ignorieren. Nicht zufällig kolportieren Schulpraktiker die Einschätzung, dass der Unterricht in Religion und Ethik zu etwa 80 Prozent von identischen Inhalten bestimmt werde.

Was die methodische Seite der Unterrichtspraxis angeht, so dürften die fachspezifischen Unterschiede prinzipiell sogar gegen Null tendieren: Vermutlich ist allerdings der Religionsunterricht in den ostdeutschen Ländern immer noch vielseitiger, weil Lehrkräfte, die katechetisch oder religionspädagogisch ausgebildet wurden, sich eine größere Methodenkompetenz angeeignet haben dürften als jene Kolleginnen und Kollegen des Ethikunterrichts, die entweder keine grundständige ethik-didaktische bzw. philosophische Ausbildung durchlaufen haben oder sogar fachfremd unterrichten.

Die bildungstheoretischen Anregungen der Expertise – etwa zur Förderung einer „Kultur des Dialogs" – sind im Prinzip natürlich nicht neu; sie prägen längst den „Lern,- Erfahrungs- und Lebensraum" der Schule. Auch in Fragen des Menschenbildes und der Wertschätzung der Menschenwürde gibt es längst ein hohes Maß an Übereinstimmung zwischen den beteiligten Fächern. Vor diesem Hintergrund ist zu fragen, inwieweit jene curricularen und strukturellen Weichenstellungen, die bereits jetzt der Förderung kooperativer Unterrichtsverfahren dienen, sich auch in der Entwicklung entsprechender Unterrichtsmedien niederschlagen.

3. Identität und Verständigung auf dem Prüfstand – ein Beispiel aus der Praxis[1]

Als vor einigen Jahren der Berliner Volk und Wissen Verlag beschloss, ein Ethik-Lehrwerk für die Sekundarstufe I zu entwickeln, war die Herausforderung eine riesige: Zum einen galt es, ein speziell auf die Bedürfnisse der östlichen Bundesländer zugeschnittenes Lehrwerk aus dem Boden zu stampfen – unter Berücksichtigung kultureller, aber auch didaktischer Traditionen, Rezeptionsgewohnheiten und Verstehensbedingungen, die sich in der DDR herausgebildet hatten; zum anderen sollte das Lehrwerk innovativ und didaktisch auf der Höhe der Zeit sein – d. h., sich mindestens auf gleicher Augenhöhe mit dem Stand der westdeutschen Didaktik messen können.

An der Entwicklung des aus drei Doppeljahrgangsbüchern bestehenden Lehrwerks zuzüglich entsprechender Lehrer/innenbegleitbände arbeiteten insgesamt 22 Autorinnen und Autoren. Die acht Frauen und vierzehn Männer aus den alten und neuen Bundesländern haben mit ihren unterschiedlichen fachwissenschaftlichen, fachdidaktischen sowie weltanschaulichen bzw. religiösen Prägungen die Projektarbeit profiliert und bereichert. 15 von ihnen unterhalten als Schulpraktiker/innen aufgrund pädagogischer und – je nach Fächerkombination – fachdidaktischer Kompetenzen enge Verbindungen zu

---

[1] Die nachfolgenden Ausführungen beziehen sich auf das dreibändige Lehrwerk: Ich bin gefragt. Ethik 5/6, 7/8 und 9/10, Berlin: Volk und Wissen Verlag 1998-2001 (die dazugehörigen Lehrerbegleitbände sind zwischen 1999 und 2002 erschienen).

den Fächern Ethik bzw. LER. Drei Autoren sind in landeseigenen Instituten bzw. Hochschulen mit der Ausbildung von Studierenden betraut (Ethik, Religion, Pädagogik). Eine Philosophin und ein Philosoph, ein Kinderbuchautor und ein kirchlicher Weltanschauungsbeauftragter haben ihre je individuellen Kompetenzen eingebracht.

Welche konzeptionellen Leitlinien begleiteten die Akteure des Projekts?

a) Eine dynamische Mischkonzeption: Das Lehrwerk führt in seinem spiralcurricularen Aufbau die Stärken verschiedener ethikdidaktischer Schulen (Praktische Philosophie, Lebenshilfe, ethische Reflexion, Moralerziehung) zusammen.
b) Die Option für zentrale ethische Werte: Sie spiegelt sich in Einsichten wider, die sich über alte Kulturtraditionen im Minimalkonsens des Grundgesetzes verdichtet haben (Menschenwürde, Ehrfurcht vor dem Leben; Sinnsuche und -findung als Proprium des Humanum).
c) Multiperspektivität: Pluralismus und Interkulturalität in einer spannungsgeladenen globalisierten Welt kennzeichnen die Gegenwart. Wenn Kinder und Jugendliche zukunftsfähige Lebensentwürfe entwickeln sollen, müssen sie sich rechtzeitig und in kompetenter Begleitung mit multiperspektivischen Sichtweisen vertraut machen können. Ein realitätstaugliches Schulbuch darf keinem gesellschaftlichen oder politischen Partialinteresse verpflichtet sein; vielmehr sollte es vielfältige materialgestützte Anregungen für vernünftig begründete und gewissenhaft fundierte ethische Entscheidungsfindungsprozesse bieten. So ist auf eine ethisch reflektierte Ausbalancierung zu achten – jenseits von Gleichgültigkeit oder Überwältigung: Gefragt sind nicht Beliebigkeit, sondern Offenheit, Orientierung statt Indoktrination.
d) Unterstützendes Begleiten der Sozialisation: Hierzu zählen Angebote zur Entwicklungsbegleitung, d. h. Beziehungs- und Interaktionshilfen ohne therapeutische Anmaßungen. Ziel ist es, von der Ich-Zentrierung zur allmählichen Integration größerer Zusammenhänge wie Mitmenschlichkeit und Verantwortung in die eigene Existenz zu gelangen.
e) Orientierung an Interessen und Befindlichkeiten von Schüler(inne)n u. Lehrer(inne)n: Dies schließt die Berücksichtigung von Erfahrungen und Lerngeschichten in den neuen Bundesländern ein – bis hinein in die Themenakzentuierungen und die (freundlich-dialogbezogene) Diktion.
f) Interdisziplinarität: Die Weiterführung ethischer Fragestellungen anderer Fächer legt zumindest punktuell eine fachübergreifende bzw. fächerverbindende Vernetzung nahe. Alltagsrelevante, sich auf Lebensgestaltung bezie-

hende Fragestellungen gewinnen ihre Impulse häufig aus Psychologie, Soziologie, Kultur- und Politikwissenschaft. Diese interdisziplinären Bezüge stehen im Lehrwerk in einem ethisch-philosophisch und religionskundlich vermittelten Horizont.
g) Methoden- und Handlungsorientierung: Hier werden integrative Akzente („Kopf, Herz und Hand") gesetzt – im harmonischen Zusammenspiel von meditativ-intuitiven und ‚sachlichen' Akzenten. Die Lernprozesse basieren auf der ganzheitlichen Verbindung von Wahrnehmen, Erleben, Reflektieren und Handeln (etwa mit Hilfe so genannter Ideen-Doppelseiten).

Alle Bände des Lehrwerks sind von einem durchgehenden Kapitelaufbau geprägt. Ein Blick auf den 2001 erschienenen Abschlussband für die Klassen 9/10 mag die Grundstruktur verdeutlichen:

– Die ersten Kapitel fallen eher lebensgestaltend aus: Im Vordergrund steht die Reflexion von Lebensabschnitten – Partnerschaft und Familie, Arbeit, Beruf und Freizeit, persönliches Glück (im Kontext der Anderen bzw. der Gemeinschaft). An der Schwelle vom vierten zum fünften Kapitel (vor allem beginnend mit „Werte und Normen") übernehmen ethische Reflexion und exemplarisches Verantwortungshandeln nicht nur didaktische Leitfunktionen, sondern werden auch mit sozialethischen Fragestellungen verbunden. Das findet im Kapitel über „Aggression, Gewalt und Frieden" seine Fortsetzung (mit der Einbindung historischer und sozialpsychologischer Akzente).
– Das siebente Kapitel über „Spurensuche" trägt eine religionsphilosophische Handschrift, während das nachfolgende achte Kapitel mit didaktischen Kategorien wie „Verantwortung", „Solidarität" und „Gerechtigkeit" (auch mit planetarischem Anspruch) um eine Balance zwischen individual- und sozialethischen Bezügen bemüht ist.
– Das gymnasiale neunte Kapitel bildet den Abschluss: Es bietet mit Hilfe der vier Kantischen Grundfragen eine erste systematische philosophisch-anthropologische Bestandsaufnahme. Mit Annäherungen an Antworten auf die Frage „Was ist der Mensch?" gelangen wir letztlich wieder zurück an den ethikdidaktischen Ausgangspunkt, der die vorherigen Bände der Lehrwerksreihe bereits prägen sollte: „Ich bin gefragt".

Das Lehrwerk ist als Schulbuch für den Ethikunterricht konzipiert. Es darf und will daher kein compositum mixtum sein, das sich aus ethischen und religiösen Elementen zusammensetzt. Indem es gleichwohl ethisch und kulturgeschichtlich relevante Problemstellungen und Themenhorizonte aus Religionen (und säkularen Weltanschauungen) integrativ aufnimmt und didaktisch aufbereitet, kann es für den Wahlpflichtbereich Ethik und Religion durchaus wegweisend sein – wenn dereinst tatsächlich einmal ein gemeinsames Lehrwerk für den Wahlpflichtbereich auf der curricularen Tagesordnung stehen sollte. Auch hier mag der Abschlussband 9/10 exemplarisch verdeutlichen, dass eine integrative Verschränkung der o. g. Dimensionen nicht nur möglich, sondern eine zusätzliche Bereicherung ist:

In Ethik 9/10 (hier unter Verwendung der gymnasialen Ausgabe) wird weder ein religionskundlicher Grundkurs (vgl. Band 5/6) noch die problemorientierte Vertiefung eines angestrebten Orientierungswissens (vgl. Band 7/8) anvisiert. Ausgangspunkt im siebenten Kapitel („Spurensuche") ist vielmehr eine zentrale philosophische Problemstellung: die Sinnfrage. Sie wird auf ihre existenzielle Bedeutung für die conditio humana befragt, vor allem im Hinblick auf empirische Spuren in Religionen und Weltanschauungen. Ansonsten ist die religionskundliche bzw. religions-philosophische Dimension in jedem Kapitel integrativ berücksichtigt worden, wie die nachfolgende Aufzählung deutlich macht:

– Kapitel 1 („Lebensabschnitte"): kultur- und geistesgeschichtliche Sachinformationen („Gewissensfragen", S. 12f)

– Kapitel 2 („Partnerschaft und Familie"): biografisch-literarischer Bezug zu Monika Marons Großeltern, die sich im Dreieck ihrer jüdischen, katholischen und baptistischen Identitäten bewegen („Früher war alles anders?", S. 28f)

– Kapitel 3 („ Arbeit, Beruf, Freizeit"): ausführlicher Rekurs auf Genesis 2 und 3 („Arbeit – das Jahrtausendproblem", S. 48f)

– Kapitel 4 („Glück ist ..."): wiederkehrende, auch verbale Anspielungen auf Verbindungslinien zwischen Glück und Religion (S. 70-85)

– Kapitel 5 („Werte und Normen"): Gegenüberstellung jugendlicher Lebensentwürfe aus der Shell-Studie, darunter eine betont christlich geprägte Variante („Freiheit – Risiko und Chance", S. 90f)

– Kapitel 6 („Aggression, Gewalt und Frieden"): Sachinformationen zum religiösen Fundamentalismus und zur Sündenbock-Problematik („Feindbilder", S. 120f)

– Kapitel 7 („Spurensuche – dem Leben Sinn geben"): religiöse bzw. religionskundliche Bezüge oder Inhalte von Texten und Abbildungen auf fast jeder Seite (S. 132-165)

– Kapitel 8 („Sehen – Beurteilen – Handeln"): religiöse, auch biblische Bezüge schon im Auftakt („Turmbau zu Babel", S. 167); weitere kontinuierliche Integration religiöser Impulse immer dort, wo es um ethische Dimensionen von „Verantwortung“ und „Gerechtigkeit“ geht – in ihren persönlichen, sozialen und ökologischen Zusammenhängen (S. 171, 173, 175, 182ff)

– Kapitel 9 („Was ist der Mensch?“): Bezug auf die Schöpfungstraditionen von Genesis 1 und 2 (S. 186f); Transzendenzproblematik (S. 194f: Der hoffende und sich übersteigende Mensch“); religionsphilosophische Grundfragen (S. 200f: „Menschsein gefragt“).

4. Ein integratives Lehrwerk „Ethik/ Religion“ – mehr als eine Utopie?

4.1 Weichenstellungen im 21. Jahrhundert

Vielleicht ist es heute noch zu früh, öffentlich über das Modell eines integrativen Lehrwerkes „Ethik/ Religion“ nachzudenken, denn ein solches Vorhaben setzt mutige curriculare Weichenstellungen voraus. Zu bedenken ist, dass bislang nicht einmal von den beiden christlichen Konfessionen der ernsthafte Versuch unternommen worden ist, eine Verständigung über gemeinsame curriculare und mediale Grundlagen für den schulischen Religionsunterricht zu erzielen. Insofern ist es wenig verwunderlich, dass sich die Rahmenrichtlinien in Sachsen-Anhalt darüber ausschweigen, wie der Wahlpflichtbereich Ethik und Religion stärker aufeinander bezogen und damit didaktisch profilierter gestaltet werden kann.

Doch im Zeichen von Globalisierung und interkultureller Vernetzung gewinnen integrative Bildungskonzepte immer mehr an Bedeutung, wird die Überwindung überkommener Barrieren zum Gebot der Stunde – übrigens auch aus lerntheoretischen Gründen: So arbeiten Sprach- und Literaturdidaktiker – unterstützt von integrativ angelegten Curricula – seit geraumer Zeit fieberhaft an der Entwicklung integrativer Lehrwerke für Sprache und Literatur – dies, obwohl beide Bereiche gerade in den einschlägigen Bildungsmedien traditionell getrennt gehalten wurden. Denn immer mehr greift die Erkenntnis um sich, dass herkömmliche Separierungen sich kontraproduktiv auf die angestrebten Kompetenzgewinne im jeweiligen Fachbereich auswirken. Von einer literarisch geprägten Sprachreflexion und einer sprachanalytisch durchsetzten Literaturrezeption erhoffen sich die Akteure einen lernpraktisch messbaren Synergie-Effekt.

Kann dieses Beispiel Schule machen? Ist eine stärkere Verzahnung des Ethik- mit dem Religionsunterricht auch auf der Lehrplan- und Schulbuchebene denkbar, ohne eine unsachgemäße Nivellierung in Kauf nehmen zu müssen?

Die Autorinnen und Autoren der Expertise beziehen sich zunächst einmal – das ist ihr legitimatorischer Ansatzpunkt – auf die formal geregelten Gestaltungspotenziale; in ihren „Empfehlungen" deuten sie mögliche Implikationen aber nur umrisshaft an. Leider wirkt das im Anhang befindliche Beispiel zum Thema „Gewalt" ein wenig wie ein nach Redaktionsschluss aufgenommener Appendix. So leistet die strikte inhaltliche Trennung in der differenzierten Phase dem Missverständnis Vorschub, als könnten Religionsschülerinnen und -schüler auf philosophische Reflexionen und Ethikschülerinnen und -schüler auf religiöse Fragestellungen verzichten; zudem wird der Eindruck erweckt, als dienten die beiden integrierenden ‚Klammern' lediglich dem Einstieg (Phase 1) bzw. der resümierenden Ergebnissicherung (Phase 3), während sich die eigentlich ernst zu nehmende Inhaltsarbeit im Wesentlichen in der getrennten differenzierten Phase 2 abspiele. Können nicht auch hier die Kooperationspotenziale großzügiger ausgelegt werden?

Es mag sein, dass sich der eine oder andere Akteur allzu schnell von möglichen Einsprüchen so mancher Bedenkenträger und Besitzstandswahrer aus Staat und Gesellschaft beeindrucken lässt: Das je eigene fachdidaktische Profil werde verwässert, gewachsene Traditionen untergraben und die weltanschauliche bzw. religiöse Identitätsbildung erschwert etc. Vergessen wird bei dieser reflexartigen Litanei, dass in der bildungstheoretischen und curricularen Debatte der Gegenwart immer nachdrücklicher die Notwendigkeit eines fächerverbindenden bzw. fachübergreifenden Unterrichtens beschworen wird. Kaum ein Rahmenlehrplan verzichtet mehr darauf, übergreifende Themenkomplexe in die einzelnen Jahrgangsstufen zu implementieren – womit auch zuständige Landesschulbehörden dokumentieren, dass sie die Überwindung starrer Fächergrenzen als bildungspolitische Aufgabe begreifen. Die inhaltlichen und didaktischen Gemeinsamkeiten dominieren längst die Unterschiede. Gerade in der differenzierten Phase müsste daher sorgfältig daran gearbeitet werden, eine überspitzte Dichotomisierung auf ihr didaktisch gerechtfertigtes Maß zurückzuführen. Sollte nicht gerade der Wahlpflichtbereich Ethik/ Religion in der Lage sein können, in der angestrebten „Schule mit Zukunft" eine Vorreiterfunktion zu übernehmen? Oder schließen liebgewonnene Privilegien und Partikularismen a priori jeden substanziellen Reformversuch aus? Welche curricularen und konzeptionellen Konsequenzen müsste eine noch weitergehende Kooperation zeitigen, die auf die Implementierung integrativer Phasen setzt – auch im Medium Schulbuch?

4.2 Schritte zu einem integrativen Lehrwerk

a) Zu den allerersten Voraussetzungen für die Entwicklung eines integrativen Lehrwerks Ethik/ Religion zählen bildungspolitische Rahmenbedingungen, die die Wirtschaftlichkeit eines solchen Projekts nicht von vornherein ausschließen: Erstens müssen die immer noch beträchtlichen Realisierungsdefizite in der Unterrichtsversorgung in Sachsen-Anhalt und in anderen (nicht nur östlichen) Bundesländern abgebaut werden; zweitens bedarf es vergleichbarer bildungsreformerischer Schritte für die Initiierung bzw. Ausgestaltung des Wahlpflichtbereichs auch außerhalb Sachsen-Anhalts.
b) Eine zusätzliche Bedingung sind Rahmenlehrpläne, die eine weitreichende Kooperation im Sinne der o. g. Impulse erst einmal curricular umsetzen. Hierzu müssten die beteiligten Bundesländer Arbeitsgruppen – in der Zusammensetzung vergleichbar mit den Verfasser(inne)n der Expertise – einsetzen, die in einem mehrjährigen Entwicklungsprozess die notwendigen Schritte einleiten: insbesondere eine Verständigung über eine fächerverbindende Grundkonzeption mit Skizzierung gemeinsamer inhaltlicher Schnittmengen. Dazu zählen auch konkrete inhaltliche Hinweise und Erläuterungen in bezug auf den inneren Zusammenhang des postulierten „didaktischen Dreischritts“ aus erster integrierter (ca. 30 Prozent), zweiter differenzierender (ca. 60 Prozent) und dritter erneut integrierender Phase (ca. 10 Prozent). Diese curriculare Kärrner-Arbeit müsste in jeder Themeneinheit neu geleistet werden.
c) Die Mitglieder der jeweiligen Curriculum-Kommissionen dürften vor ähnlichen Problemen stehen wie die Mitarbeiterinnen und Mitarbeiter entsprechender Schulbuch-Redaktionen: Da sich die Entwicklungsarbeiten zu Recht nicht auf eine bloße Addition der Lehrplaninhalte zweier Fächer beschränken können, ist über Umfang, Struktur und wechselseitige (inhaltliche) Verschränkungen nachzudenken. Wie kann das je Besondere eingebracht werden – inhaltlich und gestalterisch? Welche Impulse sind bereits konzeptionell anzulegen, damit die Schülerinnen und Schüler auch während der differenzierten Phase wenigstens punktuell entsprechende Seiten des je ‚anderen‘ Faches mitbenutzen können?
d) In jedem Themenkomplex (Kapitel) sollten die differenzierenden Phasen klar erkennbar voneinander zu unterscheiden sein (z. B. farblich). Die gemeinsamen Phasen sind nicht nur einheitlich aufzubereiten, sondern müssen zugleich so konzipiert sein, dass sie in allen Stadien des didaktischen Dreischritts übergangslos auf die jeweils differenzierenden Phasen ausgerichtet sind.

e) Auf schulischer Ebene ist zu klären, wie die notwendigerweise enge inhaltliche Kooperation und organisatorische Abstimmung zwischen den beteiligten Lehrkräften in einem vertretbaren Ausmaß geleistet werden kann; glücklicherweise bietet die Chance, integrierte und integrierende Phasen arbeitsteilig zu verantworten, eine nicht unbeträchtliche kompensatorische Entlastung.

f) Sofern eines Tages die bildungspolitischen, juristischen und schulorganisatorischen Voraussetzungen für ein integriertes Lehrwerk vorliegen sollten, werden sich die einschlägigen Schulbuch-Verlage fragen, ob sie in die Entwicklung eines solchen Lehrwerks zu investieren bereit sind. Ihre Antwort wird davon abhängen, wie sie die Chancen und Risiken eines solchen Unternehmens einschätzen und gewichten: Einerseits wird ein integriertes Lehrwerk höhere Auflagen (mit tendenziell Kosten sparenden Folgen) und dem Status des Wahlpflichtbereichs insgesamt Auftrieb verheißen; andererseits ist zu bedenken, dass ein solches Lehrwerk auch bei geschickter didaktischer Gestaltung umfangreicher als konventionelle Fachbücher ausfallen muss (was seinerseits als Kosten treibender Faktor zu Buche schlagen würde).

g) Die Lehrerinnen und Lehrer brauchen in der Arbeit mit dem integrierten Lehrwerk ihre Biografien und fachdidaktischen Prägungen (Ethik bzw. Religion) nicht ausblenden, sondern bringen sich selbst im Unterricht des Wahlpflichtbereich authentisch ein – frei nach dem ungeschriebenen Motto: „Das wichtigste Curriculum ist der Lehrer." Nutznießer werden Schülerinnen und Schüler sein, die jene persönlichkeitsbildenden Chancen nutzen, die sich aus der Auseinandersetzung mit unterschiedlichen Fächer- und Persönlichkeitsprofilen ergeben.

4.3 Die Sinnfrage im kooperativen Unterricht – ein Beispiel

Der o. g. Ansatz kann in enger Anlehnung an Vorarbeiten im bereits vorgestellten Lehrwerk „Ich bin gefragt" (Band 9/10) verdeutlicht werden:

Integrierte Phase 1 (S. 132-141)

– Abbildungsbetonte Auftakt-Doppelseite: Spurensuche – dem Leben Sinn geben (mit Sinncollage und dem mittelalterlichen Spruch „Ich komm', weiß nit woher").

– Menschen fragen nach dem Sinn: lyrische, visuelle und prosaische Annäherungen, mit Impulsen aus der Popszene (Jule Neigel usw.), Interview-

Ausschnitten (Schülerinnen und Schüler), Auszügen aus Texten von Jostein Gaarder (Sofies Welt) und Luise Rinser (Wozu leben wir?).

– Sich selbst zur Frage werden: Grenzen spüren – oder überwinden? (Auszüge aus Liebesbriefen, in: Andreas Steinhöfel/ Anja Tuckermann: David Tage Mona Nächte); An Abgründe stoßen (Prediger Kohelet), „Wahrheiten“ (Friedrich Nietzsche); Unaussprechliches zur Sprache bringen (Martin Heidegger, Ludwig Wittgenstein, Kurt Tucholsky, Franz Kafka u. a.).

Differenzierte Phase 2a (S. 142-163)

• *Die Sinnfrage als Kursthema im Ethikunterricht*

– Spuren finden in Judentum, Christentum und Islam (S. 142-151): Suche nach dem Mehr; Das Labyrinth: Symbol für die Sinnfrage; „Wer bin ich?“ Ein Christ im Zwiespalt; „Wo bist du, Gott?“ Ein Muslim auf der Suche; Hoffnungen grenzenlos (christlicher Auferstehungsglaube); Das Gute tun: als Jude dem Ruf der Bibel folgen; Was tun? Als Christ in der Entscheidung; „Wir sind alle Brüder“: ethische Grundsätze einer Muslima; Menschenrechte im Islam; Ethos für die Welt: „Leben und Würde aller achten“.

– Antworten ostasiatischer Anschauungen (S. 152-157): „Ex oriente lux“; Hinduismus: vom Kreislauf des Lebens; Buddhismus: Erkenntnis des Leidens und seine Überwindung; Taoismus: den Ur-Sinn ergründen; Konfuzianismus: das rechte Leben; Kailash: heiliger Ort ostasiatischer Religionen.

– Humanismus: weltliche Wege zur Sinnfindung (S. 158f): Die Vision; Glaube an das Gute im Menschen; Liebe als Lebenssinn; Humanismus heute.

– Spurensuche – im Sande verlaufen? (S. 160f): mit Abbildungen und Texten von Hiob, Rob, Georg Büchner, Thomas Lange, Albert Camus, Ingeborg Bachmann und Christa Wolf.

– Wurzeln: weltweit gefragt (S. 162f): „vergessene“ Gruppen im Streben nach Identität und Würde (Bolivien, Philippinen).

Differenzierte Phase 2b

• *Die Sinnfrage als Kursthema im konfessionellen Religionsunterricht*

– „Spuren finden“ als Leitmotiv für die Auseinandersetzung mit christlichen Traditionen (mit Bezügen zu Judentum und Islam): Suche nach dem Mehr; Das Labyrinth: Symbol für die Sinnfrage; „Wer bin ich?“ Ein Christ im Zwiespalt; Hoffnungen grenzenlos (christlicher Auferstehungsglaube); Als Christ in der Entscheidung; Ethos für die Welt: „Leben und Würde aller achten“; weitere biblisch-theologische, ethische und kirchengeschichtliche Akzente (vgl. einschlägige Rahmenpläne).

– Spurensuche – im Sande verlaufen? Mit Abbildungen und Texten von Hiob, Rob, Georg Büchner, Thomas Lange, Albert Camus, Ingeborg Bachmann und Christa Wolf.

– Wurzeln: weltweit gefragt: Theologie der Befreiung; „vergessene" Gruppen im Streben nach Identität und Würde (Bolivien, Philippinen).

Integrierende Phase 3 (S. 164/165)
Sinn-Werkstatt: Auf der Basis der angeeigneten Sinnstiftungsangebote kritische Reflexion von „Sinnbaukästen" und „Cafeteria"-Mentalitäten; Austausch und Diskussion von Ideen zur persönlichen Wurzelsuche.

5. ... und alle Fragen offen?

Ich sitze am Straßenrand.
Der Fahrer wechselt das Rad.
Ich bin nicht gern, wo ich herkomme.
Ich bin nicht gern, wo ich hinfahre.
Warum sehe ich den Radwechsel
Mit Ungeduld?

Die von Bertolt Brecht[2] empfundene diffuse Stimmung existenzieller Zerrissenheit kennzeichnet auch die gegenwärtige Situation in der bundesdeutschen Bildungslandschaft. Viele im Bildungsbereich Tätige spüren, dass die traditionelle Fächer-Segregation gerade in der Werteerziehung nicht länger vertretbar ist. Die konfessionellen Partikularismen geschuldete Unterscheidung zwischen Ethik- und Religionsunterricht führt in letzter Konsequenz zur religiösen bzw. weltanschaulichen Atomisierung (sofern die Pluralisierungsprozesse in unserer Gesellschaft weiter zunehmen). Schon jetzt droht – etwa im Berliner Schulsystem – eine Inflation separater religiöser Unterrichtsangebote durch eine wachsende Zahl von Religionsgemeinschaften, die über den Status einer öffentlich-rechtlichen Körperschaft verfügt. Andererseits wirft auch das Brandenburger Modell eines weltanschaulich neutralen LER-Pflichtunterrichts kritische Fragen auf – nicht nur vor dem Hintergrund der DDR-Vergangenheit: etwa die nach der religiösen Kompetenz (bzw. Selbstbeschränkung) des freiheitlich-demokratischen Staates, der – ob er es ‚weiß' oder nicht –, noch immer von Voraussetzungen lebt, die er selbst nicht

[2] Radwechsel. In: Große kommentierte Berliner und Frankfurter Ausgabe, Bd. 12: Gedichte 2, Frankfurt/ Main: Suhrkamp Verlag 1988, S. 310.

schaffen oder garantieren kann (so die klassische These des Staatsrechtlers Ernst-Wolfgang Bockenförde, 1967). Insofern bleibt gerade die „postsäkulare Gesellschaft“ der Gegenwart (Jürgen Habermas, 2001) auf die sinnstiftenden Beiträge zivilgesellschaftlicher Institutionen – auch von Religionsgemeinschaften und ihren Mitgliedern – angewiesen.

Ob die Ideenskizze zu einem integrativen Lehrwerk für den Wahlpflichtbereich Ethik- und Religionsunterricht jemals mehr als ein Gedankenexperiment sein kann, muss heute noch offen bleiben. Angesichts der bunten föderalen Bildungslandschaft kann aber niemals ausgeschlossen werden, dass das eine oder andere der 16 Bundesländer neue Wege in der ethischen und religiösen Bildung zu beschreiten wagt. Immerhin dürfte – im Anschluss an die in der Expertise aufgeworfenen Kooperationsperspektiven – Konsens darüber bestehen, dass auf der einen Seite Schülerinnen und Schüler im Ethikunterricht für religiöse Fragen sensibilisiert und auf der andere Seite Schülerinnen und Schüler im Religionsunterricht mit philosophisch-ethischen Fragen vertraut gemacht werden müssen. Systematischer als in einem integrativen Lehrwerk kann dieser Erwartung nicht entsprochen werden.

Hans-Bernhard Petermann

Religion erkunden

Das Element des Religiösen im Ethikunterricht in religionsphilosophischer Perspektive

„Religion ist eine der wichtigsten Angelegenheiten unseres Lebens", meinte Hegel als junger Student vor gut 200 Jahren[1]. Schaut man auf aktuelle Diskussionen etwa zur Wiederkehr des Religiösen in postsäkularer Gesellschaft, vor allem aber zum Thema Bildung, ist diese Behauptung heute gar nicht so anachronistisch, wie sie auf den ersten Blick erscheinen mag. Auch die hier zur Debatte stehende Expertise des Landes Sachsen-Anhalt zum Ethik- und Religionsunterricht geht davon aus, dass nicht zuletzt die „religiösen Möglichkeiten" zu den Grunddimensionen menschlichen Lebens zählen (S. 20)[2], so dass religiöse Bildung eine elementare Aufgabe der Schule mit Zukunft sei.

Die Frage ist freilich, in welchem Sinn hier von „Religion" die Rede ist. Zu klären ist genauer, warum und vor allem wie Kinder und Jugendliche an öffentlichen Schulen religiöse Bildung brauchen, und konkreter, inwiefern dies nicht nur eine allgemeine Aufgabe schulischer Bildung ist, sondern dafür ein besonderes Fach einzurichten ist, und weiterhin, ob dieses Fach allein der Religionsunterricht ist bzw. sein kann, oder nicht auch der Ethikunterricht. Wolfgang Klafki hat dazu in seiner Empfehlung[3] eine Präzisierung der Begriffe wie der Aufgaben gefordert. Dem versucht mein Beitrag nachzukommen.

---

[1] Fragment von 1793 in : G. W. F. Hegel: Frühe Schriften. Theorie-Werkaus. Bd. 1, Hg. Modenhauer/ Michel. Frankfurt 1971, S. 9.

[2] Zitiert wird nachfolgend unter Seitenangabe entsprechend des Abdrucks in diesem Band.

[3] Wolfgang Klafki: Schlüsselqualifikationen/ Allgemeinbildung – Konsequenzen für Schulstrukturen; in: K.-H.Braun u.a. (Hg.): Schule mit Zukunft. Bildungspolitische Empfehlungen und Expertise ... Opladen 1998, S. 145-208, hier S.157. Auf diese Veröffentlichung und insbesondere den Beitrag Klafkis bezieht sich die Expertise explizit an mehreren Orten.

In dem Titel „Religion erkunden" steckt bereits meine *These*: Wenn das religionskundliche Element im Ethikunterricht zur Debatte steht (und nur auf diesen Aspekt beziehe ich mich nachfolgend, absehend von Einlassungen zum Problem des philosophischen, lebenskundlichen oder auch moralisch-ethischen Elements), plädiere ich auch für den Ethikunterricht für einen Unterricht in Religion, der diesseits eines konfessionellen Religionsunterrichts liegt, aber auch jenseits einer neutral informierenden Religionskunde. Im Unterschied zu „Kunde", die als eher faktizitär-historische Information (miss-) verstanden werden könnte, verdeutlicht das Wort „erkunden" besser, was eine ertragreiche Auseinandersetzung mit Religion m. E. anzusprechen hat:

– Die Vorsilbe „er-" indiziert, dass es um eine Auseinandersetzung auch mit der Tiefendimension des Gegenstandes geht, nicht bloß um oberflächliche Kenntnisnahme. Anders: Es geht um Auseinandersetzung mit dem Religiösen, nicht allein um Kenntnis von Religion(en).
– Die Verbform „erkunden" deutet auf die notwendig prozessuale wie subjektive Dimension des Aneignungsvorgangs hin: Beim Thema Religion ist nicht nur Kenntnis, sondern auch Einsicht erfordert: Ich bin gefragt und muss selbsttätig mich mit etwas auseinandersetzen, was einen existentiellen Anspruch (auch an mich) beinhaltet.

Diese Sichtweise ist in mehreren Schritten zu erläutern. In einem ersten Teil ist meine These zu begründen, und zwar zunächst verfassungstheoretisch hinsichtlich der Konsequenzen für ein öffentlich verantwortetes Schulfach und dann ausführlicher durch einen religionsphilosophisch differenzierten Blick auf das Phänomen „Religion". In einem zweiten Teil sind dann exemplarisch Aussagen der Expertise sowie Tendenzen des sachsen-anhaltinischen Bildungsplans für den Ethikunterricht daraufhin zu überprüfen, inwiefern Religion hier in dieser Tiefenschärfe zur Sprache kommt. Das hat konzeptionell wie auch konkret an Inhalten zu erfolgen.

1. Religion als Gegenstand öffentlicher Bildung

Als einen Eckpfeiler religiöser Bildung nennt die 2001 vorgelegte Expertise zum Ethik- und Religionsunterricht die Tatsache, dass grundgesetzlich „jeder Schülerin und jedem Schüler das Recht auf einen Unterricht in religiösen Fragen als positive Religionsfreiheit garantiert" werde (S. 17). Das ist zu erläutern, hinsichtlich des verfassungsrechtlichen Sinns, wie vor allem hinsichtlich des hier vorausgesetzten Verständnisses von Religion.

1.1

Verfassungsrechtlich bezieht sich die Expertise auf den Art. 7, 3 GG, der den Religionsunterricht als ordentliches Schulfach an öffentlichen Schulen garantiert. Die Expertise lässt jedoch mit Recht keinen Zweifel daran, dass diese Bestimmung einen Horizont auch für den Ethikunterricht bietet und nicht nur für den (konfessionellen) Religionsunterricht allein gilt. Warum ist das so? Wie in der einschlägigen verfassungsrechtlichen Literatur wiederholt ausgeführt, ist der Art. 7, 3 nicht als Privileg des Staates gegenüber den Religionsgemeinschaften zu verstehen, so dass ihnen ein öffentlicher Raum zur Entfaltung ihrer Religionstätigkeiten gewährt würde; vielmehr macht mit dieser Garantie der Staat auch sein eigenes Selbstverständnis geltend, wonach „der freiheitlich säkularisierte Staat von Voraussetzungen [lebt], die er selbst nicht garantieren kann", so das vielzitierte Diktum von Ernst-Wolfgang Böckenförde; der moderne Staat gründet sich vielmehr auf eine Art „einigendes Band, das dieser Freiheit vorausliegt".[4] Deutlich wird das nicht zuletzt im grundgesetzlichen Verweis auf die Würde des Menschen. Sie ist selber kein durch die Verfassung definiertes Recht, sondern liegt als letztes Kriterium aller Verfassungswirklichkeit voraus. Der Staat hütet sich davor, diese Würde irgendwie genauer zu definieren, auch deshalb gilt sie als „unantastbar". Inhaltlich genauer kann diese Konstruktion erläutert werden an der Formel „*im Bewusstsein der Verantwortung vor Gott und den Menschen*", mit denen das Grundgesetz wie auch diverse Landesverfassungen, so auch die von Sachsen-Anhalt, ihre Präambeln beginnen: Die Sittlichkeit als das einigende Band gesellschaftlicher wie staatlicher Gemeinschaft ist nicht nur verantwortungsethisch, sondern auch religiös dimensioniert. Verfassungsinterpretatoren[5] sind sich darüber einig, dass durch den Verweis auf „Gott" „eine nä-

---

[4] Böckenförde, Ernst-Wolfgang: Die Entstehung des Staates als Vorgang der Säkularisation - In: Staat, Gesellschaft, Freiheit. Studien zur Staatstheorie und zum Verfassungsrecht. Frankfurt/M.: Suhrkamp 1976, S. 42-64, hier S. 59f.

[5] Z.B. Feuchte, Paul: Verfassungen des Landes Baden-Württemberg. Stuttgart: Kohlhammer 1987. Die nachfolgenden Zitate sind den Seiten 51f. und 61ff entnommen. – Von Interesse ist auch Feuchtes Verweis auf Überlegungen in der Schweiz: „Diese Art der Verfassungseinleitung dürfe nicht eine Verpflichtung auf eine bestimmte Weltanschauung mit sich bringen, sondern wolle lediglich eine Grundhaltung ausdrücken, dass sich Menschen und Staat nicht auf sich selbst gründen wollten ... Diese Anrufung soll Wertvorstellungen ausdrücken, deren Herkunft

here inhaltliche Präzisierung nicht vorgenommen“ werde, sondern dass es lediglich um den expliziten Verweis darauf gehe, „dass Staat und Verfassung in Beziehung zu Voraussetzungen stehen, die jenseits ihrer juristischen Normativität liegen, und dass dazu insbesondere die Religion gehört.“ Wichtig scheint mir, dass „Religion“ hier ausdrücklich nicht als eine positive Gestalt von Religion aufgefasst wird, vielmehr „allgemein verstanden im Sinne der Öffnung der Immanenz auf eine ihr vorausliegende und sie fundierende und bindende Wirklichkeit.“

Diese Grundlage, auf die die Staatlichkeit verwiesen ist, erlangt Geltung und Anerkennung natürlich nicht durch ihre bloße Benennung, sondern nur durch stets neue Verständigung. Eine solche Auseinandersetzung will und darf der Staat aber gerade um des Bestands seines säkularen und weltanschaulich neutralen Selbstverständnisses willen nicht der privaten Meinung des einzelnen überlassen, sondern muss sie zum Thema öffentlicher Bildung machen. Diesem Anspruch ist schulische Bildung überhaupt ausgesetzt, doch die Idee des Grundgesetzes ist es, zu seiner Erschließung, vor allem aber seiner kritischen, unterscheidungs- und entscheidungsfähigen Reflexion auch ein eigenes Fach einzurichten. Es liegt nahe, dass dieses Fach in einer konfessionell pluralen Gesellschaft nicht (mehr) der (konfessionelle) Religionsunterricht alleine sein kann; vielmehr gilt jener Anspruch in gleicher Weise auch für den Ethikunterricht.

1.2

Diese Sicht setzt freilich ein ganz bestimmtes Verständnis von **Religion** voraus. Die zitierte Unterscheidung zwischen „positiver“ Religion und Religion als einer allgemeinen „Öffnung“ hat bereits angedeutet: Religion kann nicht reduziert werden auf sichtbare religiöse Phänomene, sondern meint ebenso sehr den mit ihr verbundenen existentiellen Anspruch. Und religiöse Bildung leistet entsprechend zu wenig, wenn sie solche Phänomene lediglich zur Kenntnis bringt und nicht auch über ihren existenzerhellenden Sinn verständigt. Was genauer religiöse Bildung in der öffentlichen Schule zu leisten hat, will ich eher thetisch in vier Schritten entfalten[6]:

---

aus einem christlichen Verständnis von Staat und Gesellschaft erkennbar ist, die aber darüber hinaus heute als Gemeingut säkularisierter Humanität gelten könne.“ (Hervorhebung H.B.P.).

[6] Zur genaueren Entfaltung meiner Thesen verweise ich auf: Petermann, Hans-Bernhard: Religion zur Sprache bringen. Lehraufgaben im Bereich Religion aus philosophiedidaktischer Perspektive. In: D.Fauth / U. Bubenheimer (Hg.): Hochschullehre und Religion. Perspektiven unterschiedlicher Fachdisziplinen. Würzburg: Religion&Kultur 2000, S. 17-69.

1.2.1

Zur Beantwortung der Frage, welche Form von Religion und wie Religion Thema religiöser Bildung auch im Ethikunterricht werden kann und soll, sind zunächst einige elementare *Merkmale von Religion* zu nennen, nicht als Definition von Religion, sondern als Kriterien, ohne die irgendein religiöses Phänomen, sei es eine bestimmte Religion, seien es konkrete religiöse Äußerungen oder Riten, sei es eine religiöse Erfahrung oder einfach nur das Gefühl des Religiösen, nicht als „religiös" bezeichnet werden können. Nur dann wird Religion nicht missverstanden als eine bestimmte Weltanschauung, als eine bloß mögliche Form der Lebensführung, als ein kulturelles Phänomen neben anderen, sondern wird ernst genommen als eine originäre, nicht im Ethischen oder Ästhetischen oder Epistemologischen oder Wissenschaftlichen aufgehende Wirklichkeit. Was aber macht das Originäre religiöser Wirklichkeit aus?

In Orientierung an Gustav Mensching[7] verstehe ich Religion als

„erlebnishafte Begegnung mit heiliger Wirklichkeit
und als antwortendes Handeln des vom Heiligen existentiell bestimmten Menschen"

Die Strukturelemente dieser Formel seien kurz erläutert:

a) Das Stichwort „Begegnung" indiziert, dass Religion sich stets auf menschliche Lebenswelt wie auch eine konkret erfahrbare Wirklichkeit bezieht. Das gewährleistet nicht zuletzt die Möglichkeit, Religion in einer reflektierenden Erkundung zur Sprache zu bringen und aus einer bloß esoterischen Binnenperspektive zu lösen.

b) Bei Religion geht es jedoch stets um eine Wirklichkeit, die uns zugleich *entzogen* ist, insofern sie nämlich auf einen von uns selbst nicht einholbaren Grund unserer Selbst verweist, *das Heilige*. Dahinter verbirgt sich die freilich nicht selbstverständliche Auffassung, dass der Mensch das, was er ist, nicht durch sich selbst ist, sondern durch einen ihn tragenden Grund. Die Religionen nennen diese Auffassung Geschöpflichkeit und den Grund Gott. – Das Heilige ist aber zugleich eine Wirklichkeit, die uns zutiefst betrifft und zu uns selbst führt. Das Heilige verbürgt für uns letzten Sinn, einen Sinn, der auch erhofft werden kann angesichts der

---

[7] Mensching, Gustav: Religion. Erscheinungs- und Ideenwelt; in: RGG [3]1961, Bd.5, Sp. 961ff.

Einsicht, dass es uns immer wieder misslingt, Sinn eigenmächtig herzustellen. Darum ist das Heilige für uns *Heil*. Dieses Element ist die differentia specifica des Religiösen im Unterschied zu anderen Formen von Wirklichkeit.

c) Das Element „*erlebnishaft*" konkretisiert wiederum, dass diese Wirklichkeit für uns zur konkreten Erfahrung werden kann, aber eben einer solchen, in der wir nicht irgend*etwas* erfahren, sondern etwas uns *existentiell* Bestimmendes, die Tiefe unserer selbst, das Geheimnis von Menschsein. Religion ist der Raum der elementaren Fragen menschlichen Daseins: Wer bin ich? – Woher komme ich? – Wohin gehe ich?

d) Schließlich meint „*antwortendes Handeln*", dass es beim Religiösen nicht um eine lebensweltlich irrelevante Einstellung oder bloß *privat* bleibende Erfahrung geht, sondern um eine unsere konkrete Lebensgestaltung fundamental *prägende*. Zu den existentiellen Fragen gehört religiös auch: Warum und wie soll ich mein Leben nicht nur leben, sondern auch führen? Anthropologisch formuliert ist mit der Ebene des Religiösen eine Wirklichkeit angesprochen, die Freiheit, Verantwortung, Schuld(fähigkeit) und Erlösung(sbedürftigkeit) als elementare Dimensionen von Menschsein gleichermaßen ernst nimmt.

Diese religionsphilosophischen Überlegungen, die an dieser Stelle nicht weiter erläutert werden können[8] sind für unsere Frage insofern bedeutsam, als ohne sie irgendeine Erkundung von Religiösem sinnvoll, d. h. ausgerichtet auf Einsicht in den Gegenstand, meine ich, nicht geleistet werden kann.

Für die Auseinandersetzung mit Religionen leiten sich daraus folgende Ziele ab:

– Religiöse Bildung hat erstens die Aufgabe, die uns alle betreffende Frage nach *Sinn* zu erschließen als Frage nach der uns *tragenden Mitte* unserer Existenz; anders, sie hat unser alltägliches Fragen auf Tiefendimensionen hin zu öffnen.

---

[8] Als besonders gut gelungene kompakte Zusammenfassung von Religionsphilosophie ist zu verweisen auf: Schaeffler, Richard: Orientierungsaufgaben der Religionsphilosophie. – In: Peter Koslowski (Hg.): Orientierung durch Philosophie. Tübingen 1991, S. 196-224. – Unterschiedliche religionsphilosophische Ansätze werden in übersichtlicher Form entfaltet in: Halder, A./ Kienzler, K. / Möller, J. (Hg.): Religionsphilosophie heute. Chancen und Bedeutung in Philosophie und Theologie. Düsseldorf 1988.

– Religiöse Bildung hat zweitens offen zu legen, warum und wie aus dieser Mitte heraus Formen von Lebens*gestaltung* sich ergeben, die Orientierung und *Verlässlichkeit* für unsere Lebensführung verbürgen.

– Und religiöse Bildung hat drittens zur Erfahrung zu bringen, dass eine solche Lebensgestaltung zur *Verantwortung* verpflichtet, aber ebenso *entlastet* vom Zwang, gelingendes Leben auch vollkommen *her*stellen zu müssen und zu können: Gelingendes Leben ist letztlich ein Geschenk.

1.2.2

Mit dieser Bestimmung von Religion ist freilich nicht behauptet, religiöse Bildung habe auch im Ethikunterricht die Aufgabe, alle Facetten religiös begründeter Existenz im Unterricht zur Erfahrung kommen zu lassen oder gar junge Menschen auch zu religiösen Menschen zu erziehen. Darum ist es in einem weiteren Schritt sinnvoll, verschiedene *Formen von Religiosität* zu unterscheiden und zu prüfen, welche warum im Ethikunterricht zum Thema werden können und sollen. Dem dient das beigefügte Schema.

Unbestritten ist sicher, dass die hier getroffenen Unterscheidungen, insbesondere die grundsätzlichen zwischen „Religiosität", „Konfession" und „Glaube" nicht akademischer Selbstzweck sind, sondern der Klärung der Zielsetzungen religiöser Bildung dienen. Die Alltagssprache ist da nicht so genau und wird nicht ohne weiteres etwa zwischen „Konfession" und „Religion" zu unterscheiden wissen. Doch auch in öffentlichen Verwaltungsakten ist nicht immer klar, von was eigentlich die Rede ist, wenn wir etwa nach der Religionszugehörigkeit (oder doch eher nach der Konfessionszugehörigkeit?) gefragt werden. Undeutlich bleibt ebenfalls, was und wer eigentlich gemeint ist, wenn das Grundgesetz im Art. 7 von „Religionsgemeinschaften" redet, das BVerfG in einschlägigen Beschlüssen zur Trägerschaft des Religionsunterrichts dagegen von „der jeweiligen Religionsgemeinschaft", eine identische Bedeutung suggerierend aber auch von den „Kirchen". [9]

[9] Ich beziehe mich hier auf den viel zitierten Beschluss des BVerfG zum Religionsunterricht vom 25. Februar 1987, in: BVerfG Bd. 74.

Religions-Vollzug	Vollzugsform	Sichtweise
(1) Religiosität		*(1.1)* grundsätzliche *Offenheit* menschlicher Existenz für Religion *(1.2)* *Erfahrung* von Religiosität
(2) Glaube	[als *praktisch* vollzogene Religion]	*persönliches* Festhalten und Vollzug zentraler religiöser Lebensdeutungen und Lebensanweisungen
	(2.1) *fides qua creditur* [Glaube, *mit* dem / *durch* den man glaubt]	je *subjektiver*, auf Deutung und Vollzug des Lebens bezogener *Akt* des Glaubens / Organ des Glaubens
	(2.2) *Konfession*	(2.2.1) ausdrückliches Bekenntnis zu bestimmten Glaubensaussagen (2.2.2) Bekenntnis der Zugehörigkeit zu einer bestimmten Glaubens-Richtung / Kirche (2.2.3) Vollzug des Glaubens durch Festhalten, Bekenntnis, Lebensführung, Feier, Gemeinschaftsbezug
	(2.3) *fides quae creditur* [Glaube, *den* man glaubt]	System / Summe zentraler Glaubens-Aussagen, die zu glauben sind / geglaubt werden
(3) Religion		*(3.1.)* *objektives* (historisch gewordenes) *System* von Glaubens-Vollzügen / -Äußerungen *(3.2.)* *Gemeinschaft* aller einer Religion angehörigen Menschen

Zur Erläuterung der einzelnen Vollzugs-Formen kurz einige Bemerkungen:

Religiosität meint grundsätzlich noch nicht mehr, aber auch nicht weniger als jene grundsätzliche Ebene des Über-Sich-Hinaus-Seins, für die menschliche Erfahrung zunächst einmal offen ist, die aber auch zum Gefühl und zur Gewissheit werden kann, sich konkret im Selbstsein wesentlich getragen zu wissen, also jene im Schema unter (1.1) genannte grundsätzliche *Offenheit* menschlicher Existenz auf einen sie tragenden Grund.

Damit ist noch nicht gesagt, dass alle Menschen auch faktisch religiös sind (1.2) in dem Sinne, dass sie auch selbst eine *religiöse Erfahrung* gemacht hätten. Darum ist genauer zu prüfen, was gemeint ist mit der Behauptung, von Natur aus seien alle Menschen religiös, ob damit (nur) eine grundsätzliche anthropologische Ausrichtung gemeint ist (im Sinne von 1.1), und das wäre auch meine Ansicht, oder eine auch subjektiv zu verortende existentielle Erfahrung (im Sinne von 1.2), was wohl nicht für alle Menschen gilt. Ohnehin kann Religiosität einem Menschen als subjektive Erfahrung nicht andemonstriert werden. Gleichwohl kann behauptet werden, dass ausnahmslos jeder Mensch für solche Erfahrung offen ist, vielleicht auch, dass ihm ein wesentliches Stück Menschsein fehlt, wenn er sein Leben ohne sie zu verstehen sucht, dass sie ihm aber auf jeden Fall hilft, für die Fragen nach Sinn und Gestaltung des Lebens Orientierung zu finden. Auf eine bestimmte Weltanschauung oder Religion wird damit noch kein Mensch verpflichtet, ebenso wie niemand durch die Behauptung der Sozialnatur des Menschen dadurch bereits auf bestimmte politische Verhaltensweisen festgelegt wäre.

Gegenüber solchem Zur-Erfahrung-Bringen von Religiosität sind *Religiosität* in einem engeren Sinne (1.2) sowie subjektiver *Glaube* (2.1) dann mögliche Antworten. Auch dies ist zu verstehen als eine für eine bestimmte Konfession oder Kirche zunächst noch offene Lebenshaltung. Darum machen Sätze wie „Ich habe Religion“ oder „Ich bin religiös“ oder auch „Religiosität ist wesentlicher Teil meines Lebens“ auch Sinn, wenn sie von konfessionell nicht gebundenen Menschen geäußert werden. Selbst von Glaube (2.1) kann in einem solch weiten Sinne die Rede sein.

Sinnvoll scheint es mir jedoch, davon einen Glauben abzugrenzen, der bestimmten Glaubenssätzen oder einer bestimmte Religion zugeordnet ist. Dafür würde ich den Begriff *konfessionell* reservieren (2.2.1). *Religionen* (im Sinne von 3.1) sind dann zu bestimmen als historisch und kulturell auch allgemein sichtbar gewordene Gestalten einer solchen zur Haltung gewordenen Erfahrung vieler. Und erst die (bewusste und frei gewählte) Entscheidung, einer solchen Gestalt von Religion auch persönlich zuzugehören, ist *Konfession* (im engeren Sinne von 2.2.2).

Sinnvoll ist es, diese unterschiedlichen Vollzüge von Religion nicht nur zu benennen, sondern auch als Probleme zu formulieren, und zwar im Horizont unserer Frage, von welcher Religion im Ethikunterricht in welcher Form die Rede sein sollte:

Die Einrichtung von Religionsunterricht als ordentlichem Lehrfach an öffentlichen Schulen kann in einer säkularen und weltanschaulich pluralen Gesellschaft ihre Begründung wohl kaum darin haben, dass die Menschen als Bürger eines Staates alle einer bestimmten Religion (3.2) angehören. Jedoch wird vorausgesetzt, dass menschliche Existenz grundsätzlich sowie ganz konkret in Formen ihrer rechtlichen, gesellschaftlichen und staatlichen Organisation, wie im Abschnitt 1.1 angedeutet, auf eine zunächst sehr allgemeine Form von *Religiosität* ausgerichtet ist, die diese Formen der Vergesellschaftung transzendiert, ihnen aber zugleich letzten Sinn verleiht.

Die Aufgabe eines in einem modernen Staat fest eingerichteten Religionsunterrichts liegt dann in erster Linie darin, Kindern und Jugendlichen den Sinn solch grundlegender Religiosität (1.1) zu vermitteln, nur bedingt sie auch zu Religiosität (1.2) hinzuführen, nicht aber ihnen Glauben (2) oder Religion (3) „beizubringen". Dieser Anspruch gilt in gleicher Weise für den alternativ zum Religionsunterricht eingeführten Ethikunterricht.

Welchen Sinn macht aber auf dieser Grundlage die verfassungsrechtliche Bestimmung von Religionsunterricht als Vermittlung von „*Glaubenssätzen*" und „*Bekenntnisinhalten*"? Wie Theologen, aber auch Religionswissenschaftler mit Recht ausführen, gibt es Religion nicht abstrakt als Konstruktion; sie kann nur vermittelt werden über eine Religiosität, die auch konkret fassbar wird. Ihre Prägung als Konfession (2.2.2) bietet insofern den *Rahmen*, in dem Religion nicht nur Gegenstand des Unterrichts ist, sondern durch den allein sie auch zur *Erfahrung* für die Schülerinnen und Schüler werden kann. Eben dies gibt den Kirchen als den organisatorischen Größen des christlichen Glaubens (im Sinne von 2.3) das Recht, als Trägerinnen des Religionsunterrichts zu fungieren. Hier ist gewiss eine Differenz von Ethik- und Religions-Unterricht zu sehen, insofern der Ethikunterricht diese Basis nicht hat und haben kann.

Doch kann der Ethikunterricht deshalb auf die Thematisierung dieser Ebene verzichten? Damit die Schülerinnen und Schüler Religion als einen für sie auch möglichen Lebensweg einsehen und zur Erfahrung bringen können, hat religiöse Bildung eine immer auch *orientierende* Aufgabe, also die Erhellung, dass und wie es Sinn macht, Religiosität, sowohl in grundsätzlicher (1.1) wie in subjektiv erfahrener Bedeutung (1.2) auch Gestalt werden zu lassen und ins Leben einzubinden. In diesem Sinne kann und soll sie auch das ausdrückliche *Bekenntnis* (2.2.1), die Gründe für die *Zugehörigkeit* zu einer Konfession (2.2.2) und den Sinn konkreter *Glaubensvollzüge* (2.2.3) und auch Zeugnisse religiöser Erfahrung (1.2) zum Thema des Unterrichts machen, nicht zum Inhalt mit dem Ziel der Einbindung in eine bestimmte Konfession (2.2.2 und 2.2.3). Für den Religionsunterricht ist diese Orientierungsaufgabe selbstverständlich. Dass auch der Ethikunterricht sie hat, ist strittig; ich meine, vieles spricht dafür.

Öffentlich verantwortete religiöse Bildung verfehlt jedoch ihren Auftrag, und das gilt auch für den kirchlich getragenen Religionsunterricht, würde sie religiöse Bildung vor allem als Raum zur Verbreitung und *Vermittlung* konkreter religiöser *Lehrsätze* und Einübung in *religiöse Riten* (im Sinne von 2.2.3 und 2.3) ansehen oder gar instrumentalisieren. In gleicher Weise hat auch der Ethikunterricht nicht die Aufgabe der Vermittlung konkreter moralischer Normen.

Religiosität als religiöse *Erfahrung* (1.2) oder auch *Glaube* als subjektiver Vollzug, sowohl grundsätzlich als fides qua (2.1) wie auch als persönlich vollzogenes Bekenntnis (2.2.1) können ohnehin nie direktes *Ziel* schulischer Bildung sein, auch nicht des Religionsunterrichts. Das muss der Entscheidung des einzelnen Menschen überlassen bleiben. Fallen diese Formen deswegen aus schulischer religiöser Bildung heraus? Ich denke nein, denn sie sind gleichwohl ihr *Thema*, ja ihr eigentliches Thema. Entscheidend dafür ist aber die Form ihrer Vermittlung: Nur in *Reflexion* auf den je persönlichen Glaubensakt kann auch wirklich zur *Erfahrung* gebracht, reflektiert und diskutiert werden, was grundsätzlich Religiosität (1.1) für den Menschen bedeutet. Diese *erfahrungsdimensionierte Reflexion* ist die entscheidende Ebene, auf deren Basis ich religiöse Bildung für alle fordere.

Nur in dieser Perspektive kann sinnvoll auch die *Erkundung* phänomenal sichtbarer Formeln, Texte, Riten der Religionen, also konkreter *Formen* von Konfessionalität (2.2.3), Glauben (2.3) oder der Religionssysteme (3.1) Thema sein im Religions- wie im Ethikunterricht. Wenn aber zu einer solchen Erkundung von Religion die Reflexion auf die Akte von Religiosität, also auf Erfahrungen von Religiosität (1.2), auf Konfession (2.2.1) oder auf sich äußernden Glauben (2.1) eine notwendige Voraussetzung ist, geraten ein rein religionswissenschaftlich sich verstehender Ethikunterricht wie auch ein Religionsunterricht, der diese Reflexion ausblendet, in Schwierigkeiten, sowohl verfassungsrechtlich wie auch von der Sache des Religiösen her.

Zusammengefasst: Wenn Religion in der Schule in dieser Tiefenschärfe zur Sprache gebracht werden soll, findet religiöse Bildung statt *dies*seits einer konfessionellen Einführung oder Ein*bindung* in eine Religion, ist mithin kein *konfessioneller* Religionsunterricht (allenfalls ein „konfessionabler", Konfessionalität ermöglichender). Ebenso findet sie statt *jen*seits bloßer Religions-

kunde, informiert also nicht bloß über religiöse Phänomene, Akte und Traditionen, sondern erschließt sie als je persönlich beanspruchende Orientierungen. Und sie findet auch nicht statt an der *Ober*fläche moralischer Unterweisung, sondern in der Tiefe einer Moralität auch reflektierenden Orientierung.

1.2.3

Wie aber kann eine solche religiöse Bildung anspruchsvoll auch gelingen? Um dies auszuführen, ist es sinnvoll, zunächst grundlegende *Kompetenzen* zu formulieren, die junge Menschen in der Auseinandersetzung mit Religion erwerben sollten:

a) Für die eigene kulturelle Lebenswirklichkeit sollte ich in der Lage sein, sie auf die tragende *Religiosität* hin lesen und verstehen zu können. Das ist die *reflexive* Kompetenz, die mich in die Lage versetzt, nicht nur zur Kenntnis zu nehmen, sondern auch zu deuten und selbstdenkend auf mein eigenes Leben zu beziehen.

b) Für andere oder fremde Kulturen und Religionen sollte ich *Fragen* zum religiösen *Anspruch* ihrer Vollzüge, an ihren religiösen Sinn formulieren können. Das ist die *kritische*, zur Differenzierung fähige, und die *dialogische*, für Auseinandersetzung offene Kompetenz.

c) Schließlich sollte ich religiöse Auseinandersetzung als *Orientierung* für mich selbst begreifen. Ich sollte mich in der Lage sehen, mich bewusst für bestimmte Traditionen und eine bewusste Lebensführung entscheiden zu können. Das ist *Orientierungs-* oder auch *Entscheidungs*-Kompetenz zu nennen.

Damit in dieser Perspektive eine allgemeine religiöse Bildung in einem öffentlich getragenen Schulsystem tragfähig wird, sollten inhaltlich, denke ich, *drei Ebenen* zur Erfahrung und zur Auseinandersetzung kommen:

1. Die Grundlage böte aus religionspädagogischer wie philosophiedidaktischer Sicht die Vermittlung einer *Sensibilität* für das *Religiöse*, ich könnte auch sagen eine Art *religiöse Propädeutik.* Gemeint ist damit, das Religiöse als etwas zu thematisieren, das über bloße Kenntnisnahme hinaus tiefer in Anspruch nimmt, die menschliche Existenz in ihrer Grundlage wie auch in ihrer über sich selbst hinausweisenden Offenheit. Religions-Erkundung findet auf dieser Ebene als existentiell beanspruchende Erfahrungs-Kunde statt, ohne dass damit bereits konfessionsspezifische

Gestalten des Religiösen differenziert würden, jedoch in konkreter, etwa durch Lebensbeispiele gesättigter Erschließung der Frage, was einen religiösen Menschen bzw. was einen Menschen als religiös auszeichnet. Gut zu verdeutlichen ist die Erfahrungsdimension dieser ersten Ebene an dem doppeldeutigen Titel des Ethik-Buchs „Ich bin gefragt"10: Ausgehend von Fragen, die ich selbst stelle, da sie mich in meiner Existenz betreffen bzw. zu denen ich selbst durch konkrete Lebenszeugnisse mich herausgefordert sehe, wird zum Thema die Öffnung für eine uns als Menschen tragende Lebensmitte, aus der heraus ich gefragt bin, mich also im Anspruch des Gefragtseins verstehe. Traditionell lässt sich dies als die sog. Sinn-Frage verstehen, Sinn freilich im Sinne der Frage nach Tiefendimension und Letztorientierung von Leben und Welt.

2. Wenn tiefer greifende Religionskunde wesentlich Erfahrungs-Kunde ist, also nur auf der Ebene ganz konkreter Erfahrungen deutlich werden kann, muss dieser Ebene zweitens die Thematisierung *situativer Lebenserfahrungen* entsprechen, d. h. die Erschließung aktueller und alltäglicher Lebenswelt, in der ich selbst gefragt bin. Auch hier geht es jedoch um über aktuelle Befindlichkeiten hinaus greifende Grundlagen, Tiefen, Abgründe, Grenzen, Offenheiten, die in konkreter Lebenswelt entdeckt und zur Sprache gebracht werden wollen; religiöse Bildung bietet insofern in sich *Lebensorientierung* und Hilfe zu konkreter *Lebensgestaltung*. Philosophisch tradierte Denkformen und Kategorien können ebenso helfen, solche Erfahrungen zur Sprache zu bringen und zu verstehen, wie religiöse Erfahrungen, wenn sie ernst genommen werden als Dokumente, in denen Gefühle erfüllten Lebens wie auch Lebensbrüche, Grenzerfahrungen und Hoffnungen sich verdichtet artikulieren.

3. Auf einer dritten Ebene käme dann die Bildung *über einzelne Konfessionen* und die Bildung *zur* Entscheidung je eigener *Konfessionalität* zum Tragen. Deutlich muss sein, dass dies nicht möglich ist ohne Einbeziehung der beiden zuerst genannten Ebenen. Diese *konkrete Religionskunde* findet wiederum statt in dreifacher Form:

   a) als *religiöse Sprachkunde* im Sinne einer Hermeneutik des Verstehens religiöser Traditionen und Ausdrucksformen; diesem Bereich kommt unabdingbare Bedeutung zu: Von Religion wird nie etwas

---

[10] Ich bin gefragt. Ethik/ LER 1/2 ff bis 9/10. Berlin: Volk und Wissen 2000. Auf diesen Titel verweise ich, weil ich als Mitautor des Bandes 9/10 versucht habe, meine hier erläuterten Vorstellungen mit einzubringen.

verstehen, wer nicht auch der Eigentümlichkeit religiöser Sprache nachzuspüren vermag, welche Wirklichkeit z. B. über Symbole, Metaphern, Mythen, Hymnen, Klagelieder ganz anders erschlossenwird als über Alltagssprache und vor allem über Wissenschaftssprache[11]

b) als *Religionskunde* im engeren Sinne, d. h. *Kenntnisnahme* wichtiger Riten, religiöser Vollzüge, Traditionen, insbesondere Texte und Erfahrungsgeschichten, natürlich stets in *Reflexion* und Auseinandersetzung mit diesen Traditionen

c) über das Kundigmachen hinaus als *Orientierung*, um Wege zu öffnen zu je persönlich gelebtem Glauben und auch der Entscheidung zu nichtreligiösen oder areligiösen Lebensformen.

d) Die besondere konfessionelle *Glaubensvermittlung* als Eingliederung in den gemeindlichen Glaubensvollzug und Teilen des gemeinsamen Glaubens, das sei hier zumindest am Rande erwähnt, kann und sollte demgegenüber mit gutem Sinn den Glaubensgemeinschaften an ihrem jeweiligen Ort überlassen bleiben, also auch nicht in den kirchlich getragenen Religionsunterricht übernommen werden.

1.2.4

Es liegt nahe, zur Vermittlung dieser Ebenen das Fach Ethik gerade in seinem religionskundlichen Teil einzubauen in eine *Fächergruppe* mit den Disziplinen *Philosophie, Religion, Ethik.* Die Reihenfolge hat ihren Sinn eben so. Die durch die Verfassung insinuierte Artikulierung, Bewusstmachung und Reflexion jener grundsätzlichen Offenheit menschlicher Existenz ist zunächst Aufgabe der *Philosophie*, auch in erfahrungsdimensionierter Hinsicht. Zu einer existentiellen Orientierung werden diese Fragen für den Menschen vor allem in ihrer *religiösen* Dimension. Die *Ethik* schließlich gründet sich auf philosophische und die religiöse Auseinandersetzungen und bezieht sie auf Fragen konkreter Lebensführung.
Zur Konkretion einer solchen Fächergruppe votiere auch ich letztlich für einen *all*gemeinen, das heißt für *alle* Schülerinnen und Schüler eingerichteten

---

[11] Vgl. dazu demnächst: Petermann, Hans-Bernhard: „Wer Ohren hat zu hören, der höre" – Religiöse Sprache verstehen; in: Martens/ Thomas (Hg.): Praxishandbuch Philosophie. Bd. Religionsphilosophie. Hannover 2003.

Unterricht, der jedoch je nach Thematik für bestimmte Zeiträume einen *gemeinsamen* Unterricht in der Klassengemeinschaft, ebenso differenzierte *Wahlpflicht*bereiche zu konfessionsspezifischen Zugängen und auch themenzentrierte *Projekt*phasen vorsieht[12].

2. Das Element des Religiösen im Ethikunterricht Sachsen-Anhalts

Wenn im Horizont der vorgestellten Kriterien nunmehr exemplarisch religionskundliche Elemente des Fachs Ethik in Sachsen-Anhalt in den Blick genommen werden, ist deutlich eine Differenz auszumachen zwischen grundsätzlichen konzeptionellen Überlegungen einerseits (2.1) und konkreten Themenskizzen (2.2) andererseits.

2.1

Die vielleicht weitreichendste, da offenste ***konzeptionelle Aussage*** bietet der § 19, Abs. 4 SchG des Landes, wonach im Fach Ethik den Schülerinnen und Schülern unter anderem „der Zugang zu ... religiösen Fragen vermittelt" werde. Diese Formulierung unterstellt mit dem Wort „Zugang" zum einen, dass religiöse Fragen mit gutem Grund zum Gegenstand unterrichtlicher Auseinandersetzung gemacht werden sollen, liegen sie doch im Horizont jedes Menschen. Darum sollen sie auch als „Fragen" thematisiert werden. Das deutet zudem darauf hin, dass Religion sinnvoll zum Thema werden kann nur unter Einschluss der Erschließungsperspektive, nicht allein materialiter.

Kein Zufall ist es darum, dass religiöse Bildung in der Expertise durch Verweis auf die Allgemeinbildung und heute erforderliche Schlüsselqualifikationen erläutert wird: Nicht nur im Horizont interkulturellen Lernens, auch hinsichtlich der Entwicklung von Selbstbildung, Reflexivität und Lernkultur scheint religiöser Bildung eine besonders wichtige Bedeutung zuzukommen. Wenn aber Religion dafür einen „wichtigen Wissenskomplex" (S. 23) bildet, wird wiederum vorausgesetzt, dass Religion nicht nur über ihre Thematisierung, sondern über ihre Aneignung eben diese Kompetenzen freisetzt, weil

---

[12] Zur Konkretion vgl. Kasper/ Petermann: Wie viel Religion braucht die Bildung? In: Scheilke/ Krappmann (Hg.): Religion und Bildung in der Pluralität. Seelze 2003; und dies.: sehen – erkennen – einsehen, in: ZDPE 01/2003.

sie ihr innerstes Thema sind. Mit reinen religionskundlichen Informationen ist es daher nicht getan, religiöse Bildung muss auch im Ethikunterricht „religiöse Fragen zur Sprache kommen“ lassen (S. 25). Und das geschieht nicht zuletzt durch die in der Expertise besonders betonte „Begegnung“ (S. 26f.), die über Information hinaus auch Vertrautwerden und persönliche Verarbeitung einschließt.

In dieser Perspektive erfährt auch die in meinen Augen eher unglückliche Entgegensetzung zwischen „Glaubensüberlieferung“ und „Vernunft“ als Orientierungspunkten für den Religionsunterricht einerseits, den Ethikunterricht andererseits, eine Relativierung. Obgleich auch die Expertise zunächst daran festhält (S. 27), wird dies nachfolgend doch differenziert: Wenn der Ethikunterricht Fragen „nach Gott, nach Anfang und Ende von Mensch und Welt, nach Freiheit und Unsterblichkeit“ „auf der Basis von Vernunft“ stellt, wird dieser Bezug auch für den Religionsunterricht gefordert. Und umgekehrt bezieht auch der Ethikunterricht „die Reflexion auf die Grenzen der Vernunft“ ein und dient auch damit der persönlichen „Orientierung“. Religiöse und ethische Bildung sind mithin aufeinander verwiesen und bilden nicht, wie häufig dargestellt, eine Alternative.

Mit gutem Grund und nicht nur aus eher oberflächlichen Gegebenheiten heute angesagter pluraler Bildung favorisiert darum die Expertise in ihrem 5.Teil (S. 52ff.) einen „Wahlpflichtbereich Religion-Ethik“. Als entscheidende Elemente sind dabei in meinen Augen neben den differenzierten die verbindlichen integrierten und integrativen Unterrichtsphasen hervorzuheben (S. 54), wird doch damit religiöse und ethische Bildung problemorientiert, selbstgesteuert, reflektierend auf Verstehensprozesse ausgerichtet und nicht zuletzt personal und sozial dimensioniert sowie lebensorientiert geleistet und nicht als bloß äußerlich bleibende Information.

Wenn freilich im ersten Teil der Expertise durch das Wort „Wissenskomplex“ der Bereich von Religion noch sehr breit angesprochen wird, wird dies in der Entwicklung des besonderen Profils des Ethikunterrichts tendenziell wieder zurückgenommen. Ausdrücklich ist hier nur vom „Kennenlernen“ mit dem Ziel der „Anerkennung bzw. Toleranz gegenüber fremden Kulturen und religiösen Lebensweisen“ (S. 37) die Rede. Der Religionskunde käme damit eine lediglich „aufklärende“ Rolle zu, Orientierung oder Einsicht spielen jedenfalls explizit keine Rolle mehr.

2.2

Schaut man genauer auf einzelne **religionskundliche Themen** in den Rahmenrichtlinien, so fällt recht deutlich gegenüber der Konzeption und den unter (1) entfalteten Kriterien eine quantitative wie auch qualitative Unterbestimmung auf. Vor allem über Formen der Verständigung und Deutung schweigen sich die Pläne aus.

2.2.1

Zunächst einige Bemerkungen zum *Vorkommen* religiöser Themen in den Rahmenplänen:

Für die Grundschule sind religionskundliche Themen gar nicht explizit vorgesehen, zumal auch ein größeres, Religion ansprechendes Themenfeld gänzlich fehlt. Die entwicklungspsychologisch sicher wichtige Zuspitzung der Zielsetzung auf „handlungspraktische" Erkenntnisse führt m. E. auch zu einer unglücklichen Ausblendung von so elementaren Fragen wie „Wer bin ich?" oder „Woher komme ich?". Damit wird der Ethikunterricht auch in seinen anthropologischen Themen tendenziell reduziert auf die Ebene moralischer Auseinandersetzungen. Erfahrungen nicht zuletzt aus der Bewegung des Philosophierens mit Kindern haben demgegenüber gezeigt, dass jüngere Kinder ein besonderes Interesse haben gerade gegenüber den vorderhand „schwierigeren" metaphysischen und religiösen Fragen des Seins, der Erkenntnis, der Sprache, des Lebens.[13]

Für die folgenden Jahrgänge werden dann zwar klarer die Themenfelder „Sinn des Lebens – Weltdeutungen" (Förderstufe) bzw. „Was darf ich hoffen?" (Sekundarschule/ Gymnasium) ausgewiesen. Darin finden sich freilich vor allem lebensweltliche Themen, die religiöse Fragen kaum oder nur sehr indirekt tangieren, nur wenige explizit religionskundliche: Für Klasse 5/6 werden nur einmal die „Drei Religionen" angesprochen. Die Themen der Folgeklassen in diesem Bereich sprechen ebenfalls religiöse Fragen nicht (direkt) an (wie etwa im Thema „Glück und Unglück") oder reduzieren die Auseinandersetzung explizit auf informativ religionskundliche Aspekte (so in dem Thema „Grundzüge des Christentums, religionskundlich betrachtet")

---

[13] Vgl. dazu (nur exemplarisch) Freese, Hans-Ludwig: Kinder sind Philosophen. Weinheim 1989; und auch Petermann, Hans-Bernhard: Wie können Kinder Theologen sein. Bemerkungen aus philosophischer Perspektive; in: Büttner/ Rupp (Hg.): Theologisieren mit Kindern. Stuttgart 2002, S. 95-127.

bzw. ethische Aussagen. Die anderen Themen, etwa zu Lebenssinn, könnten im Prinzip unter Ausblendung religionskundlicher Fragen verhandelt werden. Lediglich für das Thema „Unsterblichkeit und Tod“ findet sich ein Teilinhalt zu religiösen Vorstellungen.
Religionsphilosophische und auf erschließende Deutung angelegte Aspekte werden explizit erst in der gymnasialen Oberstufe genannt. Das Themenfeld „Was ist der Mensch?“ nennt zwar eine Reihe möglicherweise auch religionsphilosophisch interessanter Themen, gibt dann aber meist lediglich lebensweltliche Hinweise. In einem so wichtigen Themen wie „Der Mensch als bedürftiges Wesen“ findet sich z. B. kein Hinweis auf die Frage von Schuld, Schuldfähigkeit, Bedürfnis nach Erlösung. Und auch bei der Frage nach „Wert und Würde des Menschen“ sucht man religiöse Aspekte vergeblich. Lediglich das Thema „Herkunft des Menschen“ soll als Teilinhalt die Vorstellungen „in verschiedenen Religionen“ ansprechen.

2.2.2

Gravierender sind *qualitative* Mängel bzw. Unvollständigkeiten. Ich nenne nur exemplarisch einige Probleme, die Lehrkräfte haben dürften in der Aufbereitung und Erschließung von Themen, die mehr oder weniger explizit religiöse und religionskundliche Elemente ansprechen:

Am offenkundigsten werden wir mit diesem Problem beim Thema „*Grundzüge des Christentums, religionskundlich betrachtet*“ konfrontiert:

Wie soll es gelingen, über Daten zum sog. „historischen Jesus“ etwas über den Anspruch Jesu zu erfahren, seinen Glauben, sein Gottesbild, sein Menschenbild, seine Weltsicht? Die Rahmenpläne bieten dazu nicht einmal einschlägige Bibelstellen, geschweige denn Hinweise zu ihrer Erschließung. In solcher Einsicht aber besteht die eigentliche Kompetenz der Lehrkräfte, und ohne sie kann religionskundlicher Unterricht auch im Fach Ethik schwerlich gelingen. Ansonsten bliebe er Sachunterricht. Dabei ist die Zielsetzung für dieses Thema im Grunde angemessen beschrieben: „Die Schülerinnen und Schüler sollen Leben und Handeln Jesu … als Grundlagen des Christentums erkennen.“ Dazu ist es jedoch Voraussetzung, dass neutestamentlich bezeugte Erfahrungen Jesu erschlossen werden und dafür auch Erschließungskriterien genannt werden.

Das gilt in gleicher Weise für die im zweiten Punkt geforderte „Interpretation des apostolischen Glaubensbekenntnisses“. Die Zielvorgabe dazu ist klar: „Das christliche Verständnis von Gott, Welt und Mensch“ sei durch diesen Text „nachzuvollziehen“. Immerhin verweisen die Pläne hier auf Literatur. Doch den Inhalten der Pläne fehlen zumindest kurze Problemskizzen, ohne sie können sie zu leicht als in sich klare Themen missverstanden werden. Wer aber bloß „gelernt" hat, dass das Christentum wie die anderen abrahamitischen Religionen beispielsweise an die Auferstehung glaubt, hat vom Sinn dieses Glaubens noch nichts verstanden.

Die besondere Betonung des Stichworts „religionskundlich betrachtet" im Thema suggeriert, den Unterricht auf die Darstellung von Sachen und Fakten zu beschränken. Auch hier ist fraglich, was Kinder und Jugendliche davon haben, wenn sie etwa Taufe und Eucharistie als christliche Sakramente kennen, nicht aber ihren Sinn.

Die gleichen Schwierigkeiten treten auf bei dem anderen explizit religionskundlichen Thema *„Ethische Grundüberzeugungen in den monotheistischen Religionen Judentum, Christentum, Islam"*:

Als zentraler Inhalt werden die Themen „Frieden, Gerechtigkeit und Bewahrung der Natur" als „ethische Wertvorstellungen der Religionen" genannt. Die Lehrkräfte erfahren jedoch zumindest explizit keinerlei Hinweise auf die notwendige Differenz zwischen konkreten in den Religionen überlieferten Normen etwa des Friedensgebots, und den dahinter liegenden Wertvorstellungen, die nur in einem sehr weiten Sinne ethisch genannt werden können.

Die Nennung des „heiligen Kriegs" im Islam als ein „oder" zur Friedensvision des Jesaja fördert nicht die Auseinandersetzung mit dem religiösen Sinn des einen wie des anderen, notwendige Voraussetzungen zum Verständnis ihrer jeweiligen ethischen Dimensionen.

Die Wahl des vordergründig leichter zu verstehenden Begriffs „Natur" gegenüber dem der „Schöpfung" könnte zu einer unangemessenen Identifikation beider führen. Zum Problem wird die Ethik hier erst, wenn verstanden wird, warum die Welt als Schöpfung zu bewahren ist, keineswegs aber als Natur.

Für ein eher lebensweltlich dimensioniertes Thema beziehe ich mich auf die Nr. 3.3: *„Lebenssinn und Sinndeutungen"*:

Sicher ist es sinnvoll, dieses Thema zu unterscheiden von „Glück und Unglück". Doch worin genauer der Unterschied zwischen Glück und Sinn besteht, darüber klären die Pläne nicht auf. Eine mögliche Differenz wird eher eingeschliffen, wenn schon beim Glücks-Thema nach „wirklichem Glücklichsein" gefragt wird, beim Sinn-Thema aber auch schlichte „Sinnsprüche" oder eine Liste, „was mir wichtig ist" genannt werden sollen, nicht aber, wie oben erläutert, inwiefern möglicherweise hinter dieser Oberfläche die entscheidende Frage nach letzter Tragfähigkeit und Verlässlichkeit gestellt wird.

Der Teilinhalt „religiöse Deutungen" (von Sinn) spricht zwar die religiöse Dimension dieses Themas an, doch eher randständig, so dass hier eher der oben skizzierte reduzierte Begriff von Religion als positiver Religion unterstellt wird, womit die Chance vertan wird, das Sinnthema als Erschließung auch der religiösen Frage zu verstehen.

2.2.3

Möglicherweise sind die hier nur beispielhaft genannten, aber ich meine als typisch auszumachenden Kritikpunkte verfehlt, wenn nämlich Rahmenpläne nicht die Aufgabe hätten, für sinnvolle Inhalte auch Methoden anzugeben. Möglicherweise verläuft diesbezüglich die Lehreraus- und -fortbildung auch ganz anders. Doch sollten die Kritikpunkte einerseits weniger Mängel als vielmehr Probleme markieren. Anderseits sollte damit jedoch deutlich werden, dass die im Teil 2.1 hinsichtlich meiner These grundsätzlich affirmativ beurteilte Konzeption einer über informative Religionskunde hinausgreifende Erschließung des Religiösen im Ethikunterricht sich m. E. deutlicher auch in konkreten Bildungsplänen niederschlagen muss, soll sie wirklich greifen. Anders: Die traditionelle Trennung der Didaktik von den Inhalten kann und darf gerade im Bereich philosophischer, religiöser und ethischer Bildung nicht aufrecht erhalten werden. Formen der Aneignung und Kriterien der Erschließung gehören wesentlich mit zu den Inhalten, die darum ihrerseits in Bildungsplänen nicht als Themen, sondern als Problemstellungen formuliert werden sollten.

Gerade die verbindliche Einbindung des Ethikunterrichts in einen Fächerverbund Philosophie-Religion-Ethik, wie ihn die Expertise vorschlägt, bietet dazu hervorragende Möglichkeiten, insbesondere durch Ausweisung unterschiedlicher Arbeitsphasen (integriert – differenzierend – integrierend). Diese Konzeption müsste sich freilich bis in die Formulierungen der Rahmenpläne durchziehen, etwa durch Ersetzung der bislang üblichen Inhaltsschiene durch Konzentration auf sog. Bildungsstandards und die Ergänzung der Hinweis-Spalten durch ausführlichere Problemhorizonte, und nicht zuletzt auch schulorganisatorische Konsequenzen, d. h. Aufweichen des traditionellen Schulstundentakts hin zu stärker projektorientierten Arbeitsphasen[14], damit der

[14] Vgl. dazu auch den Vorschlag von Wolfgang Klafki (wie Anm. 2), S.175f.

Ethikunterricht gerade mit seinem sog. religionskundlichen Themenfeld einen sinnvollen und tragfähigen Beitrag zu leisten vermag zu einem in der Expertise mit Recht geforderten Verständnis von „Schule als Lern-, Erfahrungs- und Lebensraum“.

Gisela Raupach-Strey

Philosophieren lernen als Ziel des Ethik-Unterrichts

In meiner Arbeit als Didaktikerin in Sachsen-Anhalt begegnen mir nach wie vor unterschiedliche Vorstellungen über Zweck und Sinn des Ethik-Unterrichts. Ich arbeite mit Studierenden in der ersten Ausbildungsphase, die die Begleitung der Praktika und somit auch Kontakt zu den Schulen impliziert, und mit Lehrerinnen und Lehrern im berufsbegleitenden Studium. In beiden Gruppen gibt es unterschiedliche Motive für das Ethik-Studium, die ja mit den Zielvorstellungen für den Ethik-Unterricht korrelieren: ein eigenes Interesse an ethischen Problemen und den grundsätzlichen Lebens- und Sinnfragen und deren Diskussion, oder ein pragmatisches Interesse, das durch die möglichen Fächerkombinationen, situative Bedarfsinformationen bzw. bei den Lehrerinnen und Lehrern durch den Verlust eines Faches (häufig die Sprache Russisch) zustande kommt, oder aber durch die Konstellation des Kollegiums einer Schule, die gleichsam eine Lehrkraft „delegiert" und sich dabei leider nicht immer über die Anforderungen hinreichend im Klaren ist. Natürlich können sich die verschiedenen Interessen auch überlagern und durchdringen; problematisch ist es jedoch, wenn die Sekundärinteressen nicht oder zu wenig von genuinen Motiven unterfüttert sind. Denn der Ethik-Unterricht verlangt noch mehr, als es im Lehrberuf ohnehin der Fall ist, dass die Lehrenden ihre eigene Person einbringen, sich selbst in die Auseinandersetzungen hineinbegeben, sie nicht vermeiden, sondern suchen und dass sie bereit sind, ggf. auch Infragestellungen bisheriger eigener Überzeugungen zuzulassen und gedanklich an ihnen weiterzuarbeiten. Das Ausmaß und die Intensität, mit der langjähriger und fruchtbarer Ethik-Unterricht gewissermaßen eine lebenslange Offenheit von den Lehrenden erfordert, ist sonst nur vom Religions-Unterricht bekannt und sollte niemandem abverlangt werden, der sich nicht von sich aus dafür entscheidet. Beachtet man nicht die Frage, ob dieses genuine persönliche Interesse vorliegt, verschiebt sich unter der Hand auch die Zielsetzung des Ethik-Unterrichts, die dann de facto verfolgt wird: entweder auf ein Wissensfach, oder auf ein enges Verständnis von Moralerziehung oder auf ein allzu unverbindliches „Laberfach" über aktuelle Befindlichkeiten oder beliebige Gegenstände. Evidentermaßen ist keine dieser drei Varianten wünschenswert. Die Intention des Ethik-Unterrichts auf eine gründliche, vernunft-orientierte Auseinandersetzung mit den grundsätzlichen Lebens- und Sinnfragen kann nur von beiden Säulen getragen werden: einer entsprechenden persönlichen Einstellung *und* einer Ausbildung im rationalen Denken und vernünftiger, schüler- und sachorientierter Gesprächsführung.

Nicht wenige Lehrerinnen und Lehrer haben nach der Wende die Chance gesehen, sich selbst mit den einschlägigen Fragen – incl. dem Thema Religion – ohne äußeren Zwang und Denkverbote irgendwelcher Art zu befassen, und unter den jungen Studierenden scheint mir dieses sachbezogene Interesse ebenfalls zu wachsen, obwohl die meisten bislang keine einschlägige schulische Vorbildung mitbringen. Eine Klärung der Intentionen, die mit dem Ethik-Unterricht verbunden werden, ist in jedem Falle notwendig.

Idealtypisch lassen sich *vier Konzeptionen* unterscheiden, die sich in concreto dann oft in unterschiedlichen Mischungen wiederfinden[1]:

1. *Erziehungskonzepte*, die dem Ethik-Unterricht die Aufgabe zusprechen, zu moralischem Verhalten zu erziehen, Tugenden einzuüben und Werte zu vermitteln. Sie focussieren teilweise den allgemeinen Erziehungsauftrag der Schule auf dieses eine Fach und sprechen der Schule das Recht und die Möglichkeit zu einer unmittelbaren Einwirkung auf das Verhalten der Schülerinnen und Schüler zu. Im Hintergrund derartiger Konzepte steht meist eine Lehre, die zur Norm erklärt und mit der dogmatisch umgegangen wird, sei es ein bestimmter Moralkodex oder das „allgemeine Sittengesetz".
2. *Lebenshilfekonzepte*, die von den konkreten Erfahrungen, Fragen und Schwierigkeiten der Schülerinnen und Schüler ausgehen und Hilfestellung geben wollen zur pragmatischen Problemlösung, aber auch zur Identitätsfindung und zur sozialen Integration. Die Lehrenden verstehen sich als Berater, verzichten aber ihrem Selbstverständnis nach auf normative Vorgaben, einen irgendwie gearteten weltanschaulichen Rahmen und vor allem auch auf philosophische Begründungen.

---

[1] Eine andere Einteilung schlägt Treml (Ethik als Unterrichtsfach in den verschiedenen Bundesländern. Eine Zwischenbilanz. In: Ethik macht Schule! hrsg. von Alfred K. Treml, edition ethik kontrovers 2, Frankfurt a.M. 1994, S.18-29) vor, die aber meiner Auffassung nach in mehrfacher Hinsicht unbefriedigend ist.

3. *Erkundungskonzepte*, die sich in unterschiedlicher Mischung an historisch-empirischen Bezugswissenschaften orientieren: an Kultur- und Religionswissenschaften, an den Sozialwissenschaften, an Psychologie und Geschichte. Der Unterricht soll vorrangig Wissen aus diesen Bereichen erarbeiten und reflektieren. Teilweise wird mit dem zu erarbeitenden Wissen auch die Intention verbunden, es in Handlungsmöglichkeiten umzusetzen.
4. *Philosophie-Konzepte*: Die zentrale Tätigkeit ist die gedankliche Auseinandersetzung mit ethischen, anthropologischen und metaphysischen Grundproblemen, die Erarbeitung von Antworten und Lösungsvorschlägen und deren kritische Prüfung. Hauptbezugswissenschaft ist die Philosophie als Reflexionswissenschaft, die einen Argumentationsvorrat sowie Gedankenmuster aus Vergangenheit und Gegenwart bereitstellen kann.

Wie sind die verschiedenen Konzepte einzuschätzen?
(1) Der Erziehungsgedanke ist zwar insbesondere für die jüngeren Jahrgänge (Ethik-Unterricht wird ja in Sachsen-Anhalt schon in der Grundschule erteilt) nicht völlig von der Hand zu weisen, aber er darf nicht an den Ethik-Unterricht alleine delegiert werden, sondern muss von der gesamten Schule getragen werden. Fragwürdig ist die Erwartung von Kompensation bislang nicht gelungener Erziehung, die den Lehrerinnen und Lehrern im schulischen Rahmen nicht Leistbares zumutet. Erziehungskonzepte stehen zudem in der Gefahr der Bevormundung, da sie die Selbstbestimmung der Schülerinnen und Schüler zu wenig im Blick haben und achten. Es ist wichtig, dass die Schülerinnen und Schüler ihre Handlungsfreiheit behalten und der Erfolg des Unterrichts nicht kurzschlüssig an ihrem Verhalten abgelesen wird – dies könnte nur zu Unaufrichtigkeit führen, die nicht Sinn des Ethik-Unterrichts sein kann. Problematisch an Erziehungskonzepten, die „das Richtige" mit allzu großer Selbstgewissheit vertreten, ist vor allem die Legitimität der zugrundegelegten normativen Basis in einer pluralen Gesellschaft. Die Kunst schulischer Erziehung in einer demokratischen Gesellschaft liegt ja in der Gratwanderung zwischen Verbindlichkeit hinsichtlich des moralischen Minimums und toleranter Offenheit hinsichtlich der darüber hinausreichenden Überzeugungen. Eine zu eng gefasste Moralpädagogik überspringt das Pluralismusproblem[2], das sich aber im Laufe der Entwicklung der jungen Men-

---

[2] vgl. Höffe, Otfried: Ethikunterricht in einer pluralistischen Demokratie. In: Treml (Hrsg.) 1994 (siehe Anm. 1), S.30-35; sowie: Nipkow, Karl Ernst: Bildung in einer pluralen Welt. 2 Bd. Gütersloh 1998.

schen bemerkbar machen und, wenn es nicht bearbeitet wird, dann vielleicht fragwürdige Ausdrucksformen suchen wird.

(2) Lebenshilfekonzepte haben ihr Recht darin, die Schülerinnen und Schüler in ihrer eigenen Lebenswelt und Erfahrung ernst zu nehmen und vom Ethik-Unterricht zu verlangen, dass er daran anknüpft. Wenn er jedoch in der Alltagswelt hängen bleibt oder nur zu unkontrollierten, „gut gemeinten" Ratschlägen übergeht, steht er in der Gefahr der normativen Beliebigkeit oder aber verdeckter Indoktrination. Die „Betroffenheitspädagogik" aus situativem Anlass kann zwar Lernchancen enthalten; zumeist aber fehlt ihr die für die Grundlagenreflexion notwendige Distanz, die erst weiterreichende Einsichten ermöglicht. Zudem kann – etwa unter der Devise: „Ich bin immer für Euch da" – die Lehrerrolle überfrachtet werden und unter der Hand zu einem unreflektierten Rollenkonglomerat aus Kumpel, Beraterin, Therapeut, Vorbild und Beichtmutter geraten. Es ist darauf zu achten, dass nicht de facto die sinnvollen professionellen Grenzen überschritten werden, entweder zur (vermeintlich) allzuständigen Bezugsperson oder zu anderen Berufsfeldern. Es hat seinen Sinn, dass etwa Psychologen oder Sozialpädagogen ihre spezifische Ausbildung erhalten und dementsprechend eigenständige Arbeit leisten.

(3) Erkundungskonzepte implizieren die Problematik eines Wissenskanons: Was wird ausgewählt, durch welche Instanz und wie ist diese autorisiert? Sie enthalten von sich aus keinen transparenten Weg zu ethischer Urteilsbildung und der Arbeit an Grundüberzeugungen. Einschlägiges Wissen aus diesen Bereichen gehört zwar zu den Bedingungen begründeter Urteile, wie sie im Philosophieren angestrebt werden, aber eine Bestandsaufnahme sagt uns niemals, wie es sein soll – das wäre ein „naturalistischer Fehlschluss". Für den Ethik-Unterricht erfolgen also immer *nach* der Information und Erkundung erst die entscheidenden Schritte der Einschätzung, evtl. des Weiterfragens, der Klärung der Maßstäbe und der vorläufig abschließenden Urteilsbildung.

(4) Das vierte Konzept des Philosophierens („Nachdenklichkeitsmodell"[3]) veranlasst die Lerngruppe, selbst in eine lebendige Auseinandersetzung mit der Sache bzw. dem Problem einzutreten. Es kommt den Intentionen des Ethik-Unterrichts am nächsten, weil es auf der Basis der allen gemeinsamen Vernunft, der Fähigkeit des Nachdenkens und Urteilens, arbeitet. Freilich ist es notwendig, dass der Ethik-Unterricht methodisch immer wieder den Wechselbezug herstellt zwischen Gedanken, Theorien und Modellen einer-

[3] Vgl. Brüning, Barbara: Ethikunterricht in Europa, Leipzig 1999; sowie Brüning, Barbara: Ethische Bildung in Europa. In: Ethik & Unterricht. 3/1996, S.35-41.

seits und konkreten Beispielen, Anschauung und Erfahrungen andererseits. Die positiven Elemente aus den anderen Konzeptionen lassen sich dabei gut integrieren. Denn Philosophie ist die unvoreingenommene gedankliche und diskursive Auseinandersetzung mit den Grundlagen des menschlichen Denkens, Handelns und Seins; sie entspricht seit ihren Anfängen dem genuinen Interesse des Menschen an Selbst- und Weltverständigung, ohne ihn weltanschaulich festzulegen.

Die Bezeichnungen „Wertevermittlung" oder „Werteerziehung", die in der einschlägigen Diskussion häufiger benutzt werden, sind aus mehreren Gründen fragwürdig. Der Wertebegriff benennt zwar Zielvorstellungen und rückt so in eine gewisse Nähe zu philosophischen Ansätzen, ist bei genauerer Betrachtung jedoch philosophisch problematisch, da er einen eindeutigen Wertekanon unterstellt, verbunden mit einem schwer begründbaren Objektivismus (evtl. auch Monismus) der Werte, und weil zusätzlich oft noch von einer festgelegten Werte-Hierarchie ausgegangen wird, die philosophisch nicht als konsensfähig zu betrachten ist. Pädagogisch sind die Bezeichnungen „Wertevermittlung" oder „Werteerziehung" fragwürdig, weil sie die Gefahr der Bevormundung nicht in den Blick nehmen. Wenn eine dogmatische Lehrbarkeit von Werthaltungen[4] unbefragt angenommen wird, geht dies allzu leicht mit einer Vernachlässigung der anzustrebenden Mündigkeit der Schülerinnen und Schüler einher. Bildungspolitisch haben sich die „Werte"-Bezeichnungen fast eingebürgert; angemessener ist zumindest von „Werteorientierung" zu sprechen. Denn entscheidend ist, dass nicht pauschal Werte beschworen werden, vielmehr genau durchbuchstabiert wird, um welche Werte es sich bei der konkreten Problemstellung handelt, und wie ihre Gültigkeit zu begründen ist. Meiner Erfahrung nach braucht man nicht zu befürchten, dass der gut begründbare ethische Minimalkonsens unserer Kultur (beginnend etwa mit der Goldenen Regel) verloren ginge; bei hinreichend intensiver Auseinandersetzung ergibt er sich vielmehr in Normalfall aus eigener Einsicht. Und die selbst gewonnenen Einsichten verankern besser als jede „Lehre" moralische Überzeugungen im Individuum, derart, dass sie sich bei Bedarf auch gegen Indoktrinationsversuche als immun erweisen. Ernsthafte und „streitige" Diskussionen schließt dies nicht aus, ja sind oft notwendig; die beste Orientierungshilfe liegt darin, dass junge Menschen die Fähigkeit zur diskursiven Auseinandersetzung erwerben.

---

[4] Vgl. Gatzemeier, Matthias: Sollen (Philosophie-) Lehrer Werthaltungen vermitteln? In: Zeitschrift für Didaktik der Philosophie 3/1981.

Zur Geschichte des Ethik-Unterrichts:

Historisch hat es Verschiebungen in den konzeptionellen Vorstellungen über den Ethik-Unterricht und ihre Begründung gegeben. Während in den westlichen Bundesländern Ende der 70er Jahre zunächst der fortschreitende Säkularisierungsprozess, verbunden mit soziologischen und demographischen Veränderungen, die Forderung nach Ethik-Unterricht nahe legte, werden heute stärker gesellschaftspolitische und pädagogische Gründe angeführt: Aufgrund zunehmender Orientierungsdefizite der Jugendlichen und zunehmenden Ausfalls der herkömmlichen Sozialisationsinstanzen Familie und Kirchengemeinde sowie eines (behaupteten) „Werteverlustes" zeigte sich, dass der Staat seinerseits darauf angewiesen ist, dass an den Schulen ein ethischer Minimalkonsens vermittelt wird. Die Einsicht, dass der freiheitlich-demokratische Staat auf ethischen und weltanschaulichen Grundlagen beruht, die er selbst nicht garantieren kann (Böckenförde), setzt sich immer mehr durch. In der alten Bundesrepublik hatte der Staat sich auf diese Funktion, die der Religionsunterricht de facto unter anderen *auch* erfüllt hat, in einer stillschweigend akzeptierten Arbeitsteilung verlassen; durch die neueren Entwicklungen gerät er selbst zunehmend in die pädagogische Verantwortung, den ethischen Minimalkonsens zu vermitteln, ohne die Glaubensfreiheit in Frage zu stellen. Eine pädagogische Abstinenz in Orientierungsfragen würde der heutigen Schülergeneration nicht mehr gerecht, da unseriöse Orientierungsangebote und eine dementsprechend diffuse, sehr unterschiedliche Ausdrucksformen wählende Sinn-Suche eine Gefahr darstellen können. Solange man jedoch in der Aufgabenbestimmung des Ethik-Unterrichts dem Grundfehler einer Definition ex negativo – sei es in Abgrenzung vom Religionsunterricht oder anderen Angeboten, sei es in Abgrenzung vom beschworenen „Werteverlust" unterliegt, ist es schwierig, das Odium des „Ersatzfaches" zu überwinden. Im Gegensatz dazu ergab sich nach der politischen Wende von 1989 in den östlichen Bundesländern die Notwendigkeit wie die Chance, den Aufbau eines Alternativ-Faches mit eigenen Strukturen zügig in Angriff zu nehmen. Die formalen Voraussetzungen auf Verfassungsebene sind in Sachsen-Anhalt sehr gut. Dafür zeigten sich aber im Laufe des letzten Dezenniums eine Reihe anderer Schwierigkeiten[5]: psychologisch u. a. die einer ideologischen Abgrenzung vom früheren Staatsbürgerkundeunterricht der DDR. Eine Sensibilität für die Differenzen zwischen Moralpädagogik, Religion, Philosophie, Weltanschauung und Ideologie ist erst zu entwickeln.

[5] Ausführlich dargestellt in der Expertise zum Ethik- und Religionsunterricht.

Ähnliches mag für ein so komplexes Anforderungsgebilde wie ein ordentliches Unterrichtsfach gelten, das weder mit Wissensvermittlung, noch mit Belehrung, noch mit ‚Erziehung' im Sinne von Menschenformung gleichgesetzt werden darf. Eine generelle, schulpolitische und gesellschaftliche Akzeptanz des Ethik-Unterrichts ist aufgrund solcher und weiterer Faktoren – insbesondere aufgrund eines naturwissenschaftlich-technisch geprägten Weltbildes sowie einer positivistischen Grundeinstellung – auch bei vielen Entscheidungsträgern im Schulbereich noch keineswegs verankert. Die hemmenden Faktoren wurden in der Expertise im einzelnen dargelegt. Eine Besinnung auf die *positiven* Möglichkeiten des „Ethik"-Unterrichts ist die gegenwärtige Aufgabe, obwohl auch darauf zu achten ist, dass er nicht mit überhöhten Erwartungen überladen oder zum Alibi für gesellschaftlich zu lösende Probleme gemacht wird. – Während nach der Wende lebenskundliche Zielsetzungen vorherrschend waren, werden inzwischen die vertiefenden Möglichkeiten des auf *philosophischer Basis* konzipierten Ethik-Unterrichts[6] gesehen, zum einen wegen des damit beanspruchten *rationalen* Maßstabs und zum anderen wegen der inbegriffenen Förderung der *Gesprächskultur*. An den Universitäten in Magdeburg wie in Halle orientieren wir die didaktische Ausbildung an der Philosophie, wobei der philosophische Dialog mit seinem klassichen Vorbild des Sokrates eine zentrale Rolle für die selbständige Bearbeitung der Probleme spielt[7]. Die Ausrichtung am Universitätsfach Philosophie ist für ein ordentliches Unterrichtsfach an den öffentlichen Schulen nicht nur angemessen, sondern auch notwendig im Hinblick auf die allgemein üblichen Ausbildungsstandards, und sie entspricht im Großen und Ganzen auch der bundesweit vorangetriebenen Profilierung. Durch die Arbeit an philosophischen Gedanken aus Vergangenheit und Gegenwart lernen die künftigen Ethik-Lehrerinnen und -Lehrer verschiedene Denkansätze, philosophische Hintergründe sowie Argumentationsmöglichkeiten kennen, die ihnen Hilfestellung geben sollen, die Gedanken ihrer Lerngruppe besser zu verstehen und einzuordnen, und den Schülerinnen und Schülern Erweiterungs- und Vertiefungsmöglichkeiten anzubieten. Diese Entwicklung zur philosophischen Vertiefung dokumentiert sich in den Rahmenrichtlinien und zunehmend auch in den Unterrichtsmaterialien. Die Anbindung des Ethik-Unter-

---

[6] siehe auch: Raupach-Strey, Gisela: Ethik-Unterricht auf philosophischer Basis, in: Deutsche Zeitschrift für Philosophie, 3/1998 (a).

[7] vgl. Raupach-Strey, Gisela: Die Bedeutung der Sokratischen Methode für den „Ethik-Unterricht". Schriftenreihe ‚Sokratisches Philosophieren' der Philosophisch-Politischen Akademie, Bd. VII, Frankfurt/M. 2000, S.90-104.

richts an die Philosophie schließt interdisziplinäre Elemente, insbesondere religionskundlicher Art, ein.

Zu den Inhalten des Ethik-Unterrichts:

Welche Inhalte werden im Ethik-Unterricht, der auf philosophischer Basis konzipiert ist, behandelt?

„Ethik“ hat sich zwar zum Kurznamen für das Unterrichtsfach eingebürgert, ist aber eigentlich eine Teildisziplin der Philosophie und behandelt als solche zunächst Fragen der Moral – Was ist in dieser konkreten Situation gut bzw. richtig zu tun? –, und reflektiert auf einer zweiten Stufe die Begründungen von Sitte, Regeln, Normen und Werten, die zur Beantwortung der Fragen erster Stufe herangezogen werden (können). Man unterscheidet zwei Hauptstränge der philosophischen Ethik: für deontologische Ansätze der Ethik ist „Pflicht“ das oberste Prinzip, für eudämonistische Ansätze das „gute Leben“. Im Terminus „Ethik-Unterricht“ hat der Begriff der Ethik sodann eine Ausweitung erfahren: Über moralphilosophische Fragen und Themen der philosophischen Ethik hinaus können alle Probleme Gegenstand des Unterrichts sein, die sich dem Menschen als Menschen grundsätzlich stellen, insbesondere Sinnfragen, Fragen nach dem Selbst- und Weltverständnis des Menschen. Es sind die genuin philosophischen Fragen, die der Mensch seit alters her stellt, und die Kant der „Philosophie in weltbürgerlicher Absicht“ zuschreibt. Er gliederte sie nach den vier Fragen, die heute oft in didaktischer Absicht (in Rahmenplänen, Schulbüchern[8] u. ä.) Verwendung finden:

1. Was kann ich wissen? – Fragen nach der Erkenntnismöglichkeit (resp. Irrtumsmöglichkeit) des Menschen, der Orientierung in Raum und Zeit, der Unterscheidung von Erscheinung und Wirklichkeit u.a., sowie nach einem Weltbild und seinen Veränderungen (z. B. „Kopernikanische Wende“)
2. Was soll ich tun? – ethische Fragen im engeren Sinn wie sie soeben beschrieben wurden
3. Was darf ich hoffen? – die alten „metaphysischen“ Fragen nach Gott, nach Ursprung und Ende von Mensch und Welt (Unsterblichkeit?), nach Freiheit und dem Bösen, Schuld und dem Sinn von Leiden und Grenzsituationen (u. a. die Theodizeefrage); aber auch die Fragen nach individuellen Lebenszielen und gesellschaftlichen Utopien sowie religionsphilosophische und religionskritische Themen sind eingeschlossen.

---

[8] u.a. in Raupach-Strey, Gisela/ Siebert, Ute: Philosophieren anfangen. Hannover 1983.

4. Was ist der Mensch? – Das Selbstverständnis des Menschen: Fragen nach Möglichkeiten und Grenzen des Menschen in seinen verschiedenen Seinsdimensionen (Natur, Seele, Geist, Geschichte, Sozialität, Transzendenz o. a.), beispielsweise Schichtenmodelle von Leib/ Seele/ Geist, das Verhältnis Individuum – Gemeinschaft, der bekannte – der fremde „Andere“, Begründung von Herrschaft, Menschenrechte.

Besonders die Fragen des dritten Komplexes – und die anderen verweisen auf sie – sind die Fragen, die sich dem Menschen unausweichlich stellen, die aber auch nicht ohne weiteres abschließend zu beantworten sind, wenn man ausschließlich auf der Basis der Vernunft operiert. Die „metaphysischen“[9] Fragen sind auch nach Kant[10] unabweisbar, aber zugleich unbeantwortbar.

Antworten im strengen Sinn bieten zu diesen „letzten“ Fragen nur Religionen bzw. Weltanschauungen an; ihre Akzeptanz beruht dann nicht ausschließlich auf konsensfähigen, vernünftigen Aussagen, sondern hat eine Art „Glaubens“-Überschuss. Nun ist Philosophie keine Weltanschauung bzw. sollte keine sein, wenn sie nicht zur Ideologie herabsinken will; aber sie braucht dennoch diese letztlich offen zu lassenden Fragen nicht auszuklammern. Der Ethik-Unterricht ist in diesem Sinn eine Herausforderung an die Philosophie, sich erneut im eigenen Traditionsbestand umzusehen, diese Art von Fragen zuzulassen und wieder stärker in den Blick zu nehmen und zu reflektieren, als es etwa im „mainstream“ der analytischen Phase der Philosophie erfolgte. In anderen Phasen, wie der existenzphilosophischen, waren diese Fragen präsent. Wenn diese Fragen gestellt werden, hat Philosophie sich umgekehrt immer der Gefahr bewusst zu sein, durch eine Fixierung auf rational nicht mehr begründbare Antworten sich in eine weltanschauliche Lehre, u. U. Doktrin zu verwandeln. Vor dem Hintergrund unserer geschichtlichen Erfahrung des Nationalsozialismus ebenso wie des Marxismus-Leninismus sollten wir hier besonders wachsam sein. Wenn Philosophie jedoch sokratisch-dialogisch verstanden und praktiziert wird, kann sie zwischen Vernachlässigung der unabweisbaren Fragen einerseits und Indoktrination bestimmter Antworten andererseits hindurchsteuern, indem sie nicht Theorie vermittelt, sondern an den Fragen selbst arbeitet. Auch wenn die Fragen rational nicht letztgültig beantwortet werden können, sind sie doch der Ver-

[9] Der Begriff „Metaphysik“ hat seine eigene Geschichte und auch der heutige Sprachgebrauch in der Philosophie ist nicht einheitlich.

[10] Kant, Immanuel: Kritik der reinen Vernunft, Vorwort zur zweiten Auflage, B XXXII; in: Werkausgabe von Weischedel (Frankfurt/M) Bd. III.

nunft nicht unzugänglich. In Sokratischen Gesprächen in der Lehrerbildung, beispielsweise zum Thema Hoffnung, hat sich dies nicht nur bewahrheitet, sondern auch zu erstaunlichen Ergebnissen – gewissermaßen im Vorfeld der letzten, persönlichen Entscheidungen – geführt.

Ziel des Ethik-Unterrichts: Vernünftiges Denken lernen

Das wesentliche, bildende Moment des Ethik-Unterrichts ist daher nicht der Katalog der Inhalte – diesem ist mit den vier kantischen Grundfragen ein guter Rahmen gegeben, aber im einzelnen lässt er durchaus Spielraum für variable Füllungen. Das bestimmende Moment ist die Tätigkeit des Philosophierens selbst. Auch in diesem Punkt finden wir schon bei Kant den wichtigsten Topos der Didaktik des Philosophie- und Ethik-Unterrichts: *Man kann nicht Philosophie, sondern nur Philosophieren lernen*[11]. Nicht auf die Ansammlung von Wissen, und auch nicht auf oberflächliches Reden kommt es an, sondern auf die eigene Denkbewegung, orientiert an der Vernunft und im Zusammenspiel mit einer Denk-Gemeinschaft. Wenn man schon früher Gedachtes –Texte – zum Ausgangspunkt des Unterrichts nimmt, entspricht dem die Aufgabe der Rück-Verflüssigung schon erstarrter Gedanken in eine aktuelle Denkbewegung. Dass das *Philosophieren* selbst das Ziel des Philosophie- und des Ethik-Unterrichts ist, ist heute weitgehender didaktischer Konsens. Ekkehard Martens bezeichnete das Philosophieren sogar als „vierte Kulturtechnik“[12] zusätzlich zum Lesen, Schreiben und Rechnen. Auch wenn Philosophieren mehr als eine Technik im üblichen Sinn ist, verweist dieser Terminus mit Recht auf drei wichtige Aspekte: (a) Philosophieren bedarf der Übung; (b) es ist gut, mit der Einübung in das Denken nicht erst in der Sekundarstufe II zu beginnen und schließlich (c) Philosophieren ist lebenswichtig, um sich in unserer Kultur angemessen zurechtzufinden.

Die Urform des Philosophierens ist der *Sokratische Dialog*: eine sprachlich geführte Auseinandersetzung von ursprünglich zwei, später auch mehreren Gesprächspartnern, die im Wechselbezug von Rede und Gegenrede aufeinander hören und eine aufgestellte Behauptung kritisch prüfen bzw. ein sich ihnen aufdrängendes Problem sorgfältig untersuchen, um gemeinsam das

[11] Kant, Immanuel: Nachricht von der Einrichtung seiner Vorlesungen in dem Winterhalbjahre von 1765-1766. In: Werkausgabe von Weischedel (Frankfurt/M) Bd.II.

[12] Martens, Ekkehard: Lesen, Schreiben, Rechnen - Philosophieren als vierte Kulturtechnik. In: Sich im Denken orientieren; hrsg. von Simone Dietz u.a., Frankfurt/M. 1996.

Wahre oder Gerechte, das Allgemeingültige herauszufinden.[13] – Der sich oft vorschnell einstellende Einwand, dass Wahrheitssuche heutzutage obsolet sei, weil es ohnehin keine eindeutige Wahrheit gebe, führt sich selbst ad absurdum: Wir würden uns nicht gelegentlich aufregen, andere zu überzeugen versuchen und gar nicht in Diskussionen einsteigen, wenn wir nicht die Voraussetzung machten, dass eben nicht alles gleich-gültig ist, sondern dass zumindest einiges „stimmt“ und einiges „nicht stimmt“ bzw. richtig ist. Die positive Unterstellung von Wahrheit ist der Motor für gedankliche Auseinandersetzungsprozesse – auch wenn wir mit der anderen Behauptung, dass wir sie endgültig gefunden hätten, sicher sehr vorsichtig sein sollten. Eben deshalb kommt der Klärung und wechselseitigen Ergänzung in einer Gesprächsgemeinschaft ein hoher Stellenwert zu – über das philosophische Denken hinaus auch im alltäglichen und im politischen Leben. Ethik-Unterricht kann die Chance wahrnehmen, *Dialogfähigkeit* zu entwickeln, einzuüben und zu pflegen. Sein spezifischer Beitrag zur Orientierung junger Menschen liegt weniger in den Antworten – allenfalls im Angebot mehrerer Antwortversuche nebeneinander – ; er liegt im Aufbau von *Dispositionen* (Fähigkeiten), mit Problemen praktischer wie später auch theoretischer Art umzugehen, sie zu durchdenken, Argumente zu finden, zu prüfen und ein abgewogenes Urteil zu fällen. Wirksam wird dieser „Vorrat“ an Argumenten, Denkmöglichkeiten und dialogischen Kompetenzen möglicherweise erst zeitlich und vielleicht auch räumlich weit außerhalb des Unterrichts. Diese weitgehende „Unsichtbarkeit“ des Erfolgs gilt es pädagogisch und gesellschaftlich auszuhalten, aber auch nicht zu unterschätzen.

Die Gespräche, die der antike Sokrates geführt hat, sind uns nur in einer schriftlichen Kunstform überliefert. Aber sie geben – mit einigen Modifikationen – ein Muster für eine gute, wahrheits- und personenorientierte Gesprächspraxis ab. So wird die Sokratische Methode in der neueren Form verstanden, die von den Philosophen und Pädagogen Leonard Nelson[14] (1882-1927) und Gustav Heckmann[15] (1898-1996) begründet und weitergegeben wurde, und deren Kern von mir das „Sokratische Paradigma“ genannt und in

---

[13] Eine Orientierung zur Einführung ist gut zugänglich in: Raupach-Strey, Gisela: Das Sokratische Gespräch. Vernunftgebrauch in der Tradition von Leonard Nelson und Gustav Heckmann. In: Ethik & Unterricht, 2/1997 ‚Vernunft oder Vernünfte?', Diesterweg Verlag Frankfurt/M., S.18-23.

[14] Nelson, Leonard: Die sokratische Methode (Vortrag 1922). Gesammelte Schriften Bd.I, Hamburg 1970, S. 269-316.

[15] Heckmann, Gustav: Das sokratische Gespräch. Erfahrungen in philosophischen Hochschulseminaren. Hannover 1981. Neuausgabe Frankfurt/M. 1993.

seinen konstitutiven Elementen herausgearbeitet wurde[16]. Diese sind nicht nur für die Didaktik des Ethik-Unterrichts außerordentlich nützlich, sie entsprechen ihrem Gehalt nach genau den Anforderungen, die an den Ethik-Unterricht zu stellen sind. Dies möchte ich in den folgenden sieben Punkten aufzeigen.

Die ethik-didaktische Relevanz der konstitutiven Elemente des Sokratischen Paradigmas

1. *Die Voraussetzungslosigkeit*

Für das Sokratische Paradigma ist das öffentliche, voraussetzungslose Philosophieren auf dem Marktplatz wesentlich, und zwar mit den Menschen, die sich dort freiwillig und so, wie sie gerade aus ihren Alltagsgeschäften herkommen, zusammenfinden. Das entspricht genau der Anforderung, die für einen Ethik-Unterricht an allgemeinbildenden Schulen zu erheben sind: Es werden keine prinzipiellen Vorbedingungen gestellt. Jeder Mensch kann teilnehmen, keine Vorkenntnisse über das zu besprechende Thema, kein bestimmter Status oder bestimmte Vormeinungen sind erforderlich, kein Thema ist tabu. Erwartet wird nur eine aufgeschlossene Grundhaltung gegenüber Menschen, Meinungen und Sachen, sowie die Bereitschaft, Behauptungen der Überprüfung im Gespräch auszusetzen. Diese beiden Bedingungen sind notwendige Gesprächsbedingungen, aber zugleich (wie häufig in der Pädagogik) solche, die im Vollzug der Gespräche selbst erlernt und angeeignet werden, initiiert durch entsprechende Sprechhandlungen der Lehrerin, und im Laufe des Gesprächs- und Lernprozesses immer stärker von der Gruppe selbst übernommen. Faktisch gebotene Einschränkungen aufgrund des Entwicklungsstandes oder anderweitiger Bedingungen in der konkreten Lerngruppe berühren nicht das Grundprinzip.

Selbstverständlich baut der faktische Unterricht auf dem der vorhergehenden Jahrgänge auf, wenn wir in Sachsen-Anhalt das vorgesehene durchgängige Curriculum erst einmal realisiert haben werden. Dennoch ist es fruchtbar, sich mit dem jeweils zu behandelnden Problem *als* einem völlig neuen Problem auseinander zu setzen. Denn eine neue Situation birgt neue Perspektiven und Erkenntnischancen – nicht nur für die Schülerinnen und Schüler. Die Voraussetzungslosigkeit meint vor allem die Ebene der Einstellung: Ausgeschlossen ist ein elitäres oder in irgendeinem Sinne esoterisches Philo-

[16] Raupach-Strey, Gisela: Sokratische Didaktik. Die didaktische Bedeutung der Sokratischen Methode in der Tradition von Leonard Nelson und Gustav Heckmann. Münster 2002.

sophie-Verständnis. Zur Teilnahme ist kein theoretisches Wissen zur Sache notwendig, auch über die Methode selbst nur die minimalen Grundforderungen, die man aber auch mit einer Lerngruppe erarbeiten kann: Was ein „gutes Gespräch" ist, wird intuitiv gewusst, wenn man das Bewusstsein darauf lenkt. (An die Leitung sind selbstverständlich noch weitere Anforderungen zu stellen.) Insbesondere ist weder die Zugehörigkeit, noch die Nicht-Zugehörigkeit zu einer religiösen oder weltanschaulichen oder sonstigen Gesinnungsgemeinschaft Voraussetzung. Diese Offenheit ist in formaler Hinsicht wie als geistiger Habitus unabdingbar für einen Ethik-Unterricht an öffentlichen Schulen, der seine Adressaten bei der Orientierungssuche tatsächlich erreichen will.

2. *Die Erfahrungsbasis*

Die Sokratischen Gespräche beginnen das Nachdenken nicht auf theoretischer Ebene, sondern nehmen bei konkreten Beispielen ihren Ausgangspunkt. Damit ist der Bezug zur Erfahrung und Lebenswelt der Beteiligten gesichert und muss nicht durch methodische Vorkehrungen erst hergestellt werden – „man weiß, wovon die Rede ist". Erst allmählich und in enger Verzahnung mit dem Prozess des gemeinsamen Nachdenkens werden abstraktere Aussagen untersucht. Dieses im üblichen Sinne induktive Vorgehen impliziert den Anspruch an die Philosophie, auf jeder Abstraktionsstufe mit der Wirklichkeit in Verbindung zu bleiben, und sich nicht in eine unwirkliche Distanz zu ihr zu begeben. Besonders durch die selbst erlebten Beispiele wird das Gespräch in der Erfahrung verankert und die Lebenswelt als Ausgangspunkt des Philosophierens aufgenommen und ernst genommen.

Dem didaktischen Postulat der Schülerorientierung wird so in doppelter Weise entsprochen:

(a) Die Adressaten werden durch den Rückgriff auf Erfahrungsbeispiele in ihrer Ausgangslage ernst genommen. Die Sokratische Methode belässt sie jedoch nicht in der Situation des Gesprächsanfangs: Vorgabe eines Sokratischen Gesprächs ist immer ein Thema, in der Regel in Frageform, und daher sind die Beispiele, die zur Sprache kommen, diesem Thema schon zugeordnet. Das Thema ruft Wirklichkeits-Erfahrungen unter einer bestimmten Schnittlinie ins Bewusstsein. Die Themafrage kann auch von Schülerinnen und Schülern formuliert worden sein, entscheidend ist, dass sie über Befindlichkeits-Artikulation hinaus gewissermaßen ein Untersuchungs-Projekt markiert. Das vorgeschlagene Beispiel wird dann gemeinsam bearbeitet und auf grundsätzliche Implikationen befragt, so dass sich im allgemeinen im Laufe des Gesprächs ein Erkenntnisfortschritt einstellt; durch die Untersu-

chung selbst wird die Erfahrung in weitere Reflexionsebenen überführt. Eben dies bedeutet Schülerorientierung nach meiner Deutung: vom mitgebrachten Bewusstseinsstand ausgehend einen nächsten Schritt, evtl. eine nächste Stufe an Einsichten zu ermöglichen. Es bedeutet ein Ernst-Nehmen der Schülerinteressen, aber kein Hängenbleiben in ihrem anfänglichen Meinungs-Umkreis.
(b) Auch hinsichtlich des Sprachniveaus setzen die Gespräche dort ein, wo die Schülerinnen und Schüler sich befinden, der Gebrauch der Alltagssprache ist zulässig. Der Fortgang trägt sicher auch zu einem Zuwachs an einschlägiger Sprachkompetenz bei, aber eine Terminologie wird weder vorausgesetzt noch eingeführt; die natürliche Sprache ist die gemeinsame Basis. Das Problem wirklicher oder vermeintlicher Unverständlichkeit philosophischen Gedankengutes stellt sich in der Sokratischen Arbeit nicht, weil an den *eigenen* Formulierungen gearbeitet wird. Aussagen von größerem Allgemeinheitsgrad stellen sich als Ergebnisse des gemeinsamen Nachdenkens gleichsam von selbst ein und sind dann auch mit Inhalt gefüllt – selbst wenn sie als verobjektiviertes Produkt einem Unbeteiligten mager erscheinen mögen; er kennt ja den Denkweg und die ausgeräumten Hindernisse nicht. Unter wissenschaftlichem Aspekt bieten die Denkergebnisse, die im Grunde immer Zwischenergebnisse auf einem Weg bleiben, selbstverständlich offene Flanken. Aber die redlich gewonnenen eigenen Denkergebnisse sind für die Beteiligten wertvoller als noch so wohlgesetzte, elaborierte und rundum abgesicherte Philosophen-Sätze. (Es sei denn, letztere wurden in einem sorgfältigen eigenen Denkprozess angeeignet, was Teil auch eines Sokratisch orientierten Unterrichts sein kann, vorwiegend in der Sekundarstufe II.)
Das Ernstnehmen des gemeinsamen Denkprozesses der Schülerinnen und Schüler bedeutet auch, dass der Ertrag ihres eigenen Denkens nicht am Stundenende durch eine nicht aus dem Gesprächsprozess hervorgegangene Formulierung, die von außen hineingegeben wird, herabgewürdigt wird.

3. *Der Non-Dogmatismus*
Sokratische Gespräche setzen keine Lehre voraus, noch streben sie ein Lehrsystem an; schriftliche Gedankenfixierung dient der vorübergehenden Unterstützung im gemeinsamen Denkprozess. Es gibt keine Berufung auf unbefragte Lehrsätze, Lehrsysteme, „Schulen“ oder Richtungen. Das Zitieren oder „Sich anschließen“ an fremde Aussagen widerspricht, wenn es nicht einer eigenen Prüfung entspringt, der je eigenen Urteilskompetenz. Der Non-Dogmatismus entspricht den Anforderungen an einen Ethik-Unterricht auf drei verschiedenen Ebenen:

(a) Er entspricht der *juristischen* Grundlage des Ethik-Unterrichts, der nicht auf einer religiösen, weltanschaulichen oder philosophischen Lehre fußen darf und nicht das Bekenntnis („confessio“) zu einer solchen bezwecken darf. Vor allem für den Gesprächsleiter forderte Nelson in aller Strenge den „Verzicht auf jedes belehrende Urteil überhaupt“[17].
(b) Der Verzicht auf eine Lehre entspricht ebenso der intendierten *Einstellung*, sich offen mit verschiedenen Meinungen, Überzeugungen und „Lehren“ auseinander zu setzen. Die in Sokratischen Gesprächen gewonnenen Erkenntnisse sind kein schriftlicher Besitz, sie drücken sich vielmehr vorrangig in der Aktualität der mündlichen Rede aus. Für den Gesprächsprozess gilt die undogmatische Einstellung auch im Sinne einer *Gesprächstugend*: Vormeinungen oder gar Vorurteile werden eingeklammert, wenn es gegenläufige oder widersprechende Äußerungen anderer Gesprächsteilnehmer so unvoreingenommen wie möglich aufzunehmen und zu untersuchen gilt.
(c) Die Sokratische Methode entspricht als *nicht-belehrende Methode* des Unterrichts der *nicht-belehrenden Intention* des Ethik-Unterrichts: Die Stellungnahmen und ihre Rechtfertigungen oder Einwände, die Urteile und ihre Begründungen oder ihre Kritik werden nicht als fertige bereitgestellt, vielmehr im Unterricht jeweils neu erarbeitet. Werte, Sinnentwürfe und Überzeugungen können letztlich gar nicht vermittelt werden wie verschnürte Pakete; sie sind aufzuschnüren und an Beispielen durchzuprobieren – nur auf diese Weise wird ihre Überzeugungskraft er-fahren und im eigenen Denken verankert.

4. *Maieutik*

Die „Hebammenkunst“ (Maieutik)[18] als die Kunst, die Gedanken des Gesprächspartners oder der Gesprächspartnerin freizusetzen, ist der Kern der Sokratischen Methode; sie verhilft zur „Geburt“ der je eigenen Gedanken und Urteile. Ich unterscheide dabei verschiedene Stufen: In einer ersten gilt es, die „sich anmeldenden“ Aussagen überhaupt erst einmal zur Sprache und auf den Begriff zu bringen, Thesen oder Positionen sprachlich wie gedanklich zu *klären*, d. h. sich selbst und den anderen klar zu machen. Auf einer zweiten Stufe sind diese dann argumentativ zu überprüfen und ggf. zu begründen. Die *eigenen* Gedanken und Meinungen der Schülerinnen und Schüler sind gefragt, gerade auch wenn sie nicht unmittelbar oder nicht vollkommen formu-

[17] Nelson 1970, S. 291.
[18] Sokrates hatte sich im Dialog Theaitetos mit einer „Hebamme“ für die „geistigen Kinder“, die Gedanken, verglichen.

liert werden können. Dabei haben nicht nur die Lehrerin, sondern auch die Mitschülerinnen und Mitschüler untereinander Vorsicht, Respekt und Toleranz gegenüber den äußeren und inneren Problemen des Einzelnen zu üben.

Mit ihrer Hilfestellung zum Finden und Formulieren der eigenen Gedanken und Meinungen trägt die Sokratische Methode nicht nur dem didaktischen Postulat der Schülerorientierung Rechnung, ermöglicht vielmehr darüber hinaus Selbst-Artikulation, die Entwicklung eines Selbstwertgefühls und vernünftige Selbstbestimmung. Für den Ethik-Unterricht ist dies insofern von besonderem Gewicht, als vielen Schülerinnen und Schülern in der gegenwärtigen Gesellschaft kein anderer Ort zum Gespräch über die eigenen Fragen und Probleme zur Verfügung steht: Der übliche Fachunterricht, aber auch Familie, Kirche, Jugendgruppe oder „Peer-group" sind aus verschiedensten Gründen oft nicht geeignet oder fallen ganz aus. Umso wichtiger ist ein Übungsfeld im „Selber-denken" und „Bewusst-werden", das mit Einfühlungsvermögen und dem Wissen der eigenen Begrenztheit vom Lehrer oder der Lehrerin zu begleiten ist.

5. *Das Selbstvertrauen der Vernunft*
In diesem Topos drückt sich der Aufklärungs-Anspruch der Sokratischen Methode aus. Vernunft ist die einzig legitime Berufungsinstanz; nur Gedanken, die durch eigenes Nachdenken gewonnen wurden, sind als Argument in den Gesprächsgang einzubringen – keine Zitate als Berufung auf das, was andere gesagt haben. In der Praxis drückt sich diese Intention in der *Authentizitätsregel* aus: Jeder soll nur solche Äußerungen in das Gespräch einbringen, die er/ sie tatsächlich meint (zum Zeitpunkt der Äußerung) und argumentativ zu verteidigen bereit ist. Vernunft kann nur in selbstbestimmter Weise zur Geltung kommen.

Allerdings sind dem Vertrauen in die Vernunft auch die Zumutungen an die Vernunft zur Seite zu stellen: die „Anstrengung des Begriffs" ebenso wie die kritische Prüfung von Aussagen ist mit größtmöglicher Redlichkeit auf sich zu nehmen – das kann bis zu dem „verzweifelten Kampf um die Ehrlichkeit des Denkens und Sprechens"[19] führen. Das Selbstvertrauen der Vernunft ist auch selbst-kritisch.

Wenn der Ethik-Unterricht sich allzu kurzschlüssig nach den vordergründigen Interessen der Schülerinnen und Schüler ausrichtet, betrügt er sie u. U. um diese wichtige Erfahrung des Ringens um eine ebenso sachgerechte wie

[19] Nelson 1970, S. 299.

ehrliche Antwort, kurz um den kritischen und ggf. existenziellen Dialog zwischen verschiedenen Stimmen auch in ihnen selbst.

An Sokrates, dem Aufklärer der Antike, Philosoph und Pädagoge ineins, kann sich der Ethik-Unterricht – vermeintlich paradox – das Beispiel nehmen gerade für den Rück-Verweis der Schülerinnen und Schüler auf die eigene Urteilsfähigkeit und das Unternehmen der eigenen Urteilsbildung.

6. *Die Denkgemeinschaft*

Neben der Erfahrung des eigenen Denkens ist die Erfahrung gemeinsamen Nachdenkens von Bedeutung, in dem Dominanz-, Konkurrenz- und Selbstdarstellungsbedürfnisse zurückstehen. Es gibt wenig Freiräume in unserer Gesellschaft, in denen eine Annäherung an die „ideale Sprechsituation“[20], in der nur noch vernünftige Argumente zählen, erprobt werden kann.

Auf dem Gesprächsweg ergibt sich nicht nur ein Zugewinn an Autonomie der Urteilskraft, sondern auch die Wahrnehmung der Meinungen, Überzeugungen und auch Schwierigkeiten der jeweils Anderen und auf diese Weise ein Zugewinn an Sensibilität und Problembewusstsein. Dazu kommt die Erfahrung der gegenseitigen Hilfestellung und Ergänzung: Dadurch, dass man sich in intensiver Gedanken-Arbeit gegenseitig auf Fehler und bislang unberücksichtigte Gesichtspunkte aufmerksam machen kann, kommt letztlich die Gruppe gemeinsam weiter als ein einzelner. Auf diese Weise wird also auch die Kooperationsfähigkeit und das in einer Gruppe verborgene Problemlösungspotential aktiviert und gestärkt. Reale Erfahrungen dieser Art könnten der vorherrschenden Wirklichkeitserfahrung entgegengesetzt werden, so dass in Ansätzen zugleich der „Vorschein einer Lebensform“[21] sichtbar werden[22] mag.

7. *Wahrheit und Verbindlichkeit*

Dialogische Offenheit bedeutet nicht Beliebigkeit. Im Sokratischen Gespräch wird vielmehr nach dem Wahren bzw. Gültigen gemeinsam und ernsthaft gesucht. Erstaunlicherweise stellen sich – auch bei den brisanten Themen des Ethik-Unterrichts – immer wieder Konsense her, die auf authentischer Ein-

---

[20] Habermas, Jürgen: Vorbereitende Bemerkungen zu einer Theorie der kommunikativen Kompetenz; in: J.Habermas/N.Luhmann, Theorie der Gesellschaft oder Sozialtechnologie - Was leistet die Systemforschung? Frankfurt/M. 1971, S. 101-141; zur idealen Sprechsituation S.122, 136.

[21] Habermas 1971, S.141.

[22] vgl. Raupach-Strey, Gisela: Philosophie-Unterricht als Interaktion – Zur Praxis des philosophischen Unterrichtsgesprächs –; in: Aufgaben und Wege des Philosophieunterrichts, N.F. Heft 10, Frankfurt/M. 1977 bes. S. 15.

sicht beruhen, und nicht auf Abstimmung, Gruppendruck oder verinnerlichtem Erwartungszwang. Der gesellschaftliche Minimalkonsens wird daher durch Sokratisches Philosophieren nicht gefährdet, sogar eher befestigt: Denn für *welche* Werte und Positionen Verbindlichkeit vernünftigerweise beansprucht werden darf, wird sich bei unvoreingenommenem Nachdenken und kritischer Prüfung *erweisen*, wenn auch unter dem Vorbehalt der „kontrafaktischen Unterstellung der idealen Sprechsituation“[23], die ja als Regulativ gleichwohl wirksam ist. Dazu sind weder normative inhaltliche Vorgaben oder Vorschriften nötig, noch eine von allen geteilte Wahrheitstheorie. Durch Sokratische Gespräche besteht vielmehr die Chance, den vernünftigen Gehalt des normativen Selbstverständnisses unserer Gesellschaft in jeder Lerngruppe und in jeder Generation durch eigene Erarbeitung jeweils neu anzueignen. In diesem Sinn ist der Ethik-Unterricht nicht wertneutral. – Steht dies nicht im Widerspruch zur Toleranzforderung?

Als Angebot der öffentlichen Schule steht der Ethik-Unterricht unausweichlich in der Spannung des sog. „doktrinalen Tiefenkonflikts“[24]: Einerseits hat er die weltanschauliche Neutralität zu wahren und der Pluralität von Überzeugungssystemen Rechnung zu tragen, andererseits aber gewisse Mindestanforderungen an Gerechtigkeit und Menschenwürde, an Autonomie, Solidarität und Toleranz zu stellen: Den Rahmen bildet der ethische Minimalkonsens unserer Gesellschaft, wie er in den abendländischen Traditionen der Aufklärung, aber auch der der jüdisch-christichen Religion, des Humanismus und der Arbeiterbewegung begründet ist und in der Allgemeinen Erklärung der Menschenrechte, im Grundgesetz und in den Schulgesetzen niedergelegt ist, und wie er durch Reflexion vernünftig begründet werden kann[25]. Ethik-Unterricht ist also nicht völlig wertneutral, er darf nicht der Devise folgen, dass „alles relativ“ sei, die im übrigen (wie oben erläutert) nicht stimmt. Er steht immer in der Spannung zwischen dem notwendigen philosophischen, mit Argumenten zu führenden Streit über ethische Fragen und dem Respekt gegenüber einer Vielfalt von Auffassungen, solange sie den Rahmen des Minimalkonsenses nicht überschreiten. Aber er eröffnet, wenn er philosophisch-dialogisch verstanden wird und nicht auf ein „Bekenntnis“ abzielt, auch in den weltanschaulichen Grundfragen einen Spielraum für Sensibilität und Nachdenklichkeit, für Diskussion und Kritik, hilft Vorurteile zu überwinden,

---

[23] Habermas 1971, S.136 .
[24] Höffe 1994, S.32.
[25] Raupach-Strey 1998 (a).

Dialogfähigkeit zu entwickeln, Konflikte gewaltlos zu lösen und fördert die *Arbeit* an den Überzeugungen.

Die Sokratische Methode (oder die Inanspruchnahme von Elementen der Sokratischen Methode) im Unterricht bedarf freilich der geduldigen Übung und Ergänzung, wie sie umgekehrt die anderen Unterrichtsmethoden und -aktivitäten durchdringen kann. Die Sokratische Methode zum Paradigma des Ethik-Unterrichts zu nehmen bedeutet nicht, dass das Unterrichtsgespräch die einzige zur Anwendung kommende Unterrichtsmethode sei, insbesondere nicht in der Sekundarstufe I oder gar Primarstufe. Aber die konkreten Vorgehensweisen im Unterricht lassen sich auf die Grundidee des Sokratischen Dialogs beziehen und sollten aus dieser Zentralperspektive bedacht werden. Auch in kreativen, weniger sprach-bezogenen Methoden wie Spielen, Malen, Gemeinsam-Etwas-Tun können sich Klärungen und Einsichten vollziehen, Werthaltungen entwickeln und Überzeugungen reifen. Entscheidend für den Ethik-Unterricht ist beim Einsatz anderer Methoden, dass eine eigene Auseinandersetzung mit den Problemen wirklich stattfindet. So wie Sokrates mit seiner maieutischen Kunst seinen Gesprächspartnern zur selbständigen Gedankenklärung verhalf, kommt es im philosophischen Ethik-Unterricht auf die Diskussion der unterschiedlichen Auffassungen zur gestellten Frage sowie ihre Begründung an, woran sich evtl. ein gemeinsamer Lösungsvorschlag anschließen kann. Andere Verfahren bedürfen einer *dialogischen Dimension*, um einerseits das eigene Gewissen und die eigene Urteilsfähigkeit auch am Widerspruch der anderen Gesprächspartner auszubilden, andererseits Achtsamkeit und Verständnis zu fördern für moralische, weltanschauliche oder religiöse Auffassungen, die einem fremd sind, und um die Bereitschaft zum friedlichen Umgang miteinander zu entwickeln. Dieses Anliegen entspricht genau Sokratischer Tradition. Wie ein Sokratischer Umgang mit anderen Verfahrensweisen im einzelnen aussehen kann, muss in der Praxis weiter entwickelt werden. All die bunten Bücher und Materialhefte, die Vorschläge für Arbeitsblätter und Medien, für Rollenspiele und viele andere „Methoden" haben ihre Bedeutung – für die Anfänge, als flankierende oder motivierende Maßnahmen und im Eingehen auf die Wahrnehmungskanäle unserer heutigen Schülerinnen und Schüler –, aber im „Kern" bleibt das vornehmlich auf Nachdenken gestützte, gemeinsame Herausfinden dessen, was gültig ist, das Entscheidende. Ein Lehrer hat es einmal so formuliert: „Je mehr ich mich mit Materialien und Medien ‚bewaffne', umso weniger läuft der Ethik-Unterricht. Je offener ich mich persönlich auf die Lerngruppe einlasse, umso mehr geschieht." Erfasst man also das Sokratische Paradigma von seinen Grundideen und der Grundeinstellung her, gewissermaßen dem „Geist“, so lässt es sich als zentral für den Ethik-Unterricht begreifen.

Ein Problem in der praktischen Unterrichtsarbeit scheint mir zu sein, dass manche Lehrer(in), die gerne gesprächsorientiert arbeiten würde, sich durch die Notwendigkeit der Leistungsbeurteilung sei es überhaupt daran gehindert glaubt, sei es die dialogischen Lernerfolge durch inadäquate Formen der Leistungskontrolle anschließend wieder konterkariert. Deshalb wurden in der Expertise wichtige Vorschläge für ein erweitertes Verständnis von – auch intersubjektiv erbrachter – Leistung formuliert, die dazu helfen können, zu angemessenen Beurteilungsformen zu kommen, die vor allem die je eigene Auseinandersetzung mit einem Problem nicht nachträglich wieder abwerten. Hier bedarf es einer Öffnung der Lehrenden für umfassendere Konzeptionen von Lernen und Leistung, sowie deren Wahrnehmung in ihrer Lerngruppe. Wissensorientierte, auch technokratische und/ oder autoritäre Muster sind unterschwellig oft noch wirksam. Umso wichtiger sind eigene Gesprächserfahrungen in der Lehrerausbildung und der Lehrerfortbildung.

Zum Verhältnis von Ethik- und Religionsunterricht

Auch der Religions-Unterricht an der Schule, der ja nicht einem Missionsauftrag folgt, vielmehr bildungstheoretisch begründet ist und als schulischer Unterricht ebenso wie der Ethik-Unterricht dem Indoktrinationsverbot unterliegt, arbeitet heutzutage weitgehend gesprächsorientiert und hat die eigene Auseinandersetzung der Schülerinnen und Schüler mit den Problemen zum Ziel. Insofern bestehen hier weitgehende Gemeinsamkeiten. Freilich haben beide Seiten auch ihr jeweiliges Proprium zu formulieren, zu entfalten und darin kenntlich zu bleiben. Aus meiner Sicht stellt sich dies folgendermaßen dar[26]:

Der Problembestand, der für die Kinder und Jugendlichen relevant ist, ist nicht gänzlich, aber überwiegend gemeinsam, während die universitären Bezugswissenschaften Theologie und Philosophie darüber hinaus jeweils einen spezifischen tradierten und gegenwärtigen Problembestand kennen, der aber stärker die Theoriebildung betrifft und weniger die elementaren Fragestellungen, die allen Menschen noch vor einer weltanschaulichen Orientierung gemeinsam sind, und auf die Schulunterricht in jedem Falle aufbaut. Die Antwortversuche werden im Religionsunterricht zum Deutungshorizont der

[26] Näher ausgeführt ist die Verhältnisbestimmung in: Raupach-Strey, Gisela: Das Verhältnis des Ethik/ Philosophie-Unterrichts zu den religiösen und nicht-religiösen Weltanschauungen, in: Rostocker Philosophische Manuskripte, Neue Folge, H.5 1998 (b).

jeweiligen (z. B. christlichen) Religion in Beziehung gesetzt, ohne dass deshalb der Blick auf andere Deutungshorizonte ausgeklammert bleiben muss. Der Ethik-Unterricht bemüht sich an dieser Stelle um ein neutraleres, gleichberechtigtes Nebeneinander unterschiedlicher Antwortmöglichkeiten, die unterschiedliche Deutungshorizonte implizieren können. Basis der gemeinsamen Arbeit ist die Vernunft im klassischen Sinn der philosophischen Tradition, die Vernunft, an der prinzipiell jeder Mensch Anteil hat – mit einem „Glauben" an die Vernunft ist dies nicht zu verwechseln. Philosophie ist nicht selbst Weltanschauung, sondern beschränkt sich auf die Arbeit rationaler (Auf-)Klärung und begründeter Urteilsbildung. Auf der Ebene der letzten Entscheidungen lässt der Ethik-Unterricht den Individuen die Freiheit und ist dazu „von Staats wegen" verpflichtet, weil er keine Weltanschauung (incl. Religion) favorisieren darf. Darin liegt zugleich eine Zumutung an die Selbständigkeit und Unabhängigkeit des Einzelnen. Insofern könnte man vielleicht sagen, dass der Ethik-Unterricht paradoxerweise zugleich bescheidener und anspruchsvoller ist. Nun verzichtet Religionsunterricht nicht auf Denkarbeit, aber aus der Binnenperspektive wird er einen Überschuss über die Gemeinsamkeiten mit „der Ethik" annehmen: einen umfassenden Deutungshorizont, der über das Denken hinausgeht und einen transzendenten Bezug herstellt. Dieser wiederum ist aus philosophischer Perspektive möglich, aber nicht als universal gültig anzusehen. Der *philosophische* „Überschuss" liegt auf einer Metaebene: Philosophie kann und darf ihrerseits auch Religion und religiöse Themen zum Gegenstand kritischen Nachdenkens machen. Das bedeutet andererseits auch nicht, dass Philosophie beispielsweise bei den Ergebnissen der klassischen Religionskritik stehen bleiben könnte; auch sie sind kritisierbar. Philosophisches Denken akzeptiert keine Denk-Tabus, aber es ist auch zur Reflexivität verpflichtet, sich selbst-kritisch zu betrachten. So haben beide Seiten auch eine je eigene Aufgabe zu erfüllen, aber in der praktischen Arbeit überwiegen die Gemeinsamkeiten: die gemeinsamen Unterrichtsthemen – und die gemeinsamen Schwierigkeiten in einem allzu oft noch wenig Verständnis für die Fächergruppe aufbringenden Umfeld. Das Haupt-Defizit (nicht nur der jungen Generation) scheint die *fehlende Gesprächskultur* selbst zu sein. In der Arbeitsgruppe, die die Expertise erarbeitet hat, haben wir das Unverständnis für das Anliegen unserer Fächer als einen Mangel an geisteswissenschaftlicher Bildung im allgemeinen diagnostiziert, der uns in allen Unterrichtsangeboten gleichermaßen trifft. Wenn Dialog- und Kooperationsbereitschaft besteht, brauchen die Fächer der „Fächergruppe" füreinander gar kein Problem zu sein, so war der tragende Eindruck unserer gemeinsamen Arbeit. Das weit größere Problem ist der *gesellschaftliche*

Mangel an ethischer und religiöser Bildung – dem durch strukturpolitische Entscheidungen nicht minder zu begegnen ist als durch die Ausbildung von Dialogfähigkeit auf allen Ebenen: in der Schule, in der Lehrerbildung, in den Entscheidungsgremien und in der Öffentlichkeit.

Uwe Böhm

Ist Werteerziehung und soziales Lernen in der Schule möglich?

„Ach, die Werte!" so lautet ein Buch von Hartmut von Hentig.[1] Er möchte darin ein öffentliches Bewusstsein der zwiespältigen Aufgaben in der Erziehung für das 21. Jahrhundert wecken. Werteerziehung und soziales Lernen haben in Zeiten des propagierten Individualismus und Pluralismus Konjunktur. Die Problematik der aufwachsenden Einzelkinder bzw. der kleinsten Einelternpaar-Familien wird als Erziehungsauftrag an die Schule delegiert.

Die neueren Modelle der Werteerziehung und des sozialen Lernens sind aber auch Bausteine für die innere Schulentwicklung (vor allem im Bereich Unterrichtsentwicklung und Personalentwicklung). Dieses Thema knüpft an die geisteswissenschaftliche Tradition an: Schon für Johann Amos Comenius, Johann Heinrich Pestalozzi, Jean-Jacques Rousseau und Wilhelm von Humboldt war Menschenbildung ethisch bedingt. Auch für Wilhelm Flitner war Erziehung und Bildung ohne ethische Dimension nicht denkbar. In der Weiterentwicklung der geisteswissenschaftlichen Pädagogik betonte Wolfgang Klafki die ethische Durchdringung der Allgemeinbildung mit den Zielsetzungen Selbst- und Mitbestimmung sowie Solidaritätsfähigkeit.[2] Das Erreichen dieser Ziele bietet die Grundlage, um die „epochaltypischen Schlüsselprobleme"[3] wie Friedensproblematik, Umweltfrage, soziale Gerechtigkeit, Nord-Süd-Gefälle, Deutsche und Ausländer in Deutschland usw. zu bearbeiten. Die ökumenische Bewegung greift innerhalb ihres konziliaren Prozesses ebenfalls die generativen Themen der Zukunft seit Jahren auf: Frieden, Gerech-

[1] Vgl. Hentig, H. v. (1999): Ach, die Werte!. Ein öffentliches Bewusstsein von zwiespältigen Aufgaben. Über eine Erziehung für das 21. Jahrhundert. München.
[2] Vgl. Klafki, W. (1985): Neue Studien zur Bildungstheorie und Didaktik. Beiträge zur kritisch-konstruktiven Didaktik. Weinheim, S. 17.
[3] A.a.O., S. 21.

tigkeit und Bewahrung der Schöpfung.[4] Spuren des Themas „Weltethos" von Hans Küng sind längst implizit wie explizit in alle Schularten eingezogen.[5] „Den Menschen menschlich behandeln" ebenso der kategorische Imperativ nach Immanuel Kant oder die Goldene Regel in der Bergpredigt, volkstümlich ausgedrückt „Was du nicht willst, dass man dir tu′, das füg′ auch keinem ander′n zu" ist längst eine grundlegende, generationenüberdauernde Norm zwischenmenschlichen Zusammenlebens geworden. Selbst die naturwissenschaftsorientierten Fachdidaktiken und Fachwissenschaften nehmen verstärkt die ethische Dimension zur Förderung der Orientierungs- und Handlungsfähigkeit auf (z. B. Bioethik).

Auf der einen Seite wünschen sich konservative Bildungspolitiker aufgrund des sog. Werteverfalls bei der Jugend und des Gewaltwachstums in der Gesellschaft noch mehr Werteerziehung in der Institution Schule und die Förderung der sozialen Kompetenzen. „Soziales Lernen geschieht doch immer automatisch dort, wo Menschen versammelt sind, also auch in der Schulklasse", behaupten auf der anderen Seite viele Praktiker und Praktikerinnen. Ich schließe mich beiden Extremen nicht an, sondern stelle zunächst die kritische Anfrage: Inwiefern ist Werteerziehung und soziales Lernen in der Schule überhaupt möglich? Im ersten Teil skizziere ich die wesentlichen Grundfragen der Werteerziehung und des sozialen Lernens. Im zweiten Teil weise ich auf die heutigen Wertvorstellungen vor allem bei Jugendlichen hin. Im letzten Teil möchte ich sechs schulische Grundformen ethischer Bildung aufzeigen und ihre jeweilige Relevanz für die Schulentwicklung verdeutlichen. In allen Teilen werden die Grenzen ethischer Erziehung und die schulischen Möglichkeiten ethischer Bildung angesprochen.

1. Grundfragen ethischen Lehrens und Lernens in der Schule

1.1 Frage nach der Lehrbarkeit

In welchem Sinne ist Wertorientierung bzw. das soziale Verhalten überhaupt lehrbar? Genügt eine Beschränkung auf intellektuelle Information über Ver-

[4] Vgl. Böhm, U. (2001): Ökumenische Didaktik. Ökumenisches Lernen und konfessionelle Kooperation im Religionsunterricht deutschsprachiger Staaten. Göttingen, S. 30ff.

[5] Praktische Beispiele aller Schularten finden sich in: Geschwentner-Blachnik, I. (2000): Das Projekt Weltethos in der Schule. Einführung und Arbeitshilfen. hg. v. Hessisches Landesinstitut für Pädagogik (HeLP). Wiesbaden.

haltensregeln? Oder die reine Kenntnisse von Normen und Werten? Inwiefern entspricht das Gelernte unmittelbar auch dem Gelehrten? Es geht hier um die Frage nach der Operationalisierung.

Die Psychologie bestätigt, was die Alltagserfahrung vermuten lässt: Ethische Erziehung kann nicht nur im Sinne der Informationsaufnahme geschehen. Gefühle, Verhalten, Charakter, Wertorientierung, Reflexion, Haltung, Urteilen und Handeln gehören ebenso zur ethischen Erziehung und Bildung. Wirkungsmächtige ethische Erziehung ist immer auch ethische Bildung insofern, dass folgende lernpsychologische Erkenntnis berücksichtigt wird: Ethisches Lernen ist in hohem Maße von den Lernenden selbst gesteuert. Dies bedeutet, dass ethisches Lernen in ihrer besonderen Färbung der Werteerziehung und des sozialen Lernens nicht an den Lernvoraussetzungen und Deutungsmustern der Kinder und Jugendlichen vorbei möglich ist. Werteerziehung und soziales Lernen ist somit nicht als ein Determinationsvorgang zu verstehen, der von außen zielsicher zu lenken wäre. Es geht vielmehr bei beiden Formen um einen Vorgang, für den die Eigenaktivität der Lernenden von entscheidender Bedeutung ist. Die Möglichkeiten sind durch die Natur der ethischen Lernprozesse von vornherein begrenzt.

Die Frage nach der Lehrbarkeit (pro-)sozialer bzw. ethischer Kompetenzen hängt auch von dem inhaltlichen Verständnis ethischen Lernens ab. Es geht bei der Werteerziehung sicherlich nicht nur um ein bestimmtes Verhalten (traditionell „Tugenden“ genannt), welches durch Lohn und Strafe konditioniert werden soll. Auch nicht um ein bloßes Wissen von Normen und Werten, die dem Fühlen und Handeln der Persönlichkeit äußerlich bleibt. Sondern Werteerziehung zielt auf selbstständiges Urteilen, verantwortliches Handeln und mündiges Reflektieren. Auch soziales Lernen lässt sich nicht auf die Diskussion der sozialen Fragestellungen reduzieren. Ebenso wenig ist damit nur der harmonische Umgang in der Klassengemeinschaft gemeint. Unter sozialem Lernen versteht man die Aneignung sozialer Fertigkeiten und Verhaltensweisen, die Bildung sozialer Einstellungen und Werthaltungen und die Übernahme sozialer Rollen.[6] Soziales Lernen geschieht durch einen Prozess, der durch personale Begegnung, beispielhafte Anschauung und eigenes Tun prosoziales Verhalten weckt und fördert und zugleich die Notwendigkeit solidarischen Handelns erfahrbar macht. Soziales Lernen fördert den Bereich der Selbstverantwortung, der sozialen Verantwortung durch ehrenamtliches Engagement und der globalen Verantwortung für die gesellschaftliche Ge-

---

[6] Vgl. Keller, G./Hafner, K. (1999): Soziales Lernen will gelernt sein, Donauwörth, S. 9.

genwart und Zukunft.[7] In der Form des sozialen Lernens findet das Gefühl, der Bereich des Emotional-Affektiven eine höhere Beachtung als in der Form der Werteerziehung. Soziales Lernen führt zu Schlüsselqualifikationen wie Empathie, Kooperationsbereitschaft, Teamfähigkeit usw.

Die Frage nach der Lehrbarkeit stößt in der postmodernen Vision der Pluralität an eine weitere Grenze: Die Werteerziehung benötigt Werteorientierung. Nun sind Orientierungen und Werte in der Postmoderne vielfältig und gleichwertig vorhanden. Welchen Wertekonsens gibt es in der Gesellschaft, wenn alles gleich gültig bzw. gleich wertvoll und erstrebenswert ist? Die gesellschaftliche Entwicklung (z. B. Gentechnik) produziert jedoch auf der anderen Seite einen erhöhten Bedarf an ethischen Antworten. An dieser Stelle soll nicht auf die Grundwertdiskussion der 70er Jahre eingegangen werden.[8] Der heutige vorfindbare Pluralismus resultiert aus der Ausdifferenzierung der Gesellschaft durch unterschiedliche Lebenswelten und somit auch aus dem Gedanken des Individualismus. Der steigende Bedarf an ethischer Orientierung sieht sich einer entgrenzenden Dispositionsfreiheit des einzelnen Individuums gegenüber und nicht einer im gleichen Maß gewachsenen Fähigkeit zur ethischen Beurteilung.

Das sich selbst bildende Subjekt entscheidet heute über die Relevanz der vorfindbaren Werte. Es bildet sich die Werte selbst durch die Verarbeitung überkommener Konventionen. Somit sollte der instruktionsorientierte Begriff „Werteerziehung" genauer durch den subjektorientierten Begriff „Wertebildung" ersetzt werden. Ein nordamerikanisches Lehr-Lern-Programm, welches die eigenen gebildeten Werte durch Fragebögen bewusst macht und eine entsprechende Sprachfähigkeit stärkt, verwendet den Begriff der „Wertklärung" (Values Clarification).[9] Die Pädagogik verwendet zu den genannten noch den Begriff „Werterziehung". Soll dieser nicht synonym für „Werteerziehung" gebraucht werden, so meint „Werterziehung" eine Erziehung, die überhaupt ein Wertbewusstsein zur Folge hat. Werterziehung betont eher die funktionale Seite, Werteerziehung die materiale Seite ethischer Erziehung in der Schule.

---

[7] Zu diesen drei Handlungsfelder der Verantwortlichkeit vgl. Weingardt, M./ Böhm, U./ Stöffler, F./ Willrett, S. (2000): Soziale Verantwortung lernen. Ein Schülermentorenprogramm von Jugendarbeit und Schule. Arbeitshilfe. Stuttgart, S. 12.

[8] Vgl. hierzu Fees, K. (2000): Werte und Bildung. Wertorientierung im Pluralismus als Problem für Erziehung und Unterricht. Opladen, S. 86-104.

[9] Vgl. Darstellung und Diskussion in: Oser, F./Althof, W. (1992): Moralische Selbstbestimmung. Modelle der Entwicklung und Erziehung im Wertebereich. Stuttgart, S. 475-516.

1.2 Frage nach angemessenen Lehr- und Lernformen

Ist die inhaltliche bzw. intentionale Seite im ethischen Lehr-Lern-Prozess für die Lehrenden geklärt, muss der Zusammenhang zwischen Inhalt bzw. Ziel und Form beim Lehren und Lernen im ethischen Bereich beachtet werden.

Die Form des Verhaltenstrainings als Abrichtung zu normgerechtem Verhalten widerspricht dem Ziel ethischen Handelns, wenn dieser die selbstständige Urteilsfähigkeit bzw. verantwortliche Mündigkeit ist. In der Pädagogik wird dies so ausgedrückt, dass nur solche Formen des Lehrens oder Erziehens als legitim anzusehen sind, die das Subjektsein der zu Erziehenden zu erreichen suchen, indem sie es immer schon voraussetzen.[10] Gerade um solche Grundformen geht es im letzten Teil. Durch Lohn und Strafe konditioniertes Verhalten führt nicht zu dem Ergebnis einer verantwortlichen Persönlichkeit. Das Ziel dieser Disziplinierung ist die Konformität des Verhaltens. Es kann sich hier lediglich um die Voraussetzung nicht aber um eine Grundform ethischen Erziehens handeln. Die Strafe ist kein Mittel ethischer Bildung, sondern die Grenze ethischer Erziehung. Die Frage angemessener Lehr- und Lernformen ist somit keineswegs gelöst, sondern in vieler Hinsicht erst gestellt.

Als diejenige Form, die das Subjektsein des anderen am ehesten anerkennt, gilt weithin das Gespräch bzw. hier das intersubjektive Aushandeln von Normen. Was aber bedeutet ein solches Gespräch mit Kindern und Jugendlichen, die noch nicht über die erforderlichen diskursiven Fähigkeiten verfügen? Das Verhältnis zwischen dem erst noch zu erreichenden und doch bereits vorauszusetzenden Subjektsein der Kinder und Jugendlichen stellt eine pädagogische „Grundparadoxie"[11] dar. Vor dieser Paradoxie steht die Pädagogik unausweichlich und kann weder außer Kraft gesetzt noch durch eine bestimmte Erziehungsmethode aufgelöst, sondern muss in allem pädagogischen Handeln bewusstgehalten werden.

1.3 Frage nach der Schulstruktur

Neben den inhaltlichen und methodischen Grundfragen muss noch die Frage nach der schulischen Struktur gestellt werden: Ist die Schule in ihrer jetzigen Struktur für ethisches Lernen geeignet?

---

[10] Vgl. Benner, D. (1987): Allgemeine Pädagogik. Eine systematisch-problemgeschichtliche Einführung in die Grundstruktur pädagogischen Denkens und Handelns. Weinheim, S. 67.
[11] Ebd.

Die Schule ist so organisiert, dass Unterricht ihr Zentrum bildet und dass dieser Unterricht weithin an den wissenschaftlichen Disziplinen ausgerichtet ist. Zwischen dem ethischen Anspruch der Schule und ihrer faktischen Begrenzung auf die Vermittlung fachlicher Kenntnisse liegt ebenso eine Spannung wie zwischen dem Unterricht und dem Schulleben. Das Zeitbudget ist vorgegeben. Bleibt das ethische Lehren und Lernen nur auf den zweistündigen Religions- oder Ethikunterricht reduziert, so findet die ethische Erziehung allenfalls an den Rändern der Schule statt.

Das Schulleben (z. B. Feste, Feiern, Gottesdienst) wurde schon immer als wichtiger Ort ethischen und sozialen Lernens[12] bezeichnet, beschränkt sich heute jedoch auf einen schmalen außerunterrichtlichen Bereich. Für außerunterrichtliches bzw. außerschulisches Arbeiten, für schülerorientierte Projektarbeit und für im Lehrerteam angeleitetes, fächerverbindendes Arbeiten sind organisatorische Veränderungen des schulischen Alltags unumgänglich. Hier macht die Verlässlichkeit der Schule sowie die personale Ausstattung oftmals dem innovativen Ansatz einer Weiterentwicklung der Schulkultur und -atmosphäre einen Strich durch die Rechnung. Im schlimmsten Fall wird Ethik zur Freizeit- und Feierabendsbeschäftigung einzelner.

2. Wertevorstellungen Jugendlicher

„Die Jugend achtet das Alter nicht mehr, ... zeigt keine Lernbereitschaft und ist ablehnend gegen übernommene Werte."

Dieser Satz könnte in der Tageszeitung stehen. Er stammt jedoch aus einer altägyptischen Aufzeichnung (ca. 1500 v. Chr.).[13] Auch Sokrates mahnte bekanntlich die schlechten Manieren und die Respektlosigkeit der Jugend gegenüber den Erwachsenen an. Das Jammern über Werteverlust oder gemäßigter über Wertewandel ist somit nichts Neues. Doch welche Wertorientierung und ethische Handlungsbereitschaft im Jugendalter zeigen repräsentative Studien heute auf?

War früher klar, was links und was rechts war, wer gut und wer böse war. Seit geraumer Zeit kommen diese pseudo-sicheren Eckpfeiler ins Wanken. Die alten Sortierungen greifen nicht mehr, alte Gewissheiten weichen der Verunsicherung ob des rechten Weges, des guten Geschmacks, dessen, was

---

[12] Vgl. Weber, E. (1979): Das Schulleben und seine erzieherische Bedeutung. Donauwörth; Lassahn, R. (1969) (Hg.): Das Schulleben. Bad Heilbrunn.
[13] Zit. nach Keller/ Hafner 1999, S. 7.

bis gestern noch wahr war. Der Wertehimmel der Nachkriegszeit, als Wachstum an sich noch ein Wert war, Wohlstand mit Wohlbefinden einherging und Fortschritt positiv konnotiert war, hat sich bei den Heranwachsenden ebenso aufgelöst wie der Wertehimmel der „Alt-68er". Wir haben es heute mit einem flexibleren Wertesystem zu tun, das aber zu sehr als Angebot und zu wenig als verpflichtend erlebt wird. In der wertpluralen Gesellschaft ist die sozialmoralische Entwicklung der Kinder und Jugendlichen wesentlich schwieriger geworden. Die „neue Unübersichtlichkeit", vor Jahren schon in Aussicht gestellt, hat uns erreicht.

2.1 Der individuelle Wertekosmos

Die formale Ebene der modernen Orientierungsmuster beschreibt Yvonne Fritzsche in der Shell-Studie 2000 folgendermaßen:

> „Jeder Jugendliche wird heute zum flexiblen Konstrukteur seiner eigenen Biografie mit einem persönlichen Wertekosmos, er muss und kann sich seine Identität und seine Wertorientierungen aus Versatzstücken selbst und eigenverantwortlich zusammenbasteln, sozusagen sein eigenes biografisches und ethisches ‚Gesamtkunstwerk' schaffen und inszenieren, ein Kunstwerk, dessen Inhalt er selbst ist."[14]

Die Werteinflation erbrachte den individuellen Wertecocktail. Somit handelt es sich nicht um einen Werteverlust, sondern um einen Wertewandel bzw. einem Wandel der intrapersonellen Dauerhaftigkeit und überindividuellen Gültigkeit von Werten.

Wie sieht die Werthierarchie auf der inhaltlichen Ebene aus? Auf die Frage nach wichtigen Eigenschaften und Verhaltensweisen von Menschen ergab sich bei der Shell-Studie von 1997 folgende Rangliste:[15]

1. eigene Fähigkeiten entfalten (68,8%)
2. pflichtbewusst sein (66,6%)
3. das Leben genießen (65,4%)
4. unabhängig sein (62,0%)
5. durchsetzungsfähig sein (61,9%)

---

[14] Fritzsche, Y. (2000): Moderne Orientierungsmuster. Inflation am „Wertehimmel". In: Jugendwerk der deutschen Shell (Hg..): Jugend 2000, Bd. 1. Opladen, S. 95.

[15] Vgl. a.a.O., 299. In der Klammer ist der Prozentanteil der hohen Zustimmungswerte (Zustimmungswerte 6 und 7 auf einer Skala mit 7 Abstufungen) angegeben.

6. sich selbst verwirklichen (60,9%)

Alle genannten, tendentiell egozentrischen Äußerungen lagen immerhin bei über 60%. „Pflichtbewusst sein“ fällt eher aus dem Rahmen. Danach folgen mit größerem Abstand altruistische Äußerungen:

7. anderen Menschen helfen (54,2%)
8. Rücksicht auf andere nehmen (51,7%)
9. Verantwortung für andere übernehmen (36,1%)
10. Tun und lassen, was man will (35%)

Auf der inhaltlichen Ebene zeigt sich in den 90er Jahren ein Trend in Richtung von Autonomiewerten. Die Selbstverwirklichung und Selbstthematisierung steht im Mittelpunkt.

2.2 Abschied von Wertehierarchien

Die Shell-Studie untersucht den Sachverhalt in induktiver Weise. Jugendliche ordneten 124 Aussagen nach Wichtigkeit. Faktorenanalytisch sind dabei folgende acht Wertedimensionen entstanden:[16]

1. Autonomie – Kreativität und Konfliktfähigkeit (24,6)
2. Berufsorientierung – gute Ausbildung und interessanter Job (24,3)
3. Familienorientierung – Partner, Heim und Kinder (24,1)
4. Menschlichkeit – Toleranz und Hilfsbereitschaft (22,2,)
5. Attraktivität – gutes Aussehen und materieller Erfolg (21,9)
6. Authentizität – persönliche Denk- und Handlungsfreiheit (21,5)
7. Selbstmanagement – Disziplin und Einordnungsvermögen (20,1)
8. Modernität – Teilhabe an Politik und technischem Fortschritt (18,7)

Geht man die Rangfolge durch, stellt man fest, dass neben hedonistischen Werten auch prosoziale auftauchen. Ohne auf Geschlecht, Alter und Schicht einzugehen, scheint ein Nebeneinander von unterschiedlichen Wertorientierungen bei den Heranwachsenden vorzukommen.

Diese These wird durch den Jugendsurvey des Deutschen Jugendinstituts in München bestätigt. Dort wurden 18 Items sieben Wertbereichen zugeordnet und wiederum durch Faktorenanalyse gruppiert. Die vier dadurch entstandenen Wertedimensionen sind:[17]

---

[16] Zahlen in Klammer geben den jeweiligen Skalenmittelwert zwischen 6 und 30 an. Der theoretische Wert liegt bei 18. Vgl. Fritzsche 2000, S. 98.

[17] Vgl. Gille, M. (2000): Werte, Rollenbilder und soziale Orientierung. In: dies./Krüger, W. (Hg.): Unzufriedene Demokraten. Politische Orientierungen der 16- bis 29jährigen im vereinten Deutschland. DJI-Jugendsurvey 2, Opladen. S. 143-203.

1. Selbstentfaltung:	eigene Fähigkeiten entfalten/ sich selbst verwirklichen/unabhängig sein/ sich gegen Bevormundung wehren/durchsetzungsfähig sein/kritisch sein
2. Hedonismus:	das Leben genießen/ tun und lassen was man will/ ein aufregendes spannendes Leben führen
3. Konventionalismus:	pflichtbewusst sein/ sich anpassen/ etwas leisten/ ehrgeizig sein/ hohes Einkommen anstreben/ auf Sicherheit bedacht sein
4. Prosozialität:	anderen Menschen helfen/ Rücksicht auf andere nehmen/ Verantwortung für andere übernehmen

Die Sozialwissenschaftler weisen nach, dass die Wertedimension „Selbstentfaltung" sowohl mit hedonistischen als auch mit prosozialen Werten korreliert. Selbstentfaltung bewegt sich somit in zwei seither ausschließende Richtungen. Egoismus und Altruismus sind für Jugendliche gleichermaßen erstrebenswert; eigennützig und gemeinnützig, materiell und postmateriell sind keine Gegensatzpaare mehr. Zugleich bedeutet dies ein Abschied von der Vorstellung einer Wertehierarchie.

Das „Sowohl-als-Auch" rückt zunehmend an die Stelle des „Entweder-Oder" und das dynamische Offenbleiben ersetzt statische Endgültigkeiten. Den Jugendlichen gelingt die Parallelität von Werthaltungen. Jugendliche gehen pragmatisch mit ihren Wertorientierungen um.

2.3 Von den Wertvorstellungen zum sozialen Engagement

Führt die Auflösung der Werthierarchien und die Parallelität gegensätzlicher Wertvorstellungen bei Jugendlichen auch zu prosozialem Verhalten und sozialem Engagement? Der Freiwilligensurvey von 1999 des Bundesministerium für Familie, Senioren, Frauen und Jugend[18] sowie schon die Shell-Studie von 1997[19] weisen nach, dass das soziale Engagement eine fruchtbare Verbindung zum Selbstbezug und zur Selbstentfaltung aufweist. Bei der Frage nach den Gründen und Erwartungen, die für ein Engagement wichtig sind und die

---

[18] Vgl. Picot, S. (2000): Jugend und freiwilliges Engagement. In: Bundesministerium für Familie, Senioren, Frauen und Jugend (Hg.): Freiwilliges Engagement in Deutschland. Freiwilligensurvey 1999. Ergebnisse der Repräsentativerhebung zu Ehrenamt, Freiwilligenarbeit und bürgerschaftliches Engagement in Deutschland. Bd. 3: Frauen und Männer, Jugend, Senioren, Sport. Stuttgart, S. 111-207.

[19] Vgl. Fischer, A. (1997): Engagement und Politik. In: Jugendwerk der deutschen Shell (Hg.): Jugend ´97. Zukunftsperspektiven, Gesellschaftliches Engagement, Politische Orientierungen. Opladen, S. 303-341.

damit verbunden werden, kommt sowohl bei allen Jugendlichen[20] wie speziell bei den engagierten Jugendlichen[21] neben dem Spaß- und Geselligkeitsfaktor vor allem der Selbstbestimmung und Selbstentfaltung eine herausgehobene Bedeutung zu. Im sozialen Engagement sehen die Heranwachsenden eine Erweiterung persönlicher Erfahrungen und eigener Kenntnisse sowie die Zunahme von Verantwortungsübernahme und Entscheidungsmöglichkeiten; somit auch ein größeres Maß an Selbstverwirklichung.[22]

Insgesamt bezeugen die Ergebnisse des Freiwilligensurveys ein nicht geringes faktisches Engagement Jugendlicher (37% der 14- bis 24-Jährigen)[23], das die Rede von rein hedonistischen, an gesellschaftlichen Vorgängen uninteressierten und unbeteiligten Jugendlichen Lügen straft.[24]

3. Grundformen ethischer Bildung

Welche pädagogischen Modelle des ethischen Lehrens und Lernens unterstützen die Heranwachsenden bei ihrer Orientierung? Welche Grundformen der ethischen Erziehung und Bildung haben sich im schulischen Bereich bewährt?

Ich beschränke mich im Folgenden auf sechs Grundformen[25]. Es handelt sich hierbei um Formen, die auf die im ersten Teil gestellten Grundfragen der ethischen Erziehung und Bildung antworten. Andere Formen können als Variationen oder Kombinationen dieser sechs Grundformen verstanden werden. Diese Grundformen gehen auf geschichtliche Konzeptionen zurück, begründen sich auf theoretischen Überlegungen, orientieren sich an entwicklungs- und lernpsychologischen Erkenntnissen und lassen sich in der Praxis ausfindig machen. Die ersten Grundformen entspringen klassischen ethischen Ansätzen; die zweite Hälfte der Grundformen entstammen neueren Modellen der Werteerziehung und des sozialen Lernens, die sich vor allem in der Pädagogik der 90er Jahre herauskristallisiert haben.

---

[20] Vgl. Fischer 1997, S. 325.

[21] Vgl. Picot 2000, S. 157.

[22] Vgl. Picot 2000, S. 183.

[23] Vgl. Picot 2000, S. 127, 173.

[24] Vgl. auch: Hobelsberger, H. (2001): Wertorientierung und ethische Handlungsbereitschaft bei Jugendlichen. In: Katechetische Blätter 126 Jg., S. 241-248:245.

[25] Vgl. Schweitzer, F. (1996): Grundformen ethischen Lehrens und Lernens in der Schule. In: Adam, G./ders. (Hg.): Ethisch erziehen in der Schule, Göttingen, S. 66-79. F. Schweitzer nennt fünf Grundformen, an denen ich mich hier orientiere. Vgl. ebenso im selben Band: Adam, G. (1996): Methoden ethischer Erziehung, S. 110-128.

3.1 Ethische Elementarbildung

Johann Heinrich Pestalozzi betont, dass die liebevolle Zuwendung zum Kind allen Formen vorausgehe. Die Erfahrung des Angenommenseins durch den Erziehenden bereitet eigenes Tun vor. Pestalozzi hat seine sog. „sittliche Elementarbildung“[26] mit Kindern in Stans entwickelt. Das Gegenteil solcher ethischen Erziehung, das uns bis heute immer wieder begegnet, ist die erfahrungs- und handlungsferne Belehrung im Unterricht, in dem über richtiges Handeln gesprochen wird. Belehrung allein besitzt jedoch eine weitreichende Wirkungslosigkeit auf das Verhalten von Kindern, Jugendlichen und auch Erwachsenen. Vom Guten bloß zu reden, hilft nichts, wenn dieses Gute nicht auch angesichts des eigenen Erfahrens und Handelns einleuchten kann.[27] Diese erste Grundform ethischen Lehrens und Lernens richtet sich primär an das Bewusstsein der Lehrenden und blickt auf die Atmosphäre im Klassenzimmer. Sie ist für die Grundschule grundlegend und für die weiterführenden Schulen Voraussetzung ethischer Bildung.

3.2 Lernen an Vorbildern

Nach Albert Bandura[28] ist es gar nicht möglich, als Lehrerin oder Lehrer der Wirksamkeit als Vorbild zu entkommen. Gewollt oder ungewollt werden die Unterrichtenden zu „Modellen“ im positiven wie im negativen Sinne. Entscheidend ist deshalb ein reflektierter Umgang mit dieser Wirkung. Eine selbstkritische Einschätzung ist ethisch aufgrund der Fragmentarität[29] menschlichen Seins zu bejahen, da sie einer Verabsolutierung oder einem Vollkommenheitsglauben der Unterrichtenden entgegenwirkt. „Das wichtigste Curriculum des Lehrers ist seine Person“[30], meint Hartmut von Hentig und versteht darunter, „wie ich mit der Kluft zwischen meinen Vorsätzen und meinen Tagen umgehe, ist für die, denen ich dies zeige, doch wieder hilfreich: Sie

---

[26] Vgl. Pestalozzi, J.H. (1799): Pestalozzis Brief an einen Freund über seinen Aufenthalt in Stans. In: ders.: Ausgewählte Schriften, hg. v. W. Flitner (1961, 3. Aufl.). Düsseldorf, S. 93-222.

[27] Vgl. Schweitzer 1996, S. 68.

[28] Vgl. Bandura, A. (1976): Lernen am Modell. Ansätze zu einer sozial-kognitiven Lerntheorie. Stuttgart.

[29] Vgl. Luther, H. (1992): Identität und Fragment. In: ders.: Religion und Alltag. Bausteine zu einer praktischen Theologie des Subjekts. Stuttgart, S. 160-182.

[30] Hentig, H.v. (1984): Vom Verkäufer zum Darsteller. Absagen an die Lehrerbildung. In: Becker, H./ ders. (Hg.): Der Lehrer und seine Bildung. Beiträge zur Überwindung der Resignation. Frankfurt, S. 112.

können dies ‚ehrlich' oder ‚eitel' oder ‚zweideutig' finden, und werden danach entscheiden, wie sie selber sein wollen"[31].

Nicht zu übersehen ist, dass das Modelllernen heute auch die Medien als neue Sozialisationsagentur umfasst. Die moralischen Medien-Angebote werden nach Ansicht der Soziologen Peter Berger und Thomas Luckmann nicht nur konsumiert, sondern in Familien kommunikativ verarbeitet, ausgewählt, verworfen oder den eigenen Umständen und Werthaltungen angepasst.[32] Ebenso spielt das Lernen in und durch die Peer Group nicht nur im Jugendalter eine bedeutsame Rolle. Kids bieten sich „Hilfe zur Selbsthilfe" durch Orientierungsmuster, Sicherheits- und Geborgenheitsgefühl und Stütze bei der Biografie-Gestaltung.

3.3 Erziehender Unterricht

Das Lernen an unterschiedlichen Modellen kann auch zur wichtigen Erfahrung des Lernens in Widersprüchen führen. Dadurch wird die ethische Urteilsfähigkeit ausgebildet und gefördert. Dieser Prozess kann im Unterricht, wenn die Lehrkraft die ethische Erziehung berücksichtigt, geschehen. Die von Johann Friedrich Herbart herkommende Bezeichnung des „erziehenden Unterrichts"[33] meint heute die Berücksichtigung der Subjektivität des Kindes durch den „auf Einsicht und begründetes Einverständnis zielenden Unterricht"[34]. Durch Erzählungen (z. B. Märchen, Biografien) oder Dilemma-Geschichten (z. B. Heinz-Dilemma bei L. Kohlberg) wird im Unterricht die ethische Dimension angesprochen. Der Erzählung und der Dilemma-Geschichte folgt das Gespräch und die Reflexion der eigenen Werte. Hier können die Wertvorstellungen der Schülerinnen und Schüler geklärt werden. Folgende Fragen aus dem Modell der Wertklärung haben sich nach Gabriele Harecker im Fachunterricht bewährt:[35]

„Ist dies etwas, das du schätzt?"

„Bist du schon lange dieser Ansicht?"

---

[31] A.a.O., S. 114.

[32] Vgl. Berger, P./ Luckmann, Th. (1995): Modernität, Pluralität und Sinnkrise. Die Orientierung des modernen Menschen. Gütersloh, S. 76.

[33] Vgl. Herbart, J.F. (1806): Allgemeine Pädagogik aus dem Zweck der Erziehung abgeleitet. In: ders.: Pädagogische Schriften. Bd. 2: Pädagogische Grundschriften, hg. v. W. Asmus (1982, 2. Aufl.). Stuttgart, S. 30ff.

[34] Schweitzer 1996, S. 72.

[35] Entnommen aus: Harecker, G. (2000): Werterziehung in der Schule. Wege zur Sinnfindung im Unterricht. Wien, S. 89f.

„Ist das sehr wichtig für dich?"
„Tust du das oft?"
„Was meinst du mit ...?"
„Bist du froh darüber?"
„Welche andere Möglichkeiten gibt es?"

Weiterführend im Gespräch und als Anregung zur Reflexion des Gesagten ist die Spiegelung, d. h. den Gedanken der Schülerin bzw. des Schülers nochmals mit anderen Worten zu wiederholen („Sagtest du, dass ...?"). Zugleich ist dies auch eine Wertschätzung der Äußerung des Kindes.

Anders als die Lebensgemeinschaft „Familie", die sich als Haushalts- und Generationengemeinschaft im Alltag bewähren muss, ist die Klassengemeinschaft eher ein Zweckverband, um die gestellten Aufgaben zu bearbeiten. Dabei liegt die besondere Chance sozialen Lernens darin, „wie man mit denen auskommt, die man *nicht* mag"[36]. Unterricht ist eben mehr als nur Vermittlung von Fachwissen. Gemeinsam reflektiertes Rollenspiel und Gruppenarbeit mit unterschiedlichen Präsentationsformen sind weitere geeignete Wege, um soziales Lernen im Unterricht einzuüben und zu gelingender Teamarbeit zu gelangen.

3.4 Gesinnungsbildung durch das Schulleben

Ethische Erziehung und Bildung kann nicht an einzelne Fächer delegiert werden. Neben den „Fertigkeiten" ist die Bildung der „Gesinnung" für Friedrich Schleiermacher eine wichtige Aufgabe der Schule. Hier geht es um die Bildung eines Gemeinsinns für das Gemeinwohl. Das gesamte Schulleben ist dadurch betroffen: Feste und Feiern, Exkursionen, Projekte und fächerverbindendes Arbeiten, Arbeitsgemeinschaft und Elternarbeit sind heute schon praktizierte Wege. Epochenunterricht und der thematische Projekttag wären weitere reformpädagogische Ansätze, die in der Praxis noch zu selten vorkommen. Einige Schulen machen positive Erfahrungen mit Schülerpatenschaften.

Wunsch und Wirklichkeit innerhalb des Schullebens klaffen noch zu stark auseinander. Ein überschaubares, schriftlich konkretisiertes Schulprogramm[37]

---

[36] Giesecke, H. (2000): Zwischen Nähe und Distanz. „Soziales Lernen" in Familie und Schule. In: Die Deutsche Schule, 6. Beiheft, S. 187 (kursiv im Orig.).

[37] Vgl. Themenheft Pädagogik 11/1999 u.a. mit Beiträgen von Bastian, J.: Schulprogrammarbeit. Knotenpunkte und Lösungsmöglichkeiten (S. 6-9), Eikenbusch, G: Erste Hilfe(n) für die Schulprogrammarbeit (S. 10-15) und Rolff, H.-G.: Verschriftlichung eines Schulprogramms. Hilfen und Übungen (S. 25-27).

für die nächsten drei bis fünf Jahre wäre eine sinnvolle Hilfe für die Einzelschule, die sich weiter entwickeln möchte. Ein Schulprogramm ermöglicht den Prozess zu einem gemeinsamen pädagogischen Konsens und legt den Schwerpunkt der Arbeit für die Beteiligten fest. Es ist ein internes Papier der Absprache zwischen Lehrern, Schülern und Eltern und eignet sich nicht zur staatlichen Kontrolle von außen.

3.5 Schule als gerechte Gemeinschaft

Lawrence Kohlberg sowie Fritz Oser und Wolfgang Althof haben Studien durchgeführt, in dem sie sog. „Just Community-Schools" eingerichtet und die Wirkungen auf die Schulkultur, das soziale Klima und das prosoziale Verhalten untersucht haben.[38] In diesen Schulen haben die Kinder und Jugendlichen die Möglichkeit, sich durch eigenes verantwortliches Handeln in schulischen Vollversammlungen und in Schüler-Lehrer-Ausschüssen gleichberechtigt wie die Lehrenden einbringen zu können. Demokratisches Lernen geschieht durch „Beteiligung der Betroffenen" (Kurt Lewin).

Die intensivste Grundform sozialen Lernens ist sicherlich die „Just Community-School". Sie ist eine komplexe Form und beinhaltet deshalb einige Gefährdungen und interaktive Ungeschicklichkeiten, die das Gelingen verhindern können. Trotzdem nähern sich diese Schulen dem Gedanken der „Polis" (H. v. Hentig) und dem Ziel der Erziehung zur Mündigkeit an. Durch dieses partizipatorische „Modell der gerechten Gemeinschaft" wird ein politisch-progressiver Zweig der inneren Schulentwicklung deutlich. Dieses Modell korrespondiert mit dem Ansatz einer teilautonomen Einzelschule und ihrer Verantwortung für die Erziehung und Bildung der Kinder und Jugendlichen zu mündigen Bürgerinnen und Bürgern im demokratischen Staat.[39]

3.6 Erfahrungslernen im Rahmen eines Praktikums

Ein neuerer Weg des sozialen Lernens bzw. des Erwerbs von Sozialkompetenzen geschieht in Modellen der außerschulischen Zusammenarbeit mit diakonischen und jugendorientierten Einrichtungen. Schulpädagogisch basiert dieser Ansatz auf der Forderung nach einer zunehmenden „Öffnung der Schule". Dies ist ein wichtiger Aspekt der Schulentwicklung.[40]

---

[38] Vgl. Oser/ Althof 1992, S. 443-458.
[39] Vgl. Oser/ Althof 1992, S. 457.
[40] Vgl. u.a. Böhm, U. (1996): Jugendarbeit und Schule. Essen, S. 148f.

Deshalb fanden ab Mitte der 90er Jahre Modelle statt, bei denen neben Theorieblöcken auch Erfahrungen in einem Praxisbereich grundlegender Bestandteil sozialen Lernens ist. Sind im Rahmen der Projekte der Agentur Mehrwert des Diakonischen Werks in Württemberg[41] verschiedene drei- bis fünftägige Begegnungsformen in diakonischen Einrichtungen bzw. mit Menschen in betreuten Lebenssituationen durchgeführt worden, so beinhaltet das Compassion-Projekt der Zentralstelle Bildung der Deutschen Bischofskonferenz[42] ein zweiwöchiges Sozialpraktikum in karitativen Feldern. Im Unterricht (z. B. Deutsch, Gemeinschaftskunde oder Religion) wird das Sozialpraktikum vorbereitet und nach der Praxisphase reflektiert und verarbeitet. Die Schülerinnen und Schüler erfahren im Praktikum eine qualifizierte Begleitung. Durch das Zusammenwirken von Theorie und Praxis, von Reflexion und Erfahrung gelingt der Ausbau der Sozialkompetenz. Zudem gibt es in Baden-Württemberg sog. Schülermentorenprogramme (z. B. im Sport-, Musik- oder Gesundheitsbereich), die auf ein Engagement in der Schule vorbereiten. Sie bestehen aus außerschulischen Kurs- und Praxismodulen. Beispielhaft sei das Programm „Soziale Verantwortung lernen" erläutert, welches vom Evangelischen Jugendwerk in Württemberg[43] mit Unterstützung des Kultusministeriums durchgeführt wird: Es besteht aus einem grundlegenden Kurs zur verbandlichen Arbeit, einem schulbezogenen Spezialkurs und einen Schnupperpraktikum in Handlungsfeldern der kirchlichen Jugendarbeit. Offensichtlich tragen vor allem die Kirchen die genannten Modell sozialen Lernens durch Praktikumerfahrung. Konzeptionelle Elemente des praktischen Lernens sowie der Erlebnispädagogik gingen in diese letzte Grundform ethischen Lehrens und Lernens ein.

Die sechs beschriebenen Grundformen, in denen Werteerziehung und soziales Lernen möglich ist, schließen einander nicht aus; zum Teil überlappen sie sich oder ergänzen sich wechselseitig. Die Darstellung galt der Fokussierung und Bewusstmachung sowie der Bewahrung von Einseitigkeit und Verabsolutierung einer Form. So wichtig z. B. Anschauung und Handlungsbezug für eine ethische Elementarbildung sein mögen, so wenig reichen sie aus, globale

---

[41] Vgl. hierzu Keppler, W./ Leitmann, G./ Ripplinger, J. (1999): Das Soziale Lernen. Ergebnisse eines landesweiten Modellprojekts. Stuttgart.

[42] Vgl. aus empirischer Sicht: Kuld, L./Gönnheimer, S. (2000): Compassion. Sozialverpflichtetes Lernen und Handeln. Stuttgart.

[43] Vgl. Böhm, U./ Weingardt, M./ Willrett, W. (2000) (Hg.): Startversuche im Gemeinwesen – Jugendliche lernen soziale Verantwortungsfähigkeit. Dokumentation zu einem Forschungsprojekt. Stuttgart.

Zusammenhänge von häufig unanschaulicher Natur und Umwelt aufzunehmen. Sie führen zwar zu prosozialem Verhalten, aber nicht automatisch zur globalen Verantwortung im Sinne einer Überlebensethik.

Zugleich ist nicht zu verkennen, dass die Schule weithin noch immer zu einseitig als reine Unterrichtsanstalt verstanden wird. Daher liegt die Herausforderung der Werteerziehung und des sozialen Lernens darin, sich auf eines der über den Unterricht hinausreichenden Formen der ethischen Erziehung und Bildung einzulassen: Gemeint ist der reflexive Blick auf das Schulleben, die mutige Einrichtung von Just Community-Schools oder das notwendige Erfahrungslernen im Sozialpraktikum. Einzelkämpfertum widerspricht sozialem Lernen in der Schule. Die kollegiale Zusammenarbeit in Lehrerteams wirkt auf das soziale Verhalten der Schülerinnen und Schüler. Es ist zunächst die freiwillige Entscheidung eines Kollegiums, das Sozialverhalten ihrer Schülerinnen und Schüler systematisch zu fördern. Diese Entscheidung wird zunehmend gesellschaftlich notwendig. Bewegt sich nun eine Schule auf dieses Ziel der Förderung sozialer Kompetenzen zu, sind pädagogische Tage, die Erstellung eines Schulprogramms sowie überschaubare Evaluationen hilfreiche Maßnahmen. Durch den innerschulischen Diskurs zur Wertebildung und die reflektierte Durchführung von Projekten sozialen Lernens geschieht Schulentwicklung und zwar eine Schulentwicklung „von unten" – an der Basis.

Matthias Hahn

Lernwerkstätten – Hoffnungsträger der Unterrichtskultur im Religions- und Ethikunterricht

In einem hellen, einladenden Raum mit Wandregalen, die buntes Bastelmaterial, Kisten, Kästen und Unterrichtsmaterialien beherbergen, sitzt eine Gruppe von Lehrerinnen und Lehrern, vor sich ein Arbeitsblatt oder eine Gestaltungsaufgabe und diskutiert leise und eindringlich die Fragen: Woher komme ich und warum bin ich auf der Welt? Es herrscht große Bereitschaft, einander zuzuhören. Religiöse und philosophische Daseinsbegründungen und Antworten auf die Sinnfrage werden ausgetauscht. Von Zeit zu Zeit verweist jemand auf sein festgehaltenes Ergebnis – ein Bild, ein Gedicht, eine Collage...[1].

Die Lehrergruppe besuchte eine Fortbildungsveranstaltung in der Lernwerkstatt des Pädagogisch-Theologischen Instituts im Kloster Drübeck. Das Thema des Nachmittags, zu dem sie sich im Anschluss an den anstrengenden Schulvormittag auf den Weg gemacht hatte, war so angekündigt worden: „Freiarbeit mit der Gewitternachtskartei. In dieser Fortbildung wird am Beispiel des von Rainer Oberthür und Alois Meyer entwickelten Freiarbeitsmaterials für eine Schule der Nachdenklichkeit aufgezeigt, wie Religions- und Ethikunterricht aller Altersstufen sich in Kooperation und methodisch vielfältig den großen existenziellen Fragen der Kinder und Jugendlichen nähern können." Die Teilnehmerschaft war entsprechend heterogen. Sie bestand aus Lehrerinnen und Lehrern für Ethik- und Religionsunterricht überwiegend der Klassen 5-10 sowie aus kirchlichen Mitarbeiterinnen, die auf der Suche nach neuem Material für Religionsunterricht und Christenlehre waren.

---

[1] Fotos aus der Lernwerkstatt und die aktuellen Angebote im Internet unter www.kloster-drue-beck.de.

1. Freiarbeit – am Beispiel einer Kartei für philosophisches und religiöses Lernen in einer „Schule der Nachdenklichkeit"

Die Gewitternachtskartei ist eine Freiarbeitskartei, die für fächerübergreifende Unterrichtsprojekte von Ethik und Religion in einer reflexiven Schule konzipiert ist. Sie enthält Material zum Philosophieren über Welt, Leben und Tod sowohl mit Kindern als auch mit Jugendlichen und Erwachsenen. Die „Gewitternachtskartei" fordert über das Philosophieren hinaus Kinder als Theologen heraus, regt zum existenziellen Fragen im religiösen Bereich an und hilft, philosophische und theologische Weltsichten zum Ausdruck zu bringen.

Welche Ziele diese Gewitternachtskartei verfolgt, erklärt am besten eine kleine im Beiheft zur Kartei zitierte Geschichte von Jostein Gaarder, dem norwegischen Erfolgsautor von „Sofies Welt":

„Der seltene Vogel
Es heißt, die Welt sei sehr alt. Doch dauert sie selten länger als 100 Jahre. Wir sind es, die alt werden. Solange Menschen auf die Welt kommen, wird sie so neu und frisch sein wie am siebten Tag, an dem der Herr ruhte. Wir sind jetzt Zeugen einer Schöpfung. Sie entsteht vor unseren Augen, am helllichten Tag, das ist unerhört! Eine Welt taucht auf aus dem Nichts...
Und doch gibt es Leute, die sich langweilen.
Den größten Teil der Zeit verschläft die Welt. Den größten Teil des Raumes auch.
Nur ab und zu reibt sie sich den Schlaf aus den Augen und erwacht zum Bewusstsein ihrer selbst.
„Wer bin ich?" fragt die Welt.
„Woher komme ich?"
Für einige Sekunden hat der seltene Vogel auf unserer Schulter Platz genommen."[2]

So gesehen hat die Kartei die Intention, dass der seltene Vogel des Fragens nicht ausstirbt, sondern uns Menschen besuchen kommt, damit wir unsere großen Fragen stellen können: Wer bin ich? Woher komme ich? Vielleicht auch noch die: Was darf ich hoffen? Und auch: Was ist zu tun? Dazu wurde

---

[2] zit. nach Rainer Oberthür/ Alois Mayer, Beiheft zur Gewitternachtskartei, S. 6.

Kartenmaterial aus dem Buch „Gewitternacht" von Michéle Lemieux verwendet – Impulsbilder und -sätze zum Gespräch über Gott und die Welt. Dieses Material berührt die großen Fragen der Menschheit, „nach dem Ursprung und der Herkunft von Welt und Mensch, nach dem Sinn des Lebens, nach dem Tod und dem Jenseits".[3] Woher kommt die Welt? Was ist der Sinn meines Lebens? Gibt es mich nur einmal oder vielleicht öfter? Soll ich mein Gegenstück suchen? Gibt es so etwas wie mein Schicksal, meine Bestimmung, meine Berufung?

Somit ist das Material offen für die Frage nach Gott. Mit ihrer Kartei wollen Oberthür und Mayer Lernen durch Vergegenwärtigung anstreben, bei dem es darauf ankommt:

– „nicht Stoffe zu bewältigen, sondern sich Inhalte zu vergegenwärtigen,
– nicht Materie und Begriffe zu beherrschen, sondern die in ihnen verwurzelten Erfahrungen präsent und wirksam werden zu lassen, ...
– nicht alle Widersprüche zu überwinden, sondern eine zunehmend entdeckende Einwurzelung zuzulassen
– nicht Lernprozesse durch Beschleunigung zu optimieren, sondern Mehrdeutigkeit auszuhalten
– nicht vorwärts gerichtet Stufen zu überschreiten, sondern tastend mit produktiven Umwegen vor- und zurückzuschreiten..."[4]

Hier kann nun nicht das gesamte, sehr vielfältige Material und erst recht nicht alle schönen und interessanten Arbeitsvorschläge der Autoren vorgestellt werden. Was gezeigt werden soll, ist in erster Linie der enge Zusammenhang der Fragen von Kindern und von erwachsenen Menschen mit den großen religiösen und philosophischen Fragen. Dies ist nicht in schematischem Sinne zu verstehen, etwa als ein simples hie philosophisches und da theologisches Karten-Memory. In den biblischen Gewitternacht-Karten sollen sich die philosophische und die eher mystische Dimension des Staunens, der Glückserfahrung und des Erschreckens begegnen und wechselseitig deuten.

Dazu sind fünf Themenbereiche konzipiert und mit didaktisch anregenden biblischen Bezügen versehen worden.

– Aus dem Bereich *„Woher ich komme und wer ich bin"* stammt die Frage: *Gibt es mich nur einmal auf der Welt?* Zugeordnet werden kann

[3] ebd.
[4] ebd.

der Bibelsatz: *Das Leben ist geborgen bei einem treuen Freund* (nach Jesus Sirach 6, 16).

- Dem Thema *„Was ich mir vorstellen kann und wozu ich fähig bin"* ist der Satz zugeordnet: *Manchmal habe ich den Eindruck, als könnte ich in mich hineinschauen.* Die biblische Ergänzung stammt aus Ps 9, 11: *Du verlässt nicht die, die nach dir fragen.*
- Aus dem Thema *„Was ich fühle und was ich erfahre"* stammt der Satz: *In der Nacht fühle ich mich allein und schutzlos.* Die Bibelstelle zum Nachdenken lautet: *Wer im Dunkel lebt und wem kein Licht leuchtet, der vertraue auf seinen Gott* (nach Jes. 50, 10).
- Zum Thema *„Was ich wohl tun werde und was aus mir wird"* gehört die Frage: *Werde ich die Welt entdecken?* Und Jeremia ergänzt (29, 13): *Sucht ihr mich, so findet ihr mich. Wenn ihr von ganzem Herzen nach mir fragt.*
- Zum letzten Thema *„Wohin ich wohl gehe und was mich erwartet"* gehört die Frage: *Werde ich wissen, wenn es so weit ist, dass ich sterben muss?* Und der Prediger ergänzt: *Auch wenn ein Mensch viele Jahre zu leben hat, freue er sich in dieser ganzen Zeit und er denke zugleich auch an die dunklen Tage* (nach Prediger 11, 8).

Mit den Bildern, den zum Philosophieren anregenden Sätzen und den Sätzen der Bibel nun sollen die Kinder Geschichten erzählen, Bildergeschichten verfassen, zeichnen, malen, collagieren, Gegensätzliches und Ähnliches zuordnen usw. und so dem seltenen Vogel Einflug in das Klassenzimmer verschaffen. In der Lehrergruppe vom Anfang hatte sich jede(r) eine Aufgabe aus dem folgenden Angebot ausgewählt:

- Erzähle zu einem oder zu mehreren Bildern eine Geschichte.
- Zeichne das Bild einer Karte mit schwarzem Stift weiter, z. B. was zuvor geschehen ist oder was als Nächstes geschieht.
- Suche zu einem Bild andere Texte, zu einem Text andere Bilder.
- Suche Bilder, die Ähnliches oder Gegensätzliches abbilden und schreibe auf, was Dir zu den Bildern einfällt.
- Suche Bilder aus, die zu den Themen Seele oder Spiegel gehören.

2. Fortbildung Ethik-Religion in der Lernwerkstatt

Lehrerfortbildung für Ethik- und Religionslehrerinnen und -lehrer in der Lernwerkstatt Ethik-Religion gelingt, wenn wie bei der Arbeit mit der Gewitternachts-Kartei

- Lehrerinnen und Lehrer sich mit Unterrichtsmaterial und -methoden auseinandersetzen, die sie als hilfreich für ihren Unterricht ansehen
- Unterrichtsmaterial und -methoden erprobt und mitgenommen werden können
- die Gegenstandsbereiche von Ethik- und Religionsunterricht miteinander verglichen und ins Verhältnis gesetzt werden können
- philosophische und theologische Antworten auf die großen Fragen der Menschheit versucht werden können.

Dies ist ein offener kommunikativer Prozess. Im Idealfall besuchen Ethik- und Religionslehrer einer Schule gemeinsam eine Fortbildungsveranstaltung und entwickeln Gedanken zur Abstimmung der Unterrichtsangebote, Ziele, Methoden und Beurteilungskriterien. So bunt gemischt die Angebote der Lernwerkstatt im ersten halben Jahr ihres Bestehens waren, so sehr versuchten wir, die vorstehenden Ergebnisse zu erreichen. Es wurden von der *Struktur* her angeboten:

Die Offene Lernwerkstatt
Jeweils am Montag Nachmittag (14.00 Uhr – 18.00 Uhr) ist die Lernwerkstatt für interessierte Kolleginnen und Kollegen geöffnet. Sie können sich in aller Ruhe umsehen, Ideen und Informationen sammeln und mit einer fachkundigen Kollegin ins Gespräch kommen

Schnupperstunde in der Lernwerkstatt
In einer etwa einstündigen Veranstaltung werden interessierte Kolleginnen und Kollegen in die Arbeit in der Lernwerkstatt eingeführt. Sie lernen die Räumlichkeiten kennen und erfahren Wesentliches zum Konzept und zum Angebot der Lernwerkstatt. Die Teilnahme an einer Schnupperstunde ist nötig, um selbständig mit einer Lerngruppe in der Lernwerkstatt zu arbeiten. Hierzu ist eine Voranmeldung dringend notwendig.

Aus der Praxis – für die Praxis:
Lehrerinnen und Lehrer erarbeiten Lernangebote

Im Rahmen einer Arbeitsgemeinschaft erarbeiten Lehrerinnen und Lehrer verschiedene Arbeitsanregungen und Arbeitsmittel für Phasen selbstbestimmten Arbeitens im Unterricht ihrer Schulart und Schulstufe sowie ihrer Gemeinde.

Methoden- und Materialwerkstatt

Die Methodenwerkstatt ist für Lehrerinnen und Lehrer aller Fächer sowie für kirchliche Mitarbeiterinnen und Mitarbeiter offen. Hier wird fächerübergreifend und projektorientiert gearbeitet.

Für das erste Halbjahr 2000 hatten wir eine Reihe von Fortbildungen aus der und für die Unterrichtspraxis geplant. Folgende *Themen* wurden im ersten Halbjahr in Halb- oder Ganztagesveranstaltungen angesprochen:

Zeit

Die Referentin stellt Unterrichtsmaterial vor, das aus der Montessori-Pädagogik u. a. für den Religions- und Ethikunterricht entwickelt worden ist und mit dem sich Kinder eine elementare Zeitvorstellung aneignen können: Die Lebensuhr, der Wochenkreis und die Tageskette. Ein Jahreskreis wird gemeinsam gestaltet.

Ich bin ich

In dieser Fortbildung wird Freiarbeitsmaterial für den Religions- und Ethikunterricht der Klassen 3-6 vorgestellt und erarbeitet (Würfelspiel, Spiegelkästchen, Falten eines kleinen Buches), das die Teilnehmenden im Unterricht einsetzen oder mit ihren Schülerinnen und Schülern selbst gestalten können.

Erzähltücher lesen und gestalten

In dieser Fortbildung wird das Hamburger Hungertuch zum Thema „Armut und Ungerechtigkeit im Leben Hamburger Jugendlicher“ vorgestellt. Darüber hinaus wird ein Projekt dokumentiert, das mit Schülerinnen und Schülern der Stapelburger Sekundarschule als Gestaltung eines „Antworttuches“ mit Stoffmalfarben und einem alten Bettlaken durchgeführt worden ist.

In Religion und Ethik mit Ton arbeiten

Diese Fortbildung richtet sich an Lehrerinnen und Lehrer und kirchliche Mitarbeiterinnen und Mitarbeiter, die Interesse an kreativen Unterrichtsmethoden haben, aber nicht über gestalterische Grundkenntnisse zu verfügen meinen. Die Referentin stellt Grundtechniken für die Arbeit mit Ton vor. Thematisch wird mit Beispielen gearbeitet, die direkten Bezug zu alltäglichen Unterrichtsthemen haben.

Texttheater
Das Texttheater ist eine aus der Befreiungspädagogik Lateinamerikas stammende Interpretationsmethode von Texten, die Schülerinnen und Schülern Spaß macht, überraschende Erkenntnisse fördert, aber auch geübt werden will. Dazu bietet diese Fortbildung für die geistes- und sozialwissenschaftlich orientierten Fächer der Sek. I Gelegenheit.

Das übergeordnete schulpädagogische Ziel der Lernwerkstattsfortbildungen besteht in der Bereicherung der alltäglichen Unterrichtskultur. Die Teilnehmenden entdecken sich in einem positiven Sinne als Lernende. Damit ist nicht gemeint, dass sie wieder anfangen, sich wie Schüler zu benehmen, die der Unterricht langweilt (was vor allem in Langzeitweiterbildungen auch vorkommen mag). Gemeint ist, dass Fragen nach sinnvollem Lernen und Motivation gestellt werden können. Gemeint ist die optimistische Erkenntnis, dass Menschen lernen wollen, wenn das Material sie anregt, sie auf verschiedenen Lernwegen arbeiten können und sie ihre wichtigen Fragen bearbeitet sehen. Individualisierung von Lernprozessen, Berücksichtigung ästhetischer Dimensionen in der Unterrichtsplanung, neigungsdifferenzierte Auswahl kreativer Zugänge und Beteiligung der Lernenden an der Auswahl der Lerngegenstände sind vier Ebenen, auf denen der alltägliche Ethik- und Religionsunterricht verändert und verbessert werden soll.

In der Lernwerkstatt Ethik-Religion in Drübeck stehen für die Offene Lernwerkstatt verschiedene Materialien bereit, die z. T. bereits in Fortbildungszusammenhängen und Unterricht erprobt worden sind. Mit diesem Material können die Besucher selbständig arbeiten. U. a. sind zu finden:

- CD und Arbeitsheft zu „Sofies Welt“, einer Reise durch die Geschichte der Philosophie, aufgearbeitet für die Sekundarstufe I
- philosophische Nachdenkgeschichten zu Themen wie „Können Äpfel sterben?“ zum Philosophieren mit Kindern
- eine Freiarbeits-Kartei zu den Psalmen der Bibel, mit der Möglichkeit, die eigene Sprache und die eigene Existenz in Beziehung zu Sätzen der Bibel zu bringen

- Freiarbeits-Karteien zu Zeit und Umwelt Jesu, seinem Leben und seinem Tod, die aus der Montessori-Pädagogik heraus entwickelt worden sind
- ein mit Tüchern und vielem zusätzlichen Material auszulegender Jahreskreis, mit dem zeitliche Strukturen in das Bewusstsein von Kindern gebracht werden können (Tagesablauf, Jahresablauf in der Natur, Lebenslauf, Kirchenjahr). Gerade dies Beispiel zeigt, dass vieles aus dem Freiarbeitsmaterial auf Fächerübergriff angelegt ist.
- Bilderbücher zu Geschichten des Alten Testaments mit vielen Spielideen.

Hier zeigt sich eine weitere wichtige Funktion der Lernwerkstatt Ethik-Religion, die das viele in den letzten Jahren auf den Markt gekommene und häufig sehr teure Freiarbeitsmaterial sichten und kritisch analysieren muss, bevor es die Schulen erreicht. Die Arbeit mit Karteien und Spielen benötigt eine spezifische Infrastruktur, weswegen nun der Blick auf den Aufbau und die Einrichtung einer Lernwerkstatt gerichtet wird. Dazu verlassen wir die Drübecker Lernwerkstatt und die eingangs angesprochene Lehrergruppe.

3. Lernort Lernwerkstatt – pädagogische Botschaften und Überzeugungen

Vor dem Aufbau der Drübecker Lernwerkstatt hatte das Kollegium des PTI andere Lernwerkstätten besichtigt. Als besonders nachdrücklich erwies sich ein Besuch in der Lernwerkstatt am Religionspädagogischen Zentrum Heilsbronn: Liebevolle Gestaltung, Blick fürs Detail und lernanregender Aufbau prägen diesen Lernort. Man betritt die Lernwerkstatt über einen *Treppenaufgang*, in dem schon angedeutet wird, was Programm ist: An den Wänden hängen gerahmte Fotografien von selbst gebastelten Handpuppen. Neben den Fotorahmen finden sich gesprächseröffnende Sätze, zumeist aus dem biblischen Buch der Psalmen. Mit einer Puppe, die darüber klagt, dass sie sich fühle „wie ein zerbrochenes Gefäß" kann man in einem Heft einen Dialog führen, ihr etwas zu diesem Gefühl sagen oder etwas von sich selbst preisgeben.

Über den Eingang erreicht man einen kleinen *Tagungsraum* für ca. 12 Personen. Quasi nebenbei wird man in die begriffliche Problematik eingeführt: Was ist eigentlich fächerverbindendes, was fächerübergreifendes Arbeiten? Wie funktioniert der Wochenplan? Wie lässt sich selbstbestimmt üben? In welchem Verhältnis stehen Freie Arbeit und Lehrgangsunterricht? Was sind eine Lernstraße, ein Lernzirkel, eine Lerntheke? Wie unterscheiden sich Projekte und andere offene Arbeitsformen? Neben einem Wandtuch zum Thema „Armut und Ungerechtigkeit in der Wahrnehmung Hamburger Jugendlicher" hängen Arbeitsanregungen: Fange ein Gespräch mit einem Menschen auf dem Bild an. Denke dir die Lebensgeschichte eines dieser Menschen aus. Gehe in das Bild hinein und stellt dich zu den Personen dazu? Was tust du? Hier wird die Theorie praktisch, man kann sich von kreativen Arbeitsanregungen bereichern lassen.

Von diesem Raum aus öffnet sich eine erste Tür mit der Aufschrift: Für alle, die Informationen suchen. Neben einigen Büchern zur Freien Arbeit findet man hier die für einen Büro- und Medienraum obligatorische Einrichtung: Computer, Scanner, Drucker, Kopierer und Video-Gerät.

Für alle, die sich von Material anregen lassen wollen, ist der Raum für Bastlerinnen und Bastler und Kreative. Hier können sie gestalten, und zwar mit: Knetgummi, Modelliermasse, Kohle, Kreide, Filzern, Uhu, Klebstiften, Scheren, Cuttern, Sandpapier, Naturmaterial wie Steinen und Nüssen, mit Nägeln und Pins, mit Lochzangen, Tackern, Klebepistolen, Linolmessern, Farbbrettern, Moosgummi, Holzkugeln, Kerzen, Federn, Holzpüppchen, Drähten, Bierdeckeln, Tontöpfen, Stacheldraht, Stoffen, Wolle, Fellen, Filmdosen, Körbchen etc. In einer Papierwerkstatt finden sich diverse Papiersorten und -größen, weiß und bunt sowie Zeitschriften für Collagen.

Recht neu und durch eine Spende einer Stiftung zum praktischen Lernen entstanden ist die *Druckwerkstatt* im Raum gegenüber. Hier lässt sich mit Setzkästen und Druckwalzen ebenso arbeiten wie mit Linoldruck. Einladungen können selbst gedruckt werden oder wichtige Sätze wie „Ein jegliches hat seine Zeit" als Uhr oder mit unterschiedlich großen Buchstaben.

Im letzten Raum der Werkstatt *„für alle, die gerne handwerklich arbeiten wollen"*, sind Verlags-Material und selbst gestaltete Karteien zu finden. Die Gewitternachtskartei steht über Karteien zu Themen wie Weg, Kreuz, Engel und Reformation. Besonders die Arbeit an Symbolen bietet eine gute Möglichkeit zum Fächerübergriff[5]. Man denke an Themen wie Wasser, Stein, Brot, Licht ...

Man verlässt die Werkstatt über einen Meditations- und Andachtsraum, in dem gerade eine Ausstellung zum Thema „Zeit" aufgebaut ist. Mit Mandalas, Farben, Büchern und Arbeitsanregungen kann der Zeit in unterschiedlichsten Zusammenhängen nachgespürt werden, bei Momo, beim Kleinen Prinzen und auch in der Bibel.

---

[5] vgl. Susanne Drewniok: Erfahrungslernen in der Wasserwerkstatt, in: AUFbrüche 1/2002, S. 28ff.

In Drübeck haben wir viel von den Heilsbronnern gelernt, die uns ihre „Reader und Flyer“ großzügig zur Verfügung gestellt hatten. Wir haben dort die Formulierung der Grundidee unserer Werkstatt gefunden: Religion und Ethik können sich nie in Wissen erschöpfen. In diesem Sinne gilt der Grundsatz, die selbständige, erfahrungsbezogene Aneignung und Auseinandersetzung zu fördern. Wir tun dies, indem wir auf die Grundbedürfnisse lernender Menschen eingehen:

- auf das Bedürfnis zu kommunizieren, Gedanken auszutauschen, Erfahrungen mit anderen zu teilen und zu reflektieren
- auf das Bedürfnis, etwas herzustellen, zu handeln, Dinge zu bauen, Erfindungen zu machen und ein Werk zu gestalten
- auf das Bedürfnis, Empfindungen auszudrücken, etwas von der eigenen Person mitzuteilen und darzustellen
- auf das Bedürfnis, etwas zu untersuchen, Experimente anzustellen, Neugier zu befriedigen, fremde Dinge zu entdecken.

Dafür will die Lernwerkstatt Religion–Ethik im Kloster Drübeck eine mit vielfältigem Material ausgestattete, modellhafte und anregende Lernumgebung mit der Möglichkeit selbstbestimmter, handlungsorientierter und interessengeleiteter Auseinandersetzung und mit verschiedenen Inhalten und Methoden des Religions- und Ethikunterrichts sowie der gemeindepädagogischen Arbeit mit Kindern und Jugendlichen anbieten. Das Kollegium in Heilsbronn hat für diese Arbeit pädagogische Überzeugungen formuliert, die von den Besucherinnen und Besuchern mitgebracht werden müssen, aber auch durch die Fortbildungsarbeit verstärkt werden sollen. Eingeladen sind Lehrerinnen und Lehrer,

- die davon überzeugt sind, dass Schülerinnen und Schüler grundsätzlich fähig und bereit sind zu selbstverantwortlichem Tun
- die ihren Schülerinnen und Schülern und auch sich selber Selbständigkeit und Kreativität zutrauen und zumuten wollen
- die bereit sind, Rollenverständnisse zu hinterfragen, die sich nicht mehr stets als besserwissende Instanz auffassen wollen
- die sich auf spannende und neue Lernwege einlassen wollen, die ihre Kinder beschreiten und die sie mit ihren Kindern gemeinsam beschreiten wollen
- die ein Stück kindliche Freude am Entdecken, Erforschen und Staunen wiedergewinnen wollen oder sich erhalten haben
- die ihre bewährten Unterrichtsmethoden hinterfragen wollen, ohne sie neuen Ideen blind zu opfern

– die Unterricht und Erziehung auch nach vielen Dienstjahren immer noch als spannendes Geschehen mit Menschen verstehen.

4. Vielfalt der didaktischen Reform – Grundsätze und Gemeinsamkeiten des didaktischen Ansatzes[6]

Lehrerinnen und Lehrer, die eine Lernwerkstatt besuchen, bringen recht homogene Erfahrungen mit. Sabine Gerbaulet hat eine grundlegende Erfahrung so beschrieben: „Wer Kindern Raum für entdeckendes Lernen geben will, muss die eigene Lehrerrolle neu definieren, muss selbst erfahren haben, dass Lernen weniger mit Lehren als vielmehr mit Neugier, Beharrlichkeit, wissen wollen und können wollen zu tun hat. Das ist wohl der gemeinsame Nenner, auf den sich die Arbeit der Lernwerkstätten – bei aller Unterschiedlichkeit – bringen lässt: Stundentafeln, Richtlinien und Lernmaterialien ändern so lange nichts an der Unterrichtswirklichkeit, wie sich der Lehrer nicht in seinem Selbst- und Rollenverständnis ändert."[7] Der beste Weg zu gutem Unterricht wird dann gegangen, wenn Lehrerinnen und Lehrer selber wieder Spaß am Lernen bekommen haben.

Eine zweite Erfahrung, die den Aufbau von Lernwerkstätten erklärt, bezeichnet Hans Brügelmann als Gleichzeitigkeit von Über- und Unterforderung der Schülerinnen und Schüler im Klassenunterricht: „In der Schule als einem pädagogischen Schonraum neigen wir dazu, Kinder intellektuell zu unterfordern, indem wir die Welt inhaltlich simplifizieren. Andererseits überfordern wir sie durch die Formalität der Arbeitsformen, über die wir diese Weltsicht vermitteln."[8] Sachverhalte, die zusammen gehören, werden in Unterrichtsfächer zergliedert und dadurch unzulässig vereinfacht. Die komplexere Wirklichkeit wird oft aus dem Unterricht ausgesperrt. Und gleichzeitig verlangen Lehrerinnen und Lehrer, dass im 45-Minuten-Takt gelernt wird, dass beim Arbeiten geschwiegen werden soll, dass der Füller statt des Bleistifts zu benutzen ist, dass ein Heft angeschafft werden muss und ein Aktendeckel es

---

[6] Hildegard Kasper, Barbara Müller-Naendrup: Lernwerkstätten: die Idee - die Orte, die Prozesse, in: Praxis Schule 5 - 10, 4/1992, S. 8ff. Vgl. auch: Karin Ernst/Hartmut Wedekind (Hg.): Lernwerkstätten in der Bundesrepublik Deutschland und Österreich. Eine Dokumentation, Frankfurt am Main 1993

[7] Sabine Gerbaulet: Weiter lernen durch Handeln, in: Die Grundschulzeitschrift 35/1990, S. 28

[8] Hans Brüggelmann: Lehrling oder Schüler? in: Beispiele 1/1994, S. 18

nicht tut. In Lernwerkstätten wird gelernt, die geeignete Präsentationsform selbst zu finden.

Eine dritte den Lernwerkstätten zugrunde liegende Erfahrung ist darin zu sehen, dass Lehrerinnen und Lehrer sich nicht mehr mit ihrem klassischen Rollenverständnis als Belehrende begnügen wollen. Sie möchten eine gute Lehrerin oder ein guter Lehrer mit reichen Methoden- und Materialkenntnissen sein und so die Idee einer guten Schule verwirklichen. Gute Schule wird verstanden als Schule in Bewegung, als Interesse an Weiterentwicklung und Verbesserung. Es geht um Partnerschaftlichkeit im Kollegium, um Kommunikation zwischen Schülerinnen und Schülern, um dem Lernen förderliches Schulleben. Der Gedanke einer Schule zum Wohlfühlen spielt eine große Rolle. Diese Erfahrungen wie auch die Erkenntnis, dass der Frontalunterricht einer immer schwieriger werdenden Schülerschaft immer weniger genügt, sind Gründe dafür, dass viele Lehrerinnen und Lehrer ihren Unterricht verändern. Veränderter Unterricht benötigt aber auch veränderte Fortbildung.

– Fortbildung soll aus der Alltagspraxis von Lehrerinnen und Lehrern entwickelt werden, sie soll deren konkrete Erfahrungen und Probleme berücksichtigen, kontinuierlich und auch schulnah angelegt sein.
– Fortbildung soll Möglichkeiten zur Entwicklung der Kooperations- und Kommunikationsfähigkeit der Beteiligten bieten. Eine gelungene gemeinsame Fortbildung ist immer auch ein Modell für gelingende Kommunikation in der Schulpraxis.
– Die Erkenntnis, dass Praxisbezug und Handlungsorientierung den Lernerfolg vergrößern, erfordert eine Hinwendung zu Fortbildungsmethoden, die das aktive Handeln befördern.

Wenn man nun die in den neunziger Jahren entstandenen Lernwerkstätten betrachtet, kann man sagen, dass sie sich alle gemeinsam als regionale Fortbildungszentren oder als schulische Lernangebote zunächst für Lehrerinnen und Lehrer verstehen. Es lassen sich, obwohl die Grenzen fließend sind, vier verschiedene Typen[9] herausschälen:

1. Lernwerkstätten als Beratungs- und Fortbildungseinrichtungen, die sich mit ihren Angeboten hauptsächlich an Lehrer an der jeweiligen Region

[9] vgl. Anm. 6

richten, aber auch je nach Bekanntheitsgrad überregionale Aktivitäten entwickeln.

2. Lernwerkstätten als Ausbildungseinrichtungen, die sich mit ihren Angeboten an zukünftige Lehrerinnen und Lehrer richten und Bestandteil der Ausbildung sind.
3. Der Klassenraum als Lernwerkstatt. Schülerinnen und Schülern werden in gestalteten Lernräumen Möglichkeiten werkstattorientierter Lernphasen ermöglicht. Büffelstübchen oder Stöberkisten heißen solche Werkstätten z. B. In einigen Schulen wurden ganze Häuser zu Lernwerkstätten weiterentwickelt, andere versuchen über die Veränderung der Fachräume, zumindest einen Raum zur Schullernwerkstatt umzubauen.
4. Schließlich gibt es einige wenige mobile Lernwerkstätten, die aufgrund fehlender Räumlichkeiten Lernangebote für Fortbildungsveranstaltungen zur Verfügung stellen.

5. Das Fachkabinett Ethik- und Religionsunterricht als Lernwerkstatt

Die Öffnung des Unterrichts vollzieht sich schrittweise. Sie beginnt mit neuem Material wie der Gewitternachtskartei und kleinen Erfolgserlebnissen, wenn Lernen wieder Spaß gemacht hat und die Schüler den Unterricht nicht mehr so langweilig wie sonst manchmal fanden. Ein etwas größerer Schritt wird dann gegangen, wenn Ethik- und Religionslehrerin einer Schule sich um einen gemeinsamen Fachraum (in Ostdeutschland: Fachkabinett) bemühen und ihn nach ihren fachdidaktischen und pädagogischen Bedürfnissen einrichten. Gerade wenn manche Klassenräume über den Charme einer nicht renovierten Beamtenstube um die Jahrhundertwende verfügen und manche verwahrloste Klassenräume in den Plattenbauschulen vom „Typ Erfurt" Zweifel aufkommen lassen, dass Lernen hier mit Freiwilligkeit oder Freude in Zusammenhang gebracht werden könnte, ist es wichtig, andere Räume in Schulen zu installieren. Räume, deren pädagogische Botschaft nicht in Abwertung oder Gleichgültigkeit besteht, sondern in einer Einladung zum Leben und Lernen. Ein Klassenzimmer, das zur Lernwerkstatt wird, setzt auf eine Einrichtung, die nicht Ausdruck einer sanftfröhlichen Kuschelpädagogik ist, sondern eine angemessene Antwort auf die veränderte Kindheit und Jugend in einer veränderten Gesellschaft darstellt. Das traditionelle Vermittlungslernen bereitet immer weniger auf den „Ernst des Lebens" vor, weil es kein selbständiges Lernen intendiert. Selbst ihr vorgebliches Ziel, die Aneignung von Wissen, erreicht diese Lernform zunehmend schlechter. Deshalb unterscheidet sich eine Lernwerkstatt im Klassenraum vom Klassenzimmer herkömmlicher Prägung. Eine Lernwerkstatt ist in besonderem Maße Ausstellungsraum. Produkte der Schülerinnen und Schüler werden nicht länger nur für die Lehrerin oder den Lehrer in Form von Heften oder Mappen erstellt, sondern im Klassenraum von Mitschülerinnen und Mitschülern für die schulische Öffentlichkeit ausgestellt.

In solcher Lernwerkstatt benötigt man eine Reihe von Einrichtungsgegenständen, die in traditionellen Klassenzimmern nicht unbedingt zu finden sind. Als Ausstellungsflächen eignen sich Pin- und Stellwände, in kleinen Räumen können auch Präsentationssäulen hilfreich sein. Wichtig ist, dass die ausgestellten Texte, Bilder und Collagen ansprechend gestaltet sind. Hier eignen sich bunte Pappen, die auch einen attraktiven Rahmen abgeben können und recht preiswert sind. Überhaupt ist festzustellen, dass Lernwerkstätten wenig Geld kosten, wenn alle Schülerinnen und Schüler und die Eltern oder die Kirchengemeinden mitziehen. Zur materiellen Grundausstattung zählen über die Stellwände hinaus Scheren, Klebestifte, Filzstifte, Lineale, Pin-Stifte usw. Wenn man eine Schneidemaschine auftreiben kann, können alle Schüler gerade schneiden. Zur Aufbewahrung von Nachschlagewerken, Karteien, Zeitschriften usw. braucht man Regale. Als Ordnungssystem haben sich Schubladenkästen, die man aus Pappe herstellen kann, bewährt. Hier können Schülerinnen und Schüler ihre Arbeitsmaterialien ablegen oder sie als Briefkästen benutzen. Zu einer sinnvollen materiellen Grundausstattung einer Lernwerkstatt gehören ausrangierte Kassettenrecorder, mit denen Schülerinnen und Schüler Interviews durchführen sowie Hörspiele gestalten können. Schreibmaschinen für die Reinschrift von Texten sind sinnvoll. Ebenfalls in eine Lernwerkstatt gehören Pflanzen, Spiele, Werkzeuge für die praktische Arbeit. Ob eine Kuschelecke Bestandteil einer Lernwerkstatt sein soll, wird von Kolleginnen unterschiedlich gesehen. Manche bringen Sofa, Sessel, Kühlschrank mit, andere wehren sich dagegen und sagen, dass eine Lernwerkstatt ein Lernraum mit großen Freiheiten ist, wo aber vor allem gearbeitet wird und weniger gelebt werden soll. Der wirklich entscheidende Punkt für die Einrichtung einer Lernwerkstatt ist nicht die materielle Ausstattung, sondern die Sitzordnung. Die Grundidee dabei ist, dass die Sitzordnung flexibel sein muss, ohne großen Aufwand veränderbar. Sie muss für Gruppenarbeit geeignet sein und Bewegungsraum lassen.

Beim Unterricht in einer Lernwerkstatt wird es am Anfang zunächst lauter, unruhiger, wuseliger als im traditionellen Klassenzimmer sein. Um so wichtiger ist es zu lernen, dass lebendiges Lernen in einer Lernwerkstatt auch Rücksichtnahme erfordert und auch die Einhaltung sinnvoller Regeln. Man sollte deshalb solche Regeln nicht nur gemeinsam mit den Schülerinnen und Schülern festlegen, sondern auch deren Einhaltung gewährleisten. Grundsätzlich gilt: Wenige gemeinsam aufgestellte klare Regeln, auf die man schnell Bezug nehmen kann, sind sinnvoller als viele vom Lehrer erlassenen Gebote. Kolleginnen, die auch für den Unterricht in Lernwerkstätten praktizieren, berichten selbst aus schwierigen Hauptschulklassen von einem entspannten Arbeitsklima und von einem freundschaftlichen Umgangston der Klasse. Eines meiner schönsten Erfolgserlebnisse in Sachsen-Anhalt war, als nach einer Freiarbeitswerkstatt zum Thema Weihnachten Lehrerinnen und Lehrer gekommen sind und erzählt haben, dass sie so etwas in einer 10. Klasse auch ausprobiert hätten und selbst die größten Chaoten seien völlig versunken gewesen, als sie bei leiser Musik Fensterbilder von Wegen in die Mitte gestaltet hätten.

6. Zusammenfassung

Lernwerkstätten für Religions- und Ethikunterricht können Hoffnungsträger für die Verbesserung der schulischen Unterrichtskultur sein. Sie stellen eine vorzügliche Möglichkeit der Kooperation beider Fächer im Sinne der Expertise zum Religions- und Ethikunterricht dar: Schülerinnen und Schüler, Lehrerinnen und Lehrer unterschiedlicher Lerngruppen erfahren von ihren Unterrichtsthemen und -vorhaben. Die Veröffentlichung der Lernergebnisse gestattet Nachfragen, aber auch die Konzipierung gemeinsamer Phasen. Auf diese Weise kann die Fächergruppe durch Kooperation der Fachvertreterinnen und -vertreter an der Einzelschule wachsen und die konzeptionelle Diskussion bereichern und korrigieren. Dazu werden Rahmenbedingungen benötigt, die Kooperation personell und fachlich begünstigen. Die Gestaltung des Raumes durch Vertreter beider Fächer steht exemplarisch für fächerübergreifendes und fächerverbindendes Lernen. Die Vereinbarung von Regeln steht paradigmatisch für eine demokratische Unterrichtskultur, die von beiden Fächern befördert wird. Es ist ein Leichtes, mit dem Unterrichtsmaterial der anderen Gruppe zu arbeiten, wodurch teure Anschaffungen vermieden werden können. In Sachsen-Anhalt gibt es erste Bestrebungen, solche Lernwerkstätten an den Schulen einzurichten. Gegen kritisch-resignative, nur scheinbar realistische Einwände fand ich bei meinem Besuch der Heilsbronner Lernwerkstatt ein schönes Zitat von Kurt Marti, mit dem man dort frustrierten Einwänden begegnet: „Wo kämen wir hin, wenn alle sagten: Wo kämen wir hin und keiner ginge, um zu sehen, wohin wir kämen, wenn wir gingen?“

Till Warmbold

„Bald hat fast jeder ein Tattoo..." Über ein Projekt „Kult" im Religions- und Ethikunterricht in der 10. Jahrgangsstufe

1. Trends

Das Thema „Kult" hat in den letzten Jahren erheblich an didaktischer Relevanz für den Unterricht gewonnen. Das Bedeutungsspektrum des Begriffes ist semantisch unscharf und sehr weit, dennoch ist unstrittig, dass „Kulte" der unterschiedlichsten Art im gesellschaftlichen Leben eine Rolle spielen. Auch Jugendlichen sind Begriffe wie „Körperkult", „Satanskult" oder „Hüttenkult" (so der Titel einer CD mit Stimmungsmusik für den Ski-Urlaub) vertraut; das anerkennende Adjektiv „kultig" kann – je nach geschmacklicher Präferenz – unterschiedlichen Phänomenen zugesprochen werden. Bis vor kurzem waren „Ballermann"-Urlaube für manche Mitmenschen Kult, ähnliches gilt für TV-Serien wie „Gute Zeiten, schlechte Zeiten" oder „Big Brother", für Sportartikel wie Inliner oder Snowboards, für Kleidung und Freizeitverhalten wie z.B. 70er-Jahre-Klamotten oder Techno-Parties. Die Teilnahme an der „Love-Parade" ist für manche ebenso „kultig" wie für andere der FC St. Pauli. Solche Kulte können kurzlebig sein oder eine längere Tradition aufweisen, entsprechend einer verbreiteten Fast-Food-Mentalität kann die Teilnahme rasch wechseln. Für manche Jugendliche scheint es auch kein Problem zu sein, gleichzeitig an verschiedenen Kulten aktiv teilzunehmen.

2. Gefahren

Für die Gesellschaft und auch für die Schule ist das Thema erst richtig ernst geworden, als die Gefahren einiger „Kulte" offensichtlich wurden: Kulte können das Selbstbewusstsein negativ prägen, können die Vorstellung von einem geglückten Leben in eine düstere Endzeitvision umkehren und unter Umständen die gesamte Persönlichkeit nachhaltig verändern. Unter dem Einfluss eines problematischen Kultes können die Anhänger in extreme psychische und auch physische Abhängigkeitsverhältnisse geraten und eventuell in Lebenskrisen gestürzt werden. Von Schule und Unterricht wird erwartet, dass sie hier gegensteuern, Aufklärungsarbeit leisten und den Gefahren möglichst vorbeugen. Die Chancen dafür stehen angesichts der vielen alltäglichen „Nebenerzieher" nicht sehr gut.

3. Vorbehalte

Jugendliche werden im Religions- und Ethik-Unterricht über Kulte nachdenken, wenn es z. B. um Okkultismus, neureligiöse Strömungen oder so genannte „Sekten" geht. Guter Unterricht wird eine seiner wesentlichen Aufgaben darin sehen, neben einer sachlichen Information auch eine kritische Perspektive auf solche Phänomene zu ermöglichen. Allerdings kann es leicht dazu kommen, dass die Schülerinnen und Schüler schnell bemerken, wohin der Bildungsweg letztlich führen soll. Dann ist oft selbst der beste Unterricht am Ende seines gut gemeinten didaktisch-methodischen „Lateins" angekommen: Die Jugendlichen ahnen, dass es letztlich darum geht, sie ernsthaft-freundlich zu ermahnen, sich bloß nicht zu intensiv auf vermutlich fragwürdige „Kulte" einzulassen. Damit wären aber die Spielräume für ein eigenständiges Urteilen fast aufgehoben; hier lohnt sich keine intellektuelle Anstrengung mehr, weil das Ergebnis ja quasi schon feststeht. Irgendwie „wissen" dann alle schon alles, bevor es auch nur richtig zur Sprache gekommen ist.

Nebenbei dürfte sich noch das Problem stellen, dass Lehrerinnen und Lehrer nicht immer als akzeptable „Vermittler" dieses Stoffes angesehen werden können. Während Jugendliche an einigen Kulten vermutlich teilhaben, gelten die Lehrkräfte eher als „Außenstehende", die von dieser Materie wohl wenig Ahnung haben. Es wäre ja auch weder wünschenswert noch mit dem Berufsethos vereinbar, wenn Lehrer sich als mehr oder weniger „heimliche" Vermittler von Kulten verstehen würden.

4. Didaktische Auswahl

Eine Unterrichtseinheit zum Thema „Kult" muss sich grundlegenden Problemen stellen: Welche Kulte sollen als Beispiele „pars pro toto" ausgewählt werden? Welche sind für die jeweilige Lerngruppe überhaupt relevant? Wie lässt sich der oben genannte pädagogisierende Zeigefinger vermeiden? Wie kann der Erfahrungs- und Wissenshorizont der jeweiligen Lerngruppe ermittelt werden? Soll man den Jugendlichen unterstellen, schon sehr viel oder eher sehr wenig zu wissen, kann man die Kenntnis der gängigen Medienberichte voraussetzen, darf man überhaupt eine konkrete Haltung unterstellen?

Diese Vorüberlegungen waren der Ausgangspunkt für die nachfolgend skizzierte Unterrichtseinheit in einer 10. Klasse eines Gymnasium am Stadtrand von Hannover. Die bekannten Kriterien der Schülerorientierung sowie der Prinzipien eines handlungs- und problemorientierten Arbeitens sollten dabei die Grundlage für das gemeinsame Lernen bilden.

4.1 Einstiegsphase

Die Klasse sammelt zum Tafelanschrieb „Kult – was ist das?" in einem Brainstorming Beispiele. Ich bin zunächst lediglich Protokollant an der Tafel und lasse den Jugendlichen relativ viel Zeit, damit möglichst alle zu Wort kommen. Damit beginnt auch bereits ein erstes, allerdings noch unreflektiertes Kommentieren und Urteilen darüber, ob etwas überhaupt ein Kult ist. Die Beispiele der Lerngruppe markieren das Alltagsverständnis bezüglich des Begriffs in dieser Lerngruppe, also jenen konkreten ersten Bedeutungshorizont, ohne dessen Kenntnis die Planung der späteren Unterrichtsphasen kaum sinnvoll wäre.

Die von den Schülern genannten Beispiele notiere ich schließlich zusammenfassend auf einer OHP-Folie, damit sie in späteren Phasen noch einmal (selbst-) kritisch berücksichtigt werden können.

Als „Kult" werden genannt: Elvis, Tattoos, Harley Davidson Motorräder, Kiffen, der „Schlager-Move" in St. Pauli, der Marlboro-Cowboy, Rap-Musik, Skater, Graffiti, Piercing, Gothic, Kickboards, „GZSZ" (= „Gute Zeiten, schlechte Zeiten"), Techno-Parties, Wolfgang Petry, Ballermann-Urlaub.

Ein Junge fragt vorsichtig, ob nicht auch „Neo-Nazis" ein Kult seien. Die Klasse ist sich unschlüssig und zeigt eher Ablehnung, schließlich wird vorgeschlagen, das dürfe in Klammern stehen, weil es „so wenig sind". Nach kurzer Diskussion, die kein konkretes Ergebnis hat, notiere ich den Vorschlag in Klammern.

Spontan beginnt eine Diskussion, weil einige Vorschläge nicht ohne weiteres akzeptiert werden. Beispielsweise wird Elvis Presley nur als Kult „für Ältere" anerkannt, gegen den Marlboro-Cowboy wird eingewandt, er könne nur für Raucher eine Kultfigur sein. Wolfgang Petry wird allgemein als „kultig“ anerkannt, aber nur unter der Voraussetzung, dass man „es nicht so ernst“ meine. Tattoos sind dagegen ein ernsthafter Kult für diese Altersgruppe, allerdings wird mit Bedauern konstatiert, inzwischen habe „fast jeder“ ein Tattoo und das mache den Kult „bald kaputt“.

Damit ist bereits implizit die Frage nach den Kriterien für einen Kult-Status gestellt.

4.2 Forschungsarbeit

Ich bitte die Jugendlichen, sich in kleineren Gruppen (zwei bis max. vier Teilnehmer) für jeweils einen tatsächlichen oder vermeintlichen Kult zu entscheiden, um diesen dann näher zu erforschen. Dazu soll eine Dokumentation erstellt werden. Die Art der Dokumentation ist grundsätzlich freigestellt, es kommen z. B. Fragebögen, Interviews, Zeitungsausschnitte, Tondokumente, Reportagen, eigene Photos oder Videoaufnahmen in Frage. Wir wollen dann alle wesentlichen Arbeitsergebnisse auf einer Wandzeitung festhalten, die mit „Kommentarblättern“ versehen wird, so dass auch der Diskussionsprozess nachvollziehbar und widergespiegelt wird. Die Materialsammlung soll Antworten auf folgende Fragen ermöglichen:

Welche Merkmale hat der jeweilige Kult? Wo und wie lässt er sich bemerken? Gilt er nur für bestimmte Gruppen – und wie lassen sich diese näher definieren? Was sagen „Insider“ über diesen Kult? Wie wird er von Außenstehenden beurteilt? Ist er vielleicht umstritten?

In der folgenden Stunde werden die Materialien und Berichte auf der Wandzeitung fixiert und von der jeweiligen Gruppe vorgestellt. Eine lebhafte Diskussion beginnt, zahlreiche Rückfragen sind zu klären; hier wird implizit bereits deutlich, dass einige Kulte alles andere als harmlos sind – so berichtet z. B. ein Schüler über die illegale Sprayer-Szene Hannovers, deren Graffitis zu Strafverfolgung geführt haben, es sei bei nächtlichen Fluchtaktionen auch zu ernsthaft Verletzten gekommen. Und die Gruppe, die Tattoos als Kult-Phänomen untersucht, berichtet von hygienischen Problemen in einigen Studios und über gesundheitliche Risiken bei Piercings und Tattoos, vor denen Ärzte warnen. In dieser Phase wechselt das Gespräch in der Klasse mit Einzel- und Gruppengesprächen an der Wandzeitung. Nachdem viele Rückfragen zumindest ansatzweise geklärt sind, kann die nächste Phase beginnen.

4.3 Das theoretische Kult-Profil

Die Jugendlichen sollen nun aus der vergleichenden Betrachtung ihrer Materialien ein „Kult-Profil" erstellen. „Was macht einen Kult zum Kult?" ist die Leitfrage. Hier sollen quasi die notwendigen und die hinreichenden Bedingungen geklärt und von den weniger oder gar nicht relevanten Begleiterscheinungen unterschieden werden. Dazu soll jede Gruppe ihre Arbeitsergebnisse konkret mit den Arbeitsergebnissen einer anderen Gruppe schrittweise vergleichen und dabei nach möglichst treffenden Formulierungen für die Kriterien suchen.

4.3.1 Beispiel Tattoo

Tattoos sind in den letzten Jahren sehr beliebt geworden. Jugendliche und auch Erwachsene schmücken sich mit kleinen, dezenten Zeichen oder auch mit großflächigen Darstellungen, prominente Sportler und Schauspieler lassen sich offenbar gern mit ihren Tattoos fotografieren. Symbolträchtige Tätowierungen an bestimmten Körperstellen – z. B. Fußfessel, Schulter, Hüfte, Gesäß, Brustansatz – werden von der Klasse als „sehr sexy" eingestuft und entsprechend positiv beurteilt. In der Diskussion werden drei Aspekte mehrfach betont: Ein Tattoo verleihe „etwas Besonderes", könne der Persönlichkeit Ausdruck verleihen, wenn man das richtige Motiv auswähle, und außerdem sei es mutig, sich für so ein lebenslanges Zeichen zu entscheiden, das nicht ohne operative Eingriffe zu entfernen ist. In diesem Zusammenhang werden die lediglich aufgemalten Henna-Tattoos als „ganz nett, aber zu billig" disqualifiziert, diese hätten auch keinen Kult-Status. Einige Jugendliche betonen, es hätten schon zu viele Leute ein Tattoo, damit sei der Kult-Charakter nicht mehr gegeben. Dieser Punkt bleibt allerdings umstritten, es wird nämlich von anderen bezweifelt, dass die bloße Zahl der Teilnehmer nicht viel besage.

4.3.2 Beispiel Graffiti

Auch hier ist die Einschätzung sehr divergent. Einerseits sehen die jugendlichen es als „cool" an, nachts heimlich und illegal Kunstwerke zu produzieren – aber nur, „wenn es auch Kunstwerke sind". Es wird betont, dass die „schlechten" Graffitis mangels handwerklichen Könnens auf keinen Fall „kultig" seien, „blöd rumsprühen kann ja jeder".

Hier wird ein qualitatives Kriterium für die Anerkennung als „Kult" artikuliert.

Sehr beeindruckt sind die Jugendlichen von der „Geheimsprache" der Sprayer. Die Arbeitsgruppe hat eine Liste mit „Vokabeln" zusammengestellt: Outlines (Umrisslinien eines Graffiti), Fill In (zu füllende Fläche von Figuren), Tag (Unterschrift bzw. Signum des Künstlers oder der Crew), Throw up bzw. Bombing (mit max. zwei Farben nur die Outlines malen), Mural (aufwändig bemalte Wand), Whole Car (vollständig bemalte Waggon) usw. Es werden auch einige Initialen von Sprayer-Gruppen erläutert, die jeweils auch Botschaften artikulieren: UDR (U don't rule), RBL (Rebels) und FCK (Funky Crash Kids).

In der Diskussion sprechen die Jugendlichen den „Könnern" einen hohen Kult-Status zu. Die Gründe bzw. Kriterien sind aus ihrer Sicht einleuchtend: Graffiti sei eine Art Geheimbewegung der Hip-Hop-Kultur mit dem Ausgangspunkt Bronx, eine Art internationale Bewegung von Jugendlichen, die „ihr Ding durchziehen", dabei bewusst heimlich, risikofreudig, sogar illegal handeln und oft ihre materiellen Möglichkeiten völlig in den Dienst ihres Kults stellen. Die „Geheimsprache" verhindere, dass es so einfach möglich sei, ein „Insider" zu sein. Damit ist das Kriterium des Exklusivität deutlich benannt.

4.4. Ergebnisse

Nachdem auch die anderen Gruppen die spezifischen Besonderheiten der von ihnen untersuchten Kulte vorgestellt und erläutert haben, stelle ich eine weiterführende Hausaufgabe: Auf der Grundlage der stichwortartigen Mitschrift sollen die Schülerinnen und Schüler ein theoretisches (!) Kultprofil entwerfen.

In der nächsten Stunde werden die Ergebnisse vorgestellt und zusammengefasst:

- Kulte drücken eine gemeinsame Überzeugung aus, die sich mindestens auf einen kleinen Lebensbereich bezieht.
- Kulte bieten eine Ausdrucksmöglichkeit für die Persönlichkeit oder für einzelne Eigenschaften bzw. Interessen, die als besonders wichtig angesehen werden.

- Kulte haben Erkennungsmerkmale: Kleidung, Frisuren, Schmuck, Musikgeschmack, spezielle Freizeitgestaltung in der Gruppe, Tanzformen (z. B. Breakdance), Sprache.
- Kulte sind etwas Besonderes für „Insider".
- Kulte bieten das Gefühl der Zugehörigkeit, ggf. sogar Geborgenheit.
- Ein Kult kann mich positiv abgrenzen von „Normalen" (d. h. langweiligen) Durchschnittsmenschen.
- Für manche bietet ein Kult eine neue Identität
- Kult = Spaß
- Kult = Exklusivität

4.5 Problematisierung

Nach dieser kurzen Klärung möchte ich mit der Klasse zu einer Problematisierung kommen. „Kulte können gefährlich sein!" – diese These schreibe ich an die Tafel und überlasse die inhaltliche Diskussion zunächst der Klasse; ich beschränke mich wieder auf das Protokollieren und gelegentliche Nachfragen bzw. Bitten um präzisierende Angaben.

Zunächst äußern einige Jugendliche Widerspruch: Das gelte ja wohl nur für sehr wenige Kulte, die meisten seien harmlos. Der „Marlboro-Cowboy" zum Beispiel verleite in erster Linie solche Jungen zum Rauchen, die sich gern mit ihm und dem Slogan „Freiheit und Abenteuer" identifizieren möchten. Rauchen sei gesundheitsschädlich und daher nicht ungefährlich, aber das sei auch allgemein bekannt, und deshalb sei der Kult auch eigentlich nicht gefährlich. Der Kult um Harley-Davidson-Motorräder könne vielleicht zu leichtsinnigem Fahren verleiten, aber wegen des hohen Kaufpreises seien Jugendliche nicht gefährdet, weil sie sich eine solche Maschine nicht leisten können. Also sei auch dieser Kult harmlos. Anders fällt schon die Beurteilung der Techno-Parties aus, sie sind auch aus der Sicht der Klasse eher gefährlich, weil inzwischen die „Risiken und Nebenwirkungen" bekannt werden – dass Ecstasy-Pillen das Gehirn schädigen, scheint sich unter Jugendlichen herumgesprochen zu haben. Dagegen gelten der „Schlager-Move" und die „Love-Parade" als völlig harmlos. Allerdings rangieren diese beiden Freizeitvergnügen auch auf einer unteren Stufe, weil „da jeder mitmachen kann". Ein Mangel an Exklusivität schadet offensichtlich einem Kult-Status.

Exkurs: Sind Neo-Nazis „Kult"?

Ich lege noch einmal die OHP-Folie der ersten Stunde auf und verweise auf das eingeklammerte Beispiel der Neo-Nazi-Gruppen. Kann die Zugehörigkeit zu einer solchen Gruppe unter Umständen „Kult" sein? Hier entwickelt sich ein längeres und ernstes Gespräch. Auf den ersten Blick scheinen hier fast alle Kriterien zuzutreffen: Spezifische Formen der Kleidung, der Frisuren, des Verhaltens bei öffentlichen Auftritten, eine Gruppenidentität, eine vermutlich als positiv empfundene Abgrenzung von „Durchschnittsmenschen", ein Angebot für eine bestimmte Identitätsentwicklung. An diesem Beispiel erörtert die Klasse, dass es unter Umständen gefährlich werden kann, wenn alle Mitglieder eines „Kults" dieselbe Überzeugung teilen und von der Gruppe daher kein Korrektiv zu erwarten ist. Vermutlich sind auch gegenseitige Bestätigungen und Verstärkungen zu erwarten, weil in einer solchen „In-Group" niemand hinter anderen zurückstehen möchte, wenn es um die „richtige" Verhaltensweise oder Orientierung geht. Für diese Gruppen lässt sich auch eine Abschottung nach außen feststellen, die ggf. zu einer (vermeintlich) attraktiven Erscheinung für Außenstehende beiträgt. Es wird auch schnell deutlich, dass die Gefahr bei einigen „Kulten" darin zu sehen ist, dass sie vom einzelnen Mitglied unbedingten Gehorsam oder sogar Unterwerfung verlangen. Ein Schüler berichtet, dass es im Raum Hannover vor einigen Jahren schon Fälle gegeben habe, bei denen an „Abtrünnigen" , die sich von der rechtsradikalen Szene trennen wollten, gewalttätig Rache genommen wurde.

Zum Abschluss dieser einführenden Stunden wählt die Klasse zwei noch nicht behandelte Kulte aus, die besonders interessant wirken: „Gothic" und „Bhagwan". Diese wollen wir mit dem erarbeiteten Instrumentarium näher untersuchen. Ein Grund für diese Wahl dürfte darin liegen, dass in Hannover die sehr beliebte „Osho"-Discothek von Bhagwan-Anhängern gegründet und jahrelang betrieben wurde; in Hildesheim fand vor kurzem ein großes Gothic-Festival statt, über das in der örtlichen Presse ausführlich berichtet wurde. Auch an unserer Schule geben sich einige Anhänger dieses Kults durch die typische schwarze Kleidung mit auffälligem Silberschmuck zu erkennen.

5. Reflexion

Die hier skizzierten Stunden sind selbstverständlich keine vollständige Unterrichtseinheit, mit der das Thema „Kult" abschließend behandelt wäre. In jedem Fall müsste in nachfolgenden Stunden eine Vertiefung mit Blick auf Riten und Kulte in den großen Religionen erfolgen. Auch hier sollte neben dem Kennenlernen der Traditionen eine Problematisierung mit kritischer Reflexion eingeplant und initiiert werden. Dazu gibt es in den gängigen Lehrwerken und Schulbüchern eine Fülle von Vorschlägen. Sehr wichtig scheint mir ein sorgfältig vorbereiteter Einstieg zu sein, der den oben dargestellten Überlegungen folgt – nämlich ein an den konkreten Voraussetzungen der jeweiligen Lerngruppe schrittweise entwickelter Zugang zur Thematik, der von den Jugendlichen im Wesentlichen selbst erarbeitet wird. Ein lediglich dozierender Unterricht ist unbedingt zu vermeiden, weil er dem Lehrer die Rolle des „Wissenden“ überdeutlich zuweist und somit nicht zur eigenständigen Mitarbeit der Jugendlichen motiviert und herausfordert.

Wie kann nach einem solchen Beginn das Thema „Kult“ vertieft werden? Auch hier ist es sinnvoll, nach Möglichkeit die Vorkenntnisse und Erfahrungen der Lerngruppe einzubeziehen. Im Religions- und im Ethikunterricht (bzw. im Fach Werte und Normen) spielt das Thema im Zusammenhang mit den großen Religionen traditionell eine Rolle, allerdings eher in einer deskriptiv-informierenden Hinsicht (Ethikunterricht) und als Teil einer gemeinsam gelebten Konfession (Religionsunterricht). Aber auch im fächerübergreifenden Unterrichtsformen und Projekten bieten sich verschiedene Möglichkeiten, etwa im Zusammenhang mit Deutsch, Geschichte und Politik, Kunst und Musik. Auf einige Aspekte aus der Praxis möchte ich kurz hinweisen.

Es mag eine untypische Erfahrung sein, aber mit leichter Verwunderung nehme ich zur Kenntnis, dass seit Jahren selbst jene Jugendlichen, die ihre Konfirmation oder Kommunion noch lebhaft in Erinnerung haben, mehr oder weniger irritiert reagieren, wenn man sie nach den kultischen Handlungen und Traditionen der christlichen Religion fragt. Das muss nicht bedeuten, dass hier eklatante Wissenslücken zu Tage treten, vielmehr scheint es so zu sein, dass die Perspektive „Merkmale eines Kults“ in dieser Form wenig bewusst erlebt wird. Nach einer kurzen Erläuterung der Fragestellung werden dann in der Regel jene Riten genannt, die im Kult des Christentums und anderer Religionen von besonderer Bedeutung sind: Kirchgang, Gebet, Gesang, Predigt oder Ansprache, rituelle Handlungen wie Taufe, Eheschließung oder Beerdigung.

Andere Erfahrungen vermitteln islamische Schüler, die ich im Unterricht erzählen und berichten lasse, welche Riten für sie verbindlich sind und welche Bedeutung diese haben. Ich habe oft eine Selbstverständlichkeit erlebt, mit der aus dem Koran zitiert wird, die auch für die Mitschüler faszinierend war; offenbar fühlen sich (zumindest manche) islamische Jugendliche stärker mit dem Kult ihrer Religion verbunden als dies bei christlichen Jugendlichen zu sein scheint. Wenn Jugendliche im Unterricht über ihre Erfahrungen, über Sitten, Gebräuche, Handlungen und Feste berichten, geschieht dies selbstverständlich „nur“ im Sinne eines „Praxisberichts“ , nicht etwa mit fachwissenschaftlichen Vollständigkeitsanspruch. Dieser wäre auch gar nicht zu erfüllen. Einblicke in die Lebenspraxis ihrer Mitschüler ermöglichen den Jugendlichen ein exemplarisches Lernen. Der Blick auf den Alltag eines gläubigen Menschen ermöglicht unmittelbare Einsicht in die individuell gelebte Tradition und deren ggf. nur bedingte Befolgung: Christliche, muslimische und auch jüdische Jugendliche berichten fast durchgängig davon, dass ihre Eltern und vor allem die Großeltern bei ihnen eine intensivere Teilhabe am Kult anmahnen und dass dieses oft „nervt“. Dennoch möchten sie einen Grundbestand solcher Regeln und Riten nicht missen. Hier lässt sich gut vermitteln, dass der Kult in den Religionen auch das Gefühl einer Gewissheit vermitteln kann, in einer sich dynamisch wandelnden Welt auf dem „richtigen“ Weg zu sein.

Wenn wir die Berichte der Jugendlichen als Information aus erster Hand betrachten, bietet es sich an, einen zweiten „Forschungsschwerpunkt“ zu ergänzen: Den Besuch religiöser Stätten. In Hannover kann neben christlichen Kirchen, islamischen Moscheen und der jüdischen Synagoge auch ein buddhistisches Zentrum besucht werden. Mit sachkundiger Führung können hier die Kultgegenstände und rituellen Handlungen erklärt oder sogar erlebt werden.

6. Konzeptionelle Aspekte

Aus der Fülle möglicher Beispiele sollten für den Unterricht Kulte ausgewählt werden, die für die jeweilige Lerngruppe tatsächlich relevant sind. Besonders wertvoll ist es, wenn ein Einblick in die Praxis ermöglicht wird, sei es durch Berichte von Teilnehmern und Gruppenangehörigen, sei es durch den besuch ausgewählter Stätten. Die „Lernstoffe“, also der kognitive Kern einer solchen Unterrichtseinheit, ergeben sich in erster Linie aus der Konfrontation mit bisher nicht beachteten oder unbekannten Aspekten und aus der gemeinsamen Reflexion dessen, was die Lerngruppe erlebt und erfahren hat. Die unverzichtbare Textarbeit sollte auf authentische Quellen Bezug nehmen. Entscheidend für einen gelungenen Unterricht dürfte sein, dass eine kritische Perspektive bzw. eine Problematisierung ermöglicht wird.

Im Ethikunterricht, der die Religionen und Glaubensgemeinschaften aus einer deskriptiv- „neutralen“ Perspektive betrachtet, sollte der Lehrer ohnehin möglichst die Position des Moderators einnehmen, der die unterschiedlichen Glaubenspositionen sachlich korrekt vorstellt. Für den Religionsunterricht ist diese etwas distanziertere Position nicht möglich, da Lehrende und Lernende in der gleichen Konfession engagiert sind. Der überzeugende und gelungene Unterricht wird aber auch hier von erkennbarer Fairness in der Darstellung anderer Glaubensgemeinschaften geprägt sein.

Wie soll dann vor den Gefahren und problematischen Praktiken bestimmter Kulte gewarnt werden können, wenn diese auch zu den Glaubensgemeinschaften zählen? Die Kritik an solchen Kulten erwächst weniger aus religiösen, sondern vielmehr aus den verfassungsgemäßen Prinzipien der Freiheit der Person und der Würde des Menschen. Hier spielt wiederum der fächerübergreifende Aspekt eine wesentliche Rolle: Ein Projekt „Kult“ kann Jugendlichen die grundsätzlich wertvolle Erfahrung vermitteln, dass es sich lohnt, ein Phänomen aus den Sichtweisen verschiedener Fächer näher zu betrachten, die Texte, Bilder, Architektur, Kleidung und Musik, bestimmte Formen des Umgangs und der übergeordneten Wertvorstellungen zu analysieren und mit dem Instrumentarium der verschiedenen Fächer näher aufzuschlüsseln; damit ist ein differenziertes Verstehen möglich, welches auch die Grundlage einer eventuellen Kritik sein kann.

Die Unkalkulierbarkeit der [illegible] Reflexionen und [illegible] aus [illegible] konzentrierten Perspektive [illegible] der [illegible] möglich, die Position des Modernismus [illegible], der die [illegible] ästhetischen Lösungen [illegible] nicht kennt [illegible]. Für den [illegible] diese [illegible] Position [illegible], da [illegible] in der gleichen Kette [illegible] sind. [illegible] wird also auch hier von [illegible] Formen [illegible] anderer Charakteristika [illegible].

Wie soll dann vor dem Gelingen der [illegible] bestimmt der Kritik [illegible] werden können, wenn [illegible] zwischen [illegible] Die Kritik [illegible] aus den [illegible] Prinzipien der [illegible] der Person und [illegible] Aspekte eine wesentliche Rolle. Die Frage [illegible] dieser fundamentalen [illegible] Formen des Umgangs und [illegible] Wertvorstellungen [illegible] analysieren und mit dem [illegible] schließen, daß [illegible] Wertesystem [illegible], welches auf die Grundlage der eventuellen Kritik sein [illegible].

Autorinnen und Autoren

Dr. Uwe Böhm, Fachbereichsleiter am Staatlichen Seminar für schulpraktische Ausbildung (RS) in Ludwigsburg
Ausgewählte Veröffentlichungen: Ökumenische Didaktik. Ökumenisches Lernen und Konfessionelle Kooperationen im Religionsunterricht deutschsprachiger Staaten, Göttingen 2001; Uwe Böhm/ Gerd Buschmann: Popmusik – Religion – Unterricht. Modelle und Materialien zur Didaktik von Popularkultur, Münster 2002, 2., überarbeitete und ergänzte Auflage; Kooperation als pädagogischer Leitbegriff der Schule. Beiträge zur partnerschaftlichen Zusammenarbeit in und mit der Schule, Münster 2003

Dr. Michael Domsgen, Wiss. Assistent am Seminar für Praktische Theologie und Religionspädagogik, Evangelisch-Theologische Fakultät der Westfälischen Wilhelms-Universität Münster
Ausgewählte Veröffentlichungen: Religionsunterricht in Ostdeutschland. Die Einführung des evangelischen Religionsunterrichts in Sachsen-Anhalt als religionspädagogisches Problem, Leipzig 1998

Dr. Matthias Hahn, Direktor des Pädagogisch-Theologischen Instituts Drübeck
Ausgewählte Veröffentlichungen: ReligionslehrerInnen (Da)sein – Person und Beruf, in: Harry Noormann/ Bernd Trocholepczy (Hg.): Ökumenisches Arbeitsbuch Religionspädagogik, Stuttgart 2000, S. 75-93; Projekte zwischen Religion und Ethik in Sachsen-Anhalt, Erfahrungen – Ansätze – Kritische Würdigung, in: Religionsunterricht an höheren Schulen 2/2001, S. 149-155; Gemeindepädagogisches Symposium der Kirchenprovinz Sachsen 2002 in Drübeck, in: Christenlehre – Religionsunterricht – Praxis 1/2003, S. 55-59

Prof. Dr. Helmut Hanisch, Professor für Religionspädagogik an der Theologischen Fakultät der Universität Leipzig
Ausgewählte Veröffentlichungen: Er war an einer großen Anzahl von Unterrichts für den für den Religions- und Ethikunterricht als Herausgeber und Autor beteiligt. Zugleich liegen von ihm zahlreiche Veröffentlichungen zum Religionsunterricht im Osten Deutschlands vor. Außerdem konzentrieren sich verschiedene Pubikationen von ihm als Autor und Ko-Autor auf empirische Studien zur religiösen Entwicklung von Kindern und Jugendlichen

Jochen Kinder, Vikar in der Evangelisch-Lutherischen Landeskirche Sachsens

Dr. Martin Kloke, Schulbuchredakteur (Cornelsen-Gruppe: Volk und Wissen Verlag)
Ausgewählte Veröffentlichungen: Israel und die deutsche Linke. Zur Geschichte eines schwierigen Verhältnisses (1994^2); Der israelisch-palästinensische Friedensprozess. Sachinformationen – Planungsvorschläge – Praxiserfahrungen – Materialien für den Unterricht (1995); Mobilmachung im Millenniumsfieber. Israel und der christliche Fundamentalismus in Deutschland (2000)

Rolf Lüpke, Kirchenschulrat in der Evangelischen Kirche in Berlin-Brandenburg (seit 1974)
Ausgewählte Veröffentlichungen: Verschiedene Publikationen zu entwicklungspädagogischen Themen (u. a. zusammen mit G. F. Pfäfflin: Herausforderung durch die Dritte Welt, München/ Stuttgart 1970) und zum ökumenischen Lernen sowie Veröffentlichungen von Materialien für den Religionsunterricht (z. B. „Sterben-Tod-Leben", „Menschenrechte – auch für Kinder", zu Jesus-Gleichnissen) und leitende Redaktion von Rahmenplänen für den Religionsunterricht im Sekundarbereich in Berlin und Brandenburg

Reiner Andreas Neuschäfer, Schulbeauftragter der Ev.-Luth. Kirche in Thüringen und Lehrbeauftragter an der Erziehungswissenschaftlichen Fakultät der Universität Erfurt
Ausgewählte Veröffentlichungen: „... und Gemeinde ebenso!" Kinderbibelwochen als Chance für die Gemeinde, in: AUFbrüche 2/2001; S. 17-21; Kinderbibeln im Religionsunterricht – religionspädagogische Kompetenzen zwischen Qualität und Kitsch, in: forum religion 1/2003, S. 34-36; Kinderbibeln – zwischen Schatz und Schrott, in : CRP 2/2003, S. 47-52

Prof. Dr. Dr. Karl Ernst Nipkow, 1968-1995 Professor für Praktische Theologie (Religionspädagogik) an der Ev. Theol. Fakultät der Universität Tübingen (koopt. Mitglied an der Fakutät für Sozia- und Verhaltenswissenschaften); Vorsitzender der Kammer der EKD für Bildung und Erziehung, Kinder und Jugend
Ausgewählte Veröffentlichungen: Bildung in einer pluralen Welt, Bd. 1: Moralpädagogik im Pluralismus, Bd. 2: Religionspädagogik im Pluralismus, Gütersloh 1998; R. Boschki/ C. Schlenker, Brücken zwischen Pädagogik und Theologie – Im Gespräch im Karl Ernst Nipkow, Gütersloh 2001; P. Biehl/ K. E. Nipkow, Bildung und Bildungspolitik, Münster: LIT, 2003; God, Human Nature and Education for Peace: new approaches to moral and religious maturity: Aldershot: Ashgate, 2003 (i. Druck)

Dr. Hans-Bernhard Petermann, Diplomtheologe und Magister der Philosophie, lehrt Philosophie mit den Schwerpunkten Didaktik der Philosophie und Ethik, Philosophieren mit Kindern, Religionsphilosophie an der Pädagogischen Hochschule Heidelberg
Ausgewählte Veröffentlichungen: Religion zur Sprache bringen. Lehraufgaben im Bereich Religion aus philosophiedidaktischer Perspektiver. In: Bubenheimer/ Fauth (Hg.): Hochschullehre und Religion. Würzburg 2000, S. 17-69; Wie können Kinder Theologen sein? Bemerkungen aus philosophischer Perspektive. In: Büttner/ Rupp (Hg.): Theologisieren mit Kindern. Stuttgart 2002, S. 95-127; Ich bin gefragt. Ethik 9/10. Berlin: 2000, Autor und Mitarbeiter div. Kapitel, dto. entspr. Lehrerhandbuch 2002

Dr. Gisela Raupach-Strey, Fachdidaktikerin am Institut für Philosophie der Martin-Luther-Universität Halle-Wittenberg
Ausgewählte Veröffentlichungen: Die Bedeutung der Sokratischen Methode für den „Ethik-Unterricht". Schriftenreihe ‚Sokratisches Philosophieren' der Philosophisch-Politischen Akademie, Bd. VII, Frankfurt/M. 2000, S. 90-104; Das Verhältnis des Philosophie/ Ethik-Unterrichts zu religiösen und nichtreligiösen Weltanschauungen. In: Philosophie und Religion. Zukunft einer Fächergruppe, hrsg. von Hastedt/ Ausborn-Brinker/ Fröhlich, Rostocker Philosophische Manuskripte, Neue Folge, Heft 5/ 1998, S. 57-74; Sokratische Didaktik. Die didaktische Bedeutung der Sokratischen Methode in der Tradition von Leonard Nelson und Gustav Heckmann. 656 S., Münster 2002

Prof. Dr. Christoph Theodor Scheilke, Direktor des Pädagogisch-Theologischen Zentrums Stuttgart
Ausgewählte Veröffentlichungen: Ansätze für einen konfessionell-kooperativen Religionsunterricht – Eine pädagogische Zwischenbilanz, in: Reinhard Frieling (Hg.): Religionsunterricht und Konfessionen, Göttingen 1999, S. 7-22; Schulen in evangelischer Trägerschaft – Neue Rolle, neue Ergebnisse, neue Aufgaben, in: Achicm Battke (Hg.): Schulentwicklung – Religion – Religionsunterricht, Freiburg 2002, S. 281-299; „Weil ein Gespräch wir sind..." – Elemente interreligiösen Lernens im Dialog – auch in der Grundschule, in: Hartmut Rupp (Hg.): Zukunftsfähige Bildung und Protestantismus, Stuttgart 2003, S. 194-209

Dr. Eckart Schwerin, OKR i. R. der Evangelischen Landeskirche Mecklenburgs, Professor für Religionspädagogik an der Universität Rostock
AusgewählteVeröffentlichungen: „Evangelischer/ Katholischer Religionsunterricht und Philosophieren mit Kindern in Mecklenburg/ Vorpommern, in: Eckart Schwerin/ Hans-Hermann Wilke (Hg.): Aufbrüche und Umbrüche – Zur pädagogischen Arbeit der evangelischen Kirchen seit der Wende, Leipzig 1998, S. 148-171; Religionsunterricht in Mecklenburg-Vorpommern, in: Matthias Hahn/ Christoph Hartmann/ Detlef Kahl/ Ulrich Johannes Plaga (Hg.): Religiöse Bildung und religionskundliches Lernen in ostdeutschen Schulen – Dokumente konfessioneller Kooperation, Münster 2000, S. 165-188

Dr. Elisabeth Wandt, Dezernentin im Landesinstitut für Lehrerfortbildung, Lehrerweiterbildung und Unterrichtsforschung in Sachsen-Anhalt
Ausgewählte Veröffentlichungen: Ethik unterrichten – aber wie? Weiterbildung für Ethiklehrerinnen und –lehrer Grund-, Sekundar- und Sonderschulen, Artikel in LISA-Jahrbuch, LISA (Hrg.), Halle 1995; Ethikunterricht in Sachsen-Anhalt – Zur Begründung und Entwicklung eines neuen Faches, Artikel in Broschüre „Mensch – Natur – Technik – Ethisches Handeln mit Medien?!", LISA und NLI Hildesheim (Hrg.), Hildesheim 1996; Brauchen Kinder Rechte? – Menschenrechte und Kinderrechte im Ethikunterricht der Grundschule, Artikel im PISA-Jahrbuch, LISA (Hrg.), Halle 1999

Till Warmbold, Lehrer für Deutsch, Philosophie und Werte und Normen am Georg-Büchner-Gymnasium in Seelze, Fachberater für Philosophie in Niedersachsen